문예신서
319

S/Z

롤랑 바르트

김웅권 옮김

東 文 選

S/Z

Roland Barthes

S/Z

이 책은 고등연구원에서 2년 동안(1968년과 1968년) 진행된 세미나에서 이루어진 작업의 흔적이다. 이 세미나에 참여했던 학생들·청강생들·친구들의 경청에 따라 씌어진 이 텍스트를 그들에게 헌정한다.

지로데, 〈잠자는 엔디미온〉.

차 례

부 록

I. 평가

들리는 말에 의하면 일부 불교도들은 금욕을 통해 하나의 잠두콩 속에서 어떤 풍경 전체를 볼 수 있는 경지에 다다른다. 이것이 이야기에 대한 초기 분석자들이 원했던 것이리라. 그러니까 단 하나의 구조로 세계의 모든 이야기들(참으로 많은 이야기가 있고, 또 많이 있었다)을 보고자 한 것이다. 그들은 각각의 콩트에서 그것의 모델을 끌어내고, 이 모델들을 가지고 위대한 서사 구조를 만들어 내며, (검증을 위해) 아무 이야기에나 이 구조를 다시 적용하겠다는 생각을 했다. 이런 과제는 소모적이며(**"학문하는 데 끈기도 좋지만, 그렇게 되면 말할 수 없는 고통은 확실하다"**) 결국 바람직하지 않다. 왜냐하면 그 속에서 텍스트는 그것의 차이를 상실하기 때문이다. 물론 이 차이는 (문학적 창조의 어떤 신화적 관점을 빌리면) 무언가 충만되고 환원 불가능한 특질이 아니다. 그것은 각각의 텍스트가 지닌 개별성을 지칭하는 것이 아니며, 이 텍스트를 명명하고, 그것에 서명하며, 수결하고 결정하는 것도 아니다. 반대로 그것은 멈추지 않고 무한한 텍스트들·언어들·체계들과 연결되는 차이이다. 각각의 텍스트는 이런 차이의 회귀이다. 따라서 둘 중 하나를 선택해야 한다. 하나는 모든 텍스트들이 입증적인 왕복 운동을 거치게 하고, 그것들을 비차별적인 과학의 눈으로 평등하게 만들며, 귀납적으로 대문자 사본(**la Copie**)과 합류하지 않을 수 없게 만든 다음에 다시 이 사본으로부터 그것들을 파생시키는 것이다. 다른 하나는 각각의 텍스트를 그것의 개별성이 아닌 유희 속에 되돌려 놓고, 그것에 대해 말하기 전부터조차도 차이의 무한한 패러다임이 그것을 거두어들이게 하며, 단번에 그것이 어떤 기본적 유형학을 따르거나 평가받게 만드는 것이다. 그렇다면 하나의 텍스트가 지닌 가치를 어떻게 제시할 수 있는가? 어떻게 텍스트들의 일차적 유형학을 성립시킬 수 있는가? 과학은 평가를 하지 않기 때문에 모든 텍스트들의 기본적 평가는 과학으로부터 올 수 없다. 또 그것은 이데올로기로부터도 올 수 없다. 왜냐하면 텍스트의 이데올로기적(도덕적 · 미학적 · 정치적, 혹은 진위를 결정하는 논리적) 가치는 생산의 가치가 아니라 재현의 가치이기 때문이다(이데올로기는 무언가를 '반영한다,' 그것은 작업을 하는 게 아니다). 우리의 평가는 하나의 실천에만 연결될 수 있고, 이 실천은 글쓰기의 실천이다. 한편으로 글로 쓰는 것이 가능한 게 있고, 다른 한편으로 글로 쓰는 것이 더 이상 불가능한 게 있다. 그러니까 작가의 실천 행위 속에 있는 것과 이 실천 행위로부터 벗어난 것이 있다. 내가 나의 것과 같은 세계에서 하나의 힘으로서 쓰고(다시 쓰고), 욕망하며 제시할 수 있는 것으로 어떤 텍스트들이 있을까? 평가가 찾아내는 것은 다음과 같은 가치이다. 오늘날 씌어질(다시 씌어질) 수 있는 것은 글감이 되는 것으로서의 **씌어지는 것**(le scriptible)이다. 왜 씌어지는 것은 우리의 가치인가? 왜냐하면 문학적 작업(작업으로서의 문학)의 목적은 독자를 더 이상 텍스트의 소비자가 아니라 생산자로 만드는 것이기 때문이다. 우리의 문학은 문학적 제도가 텍스트의 생산자와 사용자, 텍스트의 소유자와 고객, 그것의 저자와 독자 사이에 유지하는 냉혹한 분리를 특징으로 하고 있다. 그래서 이러한 독자는 일종의 한가함이나 자동사적 특질, 잘라 말하면 **진지함** 속에 잠긴다. 그는 자신이 놀이를 하면서 기표의 매혹과 글쓰기의 관능성에 전적으로 빠지는 대신에, 텍스트를 받아들이거나 거부하는 초라한 자유만을 공유하고 있다. 책읽기는 **국민투표** 같은 것 이상이 되지 못한다. 따라서 글감이 되는 텍스트 앞에 그것의 반대 가치, 즉 반응적인 부정적 가치가 확립된다. 이 가치는 씌어질 수 있는 것이 아니라 읽혀질 수 있는 것, 곧 **읽혀지는 것**(le lisible)이다.[1] 우리는 읽혀지는 모든 텍스트를 고전적이라 부른다.

II. 해석

씌어지는 텍스트들에 대해선 아마 말할 게 아무것도 없다 할 것이다. 우선 그것들을 어디서 찾아낼 것인가? 책읽기 쪽에서는 찾아낼 수 없다는 게 확실하다(아니면 적어도 거의 찾아낼 수 없다. 몇몇 한계 텍스트들에서 우연히, 일시적으로 그리고 우회적으로 찾아낼 수 있을 것이다). 씌어지는 텍스트는 물건이 아니다. 그것을 서점에서 만난다는 것은 어렵다. 게다가 그것의 모델은 (재현적이 아니라) 생산적이므로, 생산되어 그것과 혼동되는 모든 비평을 폐지한다. 그 텍스트를 다시 쓴다는 것은 그것을 무한한 차이의 장 속에 분산시키고 흩뿌리는 작업밖에 될 수 없을 것이다. 씌어지는 텍스트는 영속적인 현재이며, 이 현재 위에는 (현재를 과거로 숙명적으로 변모시키는) 그 어떠한 **귀결적인** 말도 머무를 수 없다. 씌어지는 텍스트, 그것은 무언가 특이한 체계(이데올로기·장르·비평)가 세계의 무한한 유희(유희로서의 세계)를 관통하고, 절단하며, 정지시키고 조형화하기 전에 **글을 쓰고 있는 우리 자신**이다. 이러한 체계는 입구들의 다양성, 망들의 개방성, 언어들의 무

---

1) 여기서 바르트는 씌어지는 텍스트(texte scriptible)와 읽혀지는 텍스트(texte lisible), 곧 글을 쓰게 만드는 텍스트와 소비하게 하는 텍스트를 구분하고 있다. [역자]

한성을 배제한다. 씌어지는 것은 소설 없는 소설적인 것, 시 없는 시적인 것, 논술 없는 에세이, 문체 없는 글쓰기, 생산물 없는 생산, 구조 없는 구조화이다. 그렇다면 읽혀지는 텍스트들은? 그것들은 (생산이 아니라) 생산물이다. 그것들은 우리 문학의 거대한 덩어리를 형성한다. 이러한 덩어리를 어떻게 다시 세부적으로 구분할 것인가? 텍스트들을 일차적으로 나눈 평가에 따른 이차적 작업이 필요하다. 이 작업은 일차적 평가보다 더 섬세하며, 각각의 텍스트가 동원할 수 있는 어떤 양, 즉 많고 적음의 감상에 토대한다. 이와 같은 새로운 작업이 (니체가 부여한 의미에서) **해석**이다. 하나의 텍스트를 해석한다는 것은 그것에 (다소간 타당하고, 다소간 자유로운) 어떤 특정 의미를 부여하는 것이 아니라, 그 반대로 그것이 이루어진 어떤 복수태(複數態)를 감상하는 것이다. 우선적으로 재현(모방)의 어떠한 제약도 빈곤하게 하러 오지 않는 성공적인 복수태의 이미지를 제시해 보자. 그런 이상적 텍스트에서 망들은 다양하며 그것들 사이에 유희를 하지만, 어떠한 망도 다른 망들을 관장하지 않는다. 이 텍스트는 기의들의 구조가 아니라 기표들의 은하계이다. 그것은 시작이 없다. 그것은 가역적이다. 그것으로 들어갈 수 있는 입구들은 다양하며, 그 가운데 어느것도 주요하다고 확실하게 선언될 수 없다. 텍스트가 동원하는 코드들은 **끝없이** 윤곽을 드러내며 결정 불가능하다(의미는 주사위 던지기를 통해서 하는 경우가 아니라면 그 어떤 결정 원칙에 결코 따르지 않는다). 절대적으로 복수태인 이런 텍스트를 의미의 체계들은 장악할 수 있지만, 그것들의 수는 무한한 언어를 기준으로 하기 때문에 결코 마감되지 않는다. 우리가 복수태를 직접적으로 노리고자 할 때 텍스트가 요구하는 해석은 자유로운 측면을 전혀 지니지 못한다. 왜냐하면 어떤 의미들을 부여하여 그것들 각각에 진실된 부분을 관대하게 인정하자는 게 아니라, 모든 비차이(in-différence)에 대항하여 다원성의 존재를 긍정하자는 것이기 때문이다. 이러한 다원성의 존재는 진실한 것, 개연적인 것, 나아가 가능성 있는 것의 존재가 아니다. 그러나 이와 같은 필요한 긍정은 어렵다. 왜냐하면 텍스트 밖에는 아무것도 존재하지 않음과 동시에 텍스트의 어떤 **총체**(un tout)는 결코 없기 때문이다(그런 것이 있다면 그것은 재현적인 대문자 모델의 가부장적 시선 아래서 이월을 통해 내적 질서의 기원이 될 터이고, 보완적인 부분들의 화해가 될 터이다). 따라서 텍스트를 그것의 외부와 총체성으로부터 동시에 벗어나게 해야 한다. 결국 이 모든 것이 말하고자 하는 바는 복수태의 텍스트의 경우에는 이야기의 서사적 구조나 문법 혹은 논리가 있을 수 없다는 것이다. 따라서 우리가 이것들에 접근하는 경우가 있다면, 불완전하게 복수적인 텍스트를, 다시 말해 복수태가 다소 인색한 텍스트들을 다루고 있는 **정도 내에서**(이 표현에 양적인 완전한 가치를 부여하고자 한다)이다.

III. 함축 의미: 반대하여

적당히 복수적인(다시 말해 단순히 다의적인) 이런 텍스트들의 경우, 복수태의 어떤 중간적 부분만을 포착할 수 있는 평균적 측정기가 존재한다. 이 측정기는 일의적 텍스트들에 적용되기에는 너무 섬세하고 동시에 너무 헐렁하며, 다가적이고 가역적이며 단호하게 결정 불가능한 텍스트들(완벽하게 복수적인 텍스트들)에 적용되기에는 너무 빈약한 도구이다. 이런 **수수한** 도구가 함축 의미(connotation)이다. 정의를 내린 옐름슬레우의 경우를 보면, 함축 의미는 이차적 의미이며, 이 이차적 의미의 기표 자체는 외시 의미(dénotation)[2]인 본래의 기호 혹은 의미 작용 체계에 의해 구성된다. E가 표현(expression)이고, C가 내용(contenu)이며 R이 기호를 성립시키는 둘의 관계 relation이라 한다면, 함축 의미의 공식은 (ERC) R C이다.[3] 함축 의미는 아마 텍스트의 어떤 유형학에 한정되고 예속되지 않았기 때문일 것이지만, 평판이 좋지 않다. 어떤 사람들(말하자면 문헌학자들)은 모든 텍스트가 하나의 규범적인 진정한 의미를 담지하며 일의적이라고 선언하면서, 동시적인 부차적 의미들을 신통치 않은 비평적 노력이 낳은 무가치한 것으로 치부한다. 이들과 맞선 또 다른 사람들(이른바 기호학자들)은 외시된 것(le dénoté)과 함축된 것(le connoté)의 위계를 부인한다. 그들이 말하는 바에 따르면, 외시 의미의 질료인 언어체(langue)는 그것의 사전 및 통사론과 함께 다른 체계와 같은 하나의 체계를 이룬다. 이 체계에 특권을 부여하고, 그것을 본래적 의미의 공간이자 규범으로, 연관된 모든 의미들의 기원이자 기준으로 삼아야 할 하등의 이유가 없다. 외시 의미를 진실·객관성·법칙으로 설정하는 것은 우리가 지금까지 언어(langange)를 문장과 문장의 어휘적·통사론적 구성 요소들로 귀결시킨 언어학의 권위에 아직도 예속되어 있기 때문이다. 그런데 이런 위계의 유희는 진지하다. 한 텍스트의 모든 의미들을 외시 의미라는 푸와예(foyer는 진리의 중심·파수꾼·피난처·빛이다)를 중심으로 둥글게 배치하는 것은

---

2) Connotation과 dénotation은 철학적으로는 내포와 외연을 나타내며 언어학에서는 공시와 외시로 번역되기도 한다. 역자는 여기서 쉽게 풀어 함축 의미와 외시 의미로 번역했다.[역주]

3) 옐름슬레우의 이론에서 외시적 의미(외시)는 표현과 내용이 분리될 수 없는 단계이고 함축 의미(공시)는 표현과 내용이 별개로 기능할 수 있다. 예컨대 '벤츠를 가지고 있다'는 표현은 '벤츠를 소유하고 몰고 다닌다'는 내용과 분리될 수 없다. 그러나 이 표현과 내용은 하나의 표현이 되어 '부유하다' 혹은 '사치스럽다'는 함축적/부가적 내용/의미를 담아낸다. 그러나 여기서 바르트는 외시에서 공시로 바로 넘어가고 있다.[역주]

서양적(과학적 · 비판적 혹은 철학적) 담론의 폐쇄성으로, 그것의 중심화된 조직으로 회귀하는 것이기 때문이다.

IV. 그래도 함축 의미를 위하여

함축 의미에 대한 이와 같은 비판은 반밖에 정당하지 않다. 그것은 텍스트의 유형학(이 유형학은 창설적이다. 왜냐하면 그것에 따라 분류되기 전에는 그 어떠한 텍스트도 존재하지 않기 때문이다)을 고려하지 않고 있다. 왜냐하면 서양이라는 울타리 체계 속에 들어와 있으며, 이 체계의 목적들에 따라 만들어져 있고, 대문자 기의(le Signifié)의 법칙에 몰두하는 읽혀지는 텍스트들이 있다면 그것들은 특별한 의미 체제를 지녀야만 하고, 이 체제의 토대는 함축 의미이기 때문이다. 그런 만큼 함축 의미를 보편적으로 부정하는 것은 텍스트들의 차이적 **가치**를 폐지하는 것이고, 읽혀지는 텍스트들의 특수한 (시적이면서도 비평적인) 장치의 규정을 거부하는 것이며, 한정된 텍스트(texte limité)를 한계 텍스트(texte-limite)[4]와 동등하게 만드는 것이고, 유형학적 도구를 상실하는 것이다. 함축 의미는 고전적 텍스트의 다의성에, 다시 말해 고전적 텍스트가 설정하는 한정된 그 복수태에 접근하는 길이다(현대적 텍스트에 함축 의미들이 있는지는 확실하지 않다). 따라서 함축 의미를 그것의 이중적 비난으로부터 구해내야 하며, 그것을 텍스트의 **어떤** 복수태(고전적 텍스트의 한정된 그 복수태)의 명명 가능하고 산정 가능

---

4) 한정된 텍스트는 함축 의미를 담아내는 고전적 텍스트로, 한계 텍스트는 함축 의미의 경계를 벗어나는 현대적 텍스트로 이해하면 되겠다. 〔역주〕

한 흔적으로 간직해야 한다. 그렇다면 함축 의미란 무엇인가? 정의적으로 본다면 그것은 이전이나 이후의 혹은 외부의 언급들에 관련될 수 있고, 해당 텍스트(혹은 다른 텍스트)의 다른 장소들과 관련될 수 있는 힘을 지닌 결정·관계·조응·특징이다. 다양하게 명명될 수 있는 이 관계(예컨대 **기능**(fonction)이나 **표시**(indice))를 어떤 면에서도 제한해서는 안 된다. 다만 함축 의미와 관념의 연상을 혼동하지 않아야 할 경우를 제외하고 말이다. 관념의 연상은 어떤 주제의 체계로 귀결되는 반면에 함축 의미는 텍스트나 텍스트들에 내재적인 상관 관계이기 때문이다. 아니면 또 함축 의미는 텍스트-주제가 그것 자체의 체계 내에서 수행하는 연상이라 할 수 있다. 상투적으로 말하면, 함축 의미들은 사전에도 없고, 텍스트가 씌어지는 언어의 문법에도 없는 의미들이다(물론 이것은 허약한 정의이다. 왜냐하면 사전은 확대될 수 있고 문법은 수정될 수 있기 때문이다). 분석적으로 보면, 함축 의미는 두 개의 공간을 통해서 규정된다. 하나는 일련의 질서로서 시퀀스적 공간, 문장들의 연속성에 따르는 공간이다. 이 문장들을 따라서 의미는 휘문이를 통해 확산된다. 다른 하나는 텍스트 내의 장소들, 다시 말해 질료적 텍스트에 외재적인 다른 의미들과 상관 관계가 있고, 이들 의미들과 더불어 기의들의 성운 같은 것을 형성하는 장소들로서 응집적 공간이다. 위상학적으로 말하면 함축 의미는 의미들의 (제한된) 산종을 보장해 주며, 이 산종은 텍스트의 드러나는 표면 위에 금가루처럼 흩어져 있다(의미는 금으로 되어 있다). 기호학적으로 보면 모든 함축 의미는 (장차 결코 재구성되지 않을) 한 코드의 출발점이고, 텍스트 속에서 엮어지는 목소리의 분절이다. 역동적인 차원에서 그것은 텍스트를 종속시키는 제압이고 이러한 제압의 가능성이다(의미는 하나의 힘이다). 역사적으로 볼 때 함축 의미는 외관상 위치를 식별할 수 있는 의미들을 유발함으로써(설령 이 의미들이 어휘적이 아니라 할지라도 말이다), 대문자 기의를 추구하는 하나의 고유한 문학(une Littérature; 날짜가 추정되는 문학)을 성립시킨다. 기능적으로는 함축 의미는 원칙상 이중적 의미를 낳기 때문에 의사소통의 순수성을 변질시킨다. 그것은 정치하게 구상되어 저자와 독자의 허구적 대화 속에 도입된 의지적 '소리'이며, 요컨대 반(反)소통(contre-communication)이다(문학은 의도적인 글쓰기 오류(cacographie)이다). 구조적으로 보면, 차이가 나는 것으로 알려진 두 체계, 즉 외시 의미와 함축 의미의 존재는 텍스트로 하여금 하나의 유희처럼 기능하게 해준다. 왜냐하면 각각의 체계는 어떤 **환상**(illusion)의 필요에 따라 상대 체계로 반송되기 때문이다. 끝으로 이데올로기적으로 보면, 이러한 유희는 고전적 텍스트에 어떤 **무구함**(innocence)을 유리하게 보장해 준다. 외시적·함축적 두 체계 가운데 하나가 방향을 바꾸어 자신을 드러내는데, 다름 아닌 외시 의미의 체계이다. 외시 의미는 의미들 가운데 첫번째가 아니지만 첫번째인 척한다. 이러한 환상 속에서 그것은 결국 함축 의미들의 마지막 의미(독서를 성립시키고 동시에 마감하게 하는 것 같은 의미)에 불과하며, 텍스트가 언어의 본성으로, 자연으로서의 언어로 되돌아가는 척하게 해주는 고차원적 신화이다. 왜냐하면 하나의 문장은 그것이 사후적으로 해방시키는 의미가 어떤 것이든, 생각건대 그것이 진술될 때 우리에게 단순하고 자의적(字意的)·원초적인 무엇, 요컨대 **진실한** 무엇을 말하는 것처럼 보이지 않는가? (**나중에**, **그 위에다** 덧붙여 오는 나머지 모든 것은 이 무엇과 관련한 문학이다.) 그렇기 때문에 우리가 고전적 텍스트와 의견이 일치하고자 한다면, 우리는 언어의 집단적 무구함을 **재현하게** 되어 있는 주의 깊고, 꾀바르며, 연극적인 오랜 여신인 외시 의미를 간직해야 한다.

V. 책읽기, 망각

나는 텍스트를 읽는다. 프랑스어의 '태생적 특성'(주어·동사·보어)에 따른 이 언술 행위가 항상 진실인 것은 아니다. 텍스트가 복수태적이면 그럴수록 내가 그것을 읽고 난 후에 그것이 씌어진다. 나는 텍스트로 하여금 그것의 존재와 합치하는 예언적 작용, **독서**라 부르는 그런 작용을 받게 하지 못하며, **나**(je)는 텍스트에 선행하고 그리하여 그것을 분해해야 할 대상이나 투자해야 할 장소처럼 사용하는 무구한 주체가 아니다. 텍스트에 접근하는 그 '**자아**(moi)'는 이미 그 자신이 다른 텍스트들, 무한한 코드들, 보다 정확히 말하면 길 잃은(이 코드들의 기원은 상실된다) 코드들의 다원성이다. 물론 **객관성과 주관성**은 텍스트를 장악할 수 있는 힘들이지만, 텍스트와 친화성이 없는 힘들이다. 주관성은 내가 텍스트를 복잡하게 채운다고 생각되는 충만한 이미지이다. 그러나 속임수를 쓴 이 충만함은 나를 만드는 모든 코드들의 지나간 흔적에 불과하며, 그 결과 나의 주관성은 결국 고정관념들의 일반성을 지닌다. 객관성도 동일한 종류의 채우기이다. 그것은 (거세적 행위가 그 속에 보다 잔인하게 흔적을 나타내고 있는 경우가 아니라면) 다른 체계들과 같은 상상적 체계이며, 나로 하여금 유리하게 명명하게 해주고 알게 해주며, 나의 처지를 망각하게 하는 데 소용되는 이미지이다. 우리가 텍스트를 진실의 관용적 혹은 금욕적 도덕 속에서 승화된 대상, 표현이 풍부한 대상(우리 자신의 표현에 제공된 대상)으로 규정하는 한에서만 독서는 객관성이나 주관성(둘 다 상상계들이다)의 위험을 포함한다. 그러나 책을 읽는다는 것은 기식적 행동이 아니며, 우리가 창조와 선행(先行)의 온갖 권위로 장식하는 글쓰기에 대한 반응적 보충도 아니다. 그것은 작업이며(그렇기 때문에 렉세올로지크한: lexéologique——나아가 렉세오그래피크한: lexéographique[5]——행위에 대해 말하는 게 낫다. 왜냐하면 나는 나의 책읽기를 쓰고 있기 때문이다), 이 작업의 방법은 위상학적이다. 왜냐하면 나는 텍스트 속에 숨어 있지 않고 다만 그 속에서 나의 위치를 정할 수 없기 때문이다. 나의 임무는 텍스트에서도, '나'에게서도 그 조망이 멈추지 않는 체계들을 움직이게 하고 번역하는 것이다. 작동적으로 보면, 내가 발견하는 의미들은 '나 자신'이나 다른 사람들을 통해서가 아니라 그 의미들의 **체계적인** 표시를 통해서 확인된다. 독서의 **증거**로는 독서의 체계가 지닌 질과 지구력 이외는 없다. 읽는다는 것은 의미들을 발견하는 것이며, 의미들을 발견한다는 것은 그것들을 명명하는 것이다. 그러나 이처럼 명명된 의미들은 다른 이름들을 향해서 운반된다. 이름들은 불려지고 결집하며 그들의 집단은 다시 명명되기를 원한다. 나는 명명하고, 지명하고 다시 명명한다. 그런 식으로 텍스트는 지나간다. 그 흐름은 변화하는 명명이며, 지칠 줄 모르는 어림잡음이고, 환유적인 작업이다——따라서 복수태의 텍스트를 생각할 때 한 의미의 망각은 잘못으로 받아들여질 수 없다. 무엇과 관련된 망각인가? 텍스트의 **총화**란 무엇인가? 의미들은 망각될 수 있지만, 다만 우리가 텍스트에 특이한 시선을 던지겠다고 선택했을 때만 그렇다. 그러나 독서는 체계들의 연쇄를 멈추고, 텍스트의 어떤 진실이나 합법성을 설정하며, 그 결과 독자의 '실수들'을 야기시키는 데 있지 않다. 그것은 이 체계들을 그것들의 완성된 양(量)에 따라서가 아니라 다원성(이 다원성은 어

---

5) '렉세올로지크'는 어휘로 명명하는 독서 행위를 나타내고, '렉세오그래피크'는 어휘로 명명하고 이것을 기록하는 독서 행위를 나타낸다.〔역주〕

떤 세부적 계산(décompte)이 아니라 존재이다)에 따라서 연동시키는 데
있다. 나는 지나가고, 관통하며, 분절하고, 가동시키지만 헤아리지 않
는다. 의미들의 망각은 변명의 대상이 아니고 수행상의 불행한 결함도
아니다. 그것은 긍정적 가치이고, 텍스트의 무책임성, 체계들의 다원
성(내가 체계들의 목록을 마감한다면, 나는 하나의 특이한 신학적 의미
를 숙명적으로 재구성할 것이다)을 긍정하는 방식이다. 그 이유는 바로
내가 책을 읽는다는 것을 망각하기 때문이다.

VI. 한 걸음 한 걸음

우리가 어떤 텍스트의 복수태(이 복수태가 한정되어 있다 할지라도)
에 머물러 주의를 기울이고 싶다면, 고전적인 수사학과 교과서적 설명
이 수행했던 것과는 달리, 이 텍스트를 커다란 덩어리들로 구조화시
키는 것을 단념해야 한다. 텍스트의 **구축**은 없다. 모든 것은 끊임없이
여러 번에 걸쳐 의미를 나타내지만 어떤 궁극적인 커다란 전체나 최
후의 구조로의 양도는 없다. 이로부터 하나의 유일한 텍스트에 대한
점진적 분석의 발상과 말하자면 필요성이 비롯된다. 여기에는 몇몇 논
리적 귀결과 이점들이 있는 것 같다. 단 하나의 텍스트에 대한 주해는
'구체적인 것'이라는 확실한 구실 아래 위치한 우발적인 활동이 아니
다. 이 유일한 텍스트는 문학의 모든 텍스트들과 관계가 있다. 그것이
이 텍스트들을 대표해서(그것들을 추상하고 평등하게 해서)가 아니라,
문학 자체가 오로지 단 하나의 텍스트에 불과하기 때문이다. 유일한
텍스트는 어떤 대문자 모델에 대한 (귀납적) 접근이 아니라 수많은 입
구들이 있는 하나의 망의 입구이다. 이 입구를 따라가는 것은 멀리서

규범과 배척의 합당한 구조나 서사적 혹은 시적 대문자 법칙을 노리는 것이 아니라, (다른 텍스트들, 다른 코드들로부터 온 편린들이나 목소리들에 대한) 하나의 전망을 목표로 한다. 그러나 이 전망의 소실점은 끊임없이 연기되고 신비롭게 개방된다. 각각의 (유일한) 텍스트는 순응하지 않고 무한정하게 되돌아오는 이러한 차이, 이러한 달아남의 (단순한 예가 아니라) 이론 자체이다. 뿐만 아니라 이 유일한 텍스트에 대해 지극히 세부적인 부분까지 작업한다는 것은 이야기의 구조적 분석이 지금까지 커다란 구조들에서 멈추었던 지점에서 그것을 다시 시작하는 것이다. 그것은 의미의 소정맥들로 거슬러 올라갈 뿐 아니라, 기표의 어떤 장소가 코드나 코드들의 출발점(혹은 도착점)이라 생각되면 반드시 이 코드들을 예감하고 넘어가는 힘(시간, 수월함)을 확보하는 것이다. 그것은 단순한 재현적 모델을 다른 모델로 대체하는 것이다(적어도 우리는 이것을 희망할 수 있고 이것을 위해 애쓸 수 있다). 이 다른 모델의 점진적 진행 자체가 고전적 텍스트 속에서 생산적일 수 있는 것을 보장해 줄 것이다. 왜냐하면 **한 걸음 한 걸음**은 완만함과 분산 자체를 통해서, 후견 텍스트[6]에 침투하여 그것을 뒤집는 것을 피하고 그것에 대한 내적 이미지를 부여하는 것을 피하기 때문이다. 그것은 오직 독서 작업의 (영화적 의미에서) **해체**에 불과하다. 그러니까 그것은 완전한 이미지도 완전한 분석도 아닌 말하자면 **슬로 모션**이다. 그것은 끝으로 주해의 글쓰기 자체 속에서 체계적으로 이탈(지식 담론이 제대로 통합시키지 못한 형태)의 유희를 하는 것이고, 그리하여 텍스트가 엮어지는 구조들의 가역성을 관찰하는 것이다. 물론 이 고전적 텍스트는 불완전하게 가역적이다(그것의 복수태는 수수하다). 이 텍스

---

6) 후견 텍스트(texte tuteur)는 글을 쓰게 하는 텍스트의 다른 말이다.〔역주〕

트의 읽기는 필요한 순서에 따라 이루어지며, 그것의 점진적 분석은
바로 글쓰기의 순서가 될 것이다. 하지만 한 걸음 한 걸음 주해하는 것
은 부득이하게 텍스트의 입구들을 일신하는 일이고, 텍스트를 **지나치
게** 구조화시키는 것을 피하고, 어떤 논지 전개로 텍스트를 닫아 버리
는 그런 보충 구조를 그것에 부여하는 일을 피하는 것이다. 그것은 텍
스트를 한 덩어리로 그러모아 압축하는 것이 아니라 방사상의 별 모양
으로 빛나게 하는 것이다.

VII. 총총한 별들처럼 빛나는 텍스트

그러니까 우리는 의미 작용의 블록들을 작은 지진처럼 벌려 놓으면
서 텍스트를 총총한 별들처럼 빛나게 할 것이다. 이 블록들에서 독서
가 포착하는 것은 문장들의 흐름, 서술이 주조하는 담화, 일상어의 대
단한 자연스러움이 감지할 수 없게 결합시킨 매끈한 표면뿐이다. 후견
기표(signifiant tuteur)[7]는 일련의 짧은 인접한 단편들로 잘려질 것이며
여기서는 **렉시**(lexies; 독해 단위)라 불릴 것이다. 왜냐하면 이것들은 독
서의 단위들이기 때문이다. 이와 같은 재단은 지극히 임의적이 될 것
임을 말하지 않을 수 없다. 그것은 아무런 방법론적인 책임도 끌어들
이지 않을 것이다. 왜냐하면 그것은 기표와 관계되기 때문이다. 반면
에 제안된 분석은 오로지 기의에 관계된다. 독해 단위는 때로 소수의
단어들을, 때로는 몇몇 문장을 포함할 것이다. 이는 편의에 따를 것이
다. 독해 단위는 우리가 의미들을 관찰할 수 있는 가능한 가장 좋은

---

7) 후견 기표는 후견 텍스트의 기표를 말한다. (역주)

공간이면 충분할 것이다. 그것의 크기는 어림잡아 경험적으로 결정되는데, 함축 의미들의 밀도에 따라 결정될 것이다. 이 밀도는 텍스트의 순간들에 따라 다르다. 다만 우리는 각각의 독해 단위에서 많아야 서너 개의 의미들을 열거하기 바라고 있다. 덩어리로 본 텍스트는 잔잔하고 동시에 깊은 하늘, 끝도 없고 지표도 없는 매끈한 하늘과 비교될 수 있다. 그 하늘에서 지팡이 끝으로 허구적인 네모를 잘라내 새들의 날아가는 모습을 어떤 원칙들에 따라 살펴보는 점복관처럼, 주해자는 텍스트를 따라서 독서의 지대들을 그려내 의미들의 이동, 코드들의 떠오름, 인용들의 지나감을 관찰한다. 독해 단위는 의미적 볼륨의 포장에 불과하며, 담화의 흐름 속에 있는 가능한 의미들(그렇지만 이 의미들은 체계적인 독서에 의해 결정되고 확인된다)의 벤치처럼 배치된 다원적 텍스트의 능선에 불과하다. 그리하여 독해 단위와 그것의 구성 요소들은 낱말, 낱말들의 그룹, 문장 혹은 단락으로 덮인, 달리 말하면 이것들의 '자연적인' 부형약(賦形藥)인 언어로 덮인 일종의 다면적 입방체를 형성할 것이다.

VIII. 부서진 텍스트

우리가 주목하게 되는 것은 이러한 인위적인 분절을 통한 기의들의 이동과 반복이다. 각각의 독해 단위의 경우 이와 같은 기의들을 체계적으로 찾아내는 일이 목표로 하는 것은 텍스트의 진실(그것의 심층적 전략적 구조)이 아니라 그것의 복수태이다(이 복수태가 빈약하다 할지라도 말이다). 따라서 각각의 독해 단위를 위해 분리되어 알알이 떨어지는 의미의 단위들(함축 의미들)은 통합되어 어떤 메타 의미가 부여되지 않을 것이다. 그런 메타 의미는 이 단위들에 부여되는 궁극적 구축이 될 것이기 때문이다(다만 우리는 후견 텍스트의 흐름 때문에 그 일관된 맥락이 놓쳐졌을 수도 있는 몇몇 시퀀스들을 부록으로 빽빽하게 제시할 것이다). 우리는 하나의 텍스트에 대한 비평 혹은 그 텍스트에 대한 하나의 비평을 내놓지 않을 것이다. 우리는 여러 비평들(심리적·정신분석학적·테마적·역사적·구조적)의 의미적 질료(배분된 것이 아니라 분할된 질료)를 제안할 것이다. 그 다음에 (마음이 내키면) 각각의 비평은 자신의 목소리를 드러내 들려줄 수 있을 것인데, 이 목소리는 텍스트의 목소리들 가운데 하나를 청취하는 것이다. 우리가 추구하는 것은 하나의 글쓰기(이것은 여기서 읽혀지는 고전적 글쓰기가 될 것이다)의 입체화법적 공간을 개략적으로 그려내는 것이다. 따라서 복수태의 긍정에 토대한 주해는 텍스트를 '존중'하는 방향으로 작업할 수 없다. 후견 텍스트는 그것이 지닌 (통사적·수사학적·일화적) 자연스런 분할들을 전혀 고려되지 않은 채 부서지고 끊겨질 것이다. 목록·설명·이탈이 서스펜스의 중심에 자리잡을 수 있을 것이며, 동사와 그것의 보어, 명사와 그것의 속사를 분리시킬 수조차 있을 것이다. 주해 작업은 총체성에 대한 모든 이데올로기로부터 벗어난 이상 분명 텍스트를 **마음대로 몰아붙이고**, 그것의 **말문을 차단하는** 데 있다. 그러나 부정되는 것은 텍스트의 **질**(여기서는 비할 바 없는 질)이 아니라 그것의 '자연스러움'이다.

IX. 독서들의 수(數)는?

또 하나 마지막 자유를 인정해야 한다. 그것은 텍스트가 이미 읽어졌던 것처럼 그것을 읽는 자유이다. 물론 아름다운 이야기들을 좋아하는 사람들은 끝에서부터 시작하여 우선 후견 텍스트[8]를 먼저 읽을 수 있을 것이다. 이 텍스트는 출판사에서 나온 모습 그대로, 요컨대 사람들이 통상적으로 읽는 모습 그대로 순수하고 연속적인 상태로 부록으로 제시되어 있다. 그러나 어떤 복수태를 확립하고자 시도하는 우리로선 독서의 문들에서 이 복수태를 멈출 수 없다. 독서 역시 복수적이어야, 다시 말해 진입의 순서가 없어야 한다. 그러니까 독서의 '근본적' 버전은 지난번 버전이 될 수 있어야 하는 것이다. 마치 텍스트가 재구성되어 결국 인위적 연속성으로 끝나는 것처럼 말이다. 왜냐하면 그때 기표는 보충적 수사인 미끄러짐을 부여받기 때문이다. 우리 사회의 상업적·이데올로기적 습관은 일단 이야기가 소비되면('탐욕스럽게 먹어 치워' 지면), 그것을 '던져 버리고' 다른 이야기로 넘어가거나 다른 책을 살 수 있도록 하라고 권장한다. 그것은 독자들의 일부 주변적 범주들(어린이들, 늙은이들 그리고 교사들)에서만 용인된다. 여기서는 그런 습관과는 반대되는 작업으로서의 재독(再讀)이 단번에 제안된다. 왜냐하면 그것만이 텍스트를 반복(다시 읽는 것을 경시하는 사람들은 도처에서 동일한 이야기만을 읽지 않을 수 없다)으로부터 구하고, 텍스트를 다양태와 복수태로 증식시키기 때문이다. 그것은 텍스트를 내적 연대순("이것은 저것보다 **먼저** 혹은 **나중에** 일어난다") 밖으로 끌어내고, (**앞**도 **뒤**도 없는) 신화적 시간을 되찾는다. 그것은 다음과 같이 우리로 하여금 믿게 하고 싶은 주장에 이의를 제기한다. 즉 일차적 독서가 순진하고 현상적인 근본적 독서이며, 다만 그 다음에 그것을 '설명하고' 지적으로 분석해야 한다는 것이다(마치 독서의 시작이 있는 것처럼, 마치

---

8) 여기서는 발자크의 중편 소설을 말한다. [역주]

모든 것이 아직 읽어지지 않은 것처럼 말이다. 일차적 독서는 존재하지 않는다. 설령 텍스트가 설득적이기보다는 눈길을 끄는 인위적 기교인 서스펜스의 몇몇 조작 요소들을 통해 우리에게 그런 환상을 주려고 애쓰고 있다 할지라도 말이다). 재독은 더 이상 소비가 아니라 유희이다(이 유희는 상이한 것의 회귀이다). 따라서 표현에 있어서 의도적인 모순이기는 하지만, 우리가 **즉시** 텍스트를 다시 읽는다면, 마약(재시작과 차이라는 마약)의 효과에서처럼 '진정한' 텍스트가 아니라 복수태적 텍스트를 획득하기 위한 것이다. 동일하면서도 새로운 복수태적 텍스트를.

X. 《사라진》

선택된 텍스트에 대해 말하자면(그것은 어떤 이유로 선택되었는가? 내가 다만 알고 있는 점은 내가 상당히 오래전부터 어떤 짧은 이야기 전체를 분석하고 싶어했다는 것이고, 장 르불의 연구[9]로 인해 발자크의 중편이 나의 관심을 끌었다는 것이다. 이 연구자는 자신의 선택이 조르주 바타유의 한 인용에서 왔다고 말했다. 그리하여 나는 이와 같은 **이월** 속에 빠져들었고 그것의 모든 범위를 텍스트 자체를 통해서 잠시 알아보려고 했다), 이 텍스트는 발자크의 《사라진》[10]이다.

1) 《사라진 *Sarasine*》 ★ 제목은 사라진, 그것은 무엇인가?라는 질문

---

9) 장 르불, 〈사라진 혹은 인격화된 거세〉, in 《분석을 위한 연구지 *Cahiers pour l'analyse*》, 1967년 3-4월.

10) 이 텍스트는 발자크의 《인간 희극》 가운데 《파리 생활 정경》 속에 포함되어 있다. 쇠이유, 〈렝테그랄〉 총서(1966년), tome IV, p.263-272, 피에르 시트롱 해제 및 주석.

을 열고 있다. 보통명사인가? 고유명사인가? 사물인가? 남자인가? 여자인가? 이런 질문에 대한 대답은 훨씬 뒤에 가서야 사라진이라는 이름을 지닌 조각가의 전기를 통해 비로소 주어지게 된다. 하나의 질문, 그것에 대한 대답, 그리고 질문을 준비시키거나 대답을 지연시킬 수 있는 각종 작은 사건들을 다양한 방식으로 분절시키거나, 혹은 어떤 수수께끼를 표명하고 그것의 해독을 가져오는 기능을 하는 단위들 전체를 **해석학적 코드**(code herméneutique)(발췌문에서 우리는 단순화시켜 **HER**.로 표시할 것이다)라고 부르도록 결정하자. 따라서 《사라진》이란 제목은 독해 단위 153)에 가서야 닫히게 되는 한 시퀀스의 첫번째 항을 제안하고 있다(**HER**. 수수께끼 1(사실 이 중편 소설에는 다른 수수께끼들이 있게 될 것이다): 질문). ★★ **사라진**(Sarrasine)이라는 낱말은 프랑스인이면 누구나 지각할 수 있는 **여성성**이라는 또 다른 함축 의미를 실어나르고 있다. 이 여성성은 특히 프랑스어 고유명사 연구가 남성(Sarrazin)을 통상적으로 확인해 주는 고유명사인 경우, 여성의 특수한 형태소로서 마지막 e를 일반적으로 받는다. (함축된) 여성성은 텍스트의 여러 장소에서 고정되도록 되어 있는 하나의 기의이다. 그것은 성격·분위기·형상·상징을 형성하기 위해 동일한 종류의 다른 요소들과 결합될 수 있는 이동성 요소이다. 비록 여기서 식별되는 모든 단위들이 기의들이라 할지라도, 이 여성성이라는 단위는 하나의 전범적 부류에 속한다. 그것은 거의 통상적 의미에서 함축 의미가 지시하는 바대로 전형적인 기의를 구성한다. 이런 요소를(더 이상 분명히 명시할 필요 없이) 하나의 기의, 혹은 **의소**(sème)라 부르자[11](의미론에서 의소는 기의의 단위이다). 그리고 발췌된 이런 단위들을 **SEM**.이란 글자로 표

---

11) 의미적(의소적) 코드로 정리된다. 〔역주〕

시하고, 독해 단위가 귀결되는 함축적 기의를 매번 하나의 (대략적인) 낱말로 지시하는 데 만족하자(SEM. 여성성).[12]

2) **나는 그 깊은 몽상들 가운데 하나에 잠겨 있었다.** ★ 여기서 알림으로서 제공되는 몽상에서 종잡을 수 없는 것은 아무것도 없다. 그것은 수사학의 기법들 가운데 가장 잘 알려진 것에 따라 정원과 살롱, 죽음과 삶, 추위와 더위, 밖과 안처럼 대조법을 나타내는 계속적인 낱말들을 통해 강력하게 분절되고 있다. 따라서 이 독해 단위가 **알림**으로서 개시하고 있는 것은 하나의 커다란 상징적 형식이다. 왜냐하면 그것은 정원과 살롱으로부터 수수께끼 같은 늙은이, 풍만한 랑티 부인 혹은 비엥의 환상적인 아도니스를 거쳐 거세된 가수로, 화자가 사랑하는 젊은 여인으로 우리를 이끌게 되는 대체들 및 변화들의 어떤 공간 전체에 걸치게 되기 때문이다. 그리하여 이 상징적 영역에서 방대한 지대, 즉 대조법의 지대가 뚜렷히 드러나며, 현재 여기서 제시되는 것은 이 지대의 도입적 단위이다. 이 단위는 시작을 위해 몽상이라는 이름하에 반대적 두 항(A/B로 표시함)을 결합시키고 있다(우리는 이 상징적 영역의 모든 단위를 SYM이라는 글자로 표기할 것이다. 그러니까 여기서는 SYM. 대조법: AB가 나타남). ★★ 진술된 몰입 상태(**"나는 ……에 잠겨 있었다"**)는 (적어도, 읽혀지는 담론에서 보면) 이미 그것을 종결하는 어떤 사건(**"……내가 어떤 대화에 의해 깨어났을 때,"** n° 14)을 이미 부르고 있다.[13] 이와 같은 시퀀스들은 인간의 행동들을 함축하고 있다. **프로아이레시스(proairésis)**, 즉 어떤 행동의 통로를 심사숙고하는

---

12) 여기서는 대략적인 낱말이 '여성성'으로 표시되어 있다. [역주]

13) 발자크의 소설에는 이 문장이 나타나지 않는다. 바르트는 그것이 독해 단위 14)의 처음에 함축되어 있음을 말하고 있다. [역주]

능력을 **프락시스**(praxis; 실천)에 결합하는 아리스토텔레스의 용어를 참조하여 우리는 이런 행동들과 처신들의 코드를 **행동적**(proαïrétique) 코드라 부를 것이다(하지만 이야기에서 행동을 숙고하는 것은 인물이 아니라 담론이다). 우리는 이 행동적 코드를 ACT라는 글자로 나타낼 것이다. 뿐만 아니라 이런 행동들은 연속체들로 조직화되고 있으므로, 각각의 연속체는 시퀀스의 제목 같은 것인 총칭적 명칭이 부여될 것이다. 그리고 이 연속체를 구성하는 표현들 각각은 이것들이 나타나는 과정을 따라 번호가 매겨질 것이다(ACT. "잠기다" 1: 몰입하다).

3) 더없이 소란스러운 축제에서 경박한 자까지 모든 사람을 사로잡는.[14] ★ "축제가 있다"는 정보(여기서 이 정보는 우회적으로 주어져 있다)는 곧바로 다른 정보들(포부르 생 토노네에 있는 개인 저택)과 결합되어 있는데, 랑티 씨 가족의 부(富)라는 변별적인 기의의 구성 요소이다(SEM. 부). ★★ 문장은 쉽사리 '**소란스러운 축제에 깊은 몽상**'이라는 하나의 금언이 될 수 있는 것을 변형한 것에 불과하다. 이 언표는 인간의 지혜를 기원으로 하는 익명의 집단적 목소리에 의해 표명되고 있다. 따라서 이 단위는 어떤 금언적인 코드로부터 나오고 있으며, 이 코드는 텍스트가 끊임없이 참조하는 매우 많은 코드들, 즉 지식이나 지혜의 코드들 가운데 하나이다. 우리는 이 코드들을 매우 일반적으로 문화적 코드라 부를 것이다(비록 사실 모든 코드가 문화적이라 할지라도 말이다). 혹은 그것들을 참조적 코드(REF. 금언적 코드)라 부를 것이다. 왜냐하면 그것들은 담론으로 하여금 학문적 혹은 도덕적 권위에 의존하게 해주기 때문이다.

---

14) 번역본에서 이 독해 단위는 앞의 단위에서 몽상들을 수식한다.〔역주〕

XI. 다섯 개의 코드

우연에 의한 것이지만(하지만 그게 우연일까?), 최초의 세 독해 단위 (즉 중편 소설의 제목과 첫 문장)는 이미 다섯 개의 커다란 코드를 우리에게 내비치고 있으며, 이 코드들은 이제부터 텍스트의 모든 기의들과 합류하게 될 것이다. 우리의 작업이 끝날 때까지 이 다섯 개의 코드들 가운데 하나 이외의 다른 코드나, 그것들 가운데 하나에 자신의 위치를 만나지 못하는 독해 단위는 억지로 끌어들일 필요가 없는 것이다. 이 코드들을 계층화시키지 않고 그것들이 나타나는 순서에 따라 간단하게 재점검해 보자. 해석학적 코드의 목록은 어떤 수수께끼가 중심에 놓이고, 제기되며, 표명되고, 지연되어 마침내 정체를 드러내게 해주는 (형식적인) 상이한 표현들/항목들(이 표현들은 때때로 부재하기도 하고 반복되기도 한다. 그것들은 일정한 질서에 따라 나타나지 않는다)을 구분하는 데 있다. 의소들[15]에 대해 말하자면, 우리는 이제부터는 그것들을 어떤 인물(어떤 장소 혹은 대상)에 결부시키지도, 그것들이 하나의 동일한 주제 영역을 형성하도록 조직하지도 않은 채, 다시 말해 그런 시도를 하지 않은 채 찾아낼 것이다. 그것들은 그것들의 불안정성, 산재된 성격을 그대로 간직하게 될 것이며, 이런 측면 때문에 그것들은 의미의 먼지 같은 혹은 반짝이는 입자들이 될 것이다. 또한 우리는 상징적 영역[16]을 구조화시키지 않도록 더 많은 주의를 기울일 것이다. 이 영역은 다가성(多價性)과 가역성의 고유한 영역이다. 따

---

15) 의소적 코드를 말한다. [역주]
16) 상징적 코드를 말한다. [역주]

라서 주요한 과제는 우리가 여러 동등한 입구들을 통해서 이 영역에 접근하고 있음을 끊임없이 보여주는 것이며, 이런 측면은 이 영영의 깊이와 비밀을 문제적으로 만들어 준다. 행동들(행동적 코드의 표현)은 다양한 시퀀스들로 조직되며, 목록이 다만 이 시퀀스들에 표지를 제공하게 된다. 왜냐하면 행동적 시퀀스는 인위적 독서가 낳은 결과에 불과하기 때문이다. 그러니까 텍스트를 읽는 사람이면 누구나 행동을 나타내는 어떤 총칭적 명칭(산책 · 살인 · 만남 같은)으로 특정 정보들을 규합할 수 있으며, 바로 이 이름이 시퀀스를 만든다. 시퀀스는 우리가 그것을 명명하는 순간에만, 그리고 명명할 수 있기 때문에만 존재한다. 그것은 추구되고 확인되는 명명의 리듬에 따라서 전개된다. 따라서 그것은 논리적이라기보다는 경험적인 토대를 지니며, 그것을 관계의 어떤 합당한 질서 속에 진입시키는 것은 불필요하다. 그것은 **이미 수행된 것**(déjà-fait)이나 **이미 읽은 것**(déjà-lu)의 논리 이외의 논리는 가지고 있지 않다. 이로부터 (때로는 시시하고 때로는 소설적인) 시퀀스들의 다양성과 (수가 많든 적든) 표현들의 다양성이 비롯된다. 여기서도 또한 우리는 그것들을 구조화시키려고 하지 않을 것이다. 그것들의 (외적 · 내적) 발견만으로 그것들의 뒤얽힘인 직물적 짜임이 지닌 복수적 의미를 드러내는 데 충분할 것이다. 끝으로 문화적 코드는 어떤 지식이나 지혜의 인용이다. 이 코드를 찾아낼 때 우리는 인용된 (물리학적 · 생리학적 · 의학적 · 심리학적 · 문학적 · 역사적 등) 지식의 유형을 지시하는 데 만족할 것이며, 이 코드가 부각시키는 문화를 구축하는——혹은 재구축하는——데까지는 결코 가지 않을 것이다.

XII. 목소리들의 조직

다섯 개의 코드는 일종의 망이나 일반적 범주(topique)를 형성하며, 모든 텍스트는 이것을 통과한다(아니 보다 정확히 말하면, 통과하면서 텍스트가 된다). 따라서 우리가 각각의 코드도, 다섯 개의 코드의 관계도 구조화하지 않으려고 하는 것은 의도적이지만 텍스트의 다가성과 부분적인 가역성을 받아들이기 위해서이다. 사실 중요한 것은 어떤 구조를 나타내는 것이 아니라 가능한 한 어떤 구조화를 생산하는 것이다. 분석의 여백들과 불분명한 부분들은 텍스트의 달아남을 특기하는 흔적들이 될 것이다. 왜냐하면 텍스트가 어떤 형태에 종속된다 할지라도 이 형태는 단일적이지 않고, 건축처럼 조립되지 않으며 종결되지 않기 때문이다. 그것은 단편이고, 줄기이며, 잘려진 혹은 지워진 망이고, 메시지들의 겹침과 상실을 동시에 확보해 주는 거대한 **페이딩**(fading)[17]의 모든 운동들이며 굴절들이다. 따라서 여기서 우리가 **코드**라고 부르는 것은 어떻게든 재구성해야 하는 어떤 리스트도, 패러다임도 아니다. 코드는 인용들의 전망이고, 구조들의 신기루이다. 우리는 그것에 대해서 출발들과 회귀들만을 알 뿐이다. 그것이 나오는 단위들(우리가 목록화하는 것들) 자체는 언제나 텍스트의 출구들이고, 어떤 목록의 나머지를 향한 잠재적인 이탈의 표시이며 표지이다(**납치**는 이미 씌어진 모든 납치들로 귀결된다). 이 단위들 모두는 언제나 **이미**(déjà) 읽혀졌고, 보여졌으며, 행해졌고 체험된 그 무언가의 파편들이

---

17) 페이딩은 영화나 텔레비전 혹은 라디오에서 화면이나 소리가 점차로 뚜렷해지거나 사라지는 현상을 말한다. (역주)

다. 코드는 이와 같은 **이미**의 고랑이다. 그것은 과거에 씌어진 것으로, 다시 말해 (문화·삶, 문화로서의 삶에 대한) 대문자 책으로 귀결되면서 텍스트를 이 대문자 책의 안내서로 만든다. 혹은 각각의 코드는 텍스트를 점령할 수 있는 힘들 가운데 하나(텍스트는 이 힘의 망이다)이고, 텍스트가 짜여지는 목소리들 가운데 하나이다. 사실 각각의 언표에서는 전면에 나타나지 않은 목소리들(voix off)이 측면에서 들리는 것 같다. 이것들은 코드들이다. 그것들은 **이미 씌어진 것**(le déjà-écrit)의 대량적 전망 속에 그 기원이 '상실되는' 가운데 엮어짐으로써 언술 행위를 탈기원화시킨다. 목소리들(코드들)의 협력이 다섯 개의 코드, 다섯 개의 목소리가 상호 교차하는 입체 표기적 공간인 글쓰기가 된다. 이 목소리들은 자동적으로 구성되는 경험 영역(l'Empirie)의 목소리(행동적 태도들)이고, 인격체(la Personne)의 목소리(의소들)이며, 지식(la Science)의 목소리(문화적 코드들), 진실(la Vérité)의 목소리(해석학적 체계들), 상징(le Symbole)의 목소리이다.

4) **엘리제 부르봉 궁의 괘종시계가 자정을 막 울리고 있었다.** ★ 하나의 환유적 논리가 엘리제 부르봉에서 부(富)라는 의소로 이끌고 있다. 왜냐하면 포부르 생 토노레는 부유한 거리이기 때문이다. 이와 같은 부 자체가 함축되어 있다. 새로운 부자들의 거리인 포부르 생 토노레는 제유법을 통해서 벼락부자들의 신화적 장소인 왕정복고의 파리로, 의심스러운 기원으로 귀결되고 있다. 기원 없이 황금이 악마처럼 갑자기 나타나는 장소로 말이다(이것이 투기의 상징적 정의이다)(SEM. 부).

5) **창문의 벽구멍에 앉아서** ★ 하나의 대조법의 전개는 그것들의 부분들 각각(A, B)에 대한 설명을 정상적으로 포함한다. 두 개가 결합된

제시인 세번째 항이 가능하다. 이 항은 대조법을 **알리거나** 혹은 **요약하는** 문제일 경우 순전히 수사학적이다. 그러나 또한 그것은 상반된 장소들의 물리적 결합을 나타내는 문제일 경우는 글자 그대로의 뜻일 수 있다. 여기서 그것은 정원과 살롱, 죽음과 삶의 공유 경계선인 **벽구멍**(l'embrasure)이라는 낱말에 할당된 기능으로 나타나고 있다(SYM. 대조법: 공유 경계).

6) 그리고 주름잡혀 일렁이는 물결무늬 천 커튼 아래 숨어서, ★ ACT. '숨는 곳' : 1: 숨어 있다.

7) 나는 내가 그 야회를 보냈던 저택의 정원을 편안하게 응시할 수 있었다. ★ 대조법의 첫번째 항(정원)이 여기서 하나의 수사학적 관점(코드)에 따라 알려지고 있다. 이야기가 아니라 담론의 조작이 있다(SYM. 대조법: A: 알림). 나중에 이 주제를 다시 다루기 위해 이제부터 우리는 시각적인 자세이자 관찰 영역(징조들의 신전 templum)의 임의적 도면인 응시(contemplation)가 묘사를 하나의 그림 모델과 연관시키고 있음을 주목하게 될 것이다. ★★ SEM. 부(富)(축제, 포부르 생토노레, 개인 저택).

XIII. 시타르

축제 · 포부르 · 저택은 외관상으로 보면 담론의 **자연스러운** 흐름 속에 묻힌 시시한 정보들이다. 사실 그것들은 모두 몽상의 양탄자 속에 부의 이미지를 나타나게 하기 위한 터치들이다. 부라는 의소는 그리하여 여러 번에 걸쳐 '인용/소환(cité)된다. 우리는 'cité' 란 이 낱말에 그것이 지닌 투우적인 의미를 부여하고 싶다. Citar, 그것은 투우사가 짐승을 다색 리본이 달린 창으로 부르는 발뒤꿈치 동작이고, 휘어진 자세이다. 동일한 방식으로 우리는 담론이 흘러감에 따라 기의(부)를 교묘하게 따돌리면서 그것을 소환하여 나타나도록 한다. 이와 같은 순간적인 인용, 주제화하는 이와 같은 은밀하고 불연속적인 방식, 흐름과 파열적 광채의 이와 같은 교대는 함축 의미의 **진행 방향(allure)**을 잘 규정하고 있다. 의소들은 자유롭게 떠다니고 작은 정보들의 은하를 이루는 것 같지만, 이 정보들에서 어떠한 특권적 질서도 읽혀질 수 없다. 서술적 테크닉은 인상주의적이다. 왜냐하면 그것은 기표를 언어적 질료로 된 입자들로 분할하고 있고, 이것들의 응결물만이 의미를 만들기 때문이다. 이 테크닉은 불연속을 배분하는 놀이를 하고 있다(그리하여 그것은 한 인물의 '성격'을 구축한다). 수렴적인 두 정보의 통합체적 거리가 크면 클수록 이야기는 그만큼 더 능란하다. 그 성과는 어떤 정도의 인상을 심어 주는 데 있다. 윤곽선은 가볍게 지나가야 한다. 마치그것의 망각이 상관 없지만 그것이 다른 형태로 나중에 나타날 때 이미 하나의 추억을 형성하고 있듯이 말이다. 읽혀지는 것은 결속 작용들(읽혀지는 것은 '붙는다')에 토대한 효과이다. 그러나 이런 결속이 헐렁하면 할수록, 난해한 것은 더욱 지적이 된다. 따라서 이와 같은 테크닉의 (이데올로기적) 목적은 이야기의 현실을 신뢰하게 하는 것이다. 왜냐하면 (서양에서) 의미(체계)는 자연 및 현실과 상충된다고 말해지기 때문이다. 이와 같은 자연화가 가능한 것은 미미한 양의 유사요법적 리듬으로 풀려진——혹은 부름을 받은——중요한 정보들이 '자연적'이라 알려진 질료, 즉 언어를 통해 운반되고 실려오고 있기 때문이다. 역설적이지만 의미의 총체적 체계인 언어 기능은 부차적 의미들을 탈체계화하고, 그것들의 생산을 자연스럽게 하며, 허구의 정당성을 인정하는 것이다. 그리하여 함축 의미는 '문장들'의 규칙적인 소리 속에 묻히고, '부(富)'는 하나의 축제가 한 거리에 위치한 한 저택에서 벌어지게 만드는 매우 '자연적인' 통사법(주체와 상황 보어들) 속에 묻힌다.

8) 눈이 불완전하게 덮인 나무들은 달빛에 희끄무레하게 된 구름 낀 하늘을 잿빛 배경삼아 뚜렷하게 모습을 드러내고 있었다. 그런 환상적 분위기 속에서 보니 그 나무들은 수의를 제대로 걸치지 않은 귀신들을 닮으면서, 인구에 회자되는 저 사자(死者)들의 춤의 거대한 이미지를 떠올리게 했다. ★ SYM. 대조법: A: 바깥. ★★ 여기서 눈은 차가움으로 귀결되지만 숙명적인 것은 아니고 희귀하기조차 하다. 왜냐하면 푹신푹신하고 솜털 같은 망토인 눈은 동질적인 물질들의 열기, 피난처의 보호를 다분히 함축하고 있기 때문이다. 여기서 차가움은 눈이 부분적으로 덮여 있다는 사실에서 기인한다. 차가운 것은 눈이 아니라 불완전함이다. 음산한 형태는 불완전하게 덮여 있는 것이다. 그것은 깃이 빠진 것이고, 가죽이 없는 것이며, 딱지처럼 붙어 있는 것이고, 결여가 갉아먹은 충만함에서 남아 있는 모든 것이다(SEM. 차가움). 달역시 이러한 결여에 기여하고 있다. 여기서 정말로 음산하고, 풍경의 결함을 밝혀 주고 구성하는 달은 양면성을 띤 부드러움을 갖추고 다시 나타난다. 그때 그것은 백대리석 램프의 대체물로서 비엥의 아도니스를 밝혀 주고 여성화시키게 된다(n° 111). 아도니스라는 이 초상화는 지로데의 엔디미온과 중복된다(그리고 그것도 상당히 명료하다)(n° 547). 왜냐하면 달은 빛의 아무것도 아닌 것이고, 빛의 결여로 귀착된 열기이기 때문이다. 그것은 순수한 반영을 통해 밝히며 그 자체가 기원이 아니다. 그리하여 그것은 거세된 가수의 빛나는 상징이 된다. 그

는 그가 젊을 때(아도니스) 여성성에서 빌리는 빈 광채가 나타내는 결여인데, 그가 늙었을 때(늙은이 · 정원) 이 비어 있는 광채에서 남아 있는 것은 회색빛 나병뿐이다(SEM. 달의 속성). 뿐만 아니라 환상적인 것은 인간적인 것의 기본적 한계 밖에 있는 것을 지시하고 또 지시하게 될 것이다. 초자연(sur-nature)과 초세계(sur-monde)로서의 이와 같은 위반은 (뒤에 가서) 초여성(Sur-femme)이자 남자 이하 존재(sous-homme)로 동시에 주어지는 거세된 가수의 위반이다(SEM. 환상적인). ★★★ REF. 예술(사자들의 춤).

9) 그리고 나서 반대 방향으로 몸을 돌리면, ★ 대조법의 한 항목(정원 · 밖)에서 다른 항목(살롱 · 안)으로 이동이 여기서는 육체적 운동이다. 따라서 그것은 (수사학적 코드에 속하는) 담론의 인위적인 현상이 아니라 접합의 신체적 행위이다(SYM. 대조법: 공유 경계).

10) 나는 산 자들의 춤에 감탄할 수 있었다! ★ 사자들의 춤(n° 8)은 상투적 표현, 고정된 연사(連辭)였다. 이 연사는 여기서 둘로 꺾여져 새로운 연사가 구성되고 있다(산 자들의 춤). 두 개의 코드가 동시에 들린다. 하나는 함축 의미의 코드(사자들의 춤에서 의미는 예술사의 지식이라는 코드화된 지식에서 비롯되며 전체적이다)이고 다른 하나는 외시 의미의 코드(산 자들의 춤에서 각각의 낱말은 단순히 사전적 의미를 간직하면서 옆의 낱말에 부가되고 있다)이다. 이와 같은 상위, 이런 종류의 사시(斜視)는 말장난을 규정하고 있다. 이 말장난은 대조법의 다이어그램(우리가 그 상징적 중요성을 알고 있는 형태)으로 구축되고 있다. 춤이라는 공통의 줄기는 두 개의 대립적인 연사(죽은 자들/산 자들)로 다양화되고 있다. 화자의 육체가 정원과 살롱이 출발하는 유일한 공간이

듯이 말이다(REF. 말장난). ★★ "나는 응시할 수 있었다"는 대조법의 첫 부분(A)을 알렸다(n° 7). "나는 감탄할 수 있었다"는 대칭적으로 두 번째 부분(B)을 알리고 있다. 응시는 하나의 순수한 회화적 풍경과 관계되고 있었다. 반면에 찬양은 형태·색깔·소리·향수를 동원하면서 살롱의 묘사(계속 이어질 묘사)를 연극적 모델(무대)과 관련시키고 있다. 우리는 다른 재현 코드들을 지닌 문학(바로 이것의 '사실주의적' 버전에서)의 이와 같은 예속에 다시 다룰 것이다(SYM. 대조법: B: 알림).

11) 화려한 살롱의 벽은 은빛과 금빛으로 빛나고 샹들리에는 촛불들로 반짝이며 광채를 발하고 있었다. 그곳에는 파리에서 가장 부유하고 가장 좋은 작위를 지닌 가장 멋진 여자들이 다이아몬드로 눈부시고 번쩍이며 화려한 모습으로 우글거리고, 분주히 움직이며 나비처럼 돌아다니고 있었다! 꽃들이 머리에, 가슴에, 머리털 속에 꽂혀 있었고, 드레스 위에 뿌려져 있었으며 혹은 그녀들의 발에 장식되어 있었다. 가벼운 떨림이나 관능적인 발걸음만 해도 그녀들의 섬세한 허리 주변에서 레이스·금발·모슬린이 출렁거렸다. 너무도 강렬한 몇몇 시선들이 여기저기서 뚫고 나와 불빛들과 다이아몬드의 광채를 퇴색시키고, 너무도 불타는 마음들에 여전히 생기를 불어넣고 있었다. 정부(情夫)들로 향한 의미심장한 얼굴 표정들과 남편들로 향한 부정적 태도들이 포착되고 있었다. 예기치 않은 카드가 나올 때마다 터지는 도박꾼들의 목소리와 금화 부딪치는 소리가 음악과 속삭이는 대화에 뒤섞이고 있었다. 세상이 제공할 수 있는 유혹적인 모든 것을 통해서 이 열광한 무리를 완전히 얼빠지게 하려는 듯, 한 줄기 향수(香水)와 전반적인 도취가 광기 어린 상상력에 작용하고 있었다. ★ SYM. B: 안쪽. ★★ 여자들은 꽃으로 변모되어 있다(그녀들은 어디에나 꽃을 지니고

있다). **식물성**(végétalité)이라는 이 의소는 뒤에 가서 화자가 사랑하는 여인(이 여인의 형태는 '푸른색이다')에게 고정되러 온다. 다른 한편 식물성은 순수한(유기체적이기 때문에) 삶에 대한 어떤 관념을 함축하며, 이 관념은 늙은이가 만들어 내게 되는 죽은 '사물'과 더불어 대조법을 형성한다(**SEM**. 식물성). 레이스의 떨림, 모슬린의 출렁임 그리고 향수의 증기 같은 떠다님은 각진 것(n° 80), 기하학적인 것(n° 76), 주름살 진 것(n° 82), 그러니까 늙은이가 의소적으로 규정하는 모든 형태들에 대조적인 **증기처럼 가벼운**(vaporeux)이라는 의소를 확립한다. 늙은이의 경우에서 대조적으로 표적이 되는 것은 몸으로서의 **생체**(machine)이다. 우리는 (적어도, 읽혀지는 담론에서) 증기처럼 가벼운 생체를 생각할 수 있을까? (**SEM**. 증기처럼 가벼운.) ★★★ **SEM**. 부(富). ★★★★ 암시적으로 간통의 분위기가 지시되고 있다. 그것은 파리를 비도덕성의 장소로 함축하고 있다(랑티 가문의 것을 포함해 파리의 부는 비도덕적이다)(**REF**. 윤리적 심리: 파리).

12) 이렇게 나의 오른쪽에는 죽음의 어둡고 적막한 이미지가 자리 잡고 있었고, 왼쪽에는 삶의 품격 있는 바쿠스 축제가 펼쳐지고 있었다. 이쪽에는 슬픔에 잠긴 차갑고 음울한 자연이, 저쪽에는 즐거움에 빠진 인간들이 있었다. ★ **SYM**. 대조법: AB: 요약.

13) 매우 부조화를 이루는 이 두 그림은 다양한 방식으로 수없이 반복되면서 파리를 세계에서 가장 재미있고 가장 철학적인 도시로 만들어 준다. 나는 그 둘의 경계에서 반은 즐겁고 반은 음산한 정신적 잡탕을 만들고 있었다. 나는 왼발로는 박자를 맞추고 있으면서 오른발은 관 속에 있다고 생각했다. 사실 나의 왼쪽 사지는 몸뚱이의 절반을 얼

어붙게 만드는 그 외풍에 얼어 있었던 반면에, 오른쪽 사지는 살롱의 축축한 열기를 느끼고 있었는데, 이는 무도회에서 상당히 자주 있는 돌발사이다. ★ '잡탕'은 잡다한 성격을, 서로 어울리지 않는 요소들의 아무런 관계 없는 혼합을 함축한다. 이 의소는 화자로부터 사라진으로 이동하게 될 것인데(n° 159), 이런 측면은 화자가 도입적인 부차적 인물에 지나지 않는다는 생각을 약화시킨다. 두 사람은 상징적으로 대등하다. 혼합적인 것은 사라진의 이야기에서 많은 중요성을 지니게 될 어떤 상태와 대립된다. 왜냐하면 그것은 장차 그의 첫번째 즐거움인 미끄러운 것(le lubrifié)의 발견(n° 213)과 연결되기 때문이다. 사라진과 화자의 실패는 하나의 '굳어지지' 않는 물질의 실패이다(SEM. 혼합적인 것). ★★ 여기서 두 개의 문화적 코드가 목소리를 내고 있다. 윤리적 심리(REF. '파리')와 민중 의학(창문의 벽구멍에 머물면 더위-추위에 쉽게 걸린다)이 그것이다(REF. 의학). ★★★ 대조법의 심층적 상징 체계에 대한 화자의 참여는 여기서 거칠고 하찮은 신체적 인과성에의 의존을 통해 조롱되고, 진부해지며 최소화되고 있다. 왜냐하면 화자는 그에게 '통풍 같은 문제'인 상징 영역을 짐짓 거부하는 것 같기 때문이다. 게다가 그는 그것에 대한 불신으로 인해 벌을 받게 된다(SEM. 비(非)상징 체계).

XIV. 대조법 I: 추가

수사학이 오랜 세월을 통해 제안한 수백 개의 기법들은 세계를 명명하고 성립시키는 데 목적이 있는 분류 작업을 구성한다. 이 모든 기법들 가운데 가장 안정적인 것 중 하나가 대조법이다. 그것의 명백한 기능은 메타언어적 명칭이나 대상을 통해 대립적인 것들의 분할과, 이 분할이 그 자체로 지닌 환원 불가능성 자체를 확고하게 만드는(그리고 길들이는) 것이다. 대조법은 모든 영원성으로부터 분리시킨다. 그리하여 그것은 대립되는 것들의 본성에 호소하며, 이 본성은 사납다. 유일한 현존이나 결핍을 통해서 어떤 단순한 특징과 다르게 되는 것(보통 계열적(paradigmatique) 대립에서 일어나듯이)과는 거리가 멀게, 대조법의 두 항은 서로가 서로를 통해 **표시**된다. 그것들의 차이는 어떤 변증법적·보완적 운동(비어 있음 대(對) 충만함)에서 비롯되는 게 아니다. 대조법은 완전무장한 두 전사처럼 의례적으로 마주하게 된 두 개의 충만함이 벌이는 싸움인 것이다. 대조법은 영원히 반복되는 영원한 **주어진** 대립의 기법이다. 그것은 억제할 수 없는 기법이다. 따라서 대조법의 두 항의 모든 동맹, 모든 혼합, 모든 화해, 한마디로 대조법의 벽을 넘어가는 모든 이동은 위반을 구성한다. 물론 수사학은 위반적인 것을 명명하는 어떤 기법을 새로이 창안할 수 있다. 이런 기법은 존재하며, 그것은 **모순논법**(paradoxisme)(혹은 모순어법 alliance de mots)이다. 흔치 않은 이 기법은 억제할 수 없는 것을 누그러뜨리기 위한 코드의 궁극적 시도이다. 바깥쪽과 안쪽의 공유 경계인 창문 **벽구멍**에 숨어서 역작용의 내적 경계에 자리를 잡고, 대조법의 벽에 올라탄 채 화자는 이 기법을 실현시키고 있다. 그는 위반을 초래하거나 지탱하고 있다. 이와 같은 위반은 현재로선 아무런 재앙적 측면이 없다. 그것은 조롱되고, 진부해지고 자연스럽게 된 채, 상징에 대한 혐오(혐오로서의 상징)와는 아무런 관계가 없는 **상냥한**(aimable) 말의 대상이 되고 있다. 그러나 그것의 스캔들은 즉각적으로 식별할 수 있다. 어떻게? 수사학적으로 정원과 살롱의 대조법은 포화되었다. (AB) 전체는 알려졌고, 이어서 각각의 항 자체가 도입되고 묘사되었으며, 그리고는 다시 마감하기 위해 반명제 전체가 조화롭게 닫혀진 고리에 따라 요약되었기 때문이다.

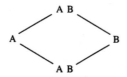

그런데 하나의 요소가 (수사학적으로) 마감된 이 전체에 **덧붙여지러** 왔다. 이 요소는 화자의 ('공유 인접'이라는 이름으로 해독된) 위치이다.

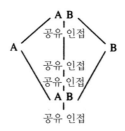

공유 인접은 대조법의 수사학적인──혹은 계열체적인──조화 (AB/A/B/AB)를 깨트리고, 이와 같은 깨트림은 어떤 결여에서 오는 것이 아니라 과도함에서 온다. 그러니까 **초과의** 요소가 있으며, 이 부당한 추가(supplément)가 (화자의) 육체이다. 추가로서의 육체는 이야기가 실현시키는 위반의 장소이다. 바로 육체의 수준에서 대립적 상황의 경계가 무너지게 되어 있고, 대조법의 화해 불가능 두 항(바깥쪽과 안쪽, 추위와 더위, 죽음과 삶)이 수사법 가운데 가장 아연케 하는 것을 통해 (**품질이** 없는) 혼합 물질 속에서 합류하고, 접촉하며 뒤섞이도록 요청받고 있다. 이 혼합 물질은 여기서는 제멋대로이지만(그것은 잡탕이다), 뒤에 가서는 공상적이다(그것은 나란히 앉아 있는 늙은이와 젊은 여자가 형성하는 아라베스크 형태가 될 것이다). 무언가 이야기될 수 있고 이야기가 시작되는 것은 수사학이 담론을 점잖게 포화 상태로 만든 이후에 이 담론에 다가오는 이와 같은 **과도함**을 통해서이다.

XV. 악보

(읽혀지는) 텍스트의 공간은 모든 점에서 (고전적인) 악보와 비교될 수 있다. (점진적인 움직임 속에서) 연사(連辭; syntagme)의 재단은 박자를 맞춘 소리 흐름의 재단에 부응한다(전자는 후자보다 아주 약간 더 임의적이다). 파열하는 것, 섬광을 발하는 것, 강조하고 인상을 심어 주는 것은 의소들, 문화적 인용들 그리고 상징들인데, 이것들은 그것들이 지닌 강한 울림, 그리고 불연속의 가치 때문에 금관악기들 및 타악기들과 유사하다. (흔히 숲에 맡겨진 선율처럼) 이해할 수 있는 변화가 진행됨에 따라 돌발적 사건들, 아라베스크 형태들 그리고 통제된 지연들을 통해서 노래하는 것, 풀어지는 것, 움직이는 것은 일련의 수수께끼들이고, 이것들의 베일 벗기는 작업의 정지이며, 해결의 늦춤이다. 그리하여 하나의 수수께끼의 전개는 하나의 푸가의 전개이다. 둘 다 하나의 **주제**를 포함하고 있으며, 이 주제는 **도입부/주제 제시부**(exposition), **심심풀이/희유곡**(divertissement)(이것을 채우는 것은 담론으로 하여금 미스터리를 연장시키게 해주는 늦추기, 모호성 그리고 함정이다), **종결부/스트레타**(strette)(단편적인 해답들이 빠르게 밀려오는 긴박한 부분) 그리고 결말을 따른다. 끝으로 현들이 그렇게 하듯이 전체를 지탱하고, 정연하게 연결시키고 조화시키는 것은 행동적 시퀀스들, 행동들의 전진, 알려진 동작들의 리듬이다.

독해 단위	1	2	3	4	5	6	7	8	9	10	11	12	13
의소	♪		♪	♪			♪	♫			♫		♫
문화적 코드			♪					♪		♪	♪		♫
대조법		♩			♩		♩	♩	♩	♩	♩		♩
수수께끼 1	𝅝												
'잠긴'		𝅝											
'숨은'						𝅝							

유비는 여기서 멈추지 않는다. 우리는 이 다성표(多聲表; table poly-phonique)에서 두 개의 연속체(해석학적 연속체와 행동적 연속체)에, 고전 음악에서 멜로디와 화성이 보유하고 있는 동일한 조성적(調聲的) 결정을 부여할 수 있다. 읽혀지는 텍스트는 **조성적** 텍스트이고(이에 대한 습관은 우리의 청각만큼 조건지어진 독서를 산출한다. 우리는 조성적 귀가 있듯이 **읽혀지는 눈**(œil lisible)이 있으며, 그리하여 읽혀질 수 있음 (lisibilité)을 망각하는 것은 조성을 망각하는 것이라고 말할 수 있다), 조성적 통일성 그 속에서 두 개의 시퀀스적 코드에 기본적으로 달려 있다. 하나는 진실의 전진이고 다른 하나는 표상된 동작들의 배열이다.[18] 멜로디의 점진적 순서와 서술적 시퀀스의 점진적 순서에는 동일한 제약이 있는 것이다. **그런데 바로 이 제약이 고전적 텍스트의 복수태를 축소시킨다.** 식별된 다섯 개의 코드는 흔히 동시에 들리는데, 사실 텍스트에 어떤 복수적 질을 보장하지만(텍스트는 매우 다성적이다), 다섯 개의 코드 가운데 세 개만이 시간의 제약에 따르지 않는 가역적인 치환 가능한 특성들을 제안한다(의소적 코드, 문화적 코드, 상징적 코드). 다

---

18) 둘은 해석학적 코드와 행동적 코드에 속한다. (역주)

른 두 개는 불가역적인 질서에 따라 그것들의 표현들을 강제한다(해석학적 코드, 행동적 코드). 따라서 고전적 텍스트는 (일직선적이 아니라) 표(表)의 성격을(tabluaire) 띠지만, 이런 성격은 벡터화되어 있으며 논리-시간적 질서를 따른다. 중요한 것은 다가적이지만 불완전하게 가역적인 체계이다. 가역성을 봉쇄하는 것이 바로 고전적 텍스트의 복수태를 제한하는 것이다. 그런 봉쇄들은 이름들을 지니고 있는데, 한편으로는 진실이고 다른 한편으로는 자동 구성되는 경험 영역(l'empirie)이다.[19] 바로 이것들에 대항해서——혹은 그것들 사이에서——현대적 텍스트가 확립된다.

14) ─ 랑티 씨가 이 저택을 소유한 지가 그렇게 오래되지 않지요?

─ 오래되었습니다. 카리글리아노 원수가 그에게 이 저택을 판 지 곧 10년이 됩니다…….

─ 아!

─ 저 사람들은 엄청난 재산을 지니고 있어야겠지요?

─ 그래야만 하겠지요.

─ 대단한 축제입니다! 오만한 사치입니다.

─ 저들이 뉘생장 씨나 공드르빌 씨만큼 부유하다고 생각하십니까?

★ ACT. '잠기다' : 2: 다시 빠져나오다. ★★ REF. 연대적 코드(10년). ★★★ 랑티 씨 부부의 부(富)(이 부는 축제 · 저택 · 거리의 수렴을 통해서 이미 특기되었음)는 여기서 숨김없이 알려지고 있다. 그리고 이 부가 수수께끼의 대상이 되기 때문에(그것은 어디서 온 것인가?), 이 독해 단위에서 해석학적 코드의 한 표현을 보아야 한다. 수수께끼의 문

---

19) 역시 이 두 가지는 해석학적 코드와 행동적 코드에 속한다.〔역주〕

제가 관련되는 대상(혹은 주체)을 테마(thème)라고 부르자. 수수께끼는 아지 표명되지 않고 있지만, 그것의 테마는 이미 제시되고 있거나 혹은 이런 표현이 더 좋다면 어떤 식으로든 강조되어 있기 때문이다 (HER. 수수께끼 2: 테마).

15) — 그렇다면 당신은 모르고 계신단 말인가요…?

나는 머리를 내밀었고 두 대화자가 파리에서 오로지 왜? 어떻게? 그는 출신이 어딘가? 그들은 누구인가? 무슨 일인가? 그녀가 무슨 일을 저질렀는가?와 같은 질문들에만 관심을 기울이는 그 호기심 많은 족속에 속한다는 것을 알아보았다. 그들은 낮은 목소리로 말하기 시작했고, 그러다가 어딘가 조용한 소파에서 보다 편안히 이야기하러 멀어져 갔다. 미스터리를 캐는 자들에게는 이보다 더 풍요로운 광산은 열려진 적이 없었다. ★ ACT. '숨는 곳' : 2: 은신처에서 나오다. ★★ REF. 윤리적 심리(세속적이고, 헐뜯고 험담을 잘하는 파리). ★★★ 다음과 같이 해석학적 코드가 두 개 나타난다. 담론이 "수수께끼가 있다"라고 어떤 식으로든 우리에게 말할 때마다 수수께끼의 **설정**과 **해답의 교묘한 회피**(혹은 정지)가 있는 것이다. 왜냐하면 담론이 두 대화자를 멀리 있는 소파로 떠나도록 조치하지 않았다면, 우리는 즉각적으로 이 수수께끼의 낱말, 즉 랑티 씨 부부의 재산의 기원을 알 수 있었을 것이기 때문이다(그러나 그렇게 되면 할 이야기가 더 이상 없게 될 것이다)(HER. 수수께끼 2: 설정 및 해답의 정지).

16) 아무도 랑티 씨 가족이 어떤 나라에서 왔는지도, ★ 새로운 수수께끼가 테마화되고(랑티 씨네 사람들은 가족으로 구성되어 있다), 설정되고 있으며(수수께끼가 있다), 표명되고 있다(그들의 어디 출신인가?).

이와 같은 세 개의 형태소는 여기서 단 하나의 문장으로 뒤섞여 있다 (**HER**. 수수께끼 3: 테마 · 설정 · 표명).

17) 수백 만 프랑에 달하는 것으로 평가되는 재산이 어떤 거래, 어떤 횡령, 어떤 해적질, 어떤 유산에서 비롯되었는지도 몰랐다. ★ **HER**. 수수께끼 2(랑티 씨 집안의 재산): 표명.

18) 이 가족 구성원들 모두가 이탈리아어 · 프랑스어 · 스페인어 · 영어 · 독일어를 상당히 완벽하게 말했기 때문에 그들이 이들 상이한 국민들 사이에서 틀림없이 오랫동안 체류했을 것이라고 추정하게 해주었다. 그들은 보헤미안들이었던가? 그들은 해적들이었던가? ★ 하나의 의소가 여기서 암시되고 있다. 그것은 당시 교양적 언어인 다섯 개의 언어를 말하는 랑티 씨 가족의 국제성이다. 이 의소는 진실을 도입하고 있다(종조부는 지난날 국제적 스타였고, 언급된 언어들은 유럽 음악계의 언어들이다). 그러나 그것이 이런 진실을 드러내는 데 소용되기에는 너무 이르다. 담론의 도덕으로 볼 때 중요한 것은 전망적 차원에서 그것이 이 진실을 반박하지 않는다는 것이다(**SEM**. 국제성). ★★ 서술적으로는 하나의 수수께끼가 **상당 수의 지연을 통해서** 질문에서 대답으로 인도한다. 이런 지연들 가운데 주요한 것은 아마 우리가 함정이라 부르는 속임수, 가짜 대답, 거짓일 것이다. 담론은 랑티 씨 집안의 재산이 비롯된 가능한 원인들(**거래 · 횡령 · 해적질 · 유산**) 사이에 진정한 원인을 생략함으로써 암시적 간과법을 통해 이미 거짓말을 했다. 이 진정한 원인은 부양받고 있는 유명한 거세된 가수인 한 종조부가 스타였다는 것이다. 여기서 담론은 대전제가 가짜인 생략 삼단논법을 통해 능동적으로 거짓말을 하고 있다. 1° 보헤미안들과 해적들만이 여

러 언어를 말한다. 2° 랑티 씨 가족은 여러 언어에 능통하다. 3° 랑티 씨 가족은 보헤미안 혹은 해적 출신이다(HER. 수수께끼 3: 함정, 담론에서 독자로 향함).

19) ― 어떤 일이 있어도 저들의 접대는 훌륭해라고 젊은 정치인들이 말했다.

― 랑티 백작이 어떤 카스바를 털었다 할지라도, 나는 그의 딸과 혼인하겠소!라고 어떤 철학자가 소리쳤다. ★ REF. 윤리적 심리: 추잡스러운 파리.

20) 어느 누가 이팔청춘의 젊은 처녀인 마리아니나와 결혼하지 않으려 했겠는가? 그녀의 아름다움은 동방 시인들의 신화적인 발상을 구현하고 있었는데 말이다! 《요술 램프》의 이야기에 나오는 터키 군주의 딸처럼 그녀는 베일에 가려져 있어야 했으리라. 그녀의 노래는 말리브랑·손타그·포도르 같은 가수들의 불완전한 재능을 무색케 했다. 이들 가수들의 경우 하나의 지배적인 능력 때문에 항상 전체의 완벽성에 이르지 못했다. 반면에 마리아니나는 소리의 순수성, 감성, 템포와 음정의 적절성, 영혼과 교양, 정확성과 감정을 똑같은 정도로 융합할 줄 알았다. 이 처녀는 모든 예술의 공통적 끈인 저 은밀한 시정의 전형, 그녀를 찾는 사람들로부터 끊임없이 달아나는 그런 전형이었다. 그녀의 어머니가 아니면 그 어떤 것도 부드럽고 겸손하며, 교양 있고 재치 있는 마리아니나의 빛깔을 퇴색시킬 수 없었다. ★ REF. 연대기(마리아니나는 아버지가 카리글리아노 저택을 구입했을 때 여섯 살이었다 등[20]).

---

20) 저택을 10년 전에 구입했음을 상기할 것.〔역주〕

★★ REF. 격언적 코드("모든 예술에는 ……이 있다" 등)와 문학적 코드(동방의 시인들, 《천일야화》, 알라딘). ★★★ 왜 마리아니나의 음악성은 완벽한가? 왜냐하면 그것은 보통 분산되어 있는 특성들을 결합하고 있기 때문이다. 마찬가지로 왜 잠비넬라는 사라진을 매혹시키는가? 왜냐하면 그의 육체는 조각가가 자신의 모델들 사이에 분할되어 있는 것을 경험할 뿐이었던 완벽성들을 통합시키고 있기 때문이다(n° 220). 두 경우에 나타나는 것은 분할된 육체 혹은 총체적 육체라는 주제이다(SYM. 통합된 육체). ★★★★ 젊은 처녀의 아름다움은 하나의 문화적, 여기서는 문학적 코드를 참조하고 있다(이 코드는 다른 곳에서는 회화적 혹은 조각적일 수 있다). 그것은 문학의 흔해빠진 수많은 주제이다. 절대적 여자(la Femme)는 절대적 책(le Livre)을 복사하기 때문이다. 달리 말하면 육체는 모두 **이미 씌어진 것**(le déjà-écrit)의 인용이다. 욕망의 기원은 조각상이고, 그림이며, 책이다(사라진은 피그말리온과 동일시되게 된다, n° 229)(SYM. 육체들의 복제).

XVI. 아름다움

아름다움은 (추함과는 반대로) 진정으로 설명될 수 없다. 그것은 육체의 각 부분에서 스스로를 말하고, 자신을 드러내며, 반복하지만 스스로를 묘사하지 않는다. 어떤 신(아름다움과 마찬가지로 비어 있는 신)처럼 그것은 나는 **현재 있는 그대로의 모습이다**라고 말하는 것밖에 달리 할 수가 없다. 따라서 담론이 할 수 있는 것이라곤 각각의 세부적 부분이 지닌 완벽성을 단언하고, '그 나머지'를 모든 아름다움을 성립시키는 코드, 즉 예술로 귀결시키는 일뿐이다. 바꾸어 말하면 아름다움은 어떤 인용의 형태로만 주장될 수 있다. 예컨대 마리아나나가 터키 군주의 딸을 닮았다는 것은 그녀의 아름다움이 지닌 무언가에 대해 언급될 수 있는 유일한 방식인 것이다. 아름다움은 그것의 모델로부터 아름다움뿐 아니라 말까지 물려받는다. 그것은 이전의 모든 코드가 박탈당한 채 그것 자체에 맡겨진다면 침묵할 것이다. 그 어떠한 직접적인 모든 술어도 그것에 부여되는 것은 거부된다. 가능한 유일한 술어들은 동어반복(**완벽한 달걀 모양의 얼굴**)이거나 비교(**라파엘로의 마돈나처럼, 꿈의 보석처럼 아름답다** 등)이다. 그래서 아름다움은 무한한 코드들로 귀결된다. **비너스처럼 아름답다고?** 그렇다면 비너스는? 무엇처럼 아름다운가? 그녀 자체처럼? 마리아나나처럼? 아름다움의 복제품을 멈추게 하는 유일한 방법은 그것을 감추는 것이고, 그것을 침묵, 말로 표현할 수 없는 것, 실어증으로 돌려보내는 것이며, 지시 대상을 보이지 않는 것으로 귀결시키는 것이고, 터키 군주의 딸에 베일을 씌우는 것이며, 코드를 부각시키되 이 코드의 기원을 구현시키지 않는(끌어들이지 않는) 것이다. 비교 대상(le comparé)의 이와 같은 여백을 복원시키는 수사법은 비유적 전용인데, 그 존재는 비교하는 주체(le comparant)의 말에 전적으로 내맡겨져 있다(풍차의 '날개(ailes)'나 의자의 '팔걸이(bras)'를 나타내기 위한 가능한 어떤 다른 낱말도 존재하지 않지만, '날개'와 '팔'은 **즉각적으로, 이미** 은유적이다). 이 수사법은 환유보다 아마 훨씬 더 근본적이라 할 것이다. 왜냐하면 그것은 비어 있는 비교 대상을 중심으로 말하기 때문이다. 그것은 아름다움의 수사법이다.

21) 여러분은 나이를 무색케 할 정도로 위압적으로 아름다우며 서른여섯 살의 나이에 15년 전보다 더 욕망을 불러일으키는 것 같은 저런 여인들을 만나 본 적이 있는가? 그녀들의 얼굴은 열정적인 영혼으로

빛을 발하고 있다. 표정마다 지성으로 빛나고 있다. 특히 빛에 노출될 때는 털구멍마다 특별한 광채를 띠고 있다. 매력적인 눈은 유혹하고, 거부하며, 말하거나 침묵한다. 거동은 천진스럽게 능란하다. 목소리는 지극히 애교스럽게 부드럽고 다정한 톤으로 선율적인 풍요로움을 펼쳐낸다. 비교를 토대로 한 그녀들에 대한 찬사는 극도로 상처받기 쉬운 자존심을 애무해 준다. 그녀들이 눈살을 조금만 찌푸려도, 눈짓을 조금만 해도, 입술만 움직여도, 자신들의 삶과 행복을 그녀들에게 종속시키고 있는 사람들에게는 일종의 공포가 새겨진다. 사랑을 경험하지 못했고 대화에 유순한 처녀는 유혹에 넘어갈 수 있다. 그러나 저런 종류의 여인들을 상대하려면 남자는 조쿠르 씨처럼 하녀가 작은 옆방에 숨으려 하다 그의 두 손가락을 문틈에 부러뜨린다 해도 소리를 지르지 않을 줄 알아야 한다. 저런 힘 있는 요부들을 사랑한다는 것은 자신의 인생을 거는 게 아니겠는가? 그렇기 때문에 아마 우리는 그녀들을 그토록 정열적으로 사랑하는 것이리라! 랑티 백작부인이 그런 여자였다. ★ REF. 연대기(랑티 부인은 ……일 때 서른여섯 살이다. 지표는 기능적이거나 기표적인데, 이 경우가 그렇다). ★★ REF. 사랑의 전설들(조쿠르 씨)과 여자들을 사랑하는 유형학(미숙한 처녀보다 우월한 성숙한 여자). ★★★ 마리아니나는 《천일야화》를 모사했다. 그런데 랑티 부인의 육체는 또 다른 대문자 책: 즉 대(大)생명(la Vie)의 책에서 나온다(“……당신은 저런 여인들을 만나 본 적이 없나요?”). 이 책은 남자들, 다시 말해 그들 자체가 전설 속에 있고, 사랑이 이야기되기 위해 읽혀져야 하는 것 속에 있는 남자들(조쿠르 씨 같은)에 의해 씌어졌다(SYM. 육체들의 복제). ★★★★ 딸과 대립되는 랑티 부인은 그녀의 상징적 역할이 분명하게 나타나도록 묘사되고 있다. 왜냐하면 남성과 여성의 생물학적 축(이 축은 본 중편 소설의 모든 여인들을 동일한 부류로 분류하게 만들 것이지만 이는 쓸데없는 일일 것이다)을 대체하는 것은 거세의 상징적 축이기 때문이다(SYM. 거세의 축).

XVII. 거세의 진영

언뜻 보면 《사라진》은 성들(남녀 혼성항과 중성항이라는 대립되는 두 항)의 완벽한 구조를 제안하고 있다. 따라서 이 구조는 다음과 같은 남근적 표현 방식으로 규정될 수도 있을 것이다. 1° 남근으로 존재하다(남자들: 화자 · 랑티 씨 · 사라진 · 부샤르동). 2° 남근을 소유하다(여자들: 마리아니나 · 랑티 부인, 화자가 사랑하는 젊은 여인, 클로티드). 3° 남근을 소유하고 남근으로 존재하다(남녀 양성 존재들: 필리포 · 사포). 남근을 소유하지도 남근으로 존재하지도 않는 자(거세된 가수). 그런데 이런 분포는 만족스럽지 못하다. 여자들은 비록 동일한 생물학적 부류에 속한다 할지라도, 동일한 상징적 역할을 지니는 것이 아니다. 어머니와 딸은 대립하고(텍스트는 이 점을 충분히 언급하고 있다), 로슈피드 부인은 차례로 어린아이와 여왕으로 분할되어 있다. 클로티드는 아무것도 아니다. 필리포는 여성적 자질들과 남성적 자질들을 지니고 있는데, 사라진을 공포에 떨게 하는 사포와 아무런 관계가 없다(n° 443). 끝으로 보다 주목할 만한 사실이지만, 이야기에 나오는 남자들은 완전한 남성성 쪽에 제대로 위치를 차지하지 못하고 있다. 한 사람은 발육이 제대로 되지 않았고(랑티 씨), 다른 한 사람은 모성적이며(부샤르동), 세번째 사람은 대문자 여자-여왕(Femme-Reine)에 예속되어 있고(화자), 마지막 인물(사라진)은 거세에 이를 정도까지 '실추되어' 있다. 따라서 성적인 분류는 좋은 게 아니다. 다른 적절한 것을 찾아야 한다.

좋은 구조를 드러내는 것은 랑티 부인이다. (수동적인) 딸과 대립되는 랑티 부인은 전적으로 능동적인 영역 쪽에 있다. 왜냐하면 그녀는 시간을 지배하기 때문이다(그녀는 나이의 파괴에 도전한다). 그녀는 자신을 빛처럼 발산한다(발산은 거리를 둔 행동이며, 힘의 우월한 표현이다). 찬사를 베풀고 비교를 구상해 내며, 인간이 자신을 알아볼 수 있는 언어를 창시함으로써 그녀는 최초의 대(大)권력자(Authorité originelle)이고, 침묵의 **신력**(神力, numen)으로 삶 · 죽음 · 뇌우 · 평화를 공포하는 대폭군(Tyran)이다. 끝으로 특히 그녀는 남자를 절단낸다(조쿠르 씨는 자신의 '손가락'을 잃는다). 요컨대 사라진을 매우 두렵게 만드는 사포를 예고하는 랑티 부인은 대문자 아버지의 환상적인 모든 속성들을 갖춘 거세시키는 여자이다. 힘 · 매혹 · 창시적 권위 · 공포 · 거세 능력과 같은 속성들 말이다. 따라서 상징적 영역은 생물학적 성들의 영역이 아니다. 그것은 거세의 영역, 즉 **거세시키는/거세되는 것, 능동적인/수동적인** 것의 영역이다. (생물학적인 성의 영역이 아니라) 바로 이와 같은 영역 속에서 이야기의 인물들은 적절한 방식으로 배분된다. 능동적인 거세의 진영에 랑티 부인, 부샤르동(사라진을 성욕으로부터 멀리 붙들어둔다), 그리고 사포(조각가를 위협하는 신화적 인물)를 배열해야 한다. 수동적 진영에서는 누구를 만날 수 있을까? 이 중편 소설의 '남자들'이다. 사라진과 화자이다. 둘 다 거세 속으로 끌려들어가는데, 한 사람은 거세를 욕망하고, 다른 한 사람은 거세를 이야기한다. 거세된 가수 자신에 대해 말하자면, 우리가 그를 거세된 남자 진영에 당연하게 위치시킨다면 옳지 않을 것이다. 그는 이 체계의 맹목적이고 유동적인 해결 과제이다. 그는 능동적인 측면과 수동적인 측면 사이를 왔다갔다한다. 거세된 그는 거세시킨다. 로슈필드 부인의 경우도 마찬가지이다. 자신이 막 이야기를 들은 거세에 의해 감염된 그녀는 화자를 그 거세로 끌고 간다. 마리아니나의 경우, 그녀의 상징적 존재는 동생 필리포의 존재와 동시적으로만 규정될 수 있게 된다.

22) 마리아니나의 동생인 필리포도 누이처럼 백작부인의 경이로운 아름다움을 물려받았다. 한마디로 말하면, 이 젊은이는 보다 호리호리하기는 하지만 안티노우스의 살아 있는 이미지였다. 그러나 올리브색이 도는 안색, 기운찬 짙은 눈썹 그리고 부드러운 눈의 불꽃이 남성적인 열정과 관대한 생각들을 미래에 약속해 주고 있었기에 그 여위고 섬세한 균형은 젊음과 기막히게 조화를 이루고 있었다! 필리포가 처녀들의 모든 가슴속에 아직도 사나이로 남아 있다면, 그는 모든 어머니들의 추억 속에서도 프랑스에서 가장 멋진 사윗감으로 남아 있을 것이다. ★ REF. 예술(고대). ★★ SEM. 부(富)(프랑스의 가장 훌륭한 사윗감)와 지중해적 성격(올리브색이 도는 안색, 부드러운 눈). ★★★ 젊은 필리포는 그의 어머니와 안티노우스라는 두 모델의 복제품으로만 존재한다. 염색체에 관한 생물학적 대문자 책과 조각상에 관한 대문자 책(이 책이 없다면 아름다움에 대해 말하게 하는 것은 불가능할 것이다. '한마디로 말하면' 안티노우스이기 때문이다. 무슨 다른 말을 할 수 있고, 안티노우스에 대해 무슨 말을 할 수 있겠는가?)(SYM. 육체들의 복제). ★★★★ SYM. 거세의 축. 다소 완곡어법을 통해("기운찬 짙은 눈썹" "남성적인 열정") 수정되기는 했지만, 필리포의 여성적 윤곽이 나타남. 왜냐하면 사내를 아름답다고 말하는 것은 이미 충분히 그를 여성화시키고 있으며, 그를 능동적 거세의 편인 여자들의 진영에 위치시키기 때문이다. 그러나 필리포는 이야기가 계속되는 동안 어떤 면에서도 그 진영에 참여하지 않는다. 그렇다면 상징적으로 볼 때, 마리아나나와 필리포는 무슨 소용이 있는가?

XVIII. 거세된 가수의 후손

일화적으로 볼 때 마리아니나도 필리포도 대단한 것에 소용되지 않는다. 마리아니나는 대수롭지 않은 반지 에피소드(랑티 가문의 신비를 강화시키는 데 목적이 있는 에피소드)만을 제공하며, 필리포는 여자들 진영에 합류하는 것(그의 양면성을 지닌 용모, 늙은이에 대한 부드럽고도 불안한 행동을 통해서) 이외의 다른 의미적 존재를 지니지 못하기 때문이다. 이 진영은 우리가 보았듯이, 생물학적 성의 진영이 아니라 거세의 진영이다. 그런데 마리아니나도 필리포도 거세시키는 특질을 지니고 있지 않다. 그렇다면 그들은 상징적으로 무엇에 소용되는가? 다음과 같은 것에 소용된다. 즉 둘 다 여성적인 동생과 누이는 랑티 부인의 여성적 후손을 구성한다는 것이다(그들의 유전적 성격이 강조되고 있다). **다시 말해 여자 잠비넬라**(랑티 부인은 잠비넬라의 여조카이다)의 후손을 구성하는 것이다. 그러니까 그들은 잠비넬라적인 여성성의 폭발 같은 것을 나타내기 위해 있는 것이다. 그 의미는 다음과 같다. 여자 잠비넬라가 아이들을 낳았더라면(이는 여자 잠비넬라를 구성하는 결여를 지칭하는 역설임), 그 아이들은 마리아니나와 필리포라는 유전적으로 그리고 정교하게 여성적인 이 존재들이었을 것이다. 마치 여자 잠비넬라에게는 정상성의 어떤 꿈이, 거세된 가수가 박탈당해 버린 것 같은 어떤 목적론적 본질이 있는 것처럼, 그리고 이 본질은 여성성 자체, 즉 거세의 공백을 넘어서 마리아니나와 필리포로 재구성된 고국과 후손인 것처럼 되어진 것이다.

23) 이 두 아이의 아름다움 · 재산 · 재치 · 우아함은 오로지 그들의

어머니로부터 온 것이었다. ★ 랑티 가문의 재산은 어디서 온 것인가? 이런 수수께끼 2에 여기서 그 대답이 주어지고 있다. 그것은 백작부인, 여자로부터 온 것이다. 따라서 해석학적 코드에 따른 (최소한 부분적인) 해독, 즉 단편적 대답이 있다. 그러나 진실은 열거 속에 파묻혀 있고, 열거를 드러내는 병치는 진실을 끌고가고 회피하며, 붙들고 있으며, 요컨대 그것을 전달해 주지 않고 있다. 따라서 해독에 있어서 함정·속임수·장애(혹은 지연)가 있다. 우리는 진실과 함정의 이와 같은 혼합, 이러한 비효율적인 해독, 이런 모호한 대답을 **애매함**(équivoque)이라 부를 것이다. ★★ (SYM. 육체들의 복제)(아이들의 육체는 어머니의 육체를 복제하고 있다).

24) **랑티 백작은 키가 작고 못생겼으며 곰보였다. 스페인 사람처럼 거무튀튀했고, 은행가처럼 싫증나는 존재였다. 게다가 그는 통찰력 있는 정치인으로 통했는데, 아마 그 이유는 그가 웃는 경우가 흔치 않았고 끊임없이 메테르니히나 웰링턴을 인용하곤 했기 때문일 것이다.** ★ REF. 민족과 직업의 심리(스페인 사람, 은행가). ★★ 랑티 씨의 역할은 미약하다. 은행가로서, 축제를 베푸는 자로서 그는 이야기를 파리 대자본가들의 신화와 연결시키고 있다. 그의 기능은 상징적이다. 그의 초상은 경멸적으로 묘사됨으로써 그를 (여성성의) 잠비넬라적 계승으로부터 배제시키고 있다. 그는 쓸데없는 하찮은 아버지이다. 그는 중편 소설의 남자들, 모두가 거세되고 쾌락에서 배제된 남자들과 함께 폐기 처분된다. 그는 **거세시키는/거세되는**이라는 패러다임을 풍부하게 하는 데 기여한다(SYM. 거세의 축).

25) **이 신비한 가족은 바이런 경의 한 시(詩)에 나오는 모든 매력을**

지니고 있었는데, 사교계의 인물들은 제각기 이 시의 어려운 부분들을 다른 방식으로 번역했다. 연이 이어질수록 모호하고 숭고한 노래처럼 말이다. ★ REF. 문학(바이런). ★★ HER. 수수께끼 3: 테마 및 설정("이 신비한 가족"). ★★★ 바이런의 대문자 책에서 나온 가족 자체가 연이 이어지면서 분절되는 한 권의 책이다. 사실주의 작가는 책들을 참조하는 데 시간을 보내고 있다. 현실은 씌어진 적이 있는 것이다(SYM. 육체들의 복제).

26) 랑티 씨 부부가 그들의 출신, 과거 생활, 그리고 세상 사람들과의 관계에 대해 지키고 있었던 그 비밀은 파리에서는 오랫동안 놀라운 주제가 되지 못했을 것이다. 그 어떤 나라에서도 아마 베스파시아누스의 금언이 여기보다 잘 이해될 수 없을 것이다. 이곳에서는 피나 진흙이 묻었다 할지라도 돈은 아무것도 배반하지/드러내지 않으며 모든 것을 나타낸다. 사교계가 여러분의 재산 액수를 알기만 하면, 여러분은 여러분에게 공평한 금액들 사이에 분류되며 아무도 여러분의 귀족 칭호 증서를 보자고 하지 않는다. 왜냐하면 그게 얼마나 값이 하찮은지 모두가 알고 있기 때문이다. 사회적 문제들이 대수 방정식들을 통해 해결되는 도시에서 모험가들은 자신들을 위한 절호의 기회들이 있다. 사교계는 이 가족이 보헤미안 출신이라고 추정하면서도, 그들이 매우 부유하고 매우 매력적이었기 때문에 그들의 작은 미스터리들을 용서해 줄 수 있었다. ★ REF. 격언적 코드("돈에는 냄새가 없다(Non olet),"[21] 사전에서 장밋빛 페이지들 참조)와 파리에서 돈의 신화. ★★ SEM. 국제성. ★★★ HER. 수수께끼 3(랑티 씨 부부의 출신): 설정(미

---

21) 번역본에서 베스파시아누스와 관련된 역주 참조.〔역주〕

스터리가 있다) 및 함정(랑티 씨 가족은 아마 보헤미안 출신일 것이다).
★★★★ HER. 수수께끼 2(재산의 기원): 설정(이 재산이 어디서 온 것인지 모른다).

XIX. 표시, 기호, 돈

(텍스트는 말하고 있다) 예전에 돈은 무언가를 '드러냈다(trahissait).' 그것은 하나의 표시였다. 그것은 확실히 어떤 사실·원인·본성을 누설했다. 오늘날 그것은 (모든 것을) 표상한다. 그것은 하나의 등가치, 화폐이며, 표상이며, 결국 기호인 것이다. 표시(indice)와 기호(signe) 사이에 공통의 방식인 기입 방식이 있다. 농업적 왕국에서 산업적 왕국으로 넘어가면서 사회는 책을 바꾸었다. 그것은 (고귀함의) 문자로부터 (재산의) 수치로, 양피지에서 장부로 이동했다. 그러나 그것은 글쓰기에 항상 예속되어 있다. 봉건 사회를 부르주아 사회에, 표시를 기호에 대립시키는 것은 다음과 같다. 표시가 어떤 기원이 있다면, 기호는 기원이 없다. 표시에서 기호로 넘어가는 것은 최후의(혹은 최초의) 한계·기원·토대·지주를 없애는 것이다. 그것은 아무것도 더 이상 정지시키고, 방향을 주며, 고정시키고 확고하게 하러 오지 않는 등가와 표상의 무한한 과정에 진입하는 것이다. 돈의 기원에 대한 파리 사람들의 무관심은 상징적으로 돈의 비기원과 관련된다. 냄새가 없는 돈은 표시의 근본적 질서로부터, 기원의 공인으로부터 벗어난 돈이다. 이 돈은 거세된 상태처럼 비어 있는 것이다. 파리의 돈으로 보면, 기원이나 도덕적인 유산을 가질 수 없는 그 불가능성은 생리학적으로 생식을 할 수 없는 불가능성에 부합한다. 기호들(화폐적·성적)은 미쳐 있

다. 왜냐하면 표시들(옛 사회의 의미 체제)과는 반대로, 그것들은 그것들의 구성 요소들이 지닌 환원 불가능하고 부패할 수 없으며 종신적인 본원적인 타자성에 토대하기 때문이다. 표시에서 연동되어 분류되는 것 l'indexé(고귀함)은 분류시키는 것 l'indexant(재산)과 다른 **본성**을 지닌다. 혼합의 가능성은 없다. 반면에 (표시와는 달리 결정·창조의 질서가 아니라) 표상의 질서를 성립시키는 기호에서는 쌍방이 **상호 교환하며**, 기의와 기표는 끝없는 과정 속에서 돌아간다. 구매된 것은 다시 판매될 수 있으며, 기의는 기표가 될 수 있으며 그런 식으로 계속된다. 봉건적인 표시를 계승하는 부르주아적 기호는 환유적인 혼란이다.

27) 그러나 불행하게도 랑티 가문의 수수께끼 같은 역사는 앤 래드클리프의 소설들에 나오는 것과 상당히 유사한, 호기심 어린 지속적 흥미를 제공했다. ★ HER. 수수께끼 3(랑티 가문의 출신은 어디인가?): 설정. ★★ REF. 문학(앤 래드클리프).

28) 어떤 가게에서 여러분이 칸델라를 샀는지, 혹은 여러분의 아파트가 아름답게 보일 때 집세가 얼마인지 알고 싶어 안달하는 그런 부류의 관찰자들은 백작부인이 베푼 축제·콘서트·무도회·대연회 가운데 기묘한 인물 하나가 나타나는 현상에 때때로 주목하곤 했다. ★ REF. 소설가들·모럴리스트들·심리학자들의 코드: 관찰자들의 관찰. ★★ 새로운 수수께끼가 여기서 설정되고(낯섦의 감정) 테마화되고 있다(그 대상은 하나의 인물이다)(HER. 수수께끼 4: 테마 및 설정).

29) 그는 **남자였다.** ★ 사실 이 늙은이는 남자가 아니다. 따라서 독자에 대한 담론의 속임수가 있다(HER. 수수께끼 4: 테마 및 설정: 함정).

XX. 목소리들의 페이딩

누가 말하는가? '인물'이라는 유형으로부터 잠정적으로 일종의 '남자'를 추론한 뒤, 그를 다시 '거세된 가수'로 명시하는 임무를 띤 것은 하나의 과학적 목소리인가? 하나의 현상적 목소리가 그것이 확인하는 것, 다시 말해 늙은이의 결국 남성적인 의복을 명명하는가? 여기서 언표 행위에 어떤 기원, 관점을 부여한다는 것은 불가능하다. 그런데 이런 불가능성은 한 텍스트의 복수태를 평가하게 해주는 척도들 가운데 하나이다. 현대적 텍스트에서 목소리들은 모든 지표의 부정에 이를 정도까지 다루어지고 있다. 담론, 아니 보다 정확히 표현하면 언어가 말하고 있으며, 그게 전부인 것이다. 반대로 고전적 텍스트에서는 대부분의 언표는 기원이 있다. 우리는 그것들의 조상과 소유자를 확인할 수 있다. 그 기원은 때로는 의식(한 인물의 의식, 작가의 의식)이고, 때로는 문화(익명 또한 하나의 기원이고 목소리이다. 예컨대 우리가 격언적 코드에서 만나는 목소리)이다. 그러나 말의 전유(專有)에 항상 사로잡혀 있는 이 고전적 텍스트에서 목소리가 없어지는 경우가 있다. 마치 그것이 담론의 어떤 구멍 속으로 사라져 버린 것처럼 말이다. 따라서 고전적 복수태를 상상하는 가장 좋은 방법은 다양한 목소리들의 아롱거리는 교환처럼 텍스트에 귀를 기울이는 것이다. 이 목소리들은 갑작스러운 페이딩의 순간들에 포착되는 상이한 파동들에 토대하고 있으며, 그것들의 틈새로 인해 언표 행위는 예고 없이 하나의 관점에서 다른 하나의 관점으로 이동할 수 있게 된다. 글쓰기는 그것을 일시적인 기원들의 빛나는 일렁임으로 만드는 이와 같은 조성적(調聲的) 불안정성을 통해 확립된다(현대적 텍스트에서 글쓰기는 무조성에 도달하고 있다).

30) 그가 저택에 모습을 처음으로 드러낸 것은 어떤 콘서트 때였는데, 이때 그는 마리아니나의 매혹적인 목소리에 이끌려 살롱으로 나왔던 것 같다. ★ SEM. 음악성(이 의소는 진실을 지시하고 있다. 왜냐하면 늙은이는 옛날의 소프라노 가수이기 때문이다. 그러나 그것은 아직 이 진실을 드러내는 힘을 지니고 있지 못하다).

31) ― 조금 전부터 몸이 추워요. 문 옆에 위치한 한 부인이 이웃한 부인에게 말했다.

그 여자 옆에 있던 미지의 남자는 떠나갔다.

― 저 사람 참 특이해요! 더워요. 낯선 사람이 사라지자 그 여자는 말했다. 당신은 아마 내가 미쳤다고 비난하겠지요. 하지만 나는 내 옆에 있던 사람, 방금 떠난 그 검은 옷을 입은 남자 때문에 그처럼 추위를 느꼈단 말이에요. ★ SEM. 추위(우선 정원에 머물렀던 이 이주적인 기의는 늙은이에 머무르러 오고 있다.[22] ★★ SYM. 대조법: 추위/더위(두번째로 반복되고 있는 것은 정원과 살롱, 생명이 있는 것과 생명이 없는 것의 대조이다).

32) 이윽고 상류 사회 사람들에게 자연스러운 과장 때문에 이 미스터리 인물에 대한 더없이 즐거운 발상들, 지극히 이상한 표현들, 그야말로 우스꽝스러운 이야기들이 생겨나 쌓여 갔다. ★ REF. 사교계의 취미. ★★ HER. 수수께끼 4(저 늙은이는 누구인가?): 가짜 대답들: 알

---

22) 정원과 관련해서는 맥락에 따라 차가움으로 표시했음. 독해 단위 8) 참조. 〔역주〕

림. 해석학적 코드로서 **가짜 대답**은 오류가 그 속에서 담론에 의해 오류 자체로 표명된다는 점에서 **함정**과 구분된다.

33) 그는 분명 흡혈귀나 인조 인간, 일종의 파우스트나 로빈 후드는 아니지만, 환상적인 것을 좋아하는 사람들이 말하는 바에 따르면, 인간의 형체를 한 이 모든 특성들을 띠고 있었다. ★ HER. 수수께끼 4: 가짜 대답 n° 1. ★★ SEM. 초세계(Extra-monde)와 초시간(Extra-temps) (늙은이는 유일하게 죽지 않는 죽음 자체이다. 죽지 않는 죽음 속에는 죽음의 과잉이나 추가분이 있다).

34) 파리 사람들의 비방이 만들어 낸 이런 기발한 놀림들을 사실로 받아들이는 독일인들이 종종 여기저기 있었다. ★ REF. 윤리적 심리: 시대의 패러다임: 순진한 독일인/조롱하는 파리 사람.

35) 그 이방인은 단지 늙은이일 뿐이었다. ★ HER. 수수께끼 4: 함정(미지인은 그저 '단순한' 늙은이가 아니다). ★★ 화자(혹은 담론?)는 수수께끼 같은 것을 단순한 것으로 축소시키고 있다. 그는 문자의 방어자가 되고, 전설·신화·상징에의 모든 의존을 배제하며, 동어반복(그 늙은이는 늙은이였다)을 통해서 언어를 무용하게 만들고 있다. 화자(혹은 담론)는 여기서 하나의 상상계, 즉 기호 해독 불능증의 상상계를 마련하고 있다(SEM. 기호 해독 불능증).

36) 매일 아침 어떤 우아한 문장으로 유럽의 미래를 결정하는 데 익숙해진 그 젊은이들 가운데 몇몇은 이 미지의 인물을 어떤 대단한 범죄자나 엄청난 부의 소유자로 보고자 했다. 소설가들은 이 늙은이의 생

애를 이야기했고, 그가 마이소르의 왕자를 모시고 있었을 때 저지른 잔악한 행위들에 대해 그야말로 희한한 세부적인 것들을 제시해 주고 있었다. 보다 긍정적인 사람들인 은행가들은 그럴듯한 이야기를 만들어 내고 있었다. 체! 그 조그만 늙은이는 제노바 친구라고! 그들은 가엾다는 듯 넓은 어깨를 으쓱하며 말하곤 했다. ★ HER. 수수께끼 4: 가짜 대답들 n°s 2,3,4(가짜 대답들은 파렴치한 젊은이들 · 소설가들 · 은행가들과 같은 문화적 코드들 속에서 발췌되어 있다). ★★ SEM. 부(富).

37) — 이봐요, 실례가 되지 않는다면 제노바 친구란 말이 무슨 뜻인지 설명해 주시겠습니까? — 이봐요, 그의 목숨에 엄청난 자본이 달려 있어요. 아마 그 가족의 수입이 그의 건강에 달려 있을 겁니다. ★ 옛 스타와 재산과 랑티 가족의 재산 사이에 어떤 관계가 있다는 것은 사실이다. 늙은이에 대한 가족의 다정한 배려가 타산적이라는 것은 확실치 않다. 전체는 애매함을 형성하고 있다(HER. 수수께끼 4: 애매함).

38) 나는 에스파르 부인 집에서 유리 액자에 넣어진 것처럼 애지중지 보호받는(mis sous verre) 이 늙은이가 문제의 그 발사모, 이른바 카글리오스트라는 사실을 어떤 최면술사가 매우 그럴듯한 역사적 고찰을 통해서 입증하는 것을 들은 기억이 난다. 그 현대적인 연금술사에 따르면, 시칠리아의 이 모험가는 죽음을 초월했으며 자신의 손자들을 위해 재산 늘리는 일을 즐겁게 했다. 페레트 대법관은 이 특이한 인물이 생제르맹 백작임을 알아보았다고 주장했다. ★ HER. 수수께끼 4: 가짜 대답 n° 5. SEM. 초시간. 두 개의 (약화된) 부차적 함축 의미가 여기서 들린다. 유리 안에(sous verre)라는 말[23]은 특정 사람들이 미라, 방부된 시체에 결부시키는 혐오를 상기시킨다. 그리고 연금술사들의 황

금(돈)은 기원이 없는 빈 황금(돈)이다(그것은 투기가들의 돈과 동일한 것이다).

39) 재기발랄한 어조와 빈정대는 태도로 언급된 이런 어리석은 소리들은 오늘날 믿음이 없는 사회를 특징짓고 있는데, 랑티 가문에 대한 막연한 의혹을 유지해 주고 있었다. ★ REF. 민중의 심리: 빈정대는 파리. ★★ HER. 수수께끼 3: 설정 및 테마화(수수께끼가 있으며 그 대상은 랑티 씨 가족이다). ★★★ HER. 수수께끼 4: 가짜 대답 nº 6. **가짜 대답들**은 해석학적 시퀀스에서 하나의 **벽돌**(인공두뇌학의 어휘를 빌린다면 기본적 혹은 서브루틴(sous-routine)한 시스템 구성)을 형성한다. 이 벽돌은 그것 자체가 하나의 수사학적 코드(설명의 코드)를 따른다. 알림(nº 32), 여섯 개의 가짜 대답, 요약(nº 39)으로 이루어짐.

XXI. 아이러니, 패러디

담론 자체에 의해 표명된 반어적 코드는 원칙적으로 타자의 명료한 인용이다. 그러나 아이러니는 어떤 공공연한 표명(게시)의 역할을 하며, 이로 인해 인용적 담론으로부터 기대될 수 있었던 다가성(多價性)을 파괴한다. 다가적인 텍스트가 그것의 구성적 이중성을 끝까지 실행시키는 것은 다음과 같은 조건이 충족될 때뿐이다. 즉 이 텍스트가 진실과 허위의 대립을 전복시켜야 하고, 그것의 언표들에(설령 이것들

---

23) 원문의 mis sous verre는 mettre qc sous verre의 수동형으로 ……을 유리 액자(혹은 관) 안에 넣다, 비유적으로 애지중지하다를 의미한다. 그러니까 늙은이는 유리 액자 안에 들어 있는 것처럼 애지중지 보호받고 있는 것이다. [역주]

의 신뢰를 떨어뜨리려는 의도에서라 할지라도) 명료한 권위를 부여하지 않아야 하며, 기원 · 부권(父權) · 소유에 대한 어떠한 존중도 좌절시켜야 하고, 텍스트에 ('유기적') 통일성을 줄 수 있는 목소리를 파괴해야 한다. 한마디로 그것은 인용부호를 가차없이, 불법적으로 폐기시켜야만 한다. 인용부호는 인용을 **솔직하게** 둘러싸게 되어 있고, 토지를 나눈 구획된 부분들처럼 문장들의 소유를 각각의 소유자들에 따라 법률적으로 배분해 주게 되어 있는 것이다. 이런 조건이 충족되어야 하는 이유는 (아이러니에 의해 반박되는) 다가성이 소유의 위반이기 때문이다. 문제는 글쓰기에 도달하기 위해서 목소리의 벽을 통과해야 하는 일이다. 글쓰기는 소유의 어떠한 지시도 거부하며 따라서 결코 **반어적** (ironique)이 될 수 없다. 아니면 적어도 그것의 아이러니는 결코 확실하지 않다(이 불확실성이 사드 · 푸리에 · 플로베르 같은 몇몇 위대한 텍스트들을 특징짓는다). 패러디는 어떤 주체가 다른 사람들의 언어에 대해 취하는 척하는 거리 속에 자신의 상상계를 위치시키고, 그럼으로써 더욱 확실하게 담론의 주체로 자신을 구성할 때 이루어진다. 이런 패러디는 이를테면 작용중에 있는 아이러니라 할 수 있는데, 언제나 하나의 **고전적인** 말을 나타낸다. 패러디로 드러나지 않을 수 있는 패러디는 어떤 것일 수 있는가? 이것은 현대적 글쓰기가 제기하는 문제이다. 연표 행위의 벽, 기원의 벽, 소유의 벽을 어떻게 무너뜨릴 수 있는가? 말이다.

40) 끝으로 이상하게 상황까지 가세하여, 이 가족 구성원들은 어떠한 탐구도 이를테면 통하지 않을 정도로 인생이 베일에 싸인 이 늙은이에게 상당히 불가사의한 행동을 취함으로써 세상 사람들의 추측을 정당화시켜 주고 있었다. ★ HER. 수수께끼 4: 설정. 늙은이의 정체를

둘러싸고 있는 '불가사의'는 일정 수의 행동들로 변환되게 되는데, 이 행동들 자체가 수수께끼 같다.

41) 이 인물은 그가 랑티의 저택에서 차지하게 되어 있었던 거처의 문지방을 넘어서곤 했는데, 그의 출현은 항상 가족 내에 커다란 감정을 불러일으켰다. 마치 매우 중요한 사건 같았다. 필리포 · 마리아니나 · 랑티 부인 그리고 늙은 하인 하나만이 이 미지의 인물이 걷고, 일어서며 앉는 것을 돕는 특권을 지니고 있었다. 각자는 그가 취하는 지극히 작은 움직임에도 주의를 기울였다. ★ SYM. 여성적 진영. ★★ HER. 수수께끼 4: 설정(수수께끼 같은 행동).

42) 그는 모든 사람의 행복, 삶 혹은 운명이 달려 있는 마력을 지닌 인물 같았다. ★ SEM. 마력. 이 기의가 초자연적인 영매처럼 거세된 가수의 마법을 거는(enchɑnter) 본성에 속한다면, 그것은 진실을 유도할 수 있을 것이다. 예컨대 일상적인 노래(여러 해 동안 언제나 같은 노래)를 통해서 스페인의 펠리페 5세의 병적인 우울을 치료했던 거세된 가수 파리넬리처럼 말이다.

43) 이건 두려움인가 애정인가? 세상 사람들은 이 문제를 풀 수 있게 도와주는 어떠한 추리도 발견할 수 없었다. ★ HER. 수수께끼 4: 설정 및 대답의 정지.

44) 미지의 은신처 속에 여러 달 동안 꼼짝없이 숨어 있던 이 친근한 정령 같은 존재는 슬그머니 예기치 않게 그곳에서 갑자기 나와 살롱 한가운데 나타나곤 했다. 마치 옛날의 요정들이 나는 용 위에서 내려

와 자신들이 초대받지 않은 성대한 축제의 흥을 깨트리는 것처럼 말이다. ★ SEM. 마력. ★★ REF. 요정 이야기.

45) 그래서 지극히 능숙한 관찰자들만이 특이할 정도로 능란하게 자신들의 감정을 숨길 줄 알았던 이 집 주인들의 불안을 간파할 수 있었다. ★ HER. 수수께끼 4: 설정(수수께끼 같은 행동).

46) 그러나 너무도 순진한 마리아니나는 카드리유를 추면서도 그녀가 무리들 가운데서 감시를 게을리 하지 않는 이 늙은이에 때때로 공포의 시선을 던지곤 했다. 아니면 필리포가 군중들 사이로 미끄러지듯 달려나와 그의 곁에 애정 있고 주의 깊은 모습으로 머물곤 했다. 마치 사람들의 접촉이나 조금만 입김이 불어도 이 이상한 인간을 부스러뜨리게 되어 있는 것처럼 말이다. 백작부인은 그와 합류하려 했다는 의도를 드러내지 않은 채 그의 곁으로 다가가려고 애썼다. 그리고 나서 비굴함과 애정, 복종과 횡포가 똑같이 새겨진 매너와 안색을 드러내면서 그녀는 늙은이가 거의 언제나 공손하게 따르는 두세마디 말을 하곤 했다. 그리하여 그는 그녀에 이끌려서, 아니 보다 잘 말하면 끌려나가 사라졌다. ★ SEM. 허약성 및 어린아이 같음. ★★ HER. 수수께끼 4: 설정(수수께끼 같은 행동). ★★★ 늙은이는 거세된 가수이고 거세된 가수는 남녀 양성에서 벗어나 있으므로 그를 중성으로 명명할 수 있어야 할 것이다. 그러나 중성은 프랑스어에서 존재하지 않으므로, 담론은 '거짓말을 하고' 싶지 않을 경우 거세된 가수를 중의적인 실사들을 통해서 나타낸다. 형태론적으로는 여성적이면서 (남성과 여성을 동시에 포괄함으로써) 의미론적으로는 구분된 양성으로 확대되는 실사들 말이다. 예컨대 créature 같은 낱말을 들 수 있다(그리고 뒤에

가서는 cette organisation féminine란 말이 나온다)(SYM. 거세의 중성).

47) 랑티 부인이 없을 경우에는 백작이 그에게 도달하기 위해 수많은 계략을 사용했다. 그러나 그는 자기 말을 알아듣게 하기가 어려운 것 같았고, 어머니가 변덕을 달래 주거나 반항을 두려워하는 응석받이처럼 노인을 다루었다. ★ HER. 수수께끼 4: 설정(수수께끼 같은 행동). ★★ 백작은 여자들의 진영에서 배제되어 있다. 여자들의 우아하고 성공적인 행동들에 백작의 힘들고 비효율적인 행동이 대립한다. 랑티 씨(가족 가운데 남자)는 잠비넬라의 후손에 속하지 않는다. 그러나 상징적 배분은 여기서도 분명히 표시되어 있다. 효율적인 권위, 즉 아버지의 권위를 쥐고 있는 것은 여자(랑티 부인)이다. 뒤죽박죽이고 존중받지 못하는 권위, 즉 어머니의 권위를 행사하는 자는 남자(랑티 씨)이다(SYM. 거세의 축).

48) 몇몇 신중치 못한 사람들이 랑티 백작에게 경솔하게 질문을 감행했을 때, 차갑고 신중한 이 인물은 호기심 많은 자들의 질문을 이해하는 것 같은 모습을 보여준 적이 결코 없었다. 그래서 많은 시도들이 이 가족의 모든 구성원들이 드러내는 신중함 때문에 소용없게 되자, 아무도 그처럼 잘 간직된 비밀을 파헤치려고 애쓰지 않았다. 항상 친절하게 붙어다니는 염탐자들, 남의 말을 쉽게 곧이 듣는 사람들, 그리고 정치인들은 결국 할 수 없이 이 미스터리에 더 이상 관심을 기울이지 않게 되었던 것이다. ★ 담론은 그것이 설정한 수수께끼가 해결되지 않았음을 표명하고 있다(탐정 소설의 흐름에서 자주 있는 대답의) 봉쇄(blocage)는 해석학적 코드 속에 있다(HER. 수수께끼 4: 봉쇄).

49) 그러나 이 순간에도 아마 그 찬란한 살롱에는 아이스크림이나 소르베를 집어들면서, 혹은 콘솔 위해 빈 펀치 잔을 놓으면서 이렇게 이야기하는 철학자들이 있었을 것이다.

— 저 사람들이 사기꾼이라는 사실을 안다 해도 나는 놀라지 않을 것입니다. 숨어 있다가 춘분 · 추분과 하지 · 동지에만 나타나는 저 늙은이는 전적으로 살인자 같은 모습을 하고 있군요…….

— 아니면 파산자 같은…….

— 그건 마찬가지나 다름없지요. 한 사람의 재산을 없앤다는 것은 때때로 그 사람 자체를 죽이는 것보다 더 고약하지요. ★ REF. 민중의 심리(파리)와 격언적 코드("한 사람의 재산을 없앤다는 것은……"). ★ ★ SEM. 마력(늙은이는, 비록 반어적이라 할지라도, 마녀처럼 1년 중 마법적 시기들에만 나타난다고 언급되어 있다).

50) — 이봐요, 나는 20루이를 걸었으니, 40루이가 되돌아와야지.

— 정말이지, 선생, 도박판에는 30루이밖에 남아 있지 않소.

— 좋아요, 당신도 알다시피 이곳 사회는 여러 잡다한 사람들이 섞여 있소. 이런 데서는 도박을 할 수 없소.

— 맞습니다……. 하지만 우리가 그 유령을 보지 못한 지 거의 6개월이 되었소. 당신은 그가 살아 있는 존재라고 생각하십니까?

— 허, 기껏해야…….

나의 주위에서 낯선 사람들이 이와 같은 마지막 말을 하고 난 후 떠났다. ★ SEM. 초자연(초세계 및 초시간). ★★ 손바닥을 뒤집듯이 쉽게 유희에서 사라지는 것은 사람들이 그것이 어디서 유래하는지 알지도, 알고 싶어하지도 않은 채 나타나는 황금(돈)과 상징적으로 등가치이다. 기원도 목적지도 없는 (파리의) 황금은 거세의 빈 상태를 대체하는 대체물이다(SYM. 황금, 비어 있음).

51) 그때 나는 흑과 백, 삶과 죽음이 뒤섞인 나의 성찰을 마지막 생각을 하면서 정리하고 있었다. 나의 눈과 마찬가지로 나의 광적인 상상력은 화려함이 절정에 다다른 축체와 정원의 음산한 풍경을 차례로 응시하고 있었다. ★ SYM. 대조법: AB: 요약.

52) 나는 인간이 지닌 이같은 메달의 양면에 대해 얼마나 오랫동안이나 성찰했는지 모르겠다. ★ ACT. '성찰하다' : 1: 성찰하고 있는 중이다. ★★ 메달은 양면의 소통 불가능성을 나타내는 상징이다. 대조법의 패러다임적 횡선처럼 그것의 금속은 통과될 수 없다. 그러나 그것은 통과될 것이다. 대조법은 위반될 것이다(SYM. 대조법: AB: 공유 경계).

53) 그런데 갑자기 어떤 젊은 여자의 억누른 웃음소리가 나를 깨어나게 했다. ★ ACT. '성찰하다' : 2: 멈추다. ★★ ACT. '웃다' : 1: 웃음을 터트리다.

54) 나는 내 시선에 주어진 이미지의 모습에 대경실색한 채로 있었다. ★ 이미지: 대조법의 세번째 버전을 (수사학적으로) 알리는 총칭적 용어임. 정원과 축제, 추위와 더위의 대립이 있고 난 후, 이제 젊은 처녀와 늙은이의 대립이 준비되고 있다. 대조법의 다른 형태들과 마찬가지로 이번 형태도 육체적이 된다. 이미지는 뒤섞인 대조적인 두 육체의 이미지인 것이다. 그런데 이 육체적인 대조는 웃음이라는 육체적인 행위에 의해 드러나고 요청된다. 외침의 대체물이자 환각적인 요인인 웃음은 대조법의 벽을 무너뜨리고, 메달에서 이면과 정면의 이원성을

없애 주는 것이고, 추위와 더위, 삶과 죽음, 생명이 있는 것과 없는 것을 '이성적으로' 분리시키는 패러다임적 횡선을 없애게 해주는 바로 그것이다. 더구나 중편 소설 자체에서 웃음은 거세와 연결되어 있다. 자신의 동료들이 사라진을 골려 주려고 꾸민 소극에 잠비넬라가 동의하는 것은 '웃기 위해서'이기 때문이다. 바로 웃음 앞에서 사라진은 자신의 남성성을 맹세한다(SYM. 대조법: AB: 알림).

55) 나의 뇌에서 반쯤 죽어 전개되고 있던 사유가 자연의 더없이 드문 변덕을 통해서 빠져나와 내 앞에 사람의 형상을 한 채 살아 있는 모습으로 있었다. 그것은 주피터의 머리로부터 미네르바처럼 크고 강력한 모습으로 솟아나왔고, 백 살로 보이면도 스물두 살이었고(tout à la fois cents et vingt-deux ans), 살아 있으면서도 죽어 있었다. ★ SYM. 대조법: AB: 혼합(대조법의 벽은 극복되었다). ★★ REF. 신화. 미네르바의 신화에서 매우 놀라운 점은 이 여신이 자신의 아버지의 머리로부터 나왔다는 것이 아니라 이미 완전무장하고 완전히 형성되어 '크고 강력한' 모습으로 나왔다는 것이다. 미네르바가 모델이 된 (환상적인) 이미지는 공들여 구상되지 않고 있다. 우리는 그것을 현실 속에, 살롱에 갑작스럽게 새겨진 모습으로 발견한다. 그것이 태어날 때 그것은 **이미** 씌어 있다. 성숙도 없고 유기적 기원도 없는 글쓰기들의 이동, 옮겨적기만 있을 뿐이다. ★★★ REF. 연대. 젊은 여자는 스물두 살이고, 늙은이는 백 살이다. 22라는 이 매우 분명한 숫자는 현실 효과를 생산한다. 환유적으로 이런 명확성은 늙은이가 (막연하게 백 살 (centenaire) 정도인 대신에) 매우 분명하게 백 살(cent ans)이라는 사실을 생각하도록 만든다.

56) 광인이 자신의 방에서 나오듯이 그 작은 늙은이는 자신의 방에서 벗어나자, 《탕크레드》의 카바티나를 끝내고 있었던 마리아니나의 목소리에 열을 지어 주의를 기울이고 있었던 사람들 뒤로 아마 능란하게 빠져나왔을 것이다. ★ SEM. 초자연(광기는 '자연'을 벗어난 것이다). ★★ SEM. 음악성. ★★★ REF. 음악의 역사(로시니).

57) 그는 연극에서의 어떤 기계 장치에 떼밀려 지하로부터 빠져나온 것 같았다. ★ SEM. 기계, 기계성(기계와 동일시된 늙은이는 인간 이외의 것(l'extra-humain), 생명이 없는 것에 속한다).

58) 움직이지 않고 음울한 모습으로 그는 이 축제를 잠시 바라보았다. 아마 축제의 웅얼거리는 소리가 그의 귀에 들렸던 것이리라. 거의 몽유병 환자처럼 몰두한 모습은 상황에 너무 집중되어 있었기에 그는 사람들 가운데 있었지만 사람들을 보지 못하고 있었다. ★ SEM. 초자연, 초세계. ★★ SYM. 대조법: A: 늙은이.

59) 그는 파리에서 가장 매혹적인 한 여자 옆에 아무런 격식도 차리지 않고 갑자기 나타난 것이다. ★ SYM. 대조법: AB: 요소들의 혼합. 육체들의 뒤섞임(대조법의 위반)은 인접성(……옆에)에 의해서가 아니라 갑작스러운 나타남에 의해서 의미되고 있다. 이러한 출현 방식은 누군가 끼어드는 공간이 당신을 기다리지 않았고, 완전히 다른 사람에 의해 점유되어 있었다는 것을 함축한다. 젊은 여자와 늙은이는 동일한 공간, 단 한 사람의 공간 속에 둘이서 함께하고 있는 것이다.

60) 세련된 몸매에 우아하고 젊은 무희인 그 여자는 어린아이처럼 상

큼하고 희고 발그레한 그런 모습의 하나였고, 그 모습이 너무도 날씬하고 투명했기 때문에 태양빛이 깨끗한 유리를 통과하듯이 남자의 시선이 뚫고 들어가지 않을 수 없을 것 같다. ★ SYM. 대조법: B: 젊은 여자. ★★ 육체는 대문자 책의 분신이다. 젊은 여자의 기원은 생명의 대문자 책(Livre de la Vie)이다("⋯⋯그런 모습의 하나(une de ces figures ⋯⋯)")). 복수(複數)는 위탁되고 기록된 경험들의 총합을 지시한다(SYM. 육체들의 복제). ★★★ 젊은 여자를 상징적 영역에 고정시키는 것은 아직 때가 이르다. 그녀의 (의소적) 초상은 시작에 불과하기 때문이다. 더구나 그것은 변화할 것이다. 투명하고 허약하면서도 신선한 여자-아이는 독해 단위 90)에서 충만한 형태의 힘차고(단단하고) 빛나며, 더 이상 수용적이지 않은, 한마디로 **적극적인**(active)(우리가 잘 알다시피 이 낱말은 거세적 용어가 된다) 여자가 된다. 현재로선 아마 대조법의 필요성에 연결되어 있기 때문이겠지만 담론은 늙은이-기계에 여자-아이만을 대립시킬 수 있다(SYM. 여자-아이).

61) 그들은 내 앞에 둘이 함께 붙어 너무도 밀착되어 있었기에 그 낯선 인간은 얇은 천의 드레스, 꽃장식, 가볍게 파마한 머리와 나부끼는 허리띠를 구겨 놓고 있었다. ★ 두 육체의 뒤섞임은 두 개의 함축 요소들에 의해 의미된다. 한편으로 짧은 연사들(syntagmes)(둘이/함께/붙어/너무도 밀착되어(tous deux/ensemble/unis/si serrés))의 밀집적인 리듬이 있으며, 이 연사들의 축적은 육체들의 숨막히는 밀착을 도식적으로 나타내고 있다. 다른 한편으로 부드러운 소재의 이미지(얇은 천, 꽃장식, 가볍게 파마한 머리, 나부끼는 허리띠)가 둥글게 웅크리는 모습에 식물적 물질처럼 제공되고 있다(SYM. 대조법: AB: 혼합). ★★ 상징적으로 우리는 여기서 거세된 가수의 결합을 목도한다. 대립적인 것들

이 서로 조이고 있고, 거세된 가수는 여자를 붙잡고 있다(게다가 이 여자는 나중에 그를 대상으로 하게 되는 애매한 매혹을 통해 그에게 둥글게 웅크리고 있다). 활기찬 환유가 나타나며, 이 환유를 통해 거세는 젊은 여자, 화자 그리고 사라진을 전염시키게 될 것이다(SYM. 거세된 가수의 결합).

62) 나는 이 젊은 여자를 랑티 부인의 무도회에 데려왔다. 그녀가 이 집에 처음 왔기 때문에, 나는 그녀의 억눌린 웃음을 용서했다. 그러나 내가 무언지 모를 위압적인 신호를 그녀에게 강력하게 보내자 그녀는 매우 당황하여 옆의 늙은이에게 존경을 표했다. ★ SYM. 여자-아이 (젊은 여자는 어리석은 짓을 막 저지른 어린아이처럼 취급되고 있다). ★ ★ ACT. '웃다' : 2: 멈추다.

XXII. 매우 자연스러운 행동

커다란 구조들, 진지한 상징들, 영광스러운 의미들은 담론이 '진실을 만들어 내기 위해' 꺼림칙하지 않도록 묘사한다고 생각되는 작은 행동들의 평범한 기반으로부터 올라온다고 사람들은 생각한다. 그래서 모든 비평은 텍스트에는 **하찮은 것**(insignifiant), 다시 말해 사실상 자연스러운 것**이 있다**는 관념에 의거한다. 이런 관념에 따르면 의미는 그것의 탁월함을 의미를 벗어나 있는 것(un hors-sens)에서 획득하지만, 이처럼 의미를 벗어나 있는 것은 묘사되어 있으며 그것이 하는 평범한 역할은 순전히 대조적 역할이라는 것이다. 그런데 구조의 관념은 바탕과 데생, 무의미한 것과 의미 있는 것의 분리를 용납하지 않는다. 구조는 데생·도식·설계도가 아니다. 모든 것이 의미 작용을 하기 때문이다. 이 점을 납득하기 위해서는 **시작하다/끝내다** 혹은 **지속하다/멈추다**와 같은 유형의 일률적인 패러다임을 드러내는 기본적인 (따라서 외관상으로 보면 매우 무용한) 행태들을 관찰하면 충분하다. 매우 자주 있는 이런 경우들(여기서는 **웃다, 몰입하다, 숨다, 성찰하다, 자신을 연결하다, 위협하다, 시도하다** 등의 예를 들 수 있다)에서 묘사에 의해 성립되는 존재나 현상은 결국 어떤 결론이 씌워지며 그리하여 어떤 논리를 따르는 것 같다(그러는 사이에 시간성이 나타난다. 그래서 고전적 이야기는 논리-시간적 질서에 근본적으로 예속되어 있다). 그러니까 **결말**(fin)(이 낱말은 분명 시간적이면서도 논리적이다)의 기입은 씌어진 모든 것을 그것의 끝·결과·해결을 '자연스럽게' 부르는 긴장으로, 한마디로 말하면 **위기**로 설정한다. 그런데 위기는 하나의 문화적 모델이다. 이 모델 자체가 유기체적인 것(히포크라테스), 시적인 것과 논리적인 것(아리스토텔레스의 카타르시스와 삼단논법), 그리고 보다 최근에는 사회-경제적인 것에 대한 서양적 사고를 특징지었다. 모든 행동의 **결말**(결론·중단·마감·대단원)을 진술해야 한다는 필요성과 연결됨으로써 읽혀지는 것은 역사적인 것으로 확실히 드러난다. 달리 말하면 그것은 전복될 수 있지만 다만 어떤 빈축을 대가로 지불해야 한다. 왜냐하면 그렇게 될 때 위반되는 것처럼 보이게 되는 것은 담론의 **자연**(본성; nature)이기 때문이다. 그래서 젊은 여자는 웃음을 멈출 수 없고, 화자는 자신의 몽상에서 결코 **빠져나올** 수 없다. 그렇지 않을 경우 최소한 담론은 갑작스럽게 **다른 것을 생각**할 수 있을 것이고, 최종적 정보에 대한 그것의 강박관념을 버릴 수 있을 것이며, 그것의 망을 보다 잘 구축할 수 있도록 노선을 바꿀 수 있을 것이다. 좀 이상하지만 우리는 매듭이 풀려지기를 바라는 것을 (이야기의) **매듭**이라 부를 것이며, 우리는 매듭을 그 변화의 아래가 아니라, 위기와 같은 높이에 위치시킬 것이다. 그러나 매듭은 수결(手決)처럼 시도된 행동을 마감하고 끝내며 결론짓는 바로 그것이다. 결말이라는 이 낱말을 거부하는 것(낱말로서 결말을 거부하는 것)은 사실 우리가 우리의 '메시지들' 각각에 새기고자 하는 **서명**을 빈축을 살 정도로 배제하는 것이 될 터이다.

63) 그녀는 내 옆에 앉았다. ★ ACT. '합류하다' : 1: 앉다.

64) 그 늙은이는 이 감미로운 여인을 떠나려 하지 않았고, 매우 나이 많은 노인들이 어린아이처럼 드러낼 수 있는 그 말없는 집요함을 보이며, 뚜렷한 이유도 없이 변덕스럽게 그녀에게 집착했다. ★ REF. 늙은이들의 심리. ★★ SEM. 어린아이 같음. ★★★ 거세된 가수는 젊은 여자에 의해, 반대되는 것은 그 반대되는 것에 의해, 메달의 앞면은 그것의 이면에 의해 이끌린다(SYM. 거세된 가수의 결합).

65) 그 젊은 여인 옆에 앉기 위해서 그는 접이식 간이의자 하나를 집어들어야 했다. 그의 지극히 작은 움직임에까지도 중풍환자의 동작을 특징짓는 그 냉기도는 무거움, 그 어처구니없는 우유부단함이 새겨져 있었다. 그는 조심스럽게 의자에 천천히 내려앉았다. ★ ACT. '합류하다' : 2: 옆에 앉으러 오다. ★★ REF. 늙은이들의 심리.

66) 그리고 무언가 알아들을 수 없는 말을 중얼거리면서. 그의 쉰 목소리는 우물에 떨어지는 돌멩이 소리를 닮았다. ★ 우물에 떨어지는 돌멩이 소리는 '쉰' 소리가 아니다. 그러나 문장의 함축적 연쇄는 은유의 부정확성보다 더 중요하다. 이 연쇄는 다음과 같은 요소들을 결집

시키고 있다. 돌의 생명 없는 무기력, 우물과의 음산한 거리감, 윤활유를 바른 것처럼 매끄럽고 연결된 목소리인 완벽한 목소리와 모순된 나이든 목소리의 불연속이 그것이다. 기의는 기계처럼 인공적이고 삐걱거리는 '사물'이다(SEM. 기계성).

67) 젊은 여인은 마치 절벽에서 자신을 보호하려는 것처럼 나의 손을 강하게 쥐었다. 그리고 그녀는 자신이 바라보고 있던 그 남자가 ……자 전율했다. ★ SEM. 마력.

68) 열기 없는 두 눈, 광택을 잃은 나전에나 비교될 수 있는 그 청록색 두 눈을 그녀에게 돌렸다. ★ 차가움보다 더 고약한 것은 냉각된 것(퇴색된 것)이다. 이 독해 단위는 인간의 형태를 지닌 시체, 죽은 자를 함축한다. 그러면서 그것은 이 시체를 그 안에 있는 가장 불안한 것, 즉 뜬 눈(les yeux ouverts)으로 환원시키고 있다(죽은 자의 눈을 감기는 것은 죽음 안에서 삶과 공유 경계에 있는 것을 몰아내는 것이고, 죽은 자를 잘 죽게 만드는 것이며, 그를 분명하게 죽게 하는 것이다). **청록색**(glauque)에 대해 말하자면, 그것은 여기서 어떠한 외시적(dénotiative) 중요성도 없다(glauque의 정확한 색은 거의 중요하지 않다). 함축적으로(문화적으로) 그것은 보지 못하는 눈, 죽은 눈의 색깔이다. 그러나 그것은 색깔이 없지 않은 색깔의 어떤 죽음을 나타낸다(SEM. 차가움).

69) — 무서워요. 그녀는 몸을 숙여 내 귀에 대고 말했다. ★ SEM. 마력.

70) — 말을 해도 돼요. 나는 대답했다. 그는 알아듣기가 매우 힘들

어요.

— 그러니까 당신은 그를 알고 있어요?

— 그래요. ★ 늙은이의 청각 장애(이것은 그의 대단한 나이에 의해 정당화된다)는 다음과 같은 것에 소용된다. 즉 그것은 화자가 미결 상태에 있는 수수께끼들의 열쇠를 쥐고 있음을 (우회적으로) 우리에게 알려 준다. 지금까지 다만 대조법의 '시인'으로 알려진 화자는 여기서 서술할 수 있는 입장에 있는 것으로 표현되고 있다. **이야기를 알고 있다/그것을 이야기한다/** 등과 같은 하나의 행태가 시작된다. 이 행동 양태는 전체로 포착될 때, 우리가 앞으로 보게 되듯이 매우 강력한 상징 체계를 부여받게 된다(ACT. '서술하다' : 1: 이야기를 알다).

71) 그러자 그녀는 인간의 언어로는 이름이 없는 그 피조물, 실체가 없는 형태, 생명이 없는 존재, 아니면 행동이 없는 생명인 그 피조물을 한순간 관찰할 수 있을 만큼 대담해졌다. ★ 거세된 가수의 특수한 성인 중성은 영혼의 박탈(혹은 생명력의 박탈. 생명이 없는 것은 인도-유럽어에서 중성의 결정 자체이기 때문이다)을 통해 의미된다. 결핍을 나타내는 모사(……이 없는)는 생명이 결여된 외양적 생명인 거세된 상태의 도식적 형태이다(SYM. 중성). ★★ 늙은이의 초상은 여기서는 수사학적으로 알려지고 있으며 앞으로도 계속될 것인데, 젊은 여자가 세운 **방침**("관찰할 수 있을 만큼 대담해지다")이 그 기원이 되고 있다. 그러나 애초 목소리의 페이딩을 통해서 묘사를 계속하게 되는 것은 담론이다. 늙은이의 육체는 그려진 하나의 모델을 복제하고 있다(SYM. 육체들의 복제).

XXIII. 회화의 모델

모든 문학적 묘사는 하나의 **시각**이다. 발화자는 묘사를 하기 전에, 잘 보기 위해서가 아니라 자신이 보는 것을 자신의 틀 자체를 통해 성립시키기 위해 창문에 위치하는 것 같다. 그렇게 하여 창문의 벽구멍은 볼거리를 만들어 준다. 따라서 묘사를 한다는 것은 사실주의 작가가 (작업대보다 더 중요하게) 항상 가지고 다니는 빈 틀을, (개그처럼 웃게 할 수 있을) 이와 같은 광적인 작용 없이는 말로 표현될 수 없는 대상들의 집단이나 연속체 앞에 위치시키는 것이다. 이 대상들에 대해서 이야기할 수 있기 위해서 작가는 최초의 의식(儀式)을 통해 우선 '현실'을 그려진(틀에 넣어진) 대상으로 변모시켜야 한다. 그런 다음에 그는 이 대상을 떼어내어 그것의 그림으로부터 **끌어낼** 수 있다. 한마디로 말하면, 그것을 그림에서 분리해 말이나 글로 표현할 수 있다(dé-peindre[24])(말이나 글로 표현한다는 것(dépeindre)은 융단처럼 코드들을 쫙 펼친다는 것이며, 하나의 언어로부터 하나의 지시체로가 아니라 하나의 코드로부터 다른 하나의 코드로 지시를 이동시키는 것이다). 그러므로 사실주의(이 용어는 매우 잘못 명명된 것이며, 어쨌거나 흔히 잘못 해석되고 있다)는 현실을 모사하는 데 있는 것이 아니라, 현실의 (그려진) 모사를 모사하는 데 있다. 문제의 이 현실은 그것을 직접적으로 건드리는 것을 금지시킨다고 생각되는 두려움의 영향인 것처럼 **나중으로 유예되고** 연기되며, 혹은 최소한 회화적인 외피를 통해 포착된다. 이 외

---

24) dé-peindre에서 dé는 탈(脫)의 의미를 지님으로 이 낱말은 틀에 넣어진 그림을 글쓰기를 통해 탈그림화시킨다는 의미를 담고 있다. 그 다음에 dépeindre는 이런 의미를 함축하여 글로 묘사하다는 뜻을 지닌다. 〔역주〕

피가 현실에 칠해진 다음에 말로 나타내지게 되는데, 이것이 연속적인 코드, 이른바 사실주의인 것이다. 그렇기 때문에 사실주의는 '모방자(copieur)'라기보다는 '모작자(pasticheur)'라 말해질 수 있다(그것은 두 번째 모방(mimesis)을 통해 이미 모사인 것을 모사한다). 순진한지 뻔뻔스러운지 모르겠지만, 조셉 브리도는 라파엘로풍 작품을 만들어 내는 데 아무런 양심의 가책을 느끼지 않는다(왜냐하면 화가 역시 다른 코드, 이전의 코드를 모사해야 하기 때문이다). 마찬가지로 발자크 역시 이런 모작을 걸작이라고 표명하는 데 아무런 가책을 느끼지 않는다. 코드들의 무한한 순환성이 일단 설정되면, 육체 자체는 그것으로부터 벗어날 수 없다. (픽션이 있는 그대로 제시하는) 현실적 육체는 예술들의 코드가 유기적으로 구성하는 어떤 모델의 복제이며, 그리하여 육체들의 '가장 자연스러운 모습,' 어린아이 같은 라 라부이외즈[25]의 모습은 오로지 예술적 코드의 약속일 뿐이며, 이 코드로부터 미리 나와 있는 것이나 다름없다(**"매력적인 몸매를 일아볼 줄 알 정도로 해부학적으로 뛰어난 의사는 이 매혹적인 모델이 전원의 묘사 작업에서 허물어질 경우 예술가들이 상실하는 모든 것을 이해했다"**). 따라서 사실주의 자체 속에서 코드들은 결코 멈추지 않는다. 육체적 복제는 자연으로부터 벗어나면서만 중단될 수 있다. 그때 그것은 최상의 대문자 여자('걸작'을 말한다)를 향하던가, 하급 인간으로서의 피조물(거세된 남자를 말한다)을 향한다. 이 모든 것은 이중의 문제를 제기한다. 우선 문학적 **미메시스**에서 회화적 코드의 이와 같은 우위는 어디서 언제 시작되었는가? 왜 그것은 사라졌는가? 왜 작가들의 회화적 꿈은 죽어 버렸는가? 그것은 무엇으로 대체되었는가? 오늘날 재현의 코드들은 복합적 공간을 위해

---

25) 발자크의 소설 《라 라부이외즈 *La Rabouilleuse*》에 나오는 여주인공이다. [역주]

산산조각이 나고 있으며, 이 공간의 모델은 더 이상 회화('그림')가 될 수 없고, 말라르메가 예고했거나 최소한 원했던 것처럼 오히려 연극(무대)이라 할 것이다. 그리고 또 다른 문제는 이런 것이다. 문학과 회화는 하나가 다른 하나의 **백미러** 같은 것이기 때문에, 이제 그것들이 계층적 고찰로 더 이상 포착되지 않는다면 그것들을 연대적이면서도 동시에 분리된, 한마디로 **분류된** 대상들로 오랫동안 간주해 봤자 무슨 소용이 있겠는가? 왜 '텍스트들'의 다원성을 보다 잘 주장하기 위해 예술들의 다원성을 단념하지 않는가?

72) 그녀는 두려움에 찬 호기심을 지닌 매력을 발산하고 있었다. 그런 호기심 때문에 여자들은 차단벽이 취약해 무서움을 느끼면서도 위험한 감동을 체험하려 하고, 사슬에 묶인 호랑이들을 바라보지 않을 수 없으며, 보아뱀들을 주시하게 되는 것이다. ★ SEM. 마력. ★★ REF. 여자와 뱀.

73) 작은 늙은이는 날품팔이처럼 등이 굽어 있었음에도 불구하고, 그의 키가 틀림없이 보통이었을 것이라는 점은 쉽게 알아볼 수 있었다. 그의 지나치게 야윈 모습, 허약한 사지는 그의 신체적 균형이 항상 잘 잡혀 있었다는 것을 입증하고 있었다. ★ REF. 수사학적 코드: 인물묘사(prosopographie)('초상'은 특히 2세기의 신(新)수사학에서 높이 평가받은 수사학적 장르였다. 그것은 **분리될 수 있는** 빛나는 부분이었는데, 여기서는 담론이 그것에 의소적 의도들을 침투시키려 한다). ★★ SEM. (이전의) 아름다움.

74) 그는 야윈 허벅지 부분이 헐렁한 검은 비단의 짧은 바지를 입고

있었는데, 부서진 돛처럼 주름들을 그려내고 있었다. ★ SEM. 비어 있음. 부서진 돛의 이미지는 상속자의 부재, 다시 말하면 시간성이라는 함축 의미를 덧붙이고 있다. 바람, 생명이 물러가 버린 것이다.

75) 해부학자 같으면 이 이상한 몸을 지탱하고 있는 작은 사지들을 보았을 때 끔찍한 쇠약의 징후들을 즉각 알아보았을 것이다. ★ SEM. 괴물(초자연). ★★ HER. 수수께끼 4: 테마 및 설정(자신의 육체를 통해서 늙은이는 하나의 수수께끼의 주체가 되어 있다).

76) 여러분이라면 무덤에 십자가 모양 놓여진 늙은 해골이라고 말했을 것이다. SEM. 죽음(기표는 각이 진 것, 기하학적인 것, 부서진 선을 함축하고 있는데, 이것들은 **경쾌한 것**과 식물적인 것, 다시 말해 생명과 정반대의 대조적인 형태이다).

77) 불가피하게 주의를 기울이다 보니 노쇠가 이 우연적인 기계 같은 몸뚱이(machine)에 새겨 놓은 흔적들이 드러났을 때, 인간에 대한 깊은 혐오감이 마음에 엄습하였다. SEM. 기계성.

78) 그 낯선 인간은 금장식이 된 구식의 흰 조끼를 입고 있었고 리넨 천은 빛나는 백색을 뿜어내고 있었다. 여왕이라도 부러워했을 풍요로움을 드러낸 짙은 갈색 계열의 영국산 가슴 장식은 그의 가슴에서 노란 주름을 만들어 내고 있었다. 그러나 그의 몸에서 이 레이스 장식은 장식이라기보다는 누더기 같았다. 이 가슴 장식 한가운데에는 값을 헤아릴 수 없는 다이아몬드 하나가 태양처럼 빛나고 있었다. ★ SEM. 초고령(Ultra-âge), 여성성(아양), 부(富).

79) 그와 같은 낡아빠진 사치, 안에 처박힌 그런 취향 없는 보물은 이 이상한 존재의 모습을 더욱 두드러지게 만들었다. ★ HER. 수수께끼 4(이 늙은이는 누구인가?): 테마 및 설정. 취향의 부재는 옷과 관련되어 있는데, 이 옷에서 화자가 찾고 있는 것은 여성성과 부(富)로서의 본질이며 그 옷이 미적·사회적으로 그 사람에게 어울리는지는 관심이 없다(그것은 '안에 처박힌 보물'이다). 마찬가지로 저속성은 기품보다 더 확실하게 이 변장자의 의복을 마무리해 준다. 왜냐하면 그것은 여성성을 하나의 가치가 아니라 본질로 만들어 주기 때문이다. 저속성은 코드(저속성으로 하여금 매혹시킬 수 있게 해주는 것) 쪽에 있으며, 기품은 행위의 수행 쪽에 있다.

80) 전체적 틀은 초상(肖像)에 어울렸다. 그 검은 얼굴은 각이 졌고, 사방으로 움푹 파여 있었다. 턱도 우묵했고 관자놀이도 움푹 들어가 있었다. 눈은 누르스름한 안와 속에 사라져 있었다. 형용할 수 없을 정도로 비쩍 말라 튀어나온 턱뼈는 양볼 한가운데 우묵한 구멍을 그려내고 있었다. ★ REF. 수사학적 코드: 초상. ★★ 늙은이의 극도로 마른 모습은 늙음의 표시일 뿐 아니라 결핍에 의한 비어 있음이나 축소의 표시이다. 후자의 의소는 살이 부어오름으로써 부풀리고 비어 있는 기름진 내시의 판박이와 대립된다. 왜냐하면 여기서 함축 의미는 이중의 문맥 속에서 포착되기 때문이다. 한편으로 통합체적(연사적)으로 볼 때, 비어 있음은 늙은이의 주름투성이 모습과 어긋나지 않는다. 다른 한편으로 계열체적으로 보면, 비어 있음으로서의 수척한 모습은 젊은 여자의 무성하고 식물적이며 팽팽한 충만함과 대립된다(SEM. 비어 있음).

81) 그 혹들은 불빛에 다소간 노출되자, 이 얼굴에서 인간의 특징들을 완전히 없애 주는 기묘한 그림자들과 반영들을 만들어 냈다. ★ SEM. 초세계.

82) 그리고 세월로 인해 이 얼굴의 노랗고 얇은 피부가 **뼈**에 너무도 강하게 달라붙어 있었기에 사방에 수많은 주름살을 만들어 내고 있었다. 주름살들은 어린아이가 물에 돌을 던져 만들어지는 흐린 파문처럼 원을 그리고 있거나 금이 간 유리창처럼 별 모양을 하고 있었으나 예외 없이 깊었고 책의 종잇장들처럼 **빽빽**했다. ★ SEM. 초고령(극도로 주름진 모습, 미라처럼 마른 모습).

XXIV. 유희로서의 변모

은유(물 · 유리창 · 책)의 과잉은 담론의 유희를 구성한다. 이 유희는 항상 회귀를 따라야 하는 규칙적인 활동인 바, 언어적인 순수한 즐거움(수다)을 통해서 낱말을 축적하는 것이 아니라 동일한 형태의 언어(여기서는 비교)를 증식시키는 것이다. 마치 화자가 동의어들의 무한한 창안을 고갈시키고자 하고, 텍스트의 복수적 존재와 이것의 회귀를 분명히 부각시키기 위해 기표를 반복시키면서 동시에 변화시키고자 하는 것처럼 말이다. 그리하여 발벡의 승강기에서 프루스트의 화자가 젊은 엘리베이터 보이와 대화를 하고자 할 때, 이 보이는 대답하지 않는다. 그는 "내 말에 놀라고, 위험을 두려워하며, 자신의 일에 주의를 기울이고 있고, 예의에 신경을 쓰며, 난청이고, 장소를 존중하며, 지성이 무기력하거나 사장의 명령을 받아서 그런지 모른다." 유희는 여기서 본질적으로 문법적이다(따라서 훨씬 더 전범적이다). 그것은 복수적(複數的)으로 다양한 가능성들을 특이한 연사(통합체)로 가능한 한 오랫동안 절묘하게 배열하는 것이고, 각각의 이유를 나타내는 언어적 절(예컨대 "그는 **귀가 잘 들리지 않기 때문에**")을 이중의 실사('**그의 청각의 어려움**')로 변모시키는 것이다. 요컨대 그것은 무한히 실행되는 한결같은 모델을 생산하는 것이며, 이런 작업은 언어의 제약들을 마음껏 유지하는 것이다. 이로부터 힘의 즐거움 자체가 나온다.

83) 어떤 늙은이들은 우리에게 이보다 더 끔찍한 초상들을 보여준다. 그러나 우리 앞에 갑자기 나타난 그 유령 같은 존재가 인공적인 창조물의 모습을 띠는 데 가장 많이 기여하는 것은 그를 번쩍이게 하는 붉은색과 흰색이었다. 그의 마스크에서 눈썹은 불빛으로부터 광택을 받고 있었고, 이 광택은 매우 잘 제작된 하나의 그림을 드러내고 있었다. 그처럼 파괴된 폐인의 모습에 서글픔을 느끼는 시선에는 다행한 일이지만, 그의 시체 같은 두개골은 수많은 컬로 극도의 거드름을 드러낸 황금색 가발 속에 감추어져 있었다. ★ REF. 늙은이들의 육체적인 모습. ★★ SEM. 초자연, 여성성, 사물(Chose). 우리가 보았듯이 아름다움은 (글로 씌어진 혹은 회화적인) 위대한 문화적 모델로부터만 (말의 고유 의미에서 벗어난) 비유적 전용을 통해서 도출될 수 있다. 그것은 언급되지 않고 묘사되지 않는다. 그 반대로 추함이 풍부하게 묘사된다. 이 추함만이 '사실주의적'이고, 지시체와 대적하고 있으며, 매개적인 코드가 없다(이로부터 예술에서 사실주의는 추한 것들만을 묘사한다는 발상이 나왔다). 그러나 여기서는 코드의 반전이나 전복이 있다. 왜냐하면 늙은이 자신이 "**매우 잘 제작된 하나의 그림**"이기 때문이다. 그러니까 그는 이렇게 육체들의 복제 속에 재통합되어 있는 것이다. 그

는 그 자신의 분신이다. 마스크로서의 그는 그 자신으로부터 이면에 있는 것을 모사한다. 다만 그의 복제는 그 자신의 모사이기 때문에 그려진 사물들의 복제처럼 동어반복적이고, 비생산적이다.

84) 게다가 그의 귀에 매달려 있는 금귀고리, 모질어진 손가락에서 빛을 발하는 기막힌 보석 반지, 그리고 여자의 목에 걸린 목걸이의 보석처럼 반짝이는 시곗줄은 이 몽환적인 인물의 여성적 멋부림을 매우 강하게 알려 주고 있었다. ★ SEM. 여성성, 초세계, 부(富).

85) 끝으로 그 일본의 우상 같은 모습은 ★ 일본의 우상(이상하지만 아마 부처일 것이다)은 무표정과 분(fard)의 비인간적인 혼합을 함축한다. 그것은 생명을 모사하고 생명을 사물로 만드는 사물의 신비한 무감각을 지시한다(SEM. 사물).

86) 푸르스름한 입술에 고정되고 정지된 웃음, 죽은 자의 얼굴에 나타나는 것 같은 냉혹하고 빈정대는 웃음을 간직하고 있었다. ★ 고정되고 정지된 웃음은 (정형수술에서처럼) 잡아당겨진 피부의 이미지로, 생명의 본질 자체인 그 약간의 피부가 결여된 생명의 이미지로 이끈다. 늙은이에게서 생명은 끊임없이 모사되지만 모사는 언제나 거세라는 마이너스 부분을 나타낸다(그래서 입술은 생명의 선명한 붉은색이 결핍되어 있다)(SEM. 환상적인, 초세계).

87) 조각상처럼 침묵하며 움직이지 않는 그 모습은 어떤 공작부인의 상속자들이 목록을 작성하는 동안 그녀의 서랍들에서 찾아내는 오래된 옷들에서 나는 사향 냄새를 풍기고 있었다. ★ SEM. 사물, 초고령.

88) 이 늙은이가 모인 군중 쪽으로 눈을 돌리면, 희미한 빛도 반사할 줄 모르는 두 눈의 움직임은 어떤 감지할 수 없는 인공적 장치로 이루어지는 것 같았다. 그리고 두 눈이 멈추었을 때, 그 눈을 살펴본 사람은 그것들이 움직였는지 의심하고야 말았다. SEM. 차가움, 인공, 죽음(인형의 눈).

XXV. 초상

초상(肖像)에서 의미들은 그것들을 통제하는 어떤 형태를 통해서 기세 좋게 던져져 '우글거린다.' 이 형태는 수사학적 질서(알림과 세부)이자 해부학적 배분(육체와 얼굴)이다. 이와 같은 두 개의 의례적 절차는 또한 코드들이다. 이 코드들은 기의들의 무질서한 상태에서 제거되는데, 자연적인――혹은 이성적인――조작자들처럼 나타난다. 따라서 담론('초상')이 제공하는 궁극적 이미지는 의미가 배어든 자연적 형태의 이미지이다. 마치 의미가 본래의 육체에 대한 차후의 술어에 불과한 것처럼 말이다. 사실 초상의 자연성은 다양한 코드들이 중첩되면서 서로 어긋난다는 사실로부터 비롯된다. 이 코드들의 단위들은 동일한 소재지도, 동일한 크기도 지니고 있지 않으며 이와 같은 불균형은 불균등한 주름들에 따라 축적되어 담론의 **미끄러짐**――담론의 **자연스러움**――이라 불러야 하는 것을 생산한다. 두 개의 코드가 불균등한 파동의 길이에 따라 동시에 작용하자마자 운동의 이미지――이 경우 여기서는――생명의 이미지, 곧 초상이 생성된다. 초상은(본 텍스트에서) 구상 예술이 우리에게 감을 잡게 할 수 있는 사실주의적 재현이나 밀접한 모사도 아니다. 그것은 동시적으로 다양하고 반복되며 불연속적인(윤곽이 잡힌), 의미의 덩어리들이 점유한 장면이다. 이 덩어리들의 (수사학적, 해부학적 그리고 문장적) 배열로부터 육체의 모사가 아니라 다이어그램이 나타난다(이 점에서 초상은 언어적 구조에 전적으로 종속되어 있다. 왜냐하면 언어는 다이어그램적 유추들만을 알기 때문이다. 이 **유추들**(analogies)은 어원적 의미에서 보면 **비례들**(proportions)이다). 그래서 늙은이의 육체는 낱말들이나 살롱을 배경으로 한 현실적 지시체로서 '분리되지' 않는다. 그것은 의미적 공간 자체이며, 의미가 되어 가면서 공간이 된다. 달리 말하면 '사실주의적' 초상의 읽기는 사실주의적 읽기가 아니다. 그것은 입체파적 읽기이다. 의미들은 집적되고 어긋난 중첩된 입방체들이지만, 이것들은 서로가 서로를 물고 있으며, 이것들의 이동으로 인해 그림의 모든 공간이 생성되며 이 공간 자체가 **추가적인**(supplémentaire)(부수적이고 비장소적인) 의미, 곧 인간 육체의 의미가 된다. 형상은 의미들의 총체, 틀 혹은 매체가 아니라 하나의 추가적인 의미이다. 요컨대 그것은 일종의 구별짓는 매개변수이다.

XXVI. 기의와 진실

초상을 구성하는 모든 기의들은 '진실하다.' 왜냐하면 그것들은 모두가 늙은이의 규정에 속하기 때문이다. 비어 있음 · 생기 없음 · 여성성 · 늙어빠짐 · 괴물 같음 · 부유함, 이런 의소들 각각은 믿을 수 없을 만큼 부유한 옛 국제적 스타로서 매우 나이가 많은 거세된 가수인 늙은이의 외시적(dénotative) 진실과 일치 관계에 있다. 이 모든 의소들은 진실을 지시하지만 그것들이 모두 함께 놓일 때조차도 이 진실을 명명하게 만드는 데는 불충분하다(그런데 이런 실패는 다행스러운 일이다. 왜냐하면 이야기의 법칙에 따르면 진실은 때가 이르게 알려져서는 안되기 때문이다). 따라서 기의가 해석학적 가치를 지닌다는 것은 아주 분명하다. 결국 의미의 모든 과정은 진실의 과정이다. 예컨대 (어떤 역사적 이데올로기를 담고 있는) 고전적 텍스트에서 의미는 진실과 혼동되며, 의미 작용은 진실의 길이다. 우리가 늙은이를 **외시(外示)하는**(dénoter) 데 성공한다면 (거세된 가수로서의) 그의 진실은 즉각적으로 벗겨질 것이다. 하지만 해석학적 체계에서 함축 의미의 기의는 특별한 위치를 차지한다. 왜냐하면 그것은 자신을 명명하게 하는 데는 불충분하고 무력한 불완전한 진실을 발생시키기 때문이다. 그것은 진실의 불완전함이고, 불충분함이며 무력함이고 이런 부분적 결여가 조상적(彫像的) 가치를 지닌다. 분만을 하지 못하는 이런 결함은 코드화된 요소이고, 해석학적 형태소이며, 이것들의 기능은 수수께끼를 둘러싸면서 그것을 두텁게 만드는 것이다. 왜냐하면 강력한 수수께끼는 엄격한 수수께끼이며, 그 결과 어떤 세심한 조치들을 통해서 기호들이 증가하면 할수록 더욱 진실은 모호해지고, 더욱 해독은 격렬해지기 때문이다. 함축 의미의 기의는 문자 그대로 하나의 **검지(index)**이다. 그것은 방향을 지시하지만 언급하지는 않는다. 그것이 방향으로 지시하는 것은 명칭이고, 명칭으로서의 진실이다. 그것은 명명하고 싶은 유혹이자 동시에 명명할 수 없는 무력함이다(명칭을 가져오는 데는 귀납적 추리가 지시보다 더 효율적이 될 것이다). 요컨대 그것은 **언어의 조각(bout de la langue)**이며 이 조각으로부터 나중에 명칭과 진실이 떨어지게 된다. 그리하여 어떤 손가락의 지시적이고 말없는 움직임이 고전적 텍스트를 항상 동반한다. 그러니까 진실은 일종의 임신한 충만함 속에 오랫동안 욕망되고 우회되며 유지되고, 이 충만함을 변제적이며 동시에 재앙적으로 뚫고 들어가는 작업이 담론의 종말 자체를 완수하게 될 것이다. 그런 만큼 이와 같은 기의들의 공간 자체인 인물은 (스핑크스와의 논쟁하는) 오이디푸스가 서양의 모든 담론에 신화적으로 각인시킨 수수께끼나 수수께끼의 그 기명적 형태의 통로에 불과하다.

89) 이와 같은 인간 잔해 옆에서, 젊은 여인을 보다니. ★ SYM. 대조법 B(젊은 여인): 알림.

90) 목·팔·가슴은 하얗게 드러나 있으며, 몸매는 충만한 초록빛 아름다움을 드러내고, 백대리석 같은 이마에 정갈하게 심어진 머리칼은 사랑을 불러일으키며, 눈은 감미롭고 상큼한 빛을 흡수하는 게 아니라 내뿜고 있고, 경쾌한 머릿결과 향기로운 숨결은 이런 유령, 먼지 같은 이런 인간에게는 너무 무겁고 너무 딱딱하며 너무 강력한 것처럼 보이는[26] ★ SEM. 대조법: B(젊은 여인). ★★ SEM. 식물성(유기적 생명). ★★★ 젊은 여인은 우선 남자의 시선이 수동적으로 침투된 여자−아이였다($n°$ 60). 여기서는 그녀의 상징적 상황이 전도되어 있다. 그녀는 능동적 양상의 영역에 있다. "그녀의 빛을 흡수하는 게 아니라 내뿜고 있었다." 그녀는 랑티 부인이 최초의 전범으로 나타났던 거세시키는 대문자 여자와 합류한다. 이러한 변화는 대조법의 순전히 계열체적 필요성들에 의해 설명된다. 독해 단위 60)에서는 화석화된 노인 앞에서 상큼하고, 날씬하며 꽃 같은 젊은 여자가 필요했다. 반면에 여기서는 '인간 잔해'(음울한 복수형[27]) 앞에서 결집시키고 통일시키는 강력한

---

26) 이 독해 단위는 번역본에서 앞선 독해 단위의 젊은 여인을 꾸며 준다. 〔역주〕
27) 인간 잔해가 프랑스어로는 débris humains로, 복수로 표현되어 있다. 〔역주〕

식물성이 필요하다. 이러한 새로운 패러다임은 젊은 여인을 거세시키는 인물상으로 만들고 있는데, 점차적으로 정착하게 되고 화자 자신을 그의 배역으로 끌고가게 된다. 그는 (독해단위 62)에서와는 달리) 더 이상 젊은 여자를 지배할 수 없을 것이지만, 그 역시 자신의 상징적 역할을 뒤집으면서 이윽고 지배받는 한 주체의 수동적 입장에서 나타나게 될 것이다(SYM. 여자—여왕).

91) 아! 그것은 나의 사유에서 바로 죽음과 삶이었고, 상상의 아라베스크 무늬였으며, 가슴 윗부분으로 보면 완벽하게 여성적이면서도 반은 끔찍한 키마이라 같은 것이었다. — 하지만 세상에는 이런 식의 결합들이 상당히 자주 이루어지리라고 나는 혼잣말을 했다. ★ 어떤 사실주의적 관점에서 보면 늙은이와 젊은 여인은 서로 꽉 붙어 있으므로 그들이 형성하는 환상적인 존재는 (동체가 붙은 기형적인 샴쌍생아처럼) 수평적으로 두 부분으로 이루어지지 않을 수 없을 것이다. 그러나 상징적 힘은 이런 의미를 전복시킨다——혹은 다시 세운다. 왜냐하면 붙어 있는 두 체제는 수직적이 되기 때문이다. 키마이라(반은 사자이고 반은 암염소임)는 위와 아래를 대립시킨다. 물론 자신의 해부학적 위치에 거세된 지대를 남기지만 말이다('가슴 윗부분으로 보면 여성적인')(SYM. 거세된 가수의 결합). ★★ REF. 결합들의 코드.

92) 저 사람은 묘지 냄새가 나요!라고 공포에 사로잡힌 젊은 여자는 소리쳤다. ★ SEM. 죽음.

93) 그러면서 그녀는 나의 보호를 확실히 받기 위해 나에게 밀착했고, 요동치는 동작을 통해 대단히 무서워하고 있음을 드러냈다. ★

SYM. 여자-아이(상징적 변화는 아직 안정되지 못하고 있다. 왜냐하면 담론은 여자-여왕에서 여자-아이로 되돌아가고 있기 때문이다).

94) — 그녀는 말을 다시 이었다. "끔찍한 모습이에요. 나는 더 이상 여기 머물 수 없을 것 같아요. 다시 한번 저 사람을 쳐다보면 죽음 자체가 나를 찾으러 왔다고 생각할 거예요. 그런데 저 사람은 살아 있는 건가?" ★ SEM. 죽음. ★★ 그는 살아 있나요? 이 질문이 늙은이 속에 있는 죽음의 기의를 단순하게 변주하는 것이라면 그것은 순전히 수사학적일 수 있을 것이다. 그런데 예기치 않은 기교를 통해서 (여자가 자기 자신에게 제기하는) 질문은 글자 그대로의 뜻이 되며, 대답(혹은 확인)을 요청하고 있다(ACT. '질문' : 1: 자신에게 질문을 제기한다).

95) 그녀는 그 기형적인 인간에게 손을 댔다. ★ ACT. '질문' : 2: 확인하다. ★★ ACT. '손대다' : 1: 손대다.

96) 여자들이 맹렬히 타오르는 욕망을 느낄 때나 나타낼 수 있는 그런 대담함을 드러내며; ★ REF. 여자의 심리.

97) 그러나 그녀의 모공에서는 식은땀이 나왔다. 왜냐하면 그녀는 그 늙은이를 건드리자마자 멧새 소리와 유사한 소리를 들었기 때문이다. 그 날카로운 목소리는, 그게 목소리였다면, 거의 말라붙은 목구멍에서 새어나왔다. ★ ACT. '손대다' : 2: 반응하다. ★★ 멧새는 오돌토돌하고 불연속적인 소리를 함축한다. 목소리는 불확실하며 인간성은 문제적이다. 목구멍은 말라붙어 있고, 유기체적 생명체가 지닌 특성, 곧 윤활유를 바른 듯 매끄러운 측면이 결핍되어 있다(SEM. 초자연). ★★★

SYM. 거세된 가수의 결합(여기서는 결합이 재앙적인 끝을 나타냄).

98) 그리고 그 외침에 이어 어린아이가 하는 것 같은 독특한 울림의 **경련적이 잔기침이 급격하게 나왔다.** ★ **SEM**. 어린아이 같음(경련적인 측면은 중단없이 연결된 생명과 대립되는 불길하고 음산한 불연속성을 다시 한번 함축한다).

XXVII. 대조법 II: 결합

대조법은 문이 없는 벽이다. 이 벽을 넘어선다는 것은 위반 자체이다. 안쪽과 바깥쪽, 더위와 추위, 삶과 죽음의 대조법에 예속된 늙은이와 젊은 여자는 경계 막대들 가운데 가장 구부러지지 않는 것, 즉 의미의 막대에 의해 합법적으로 분리되어 있다. 그런 만큼 정반대의 대조적인 이 양쪽을 접근시키는 모든 것은 기본적으로 빈축을 산다(빈축들 가운데 가장 가차없는 것인 형태의 빈축을 말이다). 대조법의 두 항인 젊은 여자의 육체와 늙은이의 육체가 한쪽이 다른 한쪽에 둥글게 웅크린 채 단단히 결합되어 있는 모습을 보는 것은 이미 아연실색케 하는 광경('자연의 가장 흔치 않은 변덕들 가운데 하나')이었다. 그러나 젊은 여자가 늙은이에 **손을 댈 때** 위반의 절정이 있다. 위반은 더 이상 공간에 한정되지 않는다. 그것은 내실 있고, 생체적이며 화학적이 된다. 젊은 여자의 동작은 작은 **액팅 아웃**(acting out)이다. 이 동작을 전환 히스테리(오르가슴의 대체)로, 혹은 (대조법과 환각이라는) 벽의 통과로 간주해 보자. 그러면 여자와 거세된 가수, 생기 없는 것과 생기 있는 것과 같은 두 배타적인 실체들의 신체적 접촉은 재앙을 생산한다.

폭발적인 충격, 계열체적 격돌, 부당하게 접근시켜진 두 육체의 정신 없는 달아남이 있는 것이다. 각각의 파트너는 진정한 생리학적 혁명의 장소이다. 왜냐하면 땀과 외침이 나오기 때문이다. 각각 상대방에 의해 충격을 받은 것과 같다. 극단적인 힘을 지닌 화학적인 인자(거세된 남자에겐 여자, 여자에겐 거세)에 의해 충격을 받아 심층적인 것이 구토에서처럼 배출되고 있다. 이것이 우리가 의미의 비법을 전복시킬 때, 계열체적(패러다임적) 극점들의 신성한 분리를 폐지시킬 때, 모든 '변별성(pertinence)'의 토대인 대립의 경계를 제거할 때 일어나는 일이다. 젊은 여자와 거세된 가수의 결합은 두 번 재앙적이다(아니면 이런 말이 보다 좋다면, 그것은 두 개의 입구가 있는 체계이다). 상징적으로 보면 이중적 육체, 즉 키마이라 같은 육체는 그것의 부분들이 운명적으로 흩어지지 않을 수 없게 되어 있는 바 생존할 수 없다는 것이 분명히 드러난다. 어떤 추가적인 육체가 생산되어 대립적인 것들의 이미 완성된 배분에 덧붙여지러 올 때, 이 추가(이것을 내쫓기 위한 반어적 방식에 따라 독해 단위 13)에서 설정됨)는 저주받고 있다. 왜냐하면 **잉여적인** 것은 파열하여 흩어지고, 결집은 흩어짐으로 뒤집어지기 때문이다. 다른 한편 구조적으로 보면, 수사학적 지혜에서 나온 주요한 기법인 대조법은 위반하면 반드시 벌을 받는다는 게 운명적으로 정해진 것 같다. 그래서 **의미**(그리고 이것의 분류적 토대는)는 삶 아니면 죽음의 문제이다. 마찬가지로 대문자 여자를 모사함으로써, 남녀 양성의 경계를 넘어서 자리를 잡음으로써, 거세된 가수는 외형 · 문법 · 담론을 위반하게 될 것이다. 의미의 이와 같은 폐지 때문에 사라진은 죽게 될 것이다.

99) 이런 소리가 나자 마리아니나, 필리포 그리고 랑티 부인이 우리를 흘끔 쳐다보았는데, 그들의 시선은 번갯불같이 튀었다. 젊은 여자

는 센 강에라도 뛰어들고 싶었을 것이다. ★ ACT. '손대다' : 3: 반응이 일반화되다. ★★ 여성적 영역과 노인의 배타적 관계는 여기서 재확인된다. 랑티 부인·마리아니나·필리포, 즉 여자 잠비녤라의 모든 여성적 후손이 나타나고 있다(SYM. 거세의 축).

100) 그녀는 나의 팔을 잡고 어떤 규방으로 끌고 갔다. 남자들과 여자들, 모든 사람이 우리에게 길을 비켜 주었다. 여러 접견실 끝에 다다르자, 우리는 반쯤 둥그런 작은 방에 들어갔다. ★ '손대다' : 4: 달아나다. ★★ 사교계의 의미: 사람들은 실수를 잘하는 사람들 앞에서 물러서고 있다. 상징적 의미: 거세는 전염적이다. 왜냐하면 거세와 접촉한 젊은 여자는 표시가 나고 있기 때문이다(SYM. 거세의 전염). 작은 방의 반쯤 둥근 성격은 연극적 장소를 함축하며, 이로부터 아도니스를 '응시하는 것'이 정당하게 된다.

101) 나의 동반자는 공포에 떨면서 자신이 어디에 있는지도 모른 채 긴 의자에 몸을 던졌다. ACT. '손대다' : 5: 피신하다.

102) — 부인, 당신 제정신이 아니군요, 나는 말했다. ★ SYM. 여자-아이. 화자는 젊은 여자를 무책임한 어린아이처럼 훈계하고 있다. 그러나 다른 의미에서 보면, 젊은 여자의 광기는 문자 그대로이다. 그녀가 손으로 건드린 동작은 분명 기표가 상징의 벽을 넘어서 현실 속으로 침투하는 현상이다. 결국 그것은 정신병적인 행위이다.

103) — 하지만, 내가 잠시 그녀에게 감탄해 마지않는 침묵의 순간이 흐른 뒤 그녀는 다시 말했다. ★ 화자의 상징적 역할은 변하고 있는

중이다. 처음에 그는 젊은 여자의 일종의 후원자처럼 제시되었는데, 이제 찬양하고, 침묵하며 욕망하고 있다. 그는 이제부터 무언가 요구할 게 있다(SYM. 남자-주체).

104) 그게 내 잘못인가요? 왜 랑티 부인은 저택에 귀신들이 배회하게 놓아두는 거예요? ★ SEM. 초자연.

105) — 이런, 당신은 바보 흉내를 내는군요. 당신은 작은 늙은이를 유령으로 생각하고 있군요. 나는 대답했다. ★ 화자의 상상계, 다시 말해 그가 자신을 알아보지 못하게 만드는 상징적 체계는 분명 그가 비상징적(기호 해독을 할 줄 모르는) 존재라는 그 특징을 지니고 있다. 그는 자신이 터무니없는 이야기들(상징들)을 믿지 않는 사람이라고 말한다(SEM. 기호 해독 불능증). ★★ SYM. 여자-아이.

XXVIII. 인물과 형상

동일한 의소들이 여러 번에 걸쳐 동일한 고유한 이름에 관통하여 그것에 고정되는 것처럼 나타날 때, 하나의 인물(personnage)이 태어난다. 따라서 인물은 결합에 의한 생성물이다. 결합은 상대적으로 안정적이고(기의들의 회귀에 의해 특징지어진다) 다소간 복잡하다(다소간은 적합하고, 다소간은 모순적인 자질들을 포함한다). 이와 같은 복잡성은 인물의 '인격'을 결정하는데, 이 인격 역시 음식의 맛이나 포도주의 향처럼 결합적이다. 고유한 이름은 의소들을 끌어당기는 자기장처럼 기능한다. 그것은 어떤 육체에 잠재적으로 귀결됨으로써 의소적 지형도를 변화하는(전기적) 시간 속으로 끌어들인다. 원칙적으로 **나**(je)라고 말하는 자는 이름이 없다(프루스트 작품의 화자가 그런 전범적 경우이다). 그러나 사실 **나**는 곧바로 하나의 이름, 말하는 자의 이름이 된다. 이야기에서(그리고 많은 대화에서) **나**는 더 이상 대명사가 아니라 명사이고, 명사들 가운데 가장 좋은 것이다. **나**라고 말하는 것은 필연적으로 자신에게 기의들을 부여하는 것이다. 또한 그것은 전기적인 지속을 자신에게 제공하는 것이며, 이해 가능한 어떤 '진화'에 상상적으로 자신을 예속시키는 것이고, 자신을 어떤 운명의 대상으로 의미하는 것이며, 시간에 어떤 의미/방향을 주는 것이다. 따라서 이러한 차원에서 **나**(그리고 특히 《사라진》의 화자)는 하나의 인물이다. 형상(figure)은 전혀 다른 것이다. 그것은 호적상의 어떤 이름에 고정된 기의들의 결합이 더 이상 아니다. 그리고 전기·심리·시간은 더 이상 형상을 독점할 수 없다. 형상은 상징적 관계의 비호적적이고, 비인격적이며 비연대기적인 모습이다. 형상으로서의 인물은 두 개의 역할 사이에서 흔들릴 수 있는데, 이 흔들림은 아무런 의미가 없다. 왜냐하면 형상은 전기적 시간(연대기)으로부터 벗어난 장소를 지니고 있기 때문이다. 상징적 구조는 전적으로 가역적이기 때문이다. 그래서 그것은 온갖 의미들로 읽혀질 수 있다. 그리하여 여자-아이와 화자-아버지는 한순간 지워졌지만, 되돌아올 수 있고 여자-여왕과 화자-노예를 은폐할 수 있다. 상징적 관념성으로서의 인물은 연대기적·전기적 안정성이 없다. 그는 더 이상 고유한 이름이 없다. 그는 형상이 통과하고 (되돌아오는) 장소에 불과하다.

106) — 조용히 해봐요. 그녀는 모든 여자들이 자신들이 옳고자 할 때 매우 잘 취할 줄 아는 그 위압적이고 조롱하는 모습을 보이며 대

꾸했다. ★ 여자-여왕이 침묵을 명령한다(모든 지배는 언어의 금지에서 시작된다). 그녀는 **강제한다**(주체의 입장에서 상대방의 기를 꺾으면서). 그녀는 조롱한다(화자의 부성(父性)을 부정한다)(SYM. 여자-여왕). ★★ REF. 여자들의 심리.

107) 예쁜 규방이에요!" 그녀는 주변을 둘러보며 소리쳤다. "푸른색 자수는 벽걸이 장식으로선 언제나 훌륭한 효과를 내요. 정말 상큼해요! ★ ACT. '그림' : 1: 주변에 시선을 던진다. 푸른색 자수, 상큼함은 단순한 현실 효과를 구성하거나('진실'을 만들기 위해서는 분명해야 하고 동시에 무의미해야 한다), 이상한 행동에 빠진 다음에 한순간 가구에 대해 말하는 젊은 여자의 말이 쓸데없음을 함축거나, 혹은 아도니스의 초상화 속에서 읽혀지게 될 행복감을 준비한다.

108) 오! 아름다운 그림이군요!" 그녀는 일어나 액자가 훌륭한 한 점의 그림 앞으로 가면서 덧붙였다.
우리는 잠시 머물러 이 경이로운 작품을 응시하였다. ★ ACT. '그림' : 2: 식별하다.

109) 그것은 어떤 초자연적인 붓으로 그린 것 같았다. ★ 환유적으로, 지시체 속에 있는 초자연적인 요소(여자 잠비넬라는 자연에서 벗어나 있다)는 그림의 주제(아도니스는 "남자로선 너무 아름답다")와 동시에 그림의 기법으로 넘어가고 있다('**초자연적인 붓**'은 화가의 손이 어떤 신의 손에 의해 쳐들려졌다는 것을 암시한다. 비잔틴의 화가가 방금 채색을 끝난 성화상에 니스를 칠하는 순간 그리스도가 하늘로부터 내려와 자신을 그 위에다 새겼던 것처럼 말이다)(SYM. 초자연).

110) 그림은 사자 가죽 위에 누워 있는 아도니스를 나타내고 있었다. ★ 아도니스의 초상화는 곧바로 표명되게 될 새로운 수수께끼(이것은 다섯번째일 것이다)의 테마(주제)이다. 이 아도니스는 누구의 초상화인가?(HER. 수수께끼 5: 테마화). ★★ '사자 가죽'을 통해서 이 아도니스는 그리스 목동들의 무수한 틀에 박힌 재현들에 의존하고 있음을 나타내고 있다(REF. 신화와 회화).

111) 규방 한가운데 걸린 백대리석 용기의 램프가 부드러운 미광으로 이 그림을 비추고 있어 우리는 그것의 모든 아름다움을 포착할 수 있었다. SEM. 달의 속성(램프의 빛은 달빛처럼 부드럽다).

XXIX. 백대리석 램프

램프가 비추는 빛은 그림의 외부에 있다. 그러나 환유적으로 그것은 그려진 장면의 내적 빛이 된다. 백대리석 (부드럽고 흰)──전도성 물질이 아니라 발산성 물질로 빛나고 차가운 반사광을 낸다──규방의 이 백대리석은 젊은 목동을 비추는 달에 다름 아니다. 그리하여 아도니스는 달의 애인이 되는데, 독해 단위 547)에서 화자는 지로데가 자신의 엔디미온을 그리는 데 아도니스로부터 영감을 얻었다고 말하게 된다. 다음과 같이 코드들의 삼중적 전복이 있다. 우선 엔디미온이 자신의 감각과 이야기 그리고 현실을 아도니스에게 전수한다. 다음으로 우리는 아도니스를 묘사하는 동일한 낱말들을 가지고 엔디미온을 읽는다. 마지막으로 우리는 엔디미온의 동일한 상황에 따라 아도니스를 읽는다. 엔디미온-아도니스에서 모든 것은 여성성(독해 단위 113)의 묘사를 볼 것)을 함축한다. '세련된 우아함' '윤곽(contours)' (이 낱말은 낭만적 여인 혹은 신화적 미소년의 '유연한' 나체화에만 적용된다), 소유하도록 노출되고 가볍게 몸을 돌린 나른한 자태, 흰색의 창백하고 흩어진 색깔(당시의 미인은 순백이었다), 풍성하고 컬진 머리칼, '요컨대 모든 것'을 말이다. 이 마지막 속성은 그 어떤 **기타 등등**(et coetera)과 마찬가지로 명명되지 못하는 것, 다시 말해 감춰지면서도 동시에 지시되어야 하는 것을 금지한다. 아도니스는 무대(반쯤 둥그런 규방)의 안쪽에 위치해 있고 엔디미온은 작은 에로스에 의해 발견되어 노출되고 있다. 이 에로스는 무대의 장막처럼 덤불막을 잡아당김으로써 바라보고 검사해야 할 것의 중심 자체, 즉 성기를 드러낸다. 이 성기가 지로데의 작품에서는 암영에 의해 말소되어 있는데, 이는 여자 잠비넬라의 경우 거세에 의해 절단된 것과 같다. 엔디미온을 사랑한 달의 여신은 그를 방문한다. 여신의 능동적 빛이 잠든 목동을 애무하고 그의 내부로 슬그머니 침투한다. 비록 여성이지만 달은 능동적이다. 비록 남성이지만 사내는 수동적이다. 이같은 이중적 전복은 생물학적인 두 성과, 중편 소설 전체에서 거세의 두 항의 전복이다. 소설에서 여자들은 거세시키고 남자들은 거세되기 때문이다. 그리하여 음악은 '윤활유'처럼 사라진 내부로 슬그머니 침투한다. 그것은 달빛이 이를테면 침투하며 휩싸이게 함으로써 엔디미온을 소유하듯이, 사라진을 마지막 즐거움으로 데리고 간다. 이것이 상징적 유희를 지배하는 교환이다. 수동성의 무서운 본질인 거세는 역설적으로 초(超)능동적이다. 그것은 그것이 만나는 모든 것에 그것의 무(無)로 충격을 준다. 결여는 사방으로 퍼져 간다. 그런데 어떤 마지막 문화적 전복——가장 자극적인 전복——을 통해서 그 모든 것을 우리는 볼 수 있다(다만 읽는 것만이 아니다). 텍스트 속에 있는 엔디미온은 박물관(우리의 박물관인 루브르)

에 있는 것과 동일한 엔디미온이다. 그렇기 때문에 육체들과 모사들의 복제적 연쇄를 거슬러 올라가면, 우리는 잠비넬라에 대한 이미지들 가운데 더없이 있는 그대로의 이미지인 사진을 만난다. 책읽기는 코드들을 통과하는 것이기 때문에 그 어떤 것도 이런 통과의 여정을 멈추게 할 수 없다. 허구적인 거세된 가수의 사진은 텍스트에 속한다. 코드들의 줄기를 따라 거슬러 올라가면, 우리는 당연히 보나파르트 가(街)에 있는 뷜로즈사(社)에 도착하여 박스(십중팔구 '신화적 주제들'의 박스)를 열어달라고 요청할 수 있고, 그 속에서 우리는 거세된 가수의 사진을 발견하게 될 것이다.

112) ─ 저토록 완벽한 존재가 있을까요? 그녀는 나에게 물었다. ★ **HER**. 수수께끼: 5: 표명(초상화의 모델은 '자연'에 속하는가?). ★★ **SEM**. 초자연(자연을 벗어남).

XXX. 넘어섬과 못미침

완벽은 대문자 코드의 한 조각이다(이 조각이 기원이든 끝이든 아무래도 좋다). 그것은 한없이 달아나는 복제들을 마감시키고, 코드와 실행, 기원과 산물, 모델과 모사품 사이의 거리를 폐지시킨다는 점에서 열광시킨다(혹은 기분을 좋게 한다). 그리고 이 거리가 인간의 지위에 속한다는 점에서 그것을 취소시키는 완벽은 인류학적 한계 밖에, 초자연 속에 위치하며 이 초자연 안에서 다른 위반, 즉 열등한 위반과 합류한다. **많음**과 **모자람**은 분류적으로 보면 지나침의 종류라는 동일한 종류속에 배치될 수 있기 때문이다. **넘어서는**(au-delà) 것은 **못 미치는**(en deçà) 것과 더 이상 다르지 않다. 코드의 본질(완벽)은 코드 밖에 있는 것과 동일한 지위를 궁극적으로 지닌다. 왜냐하면 생명·규범·인성은 복제들의 영역에서 중간적인 이동 현상들에 불과하기 때문이다. 그리하여 잠비넬라는 초(超)여자이고 본질적이고 완벽한 대문자 여자(좋은 신학에서 완벽은 본질이고, 그래서 여자 잠비넬라는 '걸작'이다)이지만 동시에 동일한 운동을 통해 그녀는 하등 남자이고, 거세된 가수이며, 결여이고 결정적인 **모자람**이다. 그녀 안에 있는 절대적으로 탐나는 것과 그 안에 있는 절대적으로 혐오스러운 것인 두 위반이 뒤섞이고 있다. 이와 같은 혼합은 정당하다. 왜냐하면 위반은 **표시**(marque)에 다름 아니기 때문이다(잠비넬라는 완벽과 동시에 결여에 의해 표시되고 있다). 그녀는 담론으로 하여금 애매함의 유희를 하게 해준다. 아도니스의 '초자연적인' 완벽에 대해 이야기하는 것은 동시에 거세된 가수의 '자연 이하의'(sous-naturel) 결여에 대해 이야야기하는 것이기 때문이다.

113) 그녀는 윤곽의 세련된 우아함·자태·색깔·머리칼, 요컨대 모든 것을 만족한 부드러운 미소를 머금은 채 살펴본 후. ★ SEM. 여성성. ★★ 이런 식으로 묘사됨으로써 그림은 밝게 피어오르고 관능적으로 만족을 주는 분위기를 함축한다. 어떤 일치, 일종의 에로틱한 충족이 아도니스로부터 젊은 여자로 가면서 이루어진다. 젊은 여자는 이 충족을 '**만족한 부드러운 미소**'를 통해 표현하고 있다. 그런데 이야기의 유희를 통해서 그녀의 쾌락은 아도니스 속에 중첩된 세 개의 상이한 대상들로부터 온다. 첫번째는 하나의 **남자**로서 그림의 신화적 주제인 아도니스 자체이다. 화자의 질투는 젊은 여자의 욕망에 대한 이와 같은 해석과 관련되어 있다. 두번째는 하나의 **여자**이다. 젊은 여자는 아도니스의 여성적 본성을 감지하고 자신이 그것과 일치함을 느낀

다. 암묵적인 동조가 되었든 동성애가 되었든, 여기서도 역시 화자를 불만스럽게 만드는 온갖 방식으로 말이다. 화자는 여성성의 마술 같은 영역 밖으로 쫓겨나 있다. 세번째는 **분명코** 젊은 여자를 끊임없이 매혹시키는 거세된 가수이다(SYM. 거세된 가수의 결합).

114) — 남자로선 너무 아름다워요. 그녀는 경쟁적인 여인을 훑어보듯이 살펴본 후 덧붙였다. ★ 《사라진》에 나오는 육체들은 거세에 의해 방향이 잡혀 있는데——혹은 방향을 잃어버린 상태에 있는데——성적인 패러다임의 양쪽에 안전하게 위치할 수 없다. 은연중에 암시된 것들이지만 대문자 여자의 **넘어섬**(완벽)과 남자의 **못 미침**(거세된 상태)이 있기 때문이다. 아도니스가 남자가 아니라고 말하는 것은 진실(그는 거세된 가수이다)과 함정(그는 하나의 대문자 여자이다)으로 동시에 귀결된다(HER. 수수께끼 5: 진실과 함정: 애매함).

115) 아! 나는 그 질투를 얼마나 가슴 아프게 느꼈던가! ★ SYM. 화자의 욕망.

116) 어떤 시인이 나로 하여금 믿게 하려고 헛수고를 했던 그 질투를. 예술가들이 모든 것을 이상화시키게 만드는 이론에 따라 인간의 아름다움을 과장했던 판화 · 그림 · 조각상에 대한 그런 질투를. ★ REF. 정열의 문학적 코드(혹은 문학적 정열의 코드). ★★ SYM. 육체들의 복제(복제품을 사랑하게 된다는 것은 피그말리온의 테마인데, 이테마는 독해 단위 229)에서 반복된다).

117) — 저건 초상화예요. 나는 그녀에게 대답했다. 그것은 비엥의

재능에 의한 것입니다. ★ SYM. 육체들의 복제.

118) 하지만 이 위대한 화가는 실물을 본 적이 없으며, 당신이 이 나체화가 한 여자 조각상을 모델로 하여 만들어졌다는 것을 알게 되면, 당신의 찬사는 아마 덜 열렬할 것입니다. ★ SYM. 육체들의 복제(육체들의 복사는 성적인 패러다임의 불안정성과 연결되어 있는데, 이 불안정성이 거세된 가수로 하여금 남자와 여자 사이에서 흔들리게 하고 있다). ★★ 그림은 하나의 조각상에 따라 제작된 것이다. 맞는 말이다. 그러나 이 조각상은 가짜 여자를 모사한 것이다. 달리 말하면 위의 언표는 조각상까지는 진실이지만 여자부터는 허위이다. 이 문장에 실려오는 거짓은 이 거짓을 가동시키는 진실과 밀접하게 연결되어 있다. 소속을 나타내는 속격이 통합체적으로 조각상과 밀접하게 연결되어 있듯이 말이다. 그러니 어떻게 단순한 속격이 거짓말을 할 수 있겠는가?(HER. 수수께끼: 애매함)

XXXI. 동요된 복제

대문자 책이 없고 대문자 코드가 없다면 이것들은 언제나 이전에 앞서 존재한다. 욕망도 질투도 없다. 예컨대 피그말리온은 조각상에 관한 코드에서 하나의 작은 고리/그물코를 사랑하고 있다. 바울과 프란체스카는 란슬로트와 궤네버의 정념**으로부터** 서로 사랑한다(단테, 《신곡》 〈지옥〉편, 제5곡).[28] 이런 식으로 기원 자체가 상실되었기 때문에 글쓰기는 감정의 기원이 된다. 이러한 질서 잡힌 표류 속에서 거세는 동요를 가져온다. 그러니까 비어 있음은 기호들의 연쇄, 복제들의 생성,

코드의 규칙성을 엉망으로 만든다. 사라진은 속아 넘어갔기 때문에 잠비넬라를 여자로 조각한다. 비엥은 이 여자를 남자로 변모시키고 그리하여 모델의 본래 성(나폴리의 소년: *ragazzo*)으로 되돌아간다. 최후의 반전을 통해 화자는 조각상에서 연쇄를 임의적으로 멈추고 오리지널 작품을 하나의 여자로 만들고 있다. 그리하여 세 개의 도정이 얽히고 있다. 첫번째는 복제들을 '실제적으로' 생산하는 작동적 도정이다(이것은 남자-아도니스에서 여자-조각상, 그리고 변장한 남자로 거슬러 올라간다). 두번째는 질투를 느끼는 화자가 거짓으로 그려내는 기만적인 도정이다(이것은 남자-아도니스로부터 여자-조각상으로, 그리고 암묵적으로 여자-모델로 거슬러 올라간다). 세번째는 상징적 도정인데 이것이 지닌 유일한 중계점들(relais)은 아도니·조각상, 거세된 가수의 것들과 같은 여성성들이다. 이 도정은 동질적인 유일한 공간이며 이 공간 내에서는 아무도 거짓말을 하지 않는다. 이와 같은 이질적 결합은 해석학적 기능을 지니고 있다. 왜냐하면 화자는 아도니스의 진정한 기원을 일부러 왜곡시키고 있기 때문이다. 그는 젊은 여자를 대상으로——그리고 독자를 대상으로——하나의 함정을 만들고 있다. 그러나 상징적으로 보면, 이 동일한 화자는 자기 기만을 통해서 모델의 남성성 결핍을(한 여자와 연결시킴으로써) 지시하고 있다. 따라서 그의 거짓말은 진실을 유도하고 있다.

119) ── 그런데 그게 누구죠?

---

28) 《신곡》의 〈지옥〉편 제5곡에서 프란체스카 다 리미니와 바울 말라테스타는 형수와 시동생 사이인데, 형이 절름발이고 못생겼기 때문에 프란체스카는 시동생과 선을 보았고 결혼 후에야 속았다는 것을 알았다. 두 사람이 사랑에 빠져 남편에게 살해되었다 한다. 란슬로트와 궤네버의 사랑은 원탁의 기사 이야기에 나온다. 〔역주〕

나는 망설였다.

— 알고 싶어요. 그녀는 격한 어조로 덧붙였다. ★ SYM. 여자−여왕 (화자는 젊은 여자를 욕망하고, 젊은 여자는 아도니스가 누구인지 알고 싶어한다. 거세된 가수의 조건들은 개괄적 윤곽이 잡히고 있다). ★★ HER. 수수께끼 5: 표명(아도니스의 모델은 누구인가?).

120) — 난 이 아도니스가 랑티 부인의 어떤…… 어떤…… 어떤 친척을 나타내고 있다고 생각합니다라고 나는 그녀에게 말했다. ★ ACT. '서술하다' : 2: 이야기를 알다(우리는 화자가 늙은이의 신분을 알고 있다는 점을 알고 있다, nº 70. 우리가 여기서 알아차리게 되는 것은 그가 또한 아도니스의 기원도 알고 있다는 점이다. 따라서 그는 수수께끼들을 해결할 수 있고 이야기를 전개시킬 수 있는 잠재적 상태에 있다). ★★ HER. 수수께끼 5: 정지된 해답. ★★★ SYM. 거세된 가수의 이름에 대한 터부.

XXXII. 지연

진실은 살짝 건드려지고, 빗나가며, 소멸된다. 이런 우발적 현상은 구조적이다. 사실 해석학적 코드는 하나의 기능을 지니고 있는데, 이 것은 우리가(야콥슨을 통해) 시적인 코드에 인정하고 있는 것과 동일한 것이다. (특히) 운이 회귀의 기대와 욕망에 따라 시를 구조화시키듯이, 마찬가지로 해석학적 표현들은 수수께끼에 대한 해결의 기대와 욕망에 따라 이 수수께끼를 구조화시킨다. 따라서 텍스트의 역동적 움직임은(그것이 해독해야 할 진실을 함축하고 있는 이상) 모순적이다. 왜냐하면 그것은 정적인 역동성이기 때문이다. 따라서 문제는 해답이 비어 있는 최초의 상태로 수수께끼를 **유지하는** 것이다. 문장들이 이야기의 '전개'를 압박하고 이 이야기를 이끌고 이동시키지 않을 수 없을 때 해석학적 코드는 그 반대의 작용을 실현한다. 그것은 담론의 흐름 속에 **지연들**(궤변·정지·이탈)을 배치해야 한다. 그것의 구조는 기본적으로 반응적이다. 왜냐하면 그것은 언어의 피할 수 없는 전진에, 정지들을 시공간적으로 일정하게 배열하는 유희를 대립시키기 때문이다. 요컨대 그것은 질문과 해답 사이에 있는 하나의 확장적 공간 전체이다. 이 공간의 상징은 '묵설법'이라 할 수 있는데, 이 수사법이 문장을 중단시키고, 정지시키며 이탈시킨다(비르길리우스의 저 Quos ego……[29]). 이 때문에 해석학적 코드에는 이것의 양극적 항들(질문과 해답)과 비교해 볼 때 확장적인 형태소들이 풍부하게 나타난다. 예컨대 **함정**(진실을 의도적으로 이탈시키는 것과 같음), **애매함**(진실과 함정의 혼합인데, 대개의 경우 이 혼합이 수수께끼를 둘러싸면서 그것을 두껍게 하는 데 기여한다), 부분적 해답(이것은 진실의 기대감을 자극할 뿐이다), **해답의 정지**(드러냄의 실어증적 정지), 그리고 **봉쇄**(해결 불가능성의 확인) 같은 것들이다. 이처럼 다양한 항목들(그것들을 창안하는 유희)은 담론이 수수께끼를 **정지시키고**, 개방 상태로 유지하기를 원한다면 수행해야 할 중요한 작업임을 분명하게 나타낸다. 그리하여 기대는 진실의 토대적 조건이 된다. 이야기들이 우리에게 말하는 바와 같이 진실은 기대의 **끝에** 있는 그 무엇이다. 이런 설계도는 이야기를 입문적 제의(祭儀)와 접근시킨다(곤경·어둠·정지로 점철되는 기나긴 길이 갑자기 빛으로 귀착된

---

29) 베르길리우스의 서사시 《아이네이스》 I, 135에 나오는 표현으로, **너희들을 내**……(vous que je……) 정도로 번역될 수 있는데 거센 바람에 대한 넵투누스(바다의 신)의 위협을 뜻한다. 여기서는 "표명되지 않는 것을 보다 잘 표현하기 위해 갑자기 중단하는 데 있는" 묵설법의 매우 전범적인 사례를 나타낸다. 〔역주〕

다). 그것은 질서로의 회귀를 함축한다. 왜냐하면 기대는 무질서이기 때문이다. 무질서는 추가분, 다시 말해 아무것도 해결하지 못하고 아무것도 끝내지 못한 채 끝없이 추가되는 그 무엇이다. 이에 반해 질서는 완결이며, 완결시키고, 충족시키고, 가득 채우며, 추가하겠다고 위협할 수 있는 모든 것을 분명하게 쫓아 버리는 그 무엇이다. 결국 진실은 완결시키고 마감하는 그 무엇이다. 요컨대 질문과 해답의 분절에 의거하는 해석학적 이야기는 우리가 문장에 대해 지니는 이미지에 따라 구축된다. 문장은 물론 그 확장에 있어서 무한하지만 주어와 술어의 이자 관계적 단위로 환원될 수 있는 유기적 조직체인 것이다. (고전적인 방식으로) 이야기한다는 것은 술어적으로 서술되는 것이 지연되는 주어를 질문으로 제기하는 것이다. 그래서 술어(진실)가 도착할 때, 문장과 이야기는 종료되고 세계는 (형용사화되지 않은 것에 대한 큰 두려움이 있고 난 후) 형용사화된다. 그러나 모든 문법은 아무리 새로운 것이라 할지라도 그것이 주어와 술어의 이자 관계를 토대로 하고 있는 한 고전적 형이상학에 연결된 역사적 문법일 수밖에 없듯이, 가까운 장래에 마감되리라는 기대와 욕망에 근거한 불완전한 주어를 진실이 술어적으로 서술하러 오는 해석학적 이야기도 시간적으로 결정되며, 의미와 진실, 호소와 충족이라는 복음 전도적 문명에 연결되어 있다.

XXXIII. 그리고/또는

화자가 아도니스가 누구인지 우리에게 말하는 것을 망설일 때(그리고 진실을 이탈시키거나 덮을 때) 담론은 두 개의 코드를 뒤섞는다. 하나는 상징적 코드——이 코드로부터 거세된 가수라는 명칭의 검열과,

이 명칭이 발설되려는 위험한 순간에 그것이 야기하는 실어증이 비롯된다——이고 다른 하나는 해석학적 코드이다. 이 해석학적 코드에 따르면 이러한 실어증은 이야기의 확장적 구조가 강제하는 대답의 정지에 불과하다. 동일한 낱말들(동일한 기표)을 통해 동시에 참조되는 이와 같은 두 개의 코드에서 하나는 다른 하나보다 더 중요한가? 아니 보다 정확히 말하면, 우리가 문장(그리고 나아가 이야기)을 '설명하려' 할 때, 두 개의 코드 가운데 하나를 우선적으로 결정해야 하는가? 우리는 화자의 망설임이 (거세된 가수라는 명칭이 검열되기를 바라는) 상징의 제약에 의해, 아니면 폭로가 대충적으로 그려지면서 동시에 지연되기를 원하는 폭로의 궁극 목적성에 의해 결정된다고 말해야 하는가? 세상의 어느 누구도 (이야기의 어떠한 박식한 주체도 신도) 이 문제를 결정할 수 없다. 이야기에서 (그리고 아마 이것이 그것의 '정의'일 텐데) 상징적 영역과 조작적 영역은 결정 불가능하며, **그리고/또는**의 체제에 예속되어 있다. 그래서 텍스트의 설명이 하는 것처럼 코드들의 어떤 위계, 메시지들의 어떤 사전-결정(pré-détermination)을 선택하고 결정한다는 것은 **부적절하다**(im-pertinent). 왜냐하면 그렇게 되면 여기서는 정신분석학적이고 저기서는 (아리스토텔레스적 의미에서) 시학적인 유일한 목소리로 글쓰기의 직물을 짓누르게 되기 때문이다. 뿐만 아니라 코드들의 복수태를 놓치는 것은 담론의 작업을 검열하는 것이다. 불가결성은 이야기꾼의 기법과 수행 성과를 규정하기 때문이다. 하나의 성공한 은유가 그것의 구성 단어들 사이에서 어떠한 질서도 읽지 못하게 하고 (기원이 정해진 수사법인 비교와는 반대로) 다의적인 연쇄 고리에서 모든 제동 장치를 없애듯이, '좋은' 이야기는 코드들의 다원성과 순환성을 실현시킨다. 그 방법은 한편으로 상징들의 환유를 통해 부차적인 세부 사항의 인과 관계들을 끊임없이 수정하는 것이고 다른 한편으로 이와는 반대로, 기대를 종말을 향해서 이끌어 가고 소모시키는 작용들을 통해서 의미들의 동시성을 계속해서 수정하는 것이다.

121) 나는 그녀가 그 그림에 푹 빠져 응시하는 모습을 보자 괴로웠다. 그녀는 조용히 앉았고, 나는 그녀 곁에 자리잡고 그녀의 손을 잡았다. 그러나 그녀는 알아채지도 못했다! 초상화 때문에 나는 잊혀지고 만 것이다! ★ SYM. 거세된 가수의 결합(젊은 여자와 거세된 가수의 결합은 여기서 기분 좋게 표현되어 있다. 우리가 알다시피 상징적 외형이 이야기의 진화에 따르지 않기 때문이다. 그래서 재앙적으로 폭발한 것이 평화적으로 결합되어 되돌아올 수 있다). ★★ SYM. 육체들의 복제(피그말리온이 조각상을 사랑하듯이 초상화를 사랑하고 있다).

122) 바로 그때 드레스 자락 스치는 소리를 내는 여인의 가벼운 발소리가 침묵 속에서 울렸다. ★ 여기서 시작되는 (그리고 n° 137에서 끝나게 된다) 짧은 에피소드는 (인공두뇌학에서 말하듯이) 하나의 벽돌이고, 기계 속에 삽입된 프로그램상의 조각이며, 전체적으로 보면 단 하나의 기의에 해당하는 시퀀스이다. 반지의 증여는 수수께끼 4, 즉 늙은이는 누구인가?를 다시 던진다. 이 에피소드는 여러 개의 행태들을 포함하고 있다(ACT. 들어오다: 1: 소리를 통해 자신의 도착을 알리다).

123) 우리는 어린 마리아니나가 들어오는 것을 보았다. 그녀의 우아함과 상큼한 치장보다는 천진난만한 표정이 더욱 눈부셨다. 그때 그녀는 천천히 걷고 있었는데, 우리를 음악 살롱으로부터 달아나게 만들었던 그 옷 입은 유령을 모성적 보살핌과 효심 어린 정성으로 부축하고 있었다. ★ ACT. '들어오다' : 2: 엄밀한 의미에서 들어옴. ★★ HER.

수수께끼 3: 설정 및 표명(늙은이와 마리아니나의 수수께끼 같은 관계
는 랑티 가족에 결부된 수수께끼를 강화시킨다. 그들은 어디 출신인가?
그들은 누구인가?). ★★★ SEM. 어린아이 같음.

124) 그녀는 그가 허약한 다리를 천천히 내딛는 모습을 이를테면 불
안하게 바라보면서 그를 인도하고 있었다. ★ HER. 수수께끼 3: 표
명(어떤 이유로 마리아니나는 불안한 정성을 쏟고 있는가? 그들 사이에
는 어떤 관계가 있는가? 랑티 가문 사람들은 누구인가?).

XXXIV. 의미의 재잘거림

(전통적 소설의 담론이 부각시키는) 모든 소설적 행동에는 세 가지 가
능한 표현 체제가 있다. 첫번째는 의미가 언표되고, 행동은 명명되지
만 세부적으로 묘사되지 않는다(**불안한 정성을 들이며 동반한다**). 두번
째는 의미가 언제나 언표되기 때문에 행동은 명명되는 것 이상으로 묘
사된다(**인도되는 사람이 발을 내딛는 바닥을 통해 불안하게 바라본다**).
세번째는 행동은 묘사되지만 의미는 암묵적인 기의이다(**늙은이가 허약
한 다리를 천천히 내딛는 것을 바라본다**). 의미 작용이 **지나치게** 명명되
는 첫번째 두 체제는 근대적 담론에서 의미의 밀도 있는 충만함을, 아
니면 이런 표현이 더 좋다면 낡은 시대──혹은 어린 시기──에 고
유한 어떤 증언부언 일종의 의미적 재잘거림을 강제하는데, 근대적 담
론은 의미의 소통(확립)에 실패하지 않을까 하는 강박적 두려움에 의해
특징지어진다. 이때문에 그 반작용으로 최근의 소설들(즉 '누보' 로망)
에서 세번째 체제의 실천, 즉 사건을 그것의 의미로 안쪽에서 받쳐 주

지 않고 말하는 작업이 비롯된다.

125) 둘이서 그들은 벽걸이 장식 뒤에 감추어진 문 앞에 힘들게 도착했다. ★ ACT. '문 I' (다른 '문들' 이 있게 된다): 1: 하나의 문 앞에 도착하다(게다가 **감추어진** 문은 불가사의한 분위기를 함축하며, 이것은 다시 수수께끼 3을 설정한다).

126) 거기서 마리아니나는 조용히 문을 두드렸다. ★ ACT. '문 I' : 2: 문을 두드리다.

127) 그러자 집을 지키는 일종의 수호 정령 같은 키가 큰 마른 남자가 마법에 의한 것처럼 곧바로 나타났다. ★ ACT. '문 I' : 3: 문에 나타나다(다시 말해 문을 열었다). ★★ REF. 소설적인 것('정령' 의 나타남). 키가 큰 마른 남자는 독해 단위 n° 41에서 여자들 진영에 속해 있는 것으로 주의가 환기된 하인으로 늙은이를 보호하고 있다.

128) 늙은이를 이 불가사의한 수호자에게 맡기기 전에, ★ ACT. '작별' : 1: 맡기다(떠나기 전에).

129) 젊은 아이는 송장처럼 **뼈와 가죽뿐인** 그에게 정중하게 입을 맞추었는데 그녀의 순결한 애무에는 몇몇 특권적인 여자들만이 비밀을 간직한 그 우아한 아양기가 없지 않았다. ★ ACT. '작별' : 2: 입맞추다. ★★ HER. 수수께끼 3: 설정 및 표명('순결한 애무' 는 어떤 유형의 관계를 함축할 수 있는가? '존경을 나타내는 아양' 인가? 친족적인가? 부부적인가?). ★★★ REF. 격언적 코드: 상류 계층의 여자들.

130) — 안녕(Addio), 안녕(Addio)! 그녀는 어린 목소리가 지닌 더없이 귀여운 어조로 말했다. ★ ACT. '작별' : 3: '안녕'이라고 말하다. ★★ SEM. 이탈리아풍.[30]

131) 그녀는 마지막 음절에 굴러가는 장식음까지 뛰어나게 덧붙였는데, 그 목소리는 조용했고 마치 시적인 표현을 통해 자신의 마음을 그려내고자 하는 것 같았다. SEM. 음악성.

XXXV. 현실, 작용할 수 있는 영역

담론이 묘사하고 있는 것처럼 우리가 마리아니나의 **아디오**(addio)라고 현실적으로 말한다면 어떤 일이 벌어질까? 아마 음악적인 것이 아니라 몰상식하고 도를 벗어난 무언가가 벌어질 것이다. 게다가 지시된 이 사건을 실행하는 것이 다만 가능하기라도 하겠는가? 이 점은 두 가지 명제를 초래한다. 첫번째는 담론이 현실에 대해 아무런 책임도 없다는 것이다. 아무리 사실주의적 소설에서라 할지라도 지시 대상은 '현실성'이 없기 때문이다. 서술들 가운데 아무리 사려 깊은 것이라 할지라도 그것의 묘사들이 곧이곧대로 받아들여지고, 작용 프로그램으로 전환되며, 단순하게 말해 **실현된다**고 가정했을 때 그것이 야기하게 될 무질서를 상상해 보자. 요컨대(이것이 두번째 명제이다) 사람들이 (사실주의적 텍스트의 이론에서) '현실'이라 부르는 것은 오로지 하나의 재현(의미 작용) 코드에 불과하다. 그것은 실현의 코드가 결코 아니다. 소

---

30) '안녕'이란 말을 이탈리아어로 말한 것이다. [역주]

설적 현실은 작용할 수 없다. 이 현실과 작용할 수 있는 것을 동일시 하는 것——그렇게 한다면 그것은 어쨌든 상당히 '사실주의적'이 될 것이다——은 소설을 그 장르의 한계점에서 와해시키는 것이 될 터이다(이때문에 소설들이 글쓰기에서 영화로, 의미의 체계에서 작용할 수 있는 것의 질서로 이동할 때, 그것들이 숙명적으로 파괴되는 것이다).

132) 늙은이는 갑자기 무언가 추억이 떠올랐는지, 그 은밀한 구석방의 문턱에 잠시 멈추었다. 그때 우리는 깊은 침묵 때문이었지만, 그의 가슴에서 새어 나오는 무거운 한숨 소리를 들었다. ★ SEM. 음악성 (늙은이는 자신이 소프라노 가수였다는 것을 회상하고 있다). ★★ ACT. '증여' : 1: 증여를 자극하다(혹은 자극받다).

133) 그는 뼈만 남은 손가락에 끼워 있었던 반지들 가운데 가장 아름다운 것을 빼내어 마리아니나의 가슴 안에 넣어 주었다. ★ ACT. 증여: 2: 물건을 건네주다.

134) 미칠 듯이 기쁜 소녀는 웃음을 터트리기 시작했고, 반지를 집어서 장갑을 낀 손가락 하나에 끼웠다. ★ACT. '증여' : 증여물을 받아들이다(웃음과 장갑은 현실 효과들이고, 무의미함 자체로 '현실'을 정당한 것으로 인정하고, 서명하며 의미하는 묘사들이다).

135) 그리고는 때마침 카드리유의 서곡이 울려퍼지고 있는 살롱 쪽으로 신속하게 달려갔다. ★ ACT. '출발하다' : 1: 벗어나고자 하다.

136) 그녀는 우리가 있음을 알아보았다.

— 아! 당신들 거기 계셨군요! 그녀는 얼굴을 붉히며 말했다.

질문하듯이 우리를 쳐다본 후, ★ ACT. '출발하다' 2: 자신의 출발을 정지시키다. 하듯이(comme)는 분명히 의미의 근본적 조작자이고, 대체들과 등치(等値)들을 도입하고 행위(질문하려고 쳐다보다)에서 표정(질문을 하듯이)으로, 작용할 수 있는 것에서 무의미로 이동하게 해주는 열쇠이다.

137) 그녀는 그 나이의 무심한 혈기를 드러내면서 춤파트너한테 달려갔다. ★ ACT. '출발하다' : 3: 재출발하다.

XXXVI. 주름, 펼치기

일련의 행동이란 무엇인가? 명사의 펼치기이다. **들어간다는 것은?** 나는 '자신의 도착을 알리다'와 '침투하다'로 그것을 펼쳐낼 수 있다. **떠난다는 것은?** 나는 '원하다' '멈추다' '다시 떠나다'로 그것을 펼쳐낼 수 있다. **준다는 것은?** '야기하다' '건네다' '받아들이다'로 그것을 펼쳐낼 수 있다. 역으로 시퀀스를 구성한다는 것은 이 명사를 발견하는 것이다. 시퀀스는 명사의 화폐이고 명사를 **위한-가치체**이기 때문이다. 어떤 분할들을 통해서 이런 변화가 성립되는가? '작별' '문' '증여' 속에는 무엇이 있는가? 뒤이어 오는 구성적 행동들은 어떤 것들인가? 어떤 주름들에 따라 부채처럼 펼쳐진 시퀀스를 접을 수 있는가? 두 개의 주름 체계(두 개의 논리)가 차례로 요구되는 것 같다. 첫번째는 제목(명사나 동사)을 그것의 구성적 순간들에 따라 해체한다(분절은 **시작하다/추구하다**로 규칙적일 수 있다. 혹은 **시작하다/멈추다/다시**

출발하다로 동요될 수 있다). 두번째는 후견-낱말(mot-tuteur)[31]에 인접하는 행동들을 결부시키는 것이다(안녕이라 말하다/맡기다, 키스하다). 이런 체계들 가운데 하나는 분석적이고 규정적이며 다른 하나는 촉매적이고 환유적인데 사실 **이미-본 것, 이미-읽은 것, 이미-행해진 것** 이외의 다른 논리를 지니고 있지 않다. 이 논리는 자동 구성되는 경험 영역(empirie)[32]과 문화/교양의 논리이다. 시퀀스의 펼치기 혹은 그 반대로 주름은 교양적인(**증여에 대해 감사하다**) 혹은 유기적인(**어떤 행동의 흐름을 교란하다**) 혹은 현상적인(**소리가 현상을 앞선다**) 등등의 커다란 모델들의 영향을 받아 이루어진다. 행동적 시퀀스는 분명 하나의 연쇄, 다시 말해 '질서의 법칙을 부여받은 다양성'(라이프니츠)이지만 질서의 법칙은 여기서 문화적/교양적이고(그것은 요컨대 '습관'이다) 언어적이다(그것은 명사의 가능성이고, 가능성들을 품고 있는 명사이다). 같은 방식으로 시퀀스들은 망과 유사한 것, 일람표 같은 것을 형성하기 위해 서로가 조정될 수 있다(예컨대 '들어오다' '문' '작별' '떠나다'와 같은 시퀀스들). 그러나 이런 일람표(서술적으로 보면 **이런** 에피소드)의 '기회'는 어떤 메타-명사(예컨대 반지의 메타-시퀀스)의 가능성에 연결된다. 그리하여 읽는다는 것(텍스트의 **읽을 수 있는 것을** 지각한다는 것)은 명사에서 명사로, 주름에서 주름으로 가는 것이다. 그것은 명사의 이름으로 주름을 잡아 접는 것이고, 그 다음에 텍스트를 이 명사의 새로운 주름들에 따라 텍스트를 펼치는/설명하는 것이다. 이것이 행태이고, 명사들을 추구하고 그것들을 향해서 노력하는 독서의 기교(기법)이며, 어휘적 초월이며, 언어의 분류에 입각해 수행되는

---

31) 후견-낱말은 다른 낱말을 쓰게 해주는 낱말이다. '후견 텍스트(texte tuteur)'가 글을 쓰게 해주는 텍스트이듯이 말이다. [역주]

32) 행동의 영역을 말함. 독해 단위 3) 참조. [역주]

분류 작업이고, 불교철학의 말을 빌리자면 **마야로서** 활동이다. 마야인 것은 그것이 외양들의 발췌이기 때문이다. 하지만 이 외양들은 불연속적 형태들이고 명사들인 것이다.

138) — 그런데 그게 무얼 의미하죠? 나의 젊은 파트너가 물었다. 그 남자가 그녀의 남편인가요? ★ HER. 수수께끼 3: 표명(랑티 씨 가족과 늙은이의 인척 관계는 어떤 것인가?). ★★ 동일한 허위적 가정(假定)이 상징에 하나의 이름, 다시 말해 출구를 주고 있다. 그녀는 다시 한번 거세된 가수를 젊음·아름다움·생명과 **결합시키고 있다.** 결합은 젊은 여자 혹은 마리아니나와 이루어지고 있다. 결국 상징은 아무도 차별하지 않는다(**SYM**. 거세된 가수의 결합).

139) 꿈을 꾸고 있는 것 같아요. 내가 지금 어디에 있지요?

— 부인, 당신은 지금 흥분해 있습니다. 지극히 미세한 감정까지도 매우 잘 이해하여 한 남자의 마음속에 첫날부터 더없이 미묘한 감정을 가꿀 줄 알고, 그러면서도 그 마음을 시들게 하지도 꺾어 버리지도 않는 당신께서 말입니다. 그런 아픈 마음에 연민을 느끼고, 이탈리아나 스페인에 어울리는 열정적인 영혼을 파리 여인의 정신에 결합시키는 당신이······.

그녀는 나의 언어가 씁쓸한 빈정거림이 배어 있다는 것을 잘 알아차렸다. 그래서 신경 쓰지 않는 척하면서 그녀는 내 말을 가로막고 말했다: — 아, 당신은 당신 마음대로 날 생각하고 있군요. 이상한 횡포군요! 당신은 내가 나 자신이 아니기를 바라고 있어요.

— 아, 난 아무것도 원하지 않아요. 나는 그녀의 가혹한 태도에 질겁하여 소리쳤다. ★ 여기에는 두 개의 문화적 코드가 있다. 하나는 화자

자신이 의도적으로 주도하는 패러디, 아니면 사교적 대화의 '가벼움'을 구상하는 발자크 특유의 방식을 담아내고 있다. 다른 하나는 반어 법인데 아마 동일한 이유들로 인해 역시 무겁다(REF. 마리보식으로 섬세하게 멋부린 문체. 반어법). ★★ REF. 파리 여인의 정신, 남방적 정열. ★★★ 화자는 먼저 부성적이었는데, 여기서는 전적으로 탄식하고 있다. 대문자 여자가 그의 사소한 말에서까지 그를 지배하고 있다(그녀는 '신경 쓰지 않는 척하면서' 말한다). 남자-신하는 후퇴하고, 그렇게 하여 이야기가 계속되는 데 필요한 복종을 드러낸다(SYM. 여자-여왕과 화자-신하).

140) 남부의 매혹적인 여자들이 우리들 마음에 일으킨 그 강렬한 정열의 이야기를 당신이 듣기 좋아한다는 것만은 적어도 맞지 않나요? ★ 화자는 수수께끼 같은 늙은이와 불가사의한 아도니스의 이야기를 알고 있다(n° 70 및 120). 한편 젊은 여자는 이 이야기에 흥미를 느낀다(n° 119). 그리하여 서술의 계약 조건들은 결합되어 있다. 이제 우리는 이야기의 명료한 제안으로 넘어가고 있다. 이 제안은 우선(여기서) 화자가 여자-여왕에게 저지른 무례함을 벌충하여 달래주기 위한 속죄적인 증여에 해당한다. 따라서 예고되는 이야기는 (나중에 명시될 시장에서 획득되는) 상품이 되기 전에 이제부터 봉헌물로 구성된다(ACT. '서술하다' : 3: 이야기하는 것을 제안하다). ★★ REF. 정열(유추의 환희. 예컨대 보다 **뜨거운** 태양은 **불타는** 정열들을 만든다. 왜냐하면 사랑은 **불꽃**이기 때문이다). 남부적 성격은 젊은 필리포의 올리브색 안색에 의해 이미 함축되었는데, 사전에 '이탈리아' 유형을 포함하는 스타일이다. ★★★ 이 언표는 다음과 같은 거짓 생략삼단논법이다. 1. 앞으로 듣게 될 이야기는 여자 이야기이다. 2. 그런데 그것은 잠비넬라의

이야기이다. 3. 따라서 잠비넬라는 여자일 것이다. 여자 수신자(그리고 독자)에 대한 화자의 함정이 있다. 그러니까 시작하기 전부터조차 수수께끼 6(**여자 잠비넬라는 누구인가?**)은 탈선되어 있다(**HER**. 수수께끼 6: 테마화 및 함정).

XXXVII. 해석학적 문장

진실의 명제는 '매우 잘 만들어진' 문장이다. 그것은 주제(수수께끼의 테마), 질문의 언표(수수께끼의 표명), 그것의 질문적 표시(수수께끼의 설정), 여러 종속절들을 포함하고 있다. 이 종속절들은 궁극적인 술어(폭로)에 앞서며 삽입절로서 촉매 작용을 한다. 관례에 따라 수수께끼 6(**여자 잠비넬라는 누구인가?**)은 이렇게 말해질 수 있을 것이다.

질문:	여기에 여자 잠비넬라가 있다.	그녀는 누구인가	?
	(주제, 테마)	(표명)	(설정)
	나는 당신에게	하나의 여자	자연을 벗어
	그것을 말해 주겠다.	(함정)	난 존재
지연:	(대답의 약속)	랑티 가문 친척	(애매함)
	한 사람의……	(부분적인 대답)	
	(정지된 대답)		
	아무도 그것을 알 수 없다.		
	(봉쇄된 대답)		
대답:	— 여자로 변장한 거세된 가수		
	(폭로)		

이와 같은 규준은 주요한 해석소들(herméneutèmes)(핵들)이 담론에서

이런저런 순간에 제시되기만 한다면 (여러 개의 문장 질서들이 있듯이) 수정될 수 있다. 왜냐하면 담론은 단 하나의 발화 행위 안에 (단 하나의 기표 속에) 여러 해석소들 가운데 어떤 것들을 암묵적으로 만들면서(테마화, 설정 그리고 표명) 이 해석소들을 압축할 수 있기 때문이다. 그것은 또한 해석학적 질서의 항목들을 뒤집을 수 있다. 그러니까 질문이 제시되기 전에 대답이 이탈될 수 있다(잠비넬라는 이야기에서 여자로 나타기도 전에 여자라고 암시되고 있다). 또한 진실이 드러난 후에 어떤 함정이 계속될 수 있다(사라진은 드러난 폭로 내용을 받았음에 불과하고, 잠비넬라의 성에 대해 계속적으로 눈이 멀고 있다). 해석학적 문장의 이와 같은 자유(이것은 모든 차이를 고려한다 해도, 다소는 굴절적 문장의 자유라 할 것이다)는 고전적 이야기가 두 개의 관점(두 개의 변별성)을 결합하는 데서 비롯된다. 하나는 소통 규칙이다. 이 규칙에 따르면 목적지의 망들은 분리되어야 하고 각각의 망은 이웃의 망이 이미 '드러났다' 할지라도 살아남을 수 있어야 한다(사라진은 독자의 회로가 이미 포화 상태에 있는데도 불구하고 계속에서 거짓 메시지를 자기 자신에게 던진다. 이 조각가의 맹목성은 이제부터 독자를 유일한 수신자로 삼는 새로운 체계의 대상인 새로운 메시지가 된다). 다른 하나는 가짜 논리의 규칙이다. 이 규칙은 주어/주체가 일단 제시되고 나면 술어들의 제시 순서에서 어떤 자유를 인정한다. 사실 이 자유는 주어(여자 스타)의 우위를 강화시키며, 이런 우위를 흔드는 것(문자 그대로 문제삼는 것)은 그래서 부차적이고 일시적인 것으로 나타난다. 보다 정확히 말하면 문제의 일시적 상태로부터 그것의 우발성이 추론된다. 주어가 일반 '진실한' 술어를 일단 부여받으면 모든 것은 질서 속으로 되돌아가며 문장은 끝날 수 있다.

141) — 그래요. 그런데요?

— 그래서 내일 9시경에 당신 집에 가서 이 미스터리를 밝혀 주겠소.
★ '서술한다/이야기한다' 는 시퀀스에서 하나의 하부 시퀀스나 벽돌,
곧 '만날 약속' 의 하부 시퀀스(**제안되고/거부되고/수용되는**)가 설정될
수 있을 것이다. 만남이 소설적 작업장에서 관용적인 부품이기 때문
이다(중편 소설의 뒤에 가서 또 다른 만남, 즉 n° 288에서 한 늙은 여자가
사라진에게 주는 약속이 있다). 그러나 특수한 구조(**거부되고/수용되는**)
로 본 이 만남은 '이야기' 라는 대상을 중심으로 화자와 젊은 여자에
의해 맺어진 거래를 도식적으로 옮겨 놓고 있으므로 그것은 '서술한
다' 는 시퀀스에 직접적으로 통합되며, 이 시퀀스의 매개적 항이 된다.
'서술하다' : 4: 조용하게 하나의 이야기를 하기 위해 만날 약속을 제
안하다(통상적 삶의 코드에서 다음과 같이 상당히 자주 있는 행위임: **나
는 당신에게 그것을 이야기해 주겠다**……).

142) — 아니에요. 그녀는 반항적인 태도로 말했다. 나는 당장에 알
고 싶어요.

— 당신은 당신이 알고 싶다고 말할 때 내가 당신의 말에 복종할 권
리도 주지 않았어요. ★ ACT. '서술하다' : 5: 만나는 시간을 논의하
다. ★★ 여자-여왕은 순전한 변덕을 통해서——그녀의 지배 방식을
함축하는 방식임——즉각적인 이야기를 요구하는 것 같다. 그러나 화
자는 그녀에게 항의의 정확한——진지한——성격을 이렇게 환기시
킨다: 당신은 나에게 아직 아무것도 주지 않았다. 따라서 나 또한 당
신에 대해 아무런 의무가 없다. 이것이 의미하는 바는 당신이 나에게
몸을 맡긴다면 나는 당신에게 이야기를 하겠다는 것이다. 아름다운
이야기를 해주는 조건으로 사랑의 순간을 달라는 교환 조건인 것이다

(**SYM**. 여자-여왕과 화자-신하).

143) 난 지금 그 비밀을 알고 싶어 죽을 지경이에요. 그녀는 비길 데 없는 교태를 부리며 대답했다. 내일이면 나는 아마 당신 이야기에 귀 기울이지 않을 거예요……. ★ **SYM**. (변덕스러운) 여자-여왕. 상품(요 구된 이야기의 서술)의 인도를 즉석에서 요구하는 것은 그 대가를 회피 하는 것이다. 왜냐하면 화자의 욕망은 랑티 씨 집에서 만족될 수 없을 것이기 때문이다. 젊은 여자는 무언가 '속임수를 쓰고' 싶은 것이다.

144) 그녀는 미소를 지었다. 우리는 헤어졌다. 그녀는 언제나처럼 거 만하고 만만치 않았으며, 언제나처럼 우스꽝스러웠다. 그녀는 과감하 게 어떤 젊은 부관과 왈츠를 추었고, 나는 화를 냈다가 뾰로통했고, 경탄했다가 상냥했고 그러다가 질투를 느낀 채 있었다. ★ 여자-여왕 과 화자-신하. ★ 여기서 당사자들 가운데 한 사람은 두 파트너의 상 징적 상황을 심리적 메타 언어로 옮겨 놓고 있다.

145) — 내일 새벽 2시경에 봐요. 그녀는 무도회에서 빠져나왔을 때 말했다. ★ **ACT**. '서술하다' : 6: 약속을 받아들이다.

146) — 나는 가지 않을 것이다. 나는 너를 포기할 거야라고 나는 생 각했다. 너는 내가 상상했던 것보다 더 변덕스럽고, 더 몽환적이야, 아마 백배 천배로 말이다. ★ **ACT**. '서술하다' : 7: 약속을 거부하다. 약속의 크로스샤세(한 사람은 받아들이고, 다른 한 사람은 거부하며 그 역도 성립된다)는 제안과 거부의 교환이라는 거래의 본질을 도식적으 로 나타낸다. 만남의 에피소드를 통해서 노려지고 있는 것은 매우 분

명한 교환 경제이다. 화자는 지나가면서 우리에게 이렇게 말하고 있다. 여자 잠비넬라의 이야기는 아마 허구적일 것이며 허구 자체 안에 있다 할 것이다. 그것은 유통 경로 속에 불법적으로 들어온 가짜 화폐와 같은 것이다.

147) 그 다음날 우리는 조그만 우아한 살롱의 쾌적한 벽난로 앞에 앉아 있었다. ★ ACT. '서술하다' : 8: 약속을 받아들였다.

148) 그녀는 조그만 안락의자에 앉아 있었고, 나는 눈으로 그녀의 눈을 올려다본 채, 거의 그녀의 발 옆 쿠션 위에 앉아 있었다. 거리는 조용했다. 램프는 부드러운 광채를 발하고 있었다. 영혼에게는 감미로운 그런 저녁이었고, 결코 잊혀지지 않는 그런 순간이었으며, 평화와 욕망 속에서 지낸 그런 시간이었고, 뒷날에 우리가 더 행복할 때조차도 그 매력을 항상 그리워하게 되는 그런 순간이었다. 그 누가 사랑의 첫 유혹이 새겨 놓은 생생한 흔적을 지울 수 있겠는가? ★ SYM. 여자-여왕과 화자-신하('내 눈으로 그녀를 올려다본 채, 거의 그녀의 발 옆에'). 배경(쾌적한 벽난로, 안락한 가구들, 부드러운 광채)은 양면적이다. 그것은 사랑의 저녁만큼이나 재미있는 이야기를 하는 데도 어울린다. ★★ REF. 정열 · 그리움 등의 코드.

149) — 자, 이야기해 봐요. 그녀가 말했다. ACT. '서술하다' : 9: 이야기의 명령.

150) — 하지만 못하겠군요. 그 사건은 이야기하는 사람에게는 위험한 대목들이 있습니다. 내가 열광하면 당신은 나를 입다물게 할 것입

니다. ACT. '서술하다' : 10: 이야기하는 것을 망설이다. 아마 이야기를 시작하는 데 있어서 담론의 이와 같은 마지막 망설임을 특수한 형태소, 즉 스트립쇼에서 마지막 정지와 유사한 순전히 담론적인 정지/서스펜스로 구축해야 할 것이다.

151) — **이야기해 봐요.** ★ ACT. '서술하다' : 11: 명령의 반복.

152) — **당신 말대로 하겠소.** ★ ACT. '서술하다' : 12: 명령의 수용. 시작되는 이야기는 이 마지막 말을 통해서 여자-여왕, 거세시키는 형상[33]의 영향 속에 위치된다.

XXXVIII. 이야기-계약

이야기의 기원에는 욕망이 있다. 그러나 이야기를 생산하기 위해서 욕망은 등치(等値)들과 환유들의 체계 속에서 **변주되어야** 하고 이 체계 안으로 들어가야 한다. 또는 이야기가 생산되기 위해서 그것은 **교환될** 수 있어야 하고 어떤 경제를 따를 수 있어야 한다. 그래서 《사라진》에서 아도니스의 비밀은 그의 육체에 적용된다. 이 비밀을 안다는 것은 이 육체에 접근하는 것이다. 젊은 여자는 아도니스를 욕망하고(nº 113) 그에 대한 이야기(nº 119)를 원한다. 두번째 욕망을 결정하는 첫번째 욕망은 환유에 의해 설정된다. 왜냐하면 교양적 제약에 의해 아도니스에 질투를 느끼는(nº 115-116) 화자는 젊은 여자를 욕망하지 않을

---

33) 인물과 다른 의미에서 형상(figure)을 말한다. **XXVIII.** '인물과 형상' 참조. [역주]

수 없기 때문이다. 그리하여 그는 아도니스의 이야기를 소유하고 있기 때문에 계약 조건들이 성립된다. A는 B를 욕망하고 B는 A가 소유하고 있는 무언가를 욕망한다. A와 B는 이 욕망과 이 사물, 즉 그 육체와 이 이야기를 교환한다. 사랑의 밤과 아름다운 이야기를 교환하는 것이다. 따라서 이야기는 교환의 화폐이고, 계약의 대상이며, 경제적 내기 대상이고, 한마디로 여기서처럼 진정한 흥정으로까지 거래가 이루어질 수 있는 **상품**이 아닌가? 여기서 거래는 출판업자의 사무실에 더 이상 제한되지 않고 그 자체가 서술 속에 격자 구조로(en abyme) 제시되는 그런 것이다. 이것이 《사라진》이 제멋대로 꾸미는 이론이다. 아마 모든 이야기가 제기하는 질문은 이런 것이리라. **이야기를 무엇과 교환할 것인가? 이야기는 어떤 '가치가 있는가'**? 여기서 이야기는 하나의 육체와 교환하여 제시되는데(매음의 계약이 이루어지는 것이다), 다른 곳에서는 생명 자체를 치르게 할 수 있다(《천일야화》에서 샤흐라자드의 이야기는 하루 동안의 생존에 해당한다). 끝으로 사드의 작품에서 화자는 구매 행동에서처럼 난교 파티를 담론, 다시 말해 의미와 체계적으로 교대시키고 있다(철학은 섹스, 규방에 **해당하는 가치를 지닌**다). 현기증 나는 계략을 통해서 이야기는 그것을 성립시키는 계약의 재현이 되는 것이다. 이런 전범적인에서 서술은 서술의 (경제적) 이론이다. '기분 전환을 하게' 하고, '교훈을 주거나' 의미의 어떤 인류학적 실현을 충족시키기 위해 이야기가 전개되는 것이 아니다. 교환하면서 무언가를 획득하기 위해 이야기가 전개된다. 그런 만큼 이야기 자체 속에 표현되는 것은 이와 같은 교환이다. 이야기는 생산물이자 생산이고, 상품이자 거래이며, 내기 대상이자 이 대상의 운반자이다. 《사라진》에서 그것은 이야기-상품의 '내용' 자체가 협약이 이루어지는 것을 끝까지 방해하게 되기 때문에 그만큼 더 명료한 변증법이다. 젊은 여자는 **이야기된** 거세에 의해 충격을 받아 약속을 존중하지 않고 거래에서 몸을 빼기 때문이다.

XXXIX. 이것은 텍스트의 설명이 아니다

이야기는 상품이자 이 상품을 대상으로 한 계약 관계이기 때문에, 사람들이 통상적으로 하는 것과는 달리 이 중편 소설의 두 부분 사이에 수사학적 위계를 더 이상 확립할 수 없다. 그러므로 랑티 씨네 집에서 보내는 야회는 단순한 서막이 아니고 사라진의 사랑 모험은 주요 이야기가 아니다. 이 조각가는 주인공이 아니고 화자는 단순한 주제 제시적(protatique) 인물이 아니다. 《사라진》은 거세된 가수의 이야기가 아니라 계약의 이야기(histoire)이다. 그것은 하나의 힘(이야기: récit)[34] 과, 이 힘을 책임지는 계약 자체에 대한 그것의 영향의 이야기이다. 따라서 텍스트의 두 부분은 (이야기 속에 이야기가 들어 있는) 소위 다단식 이야기(récits)의 원칙에 따라 분리되지 않는다. 서술적 덩어리들의 끼워넣기는 (다만) 유희적일 뿐 아니라 (또한) 경제적이다. 이야기는 환유적 확장을 통해서가 아니라(욕망의 중계를 거쳐 가는 경우는 예외이다) 계열적(paradigmatique) 교체를 통해서 이야기를 생산한다. 그러니까 이야기는 이야기하고자 하는 욕망에 의해서가 아니라 교환하고자 하는 욕망에 의해서 결정된다. 그것은 하나의 무언가를 **위한-가치체**이고, 표상체이며 금덩이이다. 이러한 중심적 등치를 설명하는 것은

---

34) 똑같이 이야기로 번역되는 histoire와 récit의 차이는 전자가 내용으로서의 이야기라면 후자는 서술된 형식, 담화 유형으로서 이야기를 말한다. [역주]

《사라진》의 '플랜'이 아니라 구조이다. 구조는 플랜이 아니다. 따라서 우리가 수행하는 작업은 텍스트의 설명이 아니다.

153) — 에르네스트 장 사라진은 프랑슈콩테 지방의 어떤 검사의 외아들이었지요. 나는 잠시 쉬었다가 말을 이었다. 그의 아버지는 연금으로 6천 내지 8천 리브르를 당당하게 받았는데, 전문가의 재산으로선 그 옛날에 지방에서는 엄청난 것으로 받아들여졌습니다. 늙은 사라진 영감은 아이가 하나밖에 없었기 때문에, 그의 교육을 위해서라면 그 어떤 것도 소홀히 하고 싶지 않았죠. 그는 아이를 법관으로 만들고자 했습니다. 오랫동안 살면서 말년에는, 생디에 지방의 농부였던 마티외 사라진의 손자가 고등법원의 더없는 영광을 위해 공판 때 백합 문장이 새겨진 의자에 앉아 졸고 있는 모습을 보고 싶었죠. 그러나 하늘은 검사에게 이런 즐거움을 예정해 놓지 않았습니다. ★ SYM. 중편 소설의 제목 자체(nº 1)에서 사라진 그게 무엇이지?라는 하나의 질문이 제기되었다. 이제 이 질문에 대해 대답이 이루어지고 있다(HER. 수수께끼: 1: 대답). ★★ SYM. 아버지와 아들: 대조법. A는 축복받은 아들이다(nº 168에서 그는 저주받게 된다). 대조법은 하나의 문화적 코드에 대응한다. 검사 아버지에 예술가 아들이 대립하고 있기 때문이다. 이런 반전을 통해서 사회가 해체된다. ★★★ 이 가정 소설에서 하나의 자리, 즉 어머니의 자리가 비어 있다(SYM. 아버지와 아들: 부재하는 어머니).

154) 어린 사라진은 일찍이 예수회에 맡겨졌는데, ★ ACT. '기숙사': 1: 기숙사에 들어가다.

155) 유별난 부산스러움을 드러냈습니다. SEM. 부산스러움. 외시적으로 보면 부산스러움은 성격상의 특징이다. 그러나 여기서 이 특징은 보다 넓고, 보다 막연하며, 보다 형식적인 기의로 귀결된다. 이 기의는 '굳어지거나' 혹은 순화되지 않고 동요된 패배로 남아 있는 어떤 실체의 상태이다. 사라진은 이 심층적인 악덕에 타격을 받고 있다. 그는 유기적인 통일이나 윤활 작용이 없기 때문이다. 이것이 결국 부산스러움(turbulence)이라는 낱말이 지닌 어원적 의미이고, 그것의 함축된 의미이다.

156) 그는 재능 있는 사람의 유년기를 보냈죠. ★ SEM. 선천적 자질(그러나 불확정적인 시기 동안이다).

157) 그는 자기 멋대로만 공부를 하고자 했고, 자주 반항을 했으며, 때로는 몇 시간이고 막연한 사색에 잠겨서 친구들이 노는 모습을 응시하기도 하고, 자신을 호메로스의 영웅들로 그려 보기도 했습니다. ★ SEM. 무례함. ★★ SEM. 선천적 자질(예술적 자질: 어쩌면 문학적이지 않을까?).

158) 또 기분 전환하며 노는 일이 있을 때면 눈에는 놀라운 열정을 드러냈습니다. 친구와 싸움을 하게 될 때면 피를 흘리지 않고 싸움이 끝나는 경우는 드물었습니다. 자신이 상대방보다 약하면, 그는 물어뜯곤 했습니다. ★ SEM. 과도함(자연을 벗어나는 것). ★★ SEM. 여성성(남근적 주먹 대신에 물어뜯는 것은 여성성을 함축하는 요소이다). 조각가의 어린 시절에 피가 나타나는 현상은 시간상으로 먼 터치를 통해서 그의 운명을 이미 극화시키고 있다.

159) 활동적이다가 수동적이고, 소질이 없다가도 너무 지적인 모습을 드러내는 이상한 성격 때문에(Tour à tour agissant ou passif……) ★ SEM. 혼성적 측면(le composite). 이 의소는 불길한 것인데 텍스트의 제1부에서 다른 형태들로 이미 배분되었다. 이 **혼성적 측면**(이것은 낭만적 용어에서 **기이한 측면**(le bizarre)이다)은 대립적인 것들이 '차례차례' [35] 나타나는 현상에 의해 함축되어 있는데, 유기적인 태도를 모델로 하는 동질적 측면 혹은 통일성, 한마디로 **매끄러운 측면**(le lubrifié)(nº 213)에 도달할 수 없는 무력을 지시한다. 그 이유는 사라진이 남성성(에너지 · 독립성 등)이 결핍되어서가 아니라 이 남성성이 불안정하고, 이 불안정성은 조각가를 화해된 충만한 통일성을 벗어나도록 이끌어 해체된 측면, 즉 결함으로 향하도록 하기(혹은 이 결함을 의미하기) 때문이다.

XL. 테마적 영역의 탄생

사라진이 '**활동적이다가 수동적이고**'라고 말하는 것은 '굳어지지' 않는 무언가를 그의 성격에서 식별하라고 충고하는 것이다. 그것은 이 무언가를 명명하라고 촉구하는 것이다. 그리하여 명명의 과정, 곧 독자의 활동 자체가 시작된다. 결국 읽는다는 것은 명명하기 위해 싸우는 것이고, 텍스트의 문장들에 의미적 변모를 겪게 하는 것이다. 이러한 변모는 우유부단한 성격을 드러낸다. 그것은 여러 명칭들 사이에 망설이는 데 있다. 누군가 우리에게 사라진은 "**장애물을 모르는 그 강**

---

35) 번역에서는 '……이다가 ……이고 (…) 이다가도 ……인'로 표현되었음. 〔역주〕

력한 의지적 존재들 가운데 하나"라고 말한다면 무엇을 읽어야 하는가? 의지 · 에너지 · 완강함 · 집요함 등인가? 담론이 다른 가능성들, 다른 유사적인 기의들로 향해 당신을 데려가는 동안에 함축적 요소는 어떤 이름보다는 동의어적인 복합체로 귀결되며, 이로부터 공통적인 핵이 점쳐진다. 그래서 각각의 동의어는 그것과 이웃하는 동의어에 어떤 특질, 어떤 새로운 출발을 덧붙여 주기 때문에 독서는 일종의 환유적 미끄러짐 속에 빠진다. 처음에 **허약한** 것으로 함축될 수 있었던 늙은이는 이윽고 '**유리 액자에 넣어진**' [36) 것처럼 언급된다. 이 이미지로부터 딱딱함 · 부동성 그리고 건조하고 날카로운 균열과 같은 기의들을 도출해야 한다. 이와 같은 확장은 의미의 운동 자체이다. 그래서 의미는 미끄러지고, 은폐하며 동시에 전진한다. 우리는 의미를 결코 분석해서는 안 되고 그 반대로 그것의 확장들을 통해서, 그것이 끊임없이 합류하려고 애쓰는 어휘적 초월이나 총칭적 낱말을 통해서 그것을 묘사해야 할 것이다. 의미론의 목적은 낱말들의 분석이 아니라 의미들의 종합이 되어야 할 것이다. 그런데 이 확장들을 다루는 의미론은 어떤 면에서 보면 이미 존재하고 있다. 그것은 이른바 전체적인 대문자 주제이다. 주제화한다는 것은 한편으로 사전으로부터 벗어나고, 어떤 동의어적 연쇄들(**부산스러운, 동요적인, 불안정한, 해체된**)을 추적하며, 명명이 확장(이것은 어떤 감각론으로부터 올 수 있다) 속에서 흘러가도록 해주는 것이다. 그것은 다른 한편으로 이같은 여러 명사적 정지들로 되돌아가 이것들로부터 어떤 한결같은 형태("**고정되지 않는 것**")를 재출발시키는 것이다. 왜냐하면 하나의 의소가 지닌 수익성, 다시 말해 그것이 어떤 주제적 경제와 합류하려는 성향은 그것의 반복에 달려

---

36) 독해 단위 38) 참조. [역주]

있기 때문이다. 그래서 잘게 찢는 운동(반복적인 흔적)을 사라진의 공격성에서 도출하는 것이 유용하다. 왜냐하면 이 요소는 다른 기표들에서 재발견될 것이기 때문이다. 같은 방식으로 늙은이의 환상적인 측면은 인간 한계의 극복, 다시 말해 낱말의 원초적 '구성 요소들' 가운데 하나(그것의 다른 이름들 가운데 하나)인 이 극복이 다른 곳에서 다시 분봉할 수 있을 때에만 의미적 가치가 있다. 따라서 (최소한 고전적 텍스트를) 읽고, 이해하며 테마화한다는 것은 의미 작용을 하는 제동 장치에 입각해 명칭에서 명칭으로 **후퇴하는 것**이다(그리하여 우리는 최소한 과도함에 이를 때까지 사라진의 폭력을 후퇴시킨다. 이 과도함은 **한계를 넘어서고 자연을 벗어나는 것**의 어설픈 명칭이다). 이러한 후퇴는 분명 코드화된다. 명칭상의 이탈이 멈출 때 비평적 차원이 창조되고, 작품은 닫히며, 의미적 변모를 종식시키게 해주는 언어는 작품의 자연·진실·비밀이 된다. 끝없는 명명의 먹이인 무한한 전체적 주제만이 언어의 영속적인 성격을 지킬 수 있고, 독서가 낳은 생산물들의 목록이 아니라 독서의 생산을 존중할 수 있을 것이다. 그러나 고전적 텍스트에서 언어의 환유적인 생산은 전제되어 있지 않다. 이때문에 명칭들의 미끄러짐을 정지시키는 주사위 던지기의 숙명성이 비롯되며, 이게 전체적인 주제/테마이다.

160) 그는 친구들과 선생님들 모두를 꺼려하게 되었죠. ★ SEM. 위험.

161) 그는 그리스어의 기본 요소를 배우는 대신에 투키디데스의 한 대목을 설명해 주는 신부님을 그림으로 그렸고, 수학 선생님·감독 선생님·하인들·채점관을 스케치하였으며, 모든 벽을 무정형의 스케치들로 더럽혀 놓았습니다. ★ SEM. 무례함(사라진은 규범을 벗어나,

'자연'의 한계를 벗어나 반대 방향으로 행동하고 있다). ★★ SEM. 천부적 자질(데생). 이 기의는 교양적 코드에서 추출된다. 천재적인 게으른 학생은 학업의 정규 활동 이외에서 성공하고 있다.

162) 교회에서 주님을 찬양하는 노래를 부르는 대신에 그는 미사가 진행되는 동안 의자를 찢는 데 즐거움을 느꼈습니다. ★ SEM. 불경건. 불경건은 여기서 무관심이 아니라 도발이다. 사라진은 위반자이기 때문이다(따라서 그는 위반자가 될 것이다). 여기서 위반은 미사를 무시하는 데 있는 게 아니라 그것을 전도되고 에로틱하며 환상적인 활동, 곧 찢는 활동으로 겹치게 하는 데(패러디하는 데) 있다. ★★ SEM. 찢기. 전체적 대상의 파괴, 부분적 대상으로의 (악착같은) 후퇴, 조각내는 작업에 대한 환상, 물신의 추구는 사라진이 여자 잠비넬라의 육체를 그리기 위해 머릿속에서도 끊임없이 그녀의 옷을 벗기게 될 때 다시 나타나게 된다.

XLI. 고유명사

여기서 마치 사라진이 존재하듯이, 마치 그가 어떤 미래·무의식·영혼이 있는 것처럼 때때로 그에 대해 이야기되고 있다. 그러나 이야기되는 것은 그의 **형상**(사라진이라는 고유명사를 통해 조작되는 상징들의 비인격적인 망)에 대해서이지 그의 **인격체**(과잉된 의미들과 동기들을 부여받은 정신적 자유)에 대해서가 아니다. 그래서 함축 의미들이 전개되지만 탐구들이 이루어지는 게 아니다. 사라진의 진실이 추구되는 게 아니라 텍스트의 (잠정적인) 한 장소의 체계가 추구된다. (사라진이라는 이름으로) 이 장소가 표시되는 것은 그것이 서술적 조작 영역(l'opéra-toire)의 구실들, 의미들의 결정 불가능한 망, 코드들의 복수태 속에 진입하도록 하기 위한 것이다. 담론에서 주인공이 지닌 고유명사가 다시 사용될 때 추구되는 것은 성(姓)으로서의 이름이 지닌 경제적 성격뿐이다. 소설의 체제에서 (그리고 다른 곳에서도 역시?) 이름은 교환의 도구이다. 그것은 기호와 총계 사이의 등치 관계를 설정함으로써 결집된 특질들을 하나의 이름 단위로 대체하게 해준다. 그것은 동일한 가격으로 압축된 상품을 볼륨 있는 상품보다 더 선호하게 만드는 계산 기법이다. 다만 이름의 경제적인 (대체적·의미적) 기능은 다소 솔직하게 표명된다. 이때문에 부계적 코드들의 다양성이 비롯된다. **자보트·니코데므·벨라스트르** 같은 인물들을 퓌르티에르라 부르는 것[37]은 (반은 부르주아적이고 반은 고전적인 어떤 코드에서 완전히 초연하지 않은 채) 이름의 구조적 기능을 부각시키는 것이고, 그것의 임의성을 표명하는 것이며, 그것을 탈개인화시키는 것이고, 이름이라는 화폐를 순수한 제도로 받아들이는 것이다. (실존했던 부샤르동은 말할 것도 없지만) **사라진·로슈피드·랑티·잠비넬라**라고 말하는 것은 부계적 대체물[38]이 하나의 (시민적·국민적·사회적) 인격체로 **가득 차** 있음을 주장하는 것이다. 그것은 호명적 화폐가 (관습에 따르도록 해두지 않고) 완벽하기를 요구하는 것이다. 따라서 모든 전복, 다시 말해 모든 소설적 예속은 고유명사를 통해 시작된다. 프루스트 작품에서 화자의 사회적 지위가 아무리 분명하다——분명하게 명시되어 있다——할지라도, 위험스럽게 유지되는 이름의 부재는 사실주의적 환상의 중대한 수축을

---

37) 성(姓)이 퓌르티에르이고 이름이 자보트·니코데므·벨라스트르인데 성으로 부르는 것을 말한다.〔역주〕

38) 부계 쪽을 따라 부르는 성을 말함.〔역주〕

야기한다. 프루스트의 소설에서 나 자체는 (소설에서 대명사의 명사적 성격과는 반대로, **XXVIII**) 더 이상 하나의 이름이 아니다. 왜냐하면 그는 연령상의 장애들에 의해 침식되고 해체되고, 이질적인 것들의 침입으로 자신의 전기적 시간을 상실하기 때문이다. 소설에서 오늘날 낡아빠져 통용되지 않는 것은 소설적인 것이 아니라 인물이다. 더 이상 씌어질 수 없는 것은 고유명사이다.

163) 혹은 나뭇조각을 훔쳤을 때, 그는 어떤 성녀(聖女)를 조각했습니다. 나무 · 돌 · 연필이 없을 때면 그는 빵조각으로 자신의 착상을 표현했습니다. ★ SEM. (조각가의) 선천적 자질. 빵조각의 반죽은 사라진이 찰흙을 반죽하여 여자 잠비넬라의 육체를 복제하는 순간을 미리 나타냄으로써 이중의 가치를 지닌다. 하나는 정보적이다(사라진의 규정은 '예술가' 태도로부터 '조각가' 부류로 가는 방식으로 엄밀하게 구성되어 있다). 다른 하나는 상징적이다(이것은 고독한 관객의 자위(onanisme), 소파 장면에서 되풀이는 수음을 떠올리게 한다, n° 267).

164) 성가대를 장식하고 있던 그림들의 인물들을 모사하든지, 즉흥적으로 그리든지, 그는 자기 자리에 조잡한 초벌 그림들을 남겨 놓았는데, 이 그림들의 외설적인 성격은 가장 젊은 신부들조차도 절망하게 만들었죠. 한편 늙은 예수회 수도사들은 그 그림들을 비웃었다고 비방자들은 주장했습니다. ★ SEM. 외설스러운(반죽은 에로틱한 행위이다). ★★ REF. 나이들의 심리(젊은이들은 순수주의자이고, 늙은이들은 방임주의자이다).

165) 끝으로 중학교의 기록을 믿는다면, 그는 추방되었습니다. ★

ACT. '기숙사' : 2: 추방되다.

166) 어느 성(聖) 금요일 고해실 앞에서 자기 차례를 기다리며 커다란 장작을 그리스도의 형태로 조각했다는 이유로. 이 조각상 위에 새겨진 신성모독은 너무도 강렬했기 때문에 이 예술가는 벌을 받지 않을 수 없게 되었습니다. 그는 제단의 높은 감실 위에 꽤 파렴치한 그 형상을 과감하게 올려 놓지 않았겠습니까! ★ SEM. (조각가의) 선천적 자질. ★★ SEM. 신성모독(위반은 종교를 에로틱한 측면과 연결시키고 있다. n° 162 참조).

167) 사라진은 위협에 대한 피난처를 파리로 찾으러 왔습니다. ★ ACT. '직업' : 1: 파리로 올라가다.

168) 아버지의 저주에서 오는(위협[39]). ★ SYM. 아버지와 아들: 대조법: B: 저주받은 아들.

169) 장애물을 모르는 그 강력한 의지를 지녔기 때문에 그는 자신의 재능이 명령하는 대로 따랐고, 부샤르동의 아틀리에로 들어갔습니다. ★ SEM. 집요함(이와 마찬가지로 사라진은 고집스럽게 여자 잠비넬라를 사랑하게 되고, 그녀의 본성에 환상을 품게 된다. 그의 '집요함'은 자신의 상상적 측면을 방어하는 것 이외의 다른 것이 아니다). ★★ ACT. '직업' : 2: 대가의 문하에 들어가다.

---

39) 이 독해 단위가 수식하는 낱말이 위협이기 때문에 역자가 명기한 것임.〔역주〕

170) 그는 하루 종일 일을 했고 저녁이면 생필품을 구걸하러 가곤 했습니다. ★ REF. 상투적 표현: 가난하면서도 용기 있는 예술가(낮에는 생활비를 벌고 밤에는 창조하거나, 혹은 여기서처럼 그 반대이다).

171) 이 젊은 예술가의 발전과 지성에 감탄한 부샤르동은, ★ SEM. 천재성(천재성은 예술가의 천부적 자질을 마무리한다, n° 173 참조).

172) 자신의 제자가 처한 비참을 곧바로 알아차렸습니다. 그는 그를 구제해 주었고, 좋아하게 되었으며, 자신의 아들처럼 대해 주었습니다. ★ 부샤르동은 아버지가 아니라 어머니를 대신하며, 어머니의 결여(n° 153)는 어린아이를 방탕·무절제·무질서로 탈선시켰다. 어머니로서 부샤르동은 알아차리고, 받아들이고, 도움을 준다(SYM. 어머니와 아들).

173) 그리고 사라진의 천재성이 드러났을 때, ★ SEM. 천재성. 사라진의 천재성은 세 번 필요하다('사실인 것 같다'). 우선 (낭만적인) 문화적 코드에 따라 천재성은 사라진을 표준에서 벗어나고 표시가 나는 존재로 만들고 있다. 다음으로 연극적인 코드에 따라 그것은 위대한 예술가의 죽음을 거세된 가수의 삶과 바꾸는, 다시 말해 **모든 것을 아무것도 아닌 것과 바꾸는** 운명의 심술을 드러내고 있다. 끝으로 서술적 코드에 따라 그것은 아도니스에게 옮아진 욕망의 기원인 여자 잠비넬라의 조각상에 새겨지게 되는 완벽성을 정당화시킨다.

174) 미래의 인재가 젊음의 피끓는 열기와 싸우고 있는 그런 작품에 의해, ★ REF. 나이들의 코드와 예술의 코드(규율로서의 재능, 피끓는 열기로서의 젊음).

XLII. 계급의 코드

하나의 문화적 코드가 예속되어 있는 질서의 규칙이(푸생의 말에 따르면) 하나의 조망에 불과하다면 이 코드를 재구성하려고 시도하는 게 무슨 소용이 있는가? 그러나 한 시대 코드들의 공간은 언젠가 묘사할 필요가 있게 되는 일종의 과학적 통설을 형성한다. 우리가 예술에 대해서 '자연스럽게' 알고 있는 것은 무엇인가?──그것은 하나의 '구속'이다. 젊음의 구속인가?──"젊음은 부산스럽기 때문이다" 등등. 우리가 이런 모든 지식들, 이런 모든 저속한 표현들을 모으면 괴물이 형성되고, 이 괴물은 이데올로기이다. 이데올로기의 단편으로서 문화 코드는 그것의 (학력적·사회적) 계급상의 기원을 자연적인 참조로, 격언적인 확인으로 **전복시킨다**. 교육적 언어와 정치적 언어 역시 그것들의 반복되는 언표들(그것들의 상투적인 본질)을 전혀 의심하지 않는데, 이런 언어들처럼 문화적 격언은 불쾌하게 하고 독서의 편협함을 야기시킨다. 발자크의 텍스트는 그것에 의해 전적으로 더럽히고 있다. 왜냐하면 바로 텍스트가 지닌 문화적 코드들에 의해 그것이 썩고, 낡아빠지고, (언제나 **현대적인** 작업인) 글쓰기로부터 배제되기 때문이다. 결국 그것은 다시 씌어질 수 없는 것의 정수이고 잔류성 응축물이다. 상투적 고정관념을 이런 식으로 토해내는 현상은 아이러니에 의해 간신히 배척되고 있다. 왜냐하면 우리가 보았듯이(XXI), 아이러니는 그것이 추방하는 코드들, 곧 고정관념들에 하나의 새로운 코드(새로운 고정관념)만을 덧붙일 수 있기 때문이다. 고정관념의 현혹(이것 역시 '어리석음' '저속성'의 현혹이다)을 제어할 수 있는 작가의 유일한 힘은 하나의 패러디가 아니라 하나의 텍스트를 실현시킴으로써, 인용 부호 없이 그 현혹 속에 들어가는 것이다. 이것이 플로베르가 《부바르와 페퀴세》에서 수행했던 것이다. 두 필경사는 코드들을 베끼는 자들이다(말하자면 그들은 **어리석은 자들**이다). 그러나 그들 자신이 그들을 둘러싸고 있는 계급적 어리석음에 대항하고 있으므로, 그들을 등장시키는 텍스트는 어느 누구도(저자조차도) 어느 누구를 지배하지 않는 순환성을 열어 주고 있다. 그리고 이것이 바로 글쓰기의 기능이다. 어떤 언어가 다른 언어에 대해 지니는 힘(위협)을 가소롭게 만들고 무효화시키며, 겨우 구성된 모든 메타 언어를 파기하는 것 말이다.

175) 아량이 넓은 부샤르동은 그가 늙은 검사의 총애를 다시 받게 하고자 시도했습니다. 유명한 조각가의 권위 앞에서 아버지의 분노는 잦아들었죠. 브장송 시 전체가 미래의 위대한 인물을 탄생시켰다고 기뻐했습니다. 처음 황홀한 순간에 우쭐해진 허영에 빠지게 되자 그 인색한 전문가는 자기 아들이 세상에 유리하게 나타날 수 있도록 조치해 주었습니다. ★ 우리는 **축복받은/저주받은**이라는 패러다임을 보았다. 우리는 여기서 **화해된**이라는 제3항을 배치하는 일을 생각할 수 있을 것이다. 그러나 이 변증법적인 항목은 받아들일 수 없다. 왜냐하면 그것은 저주(배척)가 시간을 초월해 주어지는 상징적 차원이 아니라 일화적인 차원에서만 가치 있기 때문이다. 이러한 화해는 그것을 만들어 낸 장인이고, 역할상 어머니로서의 성격을 지닌 것으로 확인되는 사람을 통해 가치를 지닌다. 쟁점이 된 어머니는 아버지와 아들 사이의 갈등을 해소하는 힘을 지니고 있다(우리는 어머니처럼 부샤르동이 사라진을 성욕으로부터 지켜주는 것을 보게 된다)(SYM. 어머니와 아들).

176) 조각이 요구하는 길고 힘든 공부로 인해 ★ REF. 예술의 코드

(조각의 힘든 수련). 조각은 회화와는 달리 재현과 싸우는 게 아니라 재료와 싸우는 것으로 여겨지고 있다. 그것은 조물주적인 예술이고, 덮는 게 아니라 뽑아내는 예술이며, 움켜잡는 손의 예술이다.

177) 사라진의 혈기 넘치는 성격과 야성적 천재성은 순화되었습니다. 부샤르동은 이 젊은 영혼에서 열정이 폭발하게 될 때 나타날 그 폭력성을 예견하고 있었기에, ★ SEM. 과도함(과도한 측면, 한계를 넘어섬).

178) 어쩌면 미켈란젤로의 영혼만큼이나 강력하게 담금질된(영혼[40]). ★ REF. 예술사, 위대한 예술가들의 심리적 유형(사라진이 음악가였다면, 그리고 발자크가 50년 후에 태어났다면 미켈란젤로가 아니라 베토벤이었을 것이다. 문학에서는 발자크 자신이었을 것이다).

179) (부샤르동은) 끊임없이 일거리를 줌으로써 그 에너지를 억눌렀습니다. 그는 사라진이 어떤 사유의 열정에 휩쓸리는 것을 볼 때면 일하는 것을 금지시키고 심심풀이를 제안했으며, 혹은 사라진이 방심에 빠질라 치면 중요한 일거리를 맡겼습니다. 그렇게 함으로써 그는 사라진의 범상치 않은 격정을 적절한 한계 속에 성공적으로 유지했습니다. ★ SEM. 과도함. ★★ 아들이 파리 이공과대학생이 되기를 원하는 부르주아 어머니처럼 부샤르동은 사라진의 작업을 감시한다(뿐만 아니라 이 부르주아 어머니처럼 그의 성욕도 감시한다)(SYM. 어머니와 아들).

180) 그러나 이 열정적인 영혼에는 부드러움이 모든 무기 가운데 언

---

40) 이 독해 단위는 앞선 독해 단위의 영혼을 꾸며 준다. [역주]

제나 가장 강력했기 때문에 스승은 부성적 선의를 통해서 감사한 마음을 일으킴으로써만 제자에게 큰 영향력을 행사할 수 있었죠. ★ 부드러움은 모성적인 무기이다. 상징적으로 보면 부드러운 아버지는 어머니가 아닌가?(SYM. 어머니와 아들). ★★ 격언적인 코드("**격분보다는 부드러움이 낫다**").

XLIII. 문체적 변형

문화적 코드의 언표들은 암묵적인 격언들이다. 그것들은 의무를 지시하는 방식으로 씌어지는데, 이 방식을 통해서 담론은 이 일반적 의지나 한 사회의 법을 나타내고 그것이 담아내는 명제를 불가피하거나 지울 수 없게 만든다. 뿐만 아니라 언술이 격언·금언·전제로 변형될 수 있기 때문에 그것을 뒷받침하는 문화적 코드가 고발된다. 그래서 문체적 변형은 코드를 '입증하고,' 구조를 적나라하게 드러내며, 이데올로기적 전망을 보여준다. 격언들(이것들의 통사적 고어적 형태는 매우 특별하다)에게 쉬운 것은 담론의 다른 코드들에게는 훨씬 덜 쉽다. 왜냐하면 이 코드들 각자를 표현하는 문장적 모델·사례·패러다임은 (아직) 도출되지 않았기 때문이다. 그러나 지금까지 편차와 표현성——다시 말해 언어적 **개체화**와 저자로서의 고유 언어——에만 관심을 기울였던 문체론이 철저하게 대상을 바꾸고 문장 모델·결구(結句)·리듬·골격·심층 구조를 도출하고 분류하는 데 기본적으로 전념하는 것을 우리는 생각할 수 있다. 한마디로 문체론은 차례로 변형적이 되고 있다고 말이다. 동시에 그것은 문학적 분석에서 더 이상 부차적인 영역이 아닐 수 있고, 내용과 형식의 대립을 뛰어넘으면서 이데올로기적 분류 도구가 될 수 있을 것이다. 왜냐하면 그런 모델들이 발견되면, 우리는 텍스트의 해변을 따라 가면서 매번 각각의 코드를 **훤하게 드러낼** 수 있을 것이기 때문이다.

181) 스물두 살이 되자 사라진은 부샤르동이 그의 생활 태도와 습관에 행사했던 건강한 영향력으로부터 필연적으로 벗어나게 되었습니다. ★ REF. 연대기(사라진은 이탈리아로 떠날 때 스물두 살이다). ★★ ACT. '직업' : 3: 스승을 떠나다. ★★★ 사라진은 '방탕적'이기 때문에, 부샤르동의 '건전한 영향'이 결국 예술을 위한 것이라 할지라도 도덕적일 수밖에 없다. 자식의 성욕은 어머니에 의해 보호되고, 지켜지고 취소되는 것이다. 섹스로부터 멀어진다는 것은 사라진이 여자 잠비넬라를 알기 훨씬 전부터 그 자신이 주체가 된 **아파니시스**(성을 즐기는 능력의 소멸), 곧 거세를 지시한다. 거세된 가수는 잠시 사라진을 거세로부터 구해 내다가(이로부터 극장에서 사라진의 '최초' 쾌락이 비롯된다) 다시 그 속에 결정적으로 **빠트리는** 것 같다("**그대는 나를 그대의 차원까지 실추시켜 버렸어**," n° 525). 따라서 여자 잠비넬라는 사라진에게 그 자신이 언제나 존재했던 그대로의 모습에 대한 **의식**에 다름 아니게 된다(**SYM**. 아파니시스).

182) 그는 하나의 조각 상(賞)을 수상함으로써 자신의 천재성이 주는 고통을 견뎌 냈는데, ★ ACT. '직업' : 4: 하나의 상을 획득하다.

183) 이 상은 퐁파두르 부인의 동생으로서 예술을 위해 많은 일을 한 마리니 후작이 제정한 것이었습니다. ★ REF. 역사(퐁파두르 부인).

184) 디드로는 부샤르동의 제자가 창조한 조각 작품을 걸작으로 찬양했습니다. ★ ACT. '직업' : 5: 위대한 비평가로부터 인정받다. ★★ REF. 문학사(예술 비평가 디드로).

XLIV. 역사적 인물

프루스트(《게르망트가의 사람들》, 플레야드, II, 537)는 이렇게 쓰고 있다. "발자크의 작품 사전을 보면, 더없이 저명한 인물들은 《인간 희극》과 그들의 관계에 따라서만 나타나는데, 나폴레옹은 라스티냐보다 훨씬 중요하지 않은 위치를 차지하고, 그가 이 자리를 차지하고 있는 것은 다만 생시뉴의 아가씨들에게 말을 했기 때문이다." 바로 이와 같은 대수롭지 않은 중요성이 역사적 인물에게 사실의 **정확한** 무게를 부여한다. 이 **대수롭지 않음**이 진정성의 척도인 것이다. 디드로 · 퐁파두르 부인, 뒤에 가서 소피 아르누 · 루소 · 돌바크는 부대에 부각된 모습이 아니라 배경에 그려진 채 **지나가면서** 간접적으로 우회하여 픽션 속에 들어온다. 왜냐하면 역사적 인물이 현실적인 중요성을 띠게 되면 담론은 그를 탈현실화시키는 우연성을 그에게 부여하지 않을 수 없게 될 것이기 때문이다(예를 들면 발자크의 《메디시스의 카트린》, 알렉산드르 뒤마의 소설들 혹은 사샤 기트리의 극작품들에 나오는 인물들처럼 말이다. 이들은 우스꽝스러울 정도로 있을 법하지 않다). 그렇게 되면 그들로 하여금 말을 하도록 해야 할 것이고, 그렇게 되면 그들은 협잡꾼들처럼 정체를 드러내게 될 것이다. 그 반대로 그들이 단순한 사교적인 모임에 부름을 받은 것처럼 인용되어 허구적인 이웃들에 다만 뒤섞여 있다면, 그들의 조촐함은 두 개의 수위를 조정하는 수문처럼 소설과 역사를 대등하게 만든다. 왜냐하면 그들은 소설을 가족처럼 통합시키고, 모순적이게도 유명하면서도 하찮은 조상(祖上)들처럼 소설적인 것에 영광의 빛이 아니라 현실의 빛을 부여하기 때문이다. 이것이 최상의 현실 효과들이다.

185) 왕실의 조각가는 젊은이가 이탈리아로 떠나는 것을 보고는 깊은 고통을 느끼지 않을 수 없었습니다. ★ ACT. '직업': 6: 이탈리아로 떠나다. ★★ 부샤르동의 고통, 즉 두려움은 어머니가 아들을 동정(童貞)의 상태로 유지하고 싶은데, 그가 뜨거운 정열의 나라에서 군복무를 하도록 갑자기 소환되는 모습을 바라보는 그런 것이다(SYM. 성욕에 대한 보호).

186) 왜냐하면 그는 원칙적으로 이 젊은이를 세상 물정에 통 어두운 상태로 유지시켰기 때문이었죠. ★ 너그럽지만 과잉 보호하는(너그러움 때문에 과잉 보호하는) 어머니는 아들을 일로 지치게 함으로써 (몇몇 사교적인 외출을 허용하는 것을 제외하곤) 그가 '세상사'에 입문하는 것을 받아들이지 않았다. 부샤르동은 사라진이 동정을 지키지 않을 수 없게 만들었고 거세시키는 역할을 그에 대하여 수행했다(SYM. 성욕에 대한 보호).

187) 사라진은 6년 전부터 부샤르동과 함께 식사를 했습니다. ★ REF. 연대기(사라진은 열여섯 살 때 부샤르동 문하에 들어갔다).

188) 카노바가 그 이후로 그렇게 했듯이, 자신의 예술에 열광적이었던 그는 해가 뜰 때 기상하여 아틀리에에 들어간 후 밤이 되어서야 나

왔으며, ★ SEM. 과도함. ★★ REF. 예술사(카노바).

189) 자신의 뮤즈(시적 영감)하고서만 살았죠. ★ SYM. 성욕에 대한 보호. ★★ SYM. 피그말리온. 함축 의미는 이중적이다(모순적이다). 즉 한편으로 사라진은 전혀 성관계를 하지 않고, **아파니시스**(혹은 성욕의 상실) 상태에 있다. 다른 한편으로 사라진은 피그말리온처럼 자신의 조각상들과 잠을 자고, 자신의 에로티시즘을 자신의 예술 속에 쏟아붓고 있다.

190) 그리고 그가 코메디 프랑세즈 극장에 가는 경우가 있었다 할지라도, 그것은 그의 스승이 끌고 갔던 것입니다. 그는 부샤르동이 소개시키려 했던 조프랭 부인의 집과 상류 사회에 너무도 거북함을 느꼈기 때문에 혼자 있고 싶었고, 그런 방탕한 시대의 쾌락을 거부했습니다. ★ REF. 역사적 코드: 루이 15세의 세기. ★★ SYM. 성욕에 대한 보호.

191) 그는 조각 이외는 다른 애인이 없었습니다. ★ SYM. 성욕에 대한 보호. ★★ 피그말리온.

192) 그리고 오페라 극장의 유명한 여배우인 클로틸드(이외는) ★ ACT. '애정 관계' : 1: 애정 관계를 갖다.

193) 이 연애도 오래 지속되지 못했죠. ★ ACT. '애정 관계' : 2: 애정 관계의 종말을 알림. 알림은 이야기(애정 관계)가 아니라 담론의 내부에 있으며, 이 경우 절교를 예고하는 사실들이 언급될 수도 있었을 것이다. 따라서 이 알림은 수사학적이다. 애정 관계의 짧음(……도 또

한에 의해 함축됨)은 이 관계의 무의미함을 함축한다. 사라진의 성적 유배는 끝나지 않고 있다.

194) 사라진은 상당히 못생겼고, 언제나 옷을 시원찮게 입었으며, 자유로운 기질상 사생활이 너무도 불규칙적이었기 때문에, ★ 낭만적으로 보면(다시 말해 낭만적 코드를 통해서) 추함은 표시와 배척의 중계를 통해서 천재성을 함축한다(SEM. 천재성). 아름다움과는 반대로 못생김은 어떠한 모델도 복제하지 않는다. 그것은 환유적 기원이 없다. 그것은 그것을 외시하는 추함이라는 낱말 이외에 다른 준거(다른 권위)가 없다.

195) 그 유명한 요정은 어떤 재앙이 닥치지 않을까 겁을 먹은 나머지 이윽고 이 조각가를 예술에 대한 사랑으로 되돌려보냈습니다. ★ ACT. '애정 관계': 3: 애정 관계의 종말.

XLV. 과소평가

애정 관계를 시작하다/그것의 종말을 알리다/그것을 끝내다. 이처럼 접속사의 생략은 연애담이 웃음거리처럼 짧았다는 것을 의미한다(반면에 보통 '애정 관계'는 수많은 소설적인 부풀기와 삽입절을 내맡겨진다). 사실 행태는 그것의 구조(이 구조는 '애정 관계'라는 시퀀스의 단순성 자체 속에서 잘 드러나고 있다) 자체에 의해 언어를 상대적으로 과소평가하고 있다(사람들은 '행동하는 것'이 '이야기하는 것'보다 더 낫다고 말한다). 조작적인 영역은 일단 그것의 행동적 본질로 되돌아오면, 상징적 세계를 하찮게 만들어 버리고 **쫓아 버린다**. 행동의 언표들이 드러내는 접속사 생략을 통해서 인간의 행동은 시시해지고, 자극과 반응의 지평으로 축소되며, 성적인 것은 기계화되고 무효화된다. 그리하여 단 하나의 시퀀스 형태를 통해서 사라진과 클로틸드의 애정 관계는 조각가를 섹스로부터 멀리 떨어져 유지시킨다. 행태는 그것의 본질적인 표현들로 축소될 때 이 표현들이 그만큼의 칼들(접속사 생략의 칼들)이 된 것처럼, 이 태도 자체가 담론이 사라진에게 적용하는 거세시키는 도구가 된다.

196) 소피 아르누는 이 문제에 대해 무언가 알 수 없는 재치 있는 말을 했습니다. 내 생각이지만, 그녀는 자기 친구가 조각상들을 물리치고 승리했다는 사실에 놀라움을 금치 못했을 것입니다. ★ REF. 역사적 코드: 루이 15세의 세기(방탕하면서도 정신적인). ★★ SYM. 섹스로부터 멀리 떨어져. ★★★ SYM. 피그말리온.

197) 사라진은 1758년에 이탈리아로 떠났습니다. ★ ACT. '여행': 1: 떠나다(이탈리아로). ★★ REF. 연대기(따라서 사라진은 1758년에 스물두 살이다, nº 181 참조).

198) 여행을 하는 동안 그의 열렬한 상상력은 예술의 나라에 흩어져 있는 멋진 기념물들을 보자 구릿빛 하늘 아래에서 불타올랐습니다. 그는 조각상들·벽화들·그림들에 탄복했습니다. 그렇게 하여 그는 경쟁심에 가득 차 ★ ACT. '여행': 2: 여행하다(하나의 유명한 시퀀스에서 이 용어는 무한히 촉매적이다). ★★ REF. 예술과 관광(예술의 발상지 이탈리아 등).

199) 로마에 왔는데, ★ ACT. '여행' : 3: 도착하다.

200) 미켈란젤로와 부샤르동의 이름 사이에 자신의 이름을 새기고 싶은 강렬한 욕망에 사로잡혀 있었습니다. 그런 만큼 그는 처음 며칠 동안은 로마에 풍부한 예술 작품들을 검토하는 일과 아틀리에에서 하는 작업으로 자신의 시간을 분할했습니다. ★ ACT. '여행' : 4: 머물다. ★★ REF. 예술사.

XLVI. 완전성

떠나다/여행하다/도착하다/머물다로 여행은 꽉 차 있다. 끝내다, 채우다, 연결하다, 통일시키다, 이것이 **읽혀지는 것**(le lisible)의 근본적인 요구인 것 같다. 마치 어떤 강박적인 두려움, 즉 접합점을 빼먹지 않을까 하는 두려움이 그것(읽혀지는 것)을 붙들고 있는 것처럼 말이다. 이는 행동들의 논리라는 외양을 낳는 망각에 대한 두려움이다. 표현들과 그것들 사이의 관계는 서로 합류하고, 서로 겹쳐지며, 연속의 환상을 창조하도록 설정된다(꾸며진다). 충만은 그것을 '표현하도록' 되어 있는 소묘를 낳고, 이 소묘는 완전성과 책색을 요구한다. 읽혀지는 것은 비어 있음을 혐오하는 것 같다. 여행자가 도착하지도 않은 채 있고, 출발도 없이 여행하고 있다고 전해지는──또 출발했는데도 도착하거나 도착하지 않는다는 말이 결코 들리지──그런 여행 이야기는 어떤 것이 되겠는가? 그런 이야기는 빈축을 사는 것이 될 터이고, 출혈로 인해 가독성(可讀性)이 탈진될 것이다.

201) 그는 폐허의 여왕(로마)과 마주할 때 모든 젊은 상상력을 사로잡는 황홀한 상태에서 이미 15일을 보냈습니다. ★ REF. 연대기(이 ——15일이라는—— 묘사는 소급하여 볼 때 조각가가 이탈리아어와 로마 풍습에 대해 무지하다는 것과 일치하게 된다). 이 무지는 이야기 전체에서 매우 중요하다. 왜냐하면 그것은 사라진이 여자 잠비넬라의 성별과 관련해 둘러싸이는——또 스스로를 둘러싸는——모든 함정을 지탱해 주기 때문이다.

202) 그러던 어느 날 그는 아르헨티나 극장에 들어갔는데, ★ ACT. '극장' : 1: 들어가다(건물에).

203) 극장 앞에는 많은 군중이 몰려들고 있었습니다. ★ ACT. '질문' (이것은 계속될 것이다): 1: 설명을 필요로 하다.

204) 그는 이런 운집의 원인이 무엇인지 물어보았고, ★ ACT. '질문' : 2: 물어보다.

205) 사람들은 '잠비넬라! 조멜리!' 라는 두마디로 대답했습니다. ★ ACT. '질문' : 3: 대답을 받다. ★★ 이전의 행태('질문')는 함축의 전반적 가치를 지닌다. 그것은 잠비넬라가 스타라는 점을 지칭하는 데 소용된다. 이 기의는 늙은이에게 이미 고정된 바 있었다. 그것은 랑티씨 가족의 국제적 성격과 그들 재산의 기원에 연결되어 있다(SEM. 스타). ★★★ 여자 잠비넬라는 누구인가, 아니 그보다 무엇인가(어떤 성별인가)? 이것이 텍스트의 여섯번째 수수께끼이다. 이 수수께끼는 여기서 테마화되고 있다. 왜냐하면 그것의 주체가 과장되게 나타나고 있

기 때문이다(HER. 수수께끼 6: 테마화).

XLVII. S/Z

SarraSine를 보자. 프랑스어의 고유명사 연구의 습관에 따르면 우리는 SarraZine을 기대하게 될 것이다. 따라서 Z는 인물의 성(姓)으로 이동하면서 어떤 덫 속으로 떨어져 없어진 것이다. 그런데 Z는 절단의 글자이다. 음성학적으로 보면 Z는 벌을 주는 채찍이나, 복수의 여신 같은 곤충처럼 후려치는 듯하다. 그것은 표기적으로 보면 동일한 여백을 통해서 어깨에 맨 붕대처럼 비스듬히, 손에 의해 비스듬한 불법적 칼날처럼 알파벳의 둥근 형태들 가운데 던져진 모습으로 자르고, 횡선을 그으며 줄무늬를 넣는다. 발자크의 관점에서 보면 (Bazac의 이름 속에 있는) 이 Z는 일탈의 문자이다(《Z. 마르카》라는 중편 소설 참조). 끝으로 여기서도 Z는 여자 잠비넬라(la Zambinella)의 첫 글자이고, 거세의 이니셜이다. 그리하여 자신의 이름 속에, 자신의 육체 속에 자리잡은 이런 철자상의 오류를 통해서 사라진은 자신의 진정한 본성에 따라 잠비넬라의 Z를 결여의 상처로서 받고 있다. 뿐만 아니라 S와 Z는 표기적 전도 관계 속에 있다. 거울의 반대쪽에서 보면 동일한 글자이다. 사라진은 잠비넬라 속에서 자신의 거세를 응시한다. 그런 만큼 SarraSine의 S와 Zambinella의 Z를 대립시키는 횡선(/)은 공포적인 기능을 지니고 있다. 왜냐하면 그것은 검열의 횡선이고, 거울의 표면이며, 환각의 벽이고, 대조법의 칼날이며, 한계의 추상이고, 기표의 기울어진 측면이며, 패러다임, 따라서 의미의 지표이기 때문이다.

XLVIII. 표명되지 않은 수수께끼

잠비넬라(Zambinella)는 갓난아이를 의미하는 **밤비넬라**(Bambinella), 혹은 짧은 다리, 곧 작은 남근을 의미하는 **감비넬라**(Gambinnella)가 될 수 있다. 이 둘은 일탈의 글자(Z)의 흔적을 지니고 있다. (담론이 **여자 잠비넬라**(la Zambinella)라고 쓰고 있는 텍스트의 뒷부분에서 이루어지게 되는 것과는 반대로) 관사가 없이 주어진 이름은 명성의 외침을 통해 순수한 명사 상태로 승격됨으로써 여전히 성별의 함정을 피하고 있다. 이윽고 거짓말을 할 것인지 하지 않을 것인지, **잠비넬라**라고 말할 것인지 **여자 잠비넬라**라고 말할 것인지 결정해야 한다. 현재로선 함정도 의문도 없으며, 수수께끼가 제기되고 표명되기 전에 확인된 어떤 인물의 과장만이 있다. 사실을 말하자면 이 수수께끼는 결코 제기되지도 표명되지도 않을 것이다. 왜냐하면 누군가의 성별이 무엇일 수 있는지 묻는다거나 심지어 단순히 그것을 미스터리로 다룬다 할지라도, 그렇게 되면 이미 너무 일찍이 대답을 하는 게 될 것이기 때문이다. 그러니까 성별을 표시한다는 것은 즉각적으로 그것을 빗나가게 하는 것이다. 따라서 그것이 드러날 때까지 수수께끼는 함정과 애매함을 경험한다. 그러나 이 수수께끼는 이미 유통되고 있다. 왜냐하면 어떤 주체를 설정하고, 테마화하며, 과장하고, 여자 잠비넬라의 이름을 갈채하여 가리킨다는 것은 술어의 문제, 보어의 불확실성을 도입하는 것이기 때문이다. 해석학적 구조 전체가 이미 문장과 일화의 술어적 기본단위 속에 포함되어 있다. 어떤 주체에 대해 이야기하는 것(**잠비넬라!**)은 어떤 진실을 전제하는 것이다. 여자 잠비넬라로서 주체 전체는 하나의 **스타**이다. 그래서 연극적인 주체, 해석학적인 주체, 논리적 주체의 혼동이 있다.

206) 그는 들어가서 ★ ACT. '극장' : 2: 홀에 들어가다.

207) 1층 뒷좌석에 앉았는데, ★ ACT. '극장' : 3: 앉다.

208) 매우 뚱뚱한 두 신부(abbati) 사이에 꽉 끼게 되었습니다. ★ ACT. '불편' : 1: 꽉 끼이고, 불편하다(불편하다/이를 알아차리지 못하다는 행동적 태도는 잠비넬라에 의해 사로잡힌 사라진의 무감각을 전체적으로 함축한다). ★★ REF. 이탈리아풍(신부라고 지칭하는 데 프랑스어 ecclésiastiques를 사용하지 않고 이탈리아어 abbati를 사용함. 지방색).

209) 그러나 매우 다행하게도 그는 무대 가까이 자리잡았습니다. ★ 무대와의, 따라서 욕망된 대상과의 인접성은 환상적인 감정들의 시퀀스에 출발점 구실을 하는데, 이 시퀀스는 사라진을 고독한 쾌락으로 이끌게 된다(ACT. '쾌락' : 1: 욕망할 만한 대상과의 인접).

210) 막이 올랐습니다. ★ ACT. '극장' : 4: 막이 오름.

211) 생애 처음으로 그는 음악을 들었습니다. ★ ACT. '극장' : 5: 오픈곡을 듣다. ★★ 우리는 음악이 사라진에게 그야말로 에로틱한 효과를 미친다는 사실을 곧 알게 될 것이다(213, 214, 215). 그것은 그를 황홀함 속에 잠기게 하고, 그를 '윤활유처럼 관능적으로 만들고 lubrifie,' 그가 지금까지 살아왔던 성적 움추림을 풀어 준다. 사라진의 성적 유배는 여기서 처음으로 해제된다. 최초의 (관능적) 쾌락은 입문적이다.

그는 기억 · 반복 · 의식(儀式)을 확립한다. 왜냐하면 이어서 모든 것은 이 **최초**를 재발견하기 위해 조직되기 때문이다(**SYM**. 아파니시스: 최초의 쾌락).

212) 장 자크 루소 씨가 홀바흐 남작의 야회에서 그토록 설득력 있게 찬양했던 그 감미로움이 넘치는 (음악) ★ **REF**. 역사적 코드. 루이 15세의 세기(루소, 백과전서파들, 살롱들).

213) 조멜리의 숭고한 화음 소리가 젊은 조각가의 감각을, 말하자면 윤활유처럼 관능적으로 만들었습니다. 능란하게 결합된 그 이탈리아 목소리들이 지닌 독창성, 사랑의 슬픔에 호소하는 듯한 그런 독창성이 그를 매혹적인 황홀경에 잠기게 했습니다. ★ 비록 여자 잠비넬라가 아직 나타나지 않았지만, 구조적으로 사라진의 정열은 이미 시작되었고, 그녀의 **유혹**은 사전의 황홀경에 의해 시작되었다. 기나긴 일련의 육체적 상태들이 사라진을 사로잡힌 상태로부터 타오르는 불꽃으로 이끌게 된다(**ACT**. '유혹' : 1: 황홀경). ★★ **REF**. 이탈리아 음악. ★★★ 지금까지 사라진은 섹스로부터 멀리 떨어져 유지되어 왔다. 그래서 이날 밤 **처음으로** 그는 쾌락을 경험하고 자신의 동정(童貞)에서 벗어난다(**SYM**. 입문).

XLIX. 목소리

(루소 · 글루크 전문가들과 피치니 전문가들, 스탕달 등에 의해) 역사적 · 문화적 · 신화적으로 매우 잘 정의된 대상인 이탈리아 음악은 '관

능적' 예술, 목소리의 예술을 함축한다. 에로틱한 실체인 이탈리아 목소리는 성(性)이 없는 가수들에 의해 (본질적으로 상징적인 전복을 통해) 부정적으로 산출되었다. 이런 전복은 **논리적이다**("**천사 같은 그 음성, 그 섬세한 목소리는 당신 아닌 다른 사람의 육체로부터 나왔다면 상식적으로 납득이 안 되었을 것이오**"라고 사라진은 n° 445에서 여자 잠비넬라에게 말하고 있다). 마치 선별적인 과도한 발달로 인해 성의 강밀도가 지나는 길에 생명체의 모든 '**구속된 것**(le lié)' 을 흡수하면서, 육체의 나머지를 떠나 목청 속에 피신하지 않을 수 없듯이 말이다. 그리하여 거세된 육체로부터 벗어난 광적으로 에로틱한 착란은 이 육체 위로 다시 쏟아진다. 거세된 가수—스타들은 홀의 히스테릭한 관객들에 의해 갈채를 받으며, 여자들은 그들을 사랑하게 되고, 그들의 초상화를 지니고 다닌다. "**각각의 팔에 하나, 목에 찬 목걸이에 하나, 그리고 각각의 구두마다 끈매듭에 두 개**"(스탕달)를 말이다. 이런 음악의 에로틱한 특질(발성적 특성과 결부된)은 여기서 규정된다. 그것은 **관능적으로 매끄럽게 하는 힘**(pouvoir de lubrification)이다. 구속된 것, 그것은 목소리만의 소유물이다. 관능적으로 매끄럽게 된 것(le lubrifié)의 모델은 유기체적인 것이고, '살아 있는 것' 이며, 한마디로 정액이다(이탈리아 음악은 '**쾌락으로 넘친다**'). 노래(대부분의 미학자들이 소홀히 한 특질)는 무언가 체감적(體感的)인 것이 있다. 그것은 '인상' 에 연결되기보다는 근육적이고 체액적인 감각적 즐거움의 내적 몰입에 연결되어 있다. 목소리는 확산이고 침투이며, 육체의 전 영역, 곧 피부를 통과한다. 그것은 경계 · 계급 · 이름의 통과이고 폐지이기 때문에("**그의 영혼은 그의 귀와 눈 속으로 이동했습니다. 그는 자신의 모공 하나하나를 통해 듣고 있다고 생각했습니다,**" n° 215) 환각의 특별한 힘을 간직한다. 따라서 음악은 시각과는 전혀 다른 효과를 낸다. 그것은 사라진의 내부로 침투하면서 오르가슴을 결정할 수 있다(n° 243). 그래서 사라진이 그 너무도 강렬한 쾌락(이것을 은밀하게 보다 잘 되풀이하기 위해) 소파 위에서 되찾아 익숙해지고자 할 때, 그는 우선적으로 청각을 곤두세우게 된다. 게다가 사라진이 사랑하게 되는 것은 잠비넬라의 목소리이다(n° 277). 거세가 낳은 직접적 산물이자 결여의 충만하고 구속된 흔적인 목소리를. (이미 여러 번 만난) **관능적으로 매끄러운 것**의 반의어는 불연속적인 것, 분할된 것, 삐걱거리는 것, 합성된 것, 이상한 것이다. 쾌락의 액체적 충만함 밖으로 내던져진 모든 것, 언어적이면서 동시에 음악적이기 때문에 양면적인 가치인 프레이징(분절법)과 합류하는데 무력한 모든 것은 동일한 충만 속에서 의미와 섹스를 결합시킨다.

214) 그는 두 신부가 양쪽에서 짓누르는 것도 느끼지 못한 채 말없이 꼼짝 않고 있었죠. ★ ACT. '불편' : 2: 아무것도 못 느끼다.

215) 그의 영혼은 그의 귀와 눈 속으로 이동했습니다. 그는 자신의 모공 하나하나를 통해 듣고 있다고 생각했습니다. ★ ACT. '유혹' : 2: 외향성(욕망의 대상을 향한 육체의 출동은 환각 전단계의 성격을 띤다. 현실의 벽이 통과되고 있는 것이다).

216) 갑자기 극장 홀을 무너져 내리게 할 것 같은 박수 소리가 프리 마돈나의 입장을 맞이했습니다. ★ ACT. '극장' : 6: 스타의 입장. ★★ SEM. 스타('스타성'). ★★★ HER. 수수께끼 6: 테마화 및 함정(프리 마돈나).

217) 그녀는 교태를 부리며 무대 전면으로 나와 한없는 우아함을 드

러내면서 관객에게 인사를 했습니다. 불빛들, 일단의 관중의 열광, 무대의 환상, 그 당시에는 상당히 매력적이었던 의상의 마력이 유리하게 협력했습니다. ★ ACT. '연극' : 7: 스타의 인사. ★★ SEM. 여성성. 담론은 여기서 거짓말을 하지 않는다. 물론 그는 잠비넬라를 여자처럼 다룬다. 그러나 그의 여성성을 하나의 **인상**처럼 정당화하고 있고, 그것의 이유들이 지시되어 있다.

218) **이 여인에게** (유리하게). ★ 반면에 문장의 이 종결부는 분명 하나의 함정이다(담론은 거짓말을 할 필요가 없기 위해서 **예술가**라고 말했으면 충분했을 것이다). 진실에서 시작된 문장은 거짓으로 끝나고 있다. **결국 계속되는 어조 변화들** 자체를 통해서, 그것은 목소리들의 동시 표출, 기원의 페이딩을 실현하는 그 본성이 되고 있다(HER. 수수께끼: 6: 함정).

219) **사라진은 즐거움의 소리를 질렀습니다.** ACT. '유혹' : 3: 강렬한 즐거움.

220) **그 순간 그는 그때까지 자신이 어딘가에 있는 그 완벽함을 찾아 여기저기 헤맸던 이상적인 아름다움에 감탄했습니다. 그는 흔히 비열한 어떤 모델에게 완벽한 다리의 둥근 모습을 요구하기도 했고, 또 다른 모델에게는 유방의 곡선을, 또 다른 사람에게는 하얀 어깨를 요구하기도 했습니다. 끝으로 그는 어떤 처녀에게서는 목을, 또 다른 여자에게서는 손을, 어떤 어린아이에게서는 매끈한 무릎을 선택하기도 했습니다.** ★ SYM. 조각으로 분할되었다가 재결합된 육체.

L. 재결합된 육체

어린 마리아니나가 지닌 (목소리의) 완벽성은 그녀가 보통은 여러 여가수들을 통해 분산되어 있는 부분적인 특질들을 단 하나의 육체 속에 결집하고 있다는 데 기인했다(n° 20). 사라진의 눈에 비친 잠비넬라도 마찬가지이다. 이 주체는 (클로틸드의 무의미한 에피소드를 제외하면) 하나의 다리 · 가슴 · 어깨 · 목 · 손과 같은 부분적인 대상들의 분할과 분산의 형태로만 여성의 육체를 알고 있다.[41] 조각들로 잘려진 여자, 이것이 사라진의 사랑들에 제시된 대상이다. 분할되고 멀리 떨어진 여자는 페티시-대상들(objets-fétiches)의 이를테면 사전 같은 것에 불과하다. 이처럼 찢겨지고 조각난 육체를 사라진은 (이것이 그가 지닌 천부적 자질의 의미인데) 하나의 총체적 육체로 다시 결합한다. 이 육체는 예술의 하늘에서 마침내 내려온 사랑의 육체로서 그 안에서 페티시즘은 없어지고 사라진은 치유된다. 그러나 주체가 아직 알지도 못한 채, 그리고 비록 마침내 재결합된 여자가 실제적으로 접촉할 수 있을 만큼 그의 면전에 가까이 있다 할지라도, 이 구원적 육체는 사라진이 그에게 보내는 찬사들 자체를 통해 만들어진 허구적 육체로 남아 있다. 그것의 위상은 한 **창조물**의 위상이고(그것은 '**받침대에서 내려온**' 피그말리온의 작품이다, n° 229), **아랫부분**, 곧 우묵한 곳을 통해서 그의 불안 · 호기심 · 공격을 끊임없이 야기하게 되는 한 대상의 위상이다. (데생을 통해서) 여자 잠비넬라의 옷을 벗기고, 그녀에게 질문을

---

41) 장 르불은 《사라진》에서 라캉의 이 테마가 존재함을 최초로 지적했다(cf. 앞에서 언급한 책, p.565).

하며, 자신에게 질문을 하고, 우묵한 조각상을 끝내기 위해 제거하면서 조각가는 끊임없이 여자를 조각내게 된다(어린아이였을 때 그가 교회 의자를 박박 찢었듯이 말이다). 그리하여 그가 경이롭게 통일성을 발견했다고 믿었던 그 육체를 (흩어진) 순수한 페티시 상태로 되돌려 보내게 된다.

221) 그러나 고대 그리스의 풍요롭고 감미로운 창조물들을 파리의 차가운 하늘 아래서는 결코 만난 적이 없었습니다. ★ REF. 예술사: 고대 그리스의 조상술(예술만이 전체적 육체를 창조할 수 있다).

222) 잠비넬라는 조각가가 더없이 엄정하면서도 지극히 열정적인 심판관으로서 바라보는 그윽한 균형, 그토록 열렬하게 욕망했던 여성적 모델의 그 균형을 매우 생생하고 세련된 모습으로 결합시켜 보여주고 있었다. ★ SYM. 재결합된 육체. ★★ 예술심리학(여자와 예술가).

223) 입은 표정이 풍부했고, 눈은 사랑이 담겨 있었으며, 안색은 눈부신 백색을 띠고 있었습니다. ★ SYM. 조각으로 분할되었다가 재결합된 육체('세부적 부분'의 시작).

224) 그리고 화가를 매혹시켰을 이런 세세한 부분들에 결합시켜 보세요, ★ REF. 예술의 코드: 회화. 작업의 분할이 있다. 화가에게는 눈·입·얼굴, 한마디로 **영혼**이나 **표정**, 다시 말해 표면에 그려지게 되는 내면성의 분할이 있다. 볼륨의 소유자인 조각가에게는 육체·재료·관능성의 분할이 있다.

225) 비너스의 경이로운 점들, 그리스인들의 끌로 표현되었고 숭배되었던 그 경이로운 점들을. ★ 예술의 코드: 고대의 조상술.

226) 이 예술가는 팔이 상반신에 결합될 때 드러나는 그 모방할 수 없는 우아함, 마력적으로 둥근 목, 눈썹과 코가 조화롭게 그려내는 선들, 완벽한 계란형의 얼굴, 순수함을 보여주는 선명한 윤곽 곡선, 그리고 넓고 관능적인 눈꺼풀 끝을 장식하면서 효과를 드러내는 짙고 구부러진 속눈썹을 지칠 줄 모르고 찬양했습니다. ★ SEM. 여성성(짙고 구부러진 속눈썹, 관능적인 눈꺼풀). ★★ SYM. 분할되고-결합된 육체('세부적 부분'의 계속).

LI. 블라종[42]

다음과 같은 언어의 심술이 있다. 자신을 **말하기** 위해 일단 재결합되자 전체적 육체는 먼지 같은 낱말들로, 낱알처럼 떨어지는 세부적 부분들로, 부분들의 목록들로, 지나친 세분으로 되돌아가지 않을 수 없다. 그래서 언어는 육체를 해체하고 그것을 페티시로 돌려보낸다. 이런 회귀는 **블라종**이라는 이름으로 코드화되어 있다. 블라종은 유일한 주어인 아름다움을 일정 수의 해부학적 특징들로 서술하는 것이다. **그것이 아름다웠던 것은 팔이고, 목이며, 눈썹이고, 코이고, 속눈썹이다 등**(elle était belle quant aux bras, quant au cou, quant aux sourcils, quant au nez, quant aux cils etc.)처럼 말이다. 그리하여 형용사가 주부

---

42) 16세기 시 형식의 일종으로 대상에 대한 찬양이나 풍자를 노래함. [역주]

가 되고 명사가 술부가 된다.[43] 스트립쇼도 마찬가지이다. 행위, 곧 노출은 일련의 그 신체적 특징들로 서술된다(다리·팔·가슴 등). 스트립쇼와 블라종은 문장의 동일한 운명(둘 다 문장들로 만들어진다)으로 귀결되는데, 이 운명은 이런 것(문장의 구조가 문장을 숙명적으로 강요하는 것)이다. 즉 문장은 하나의 **전체**를 결코 구성할 수 없다는 것이다. 의미들은 첨가될 수 없고, 알알이 연이어 떨어질 수 있다. 전체와 총합은 열거의 **끝에서** 얼핏 보여지는 약속된 땅들의 언어를 위한 것이다. 그러나 이 열거가 완결되고 나면 어떠한 특질도 그것을 결집할 수 없다──혹은 이 특질이 생산된다 할지라도 그것 또한 다른 특질들에 **덧붙여질** 뿐이다. 아름다움도 사정은 마찬가지이다. 그것은 동어 반복이거나(아름다움이라는 명칭 자체로 확인되거나), (우리가 그것의 술어들을 훑어본다면) 분석적일 수밖에 없지만, 결코 종합적일 수 없다. 장르로서 블라종은 어떤 **완전한** 목록이 **전체적** 육체를 재현할 수 있으리라는 믿음을 표현한다. 마치 열거의 정점은 새로운 범주, 즉 총체성의 범주로 바뀔 수 있는 것처럼 말이다. 그리하여 묘사는 일종의 열거적 흥분에 사로잡힌다. 그것은 총계에 이르기 위해 열거하고, 마침내 페티시즘의 대상에서 벗어난 총체적 육체를 획득하기 위해 페티시들을 증식시킨다. 그렇게 해보지만 그것은 어떠한 아름다움도 **재현하지** 못한다. 있을 수 없는 총체로서 무한히 외형이 부여되는 여자 잠비넬라를 아무도 **볼** 수 없다. 그런 총체가 있을 수 없는 것은 언어적이고 **씌어진**(écrit) 것이기 때문이다.

---

43) 프랑스어 문장에서 elle était belle이 주부가 되고, quant aux bras 이하가 술부가 된다는 것이다. 〔역주〕

227) 그녀는 여자 이상의 존재였고, 걸작이었습니다! ★ SYM. 육체들의 복제.

LII. 걸작

잠비넬라의 육체는 현실적인 육체이다. 그러나 이 현실적 육체는 조상술(고대 그리스, 피그말리온)에 의해 이미 씌어진 육체로부터 내려오는 한에서만 총체적이다(영광스럽고 기적적이다). 그것은 또한 (사라진의 다른 육체들처럼) 하나의 코드에서 나온 복제물이다. 이 코드는 무한하다. 왜냐하면 그것은 씌어진 것이기 때문이다. 그러나 복제의 연쇄가 그것의 기원을 단언하고 코드 스스로가 기원으로 창조되었고, 어떤 지점에서 정지되며, 한계에 부딪친다고 표명하는 일이 있다. 이 기원, 이런 정지, 이와 같은 부딪침이 **걸작**이다. 우선 분산된 부분들의 전대미문의 결집으로서, 수많은 경험으로부터 도출된 개념으로서 걸작은 사실 사라진의 미학에 따르면 살이 있는 그 조각상이 유래되는 바로 그것이다. 걸작을 통해서 육체들에 대한 조각법(écriture)[44]은 마침내 동시에 그것의 기원인 어떤 종점을 부여받고 있다. 따라서 여자 잠비넬라의 육체를 발견한다는 것은 코드들의 무한함을 정지시키는 것이고, 마침내 모사품들의 기원(원작)을 만나는 것이며, 문화의 출발을 고정시키는 것이고, 기존 성과물들에 그것들의 보충을 부여하는 것이다("**여자 이상의 존재**"). 걸작으로서의 잠비넬라의 육체 속에는 지시

---

44) écriture는 보통 글쓰기로 번역되나 예술의 각 장르가 지닌 기법을 의미하기도 한다. 여기서는 조각의 문제를 다루고 있으므로 조각법이라고 옮겨 보았다. (역주)

대상(모사하고, 표현하며 의미해야 하는 그 현실적 육체)과 대문자 준거(조각법의 무한함에 종결시키고 따라서 그것을 창설하는 시작)가 신학적으로 일치한다.

228) 이 뜻밖의 창조물에는 모든 남자를 황홀케 하는 사랑이 있었고, 비평가를 마땅히 만족시킬 수 있는 아름다움들이 있었죠. ★ REF. 예술가의 심리.

229) 사라진은 그를 위해 받침대에서 내려온 피그말리온의 조각상을 두 눈으로 탐욕스럽게 바라보았습니다. ★ SYM. 피그말리온, 육체들의 복제.

230) 잠비넬라가 노래했을 때는, ★ ACT. '극장' : 8: 스타의 곡(曲).

231) 그야말로 열광이었습니다. ★ ACT. '유혹' : 4: 열광(열광은 내면화되고 있다. 그것은 체감적──차가움/뜨거움──인 상태이다. 반면에 광기──n° 235──는 오르가슴이라는 작은 액팅 아웃을 결정한다).

232) 예술가는 추위를 느꼈습니다. ★ ACT. '유혹' : 5: 열광: 추위.

233) 그리고 그는 자신의 내면적 존재의 심층에서, 다시 말해 우리가 적당한 낱말이 없어 마음이라 부르는 것의 심층에서 갑자기 어떤 난로가 타닥거리며 타오르는 것을 느꼈습니다! ★ ACT. '유혹' : 6: 열광: 뜨거움. ★★ REF. 완곡어법('마음'은 섹스를 지시할 수밖에 없다. '적당한 낱말이 없어'라고 표현되어 있지만 이 낱말은 존재한다. 그러나

그것은 무례하고 금기이다).

234) 그는 박수를 치지 않았고 아무 말도 하지 않았습니다. ★ ACT.
'유혹' : 7: 열광: 침묵. **열광**은 세 개의 시점으로, 세 개의 표현으로
분해되고 있다. 따라서 그것은 하나의 총칭적 낱말로, 즉 시간적이고
동시에 분석적(규정적)인 하부 시퀀스의 수사학적 예고로서 나타나고
있다.

235) 그는 어떤 광기가 움직이고 있음을 느꼈습니다. 광기는 열광과
──수사학적으로── 겹치고 있다. 그러나 후자가 사랑의 황홀에 빠
진 고전적인 한순간인 데 비해, 전자는 여기서 하나의 전진을 나타내
는 단계들 가운데 하나(두번째 단계)를 외시한다. 이 전진은 여자 잠
비넬라와 아주 가까이 자리잡은 사라진을 오르가슴(이 오르가슴은 n°
244에서 완결된다)에 이를 정도까지 우회적으로 이끌고 있다. **광기**는
쾌락의 점진적으로 확립되거나 명시되는 조건들인 몇몇 항목들로 변
환되게 된다(ACT. '쾌락' : 광기(액팅 아웃의 조건)).

236) 무언가 알 수 없는 끔찍하고 지옥 같은 것을 욕망 안에 지니고
있는 그런 나이에서만 우리를 동요시키는 일종의 광란을 말입니다.
★ REF. 나이의 심리.

237) 사라진은 무대 위로 돌진하여 그녀를 점령하고 싶었습니다. 이
런 현상들은 인간의 관찰이 도달할 수 없는 영역에서만 일어나기 때
문에 설명이 불가능한 정신적 쇠약으로 인해 백배나 증가한 그의 힘
은 고통스러울 정도로 격렬하게 분출되려는 경향을 드러냈습니다. ★

ACT. '쾌락' : 3: 긴장(돌진하고 이완되고 싶은 욕망). 긴장은 환각적이다. 그것은 도덕적 검열의 무너짐과 일치한다. 폭력 · 공격성 · 맹렬함의 요소는 이 첫번째 욕망에 나타나 있는데, 그것을 의식적으로 반복하게 될 때 지워지게 된다. 의례가 그것에 대비하게 되기 때문이다(n° 270). ★★ REF. 정열과 그것의 심연.

238) 누군가가 그를 보았다면, 쌀쌀맞고 어리석은 인간이라고 말했을 것입니다. ★ ACT. '쾌락' : 4: 외관상 부동성(준비되고 있는 **액팅 아웃**은 비밀이다).

239) **영광 · 학문 · 미래 · 존재 · 왕관, 모든 게 무너져 내렸습니다.** ★ 여기서 정신적인 엄숙한 순화 단계가 (사랑이냐 죽음이냐)를 결정하는 행위를 앞서고 있다. '무절제한' (급진적이고 인생을 거는) 결정은 다른 길들, 다른 관계들을 제쳐두기를 제안하고 있다(ACT. '결정하다' : 1: 선택의 정신적 조건).

240) — **그녀의 사랑을 받든지 아니면 죽어 버린다! 이것이 사라진이 자신에게 내린 결정이었습니다.** ★ ACT. '결정하다' : 2: 양자택일을 제시하다. '결정' 은 양자택일에서 멈추고 있는데, 양자택일의 두 항은 통시적이다(사랑을 받는 것이다, 그리고 결국 그렇지 못할 경우 죽는 것이다). 그러나 이 양자택일 자체가 그것의 두 항으로부터 특질의 이중적 시퀀스, 즉 **사랑하고자-하는 의지**(vouloir-aimer)와 **죽고자-하는 의지**(vouloir-mourir)를 해방시킨다. ★★ **사랑하고자-하는 의지**(혹은 **사랑받고자-하는 의지**)는 하나의 시도를 구성하는데, 이 시도의 원칙이 여기서 제시되고 있다. 그러나 이 의지의 전개는 돌연 방향을 바꾸

게 된다. 왜냐하면 하나의 복스 좌석을 예약한 후 '최초의 쾌락'을 되풀이하는 데 만족하기 때문이다. 그 다음에 이어지는 내용은 더 이상이 시퀀스에 종속되지 않게 된다("사건들이 그에게 불시에 들이닥쳤는데……." n° 263)(ACT. 사랑하고자-하는 의지: 1: 시도의 설정). ★★★아마 잠비넬라를 잃게 되어도 사라진은 죽겠다고 결심하지 않을 것이다. 그러나 예고들·전조들·도전들에 의해 준비되고, 희생 자체에 의해 축복되는(n° 540) 그의 죽음은 제시된 양자택일 속에 이미 싹튼 자살이다(ACT. '죽고자-하는 의지: 1: 계획의 설정).

241) 그는 너무도 완전히 도취되었기 때문에 홀도, 관중들도, 배우들도 보지 못했고, 음악도 더 이상 듣지 못했습니다. ★ ACT. '쾌락': 5: 고립.

242) 게다가 그와 잠비넬라 사이에는 거리가 없었습니다. 그는 그녀를 소유했으며 그녀에게 고정된 두 눈은 그녀를 점령하고 있었습니다. 거의 악마적인 어떤 힘으로 인해 그는 그 목소리의 숨결을 느꼈고, 그녀의 머릿결에 배어든 향내 나는 분가루를 흡입했으며, 그 얼굴의 평평한 부분들을 보았고, 부드럽고 윤기 나는 피부에 뉘앙스를 주는 푸른 혈관들을 헤아려 볼 수 있었습니다. ★ 여자 잠비넬라와의 인접성(이것은 무대 가까이 있는 주체의 상황에 의해 준비됨, n° 209)은 환각적 성격을 띤다. 그것은 벽의 무너짐이고, 대상과의 뒤섞임이다. 포옹의 환각 같은 것이다. 게다가 잠비넬라의 특질들은 미학적·수사학적 코드에 의해 더 이상 묘사되지 않고 해부학적 코드에 따라 묘사되고 있다(혈관·평평한 부분·머릿결)(ACT. '쾌락': 6: 포옹). ★★ SEM. 악마적인(이 의소는 위반의 존재인 사라진에게 이미 고정된 바 있다. '악마'

는 주체를 장악하는 작은 정신병적 발작의 명칭이다).

243) 끝으로 그 목소리는 경쾌하고, 신선하며 은빛 음색이었고, 바람이 조금만 불어도 형태를 주면서 말다가 풀어내고, 펼쳐내다가 흩뜨리는 실처럼 부드러웠습니다. 그 목소리는 너무도 강렬하게 그의 영혼을 공격했기 때문에, ★ 목소리는 침투하고 스며들고 흐르는 힘으로 묘사되고 있다. 그러나 여기서 침투되는 대상은 남자이다. 애인으로부터 빛을 '받는' 엔디미온처럼 그는 그를 '공격하고,' 붙잡으며, 수동성의 상황 속에 고정시키는 미묘한 힘, 곧 능동적으로 발산되는 여성성의 방문을 받고 있다(ACT. '쾌락' : 7: 침투받다).

244) 다시 한번 그는 경련적인 감미로움이 뽑아내는 그 무의식적 외침을 내질렀는데, ★ ACT. '쾌락' : 8: 성적 즐김(jouissance). 성적 즐거움은 환각적인 위기에 따라 우연히 만난 것이었다. 그 다음엔 (비록 고독하지만 조직화된), 소파의 광경을 통해 의식적으로 이 '최초의' 성적 즐김을 반복하는 일이 벌어진다(그만큼 이 즐김은 충만한 성으로부터 추방되어 그것을 결코 경험한 적이 없었던 주체에게는 소중한 것이었다).

245) 인간의 정열이 이런 감미로움을 주는 경우는 그야말로 흔치 않지요. ★ REF. 인간의 정열.

246) 이윽고 그는 극장을 떠나지 않을 수 없었습니다. ACT. '극장' : 9: 떠나다.

247) 그의 떨리는 다리는 그를 지탱하는 것을 거의 거부하고 있었습

니다. 그는 어떤 공포스러운 분노에 빠진 신경증 환자처럼 기가 꺾이고 무력했습니다. 그는 너무도 많은 즐거움을 느꼈기 때문에, 혹은 너무 많이 고통을 받았기 때문에 그의 생명력은 충격에 쓰러진 물병처럼 흘러내렸습니다. 그는 어떤 심한 질병에서 벗어난 회복기 환자들을 절망하게 만드는 그 무기력과 유사한 공허나 절멸을 자신 안에서 느꼈습니다. ★ ACT. '쾌락' : 9: 공허. ★★ REF. 질병들의 코드.

248) 설명할 수 없는 슬픔에 빠져, ★ ACT. '쾌락' : 10: '성교 후의' 슬픔.

249) 그는 어떤 교회의 계단으로 가 앉았습니다. 거기서 그는 기둥에 등을 기댄 채 꿈 같은 모호한 명상에 잠겨들었습니다. 정열이 그에게 벼락을 쳤던 것입니다. ★ ACT. '쾌락' : 11: 회수하다(récupérer). 회수는 다양한 코드들에 따라 읽혀질 수 있다. 심리적(정신이 자신의 권리를 되찾는다) · 기독교적(육체의 슬픔, 교회 옆으로 피신) · 정신분석학적(기둥–남근으로 복귀) · 외설적(성교 후의 휴식) 코드들로 말이다.

LIII. 완곡어법

사라진에 관한 어떤 이야기는 이런 식이 될 수 있다. 그는 극장에 들어간다. 여자 스타의 아름다움 · 목소리 · 예술이 그를 황홀하게 만든다. 그는 시즌 내내 무대 가까이 복스 좌석을 예약하여 첫날 저녁의 매혹을 되풀이하겠다고 결심한 채, 강한 충격을 받아 홀에서 나온다. 이제 사라진에 관한 또 다른 이야기를 보자. 그는 우연히 극장에 들어

간다(206). 그는 우연히 무대 곁에 자리를 잡는다(209). 음악의 관능성 (213), **프리 마돈나**의 아름다움(219), 그녀의 목소리(231)가 그를 욕망의 상태로 만들어 놓는다. 무대와의 인접성 덕분에 그는 환각에 사로잡히고, 여자 잠비넬라를 소유한다고 생각한다(242). 예술가의 목소리가 침투하자(243), 그는 오르가슴에 이른다(244). 그런 다음에 공허해지고 (247), 슬퍼진(248) 그는 나와 앉아서 깊이 생각한다(249). 사실 그 성적 즐김은 최초였던 것이다. 그는 이 나만의 쾌락을 마음껏 소유하기 위해 충분히 지배하면서 그것을 매일 저녁 다시 시작하기로 결심한다. ──이와 같은 두 개의 이야기들 사이에는 그것들의 동일성을 확실히 해주는 도식적인 관계가 있다. 그것들은 동일한 이야기이다. 왜냐하면 동일한 스케치이고, 동일한 시퀀스이기 때문이다. 즉 긴장·납치 혹은 투자·폭발·피로·결론의 수순이다. 극장의 장면에서 나홀로 오르 가슴을 읽고, 에로틱한 이야기를 완곡한 버전으로 대체하는 것, 이와 같은 독서 작업은 상징들의 틀에 박힌 어휘에 토대하는 것이 아니라 체계적인 응집, 즉 관계의 적합성에 토대한다. 따라서 한 텍스트의 의미는 그것의 '해석들' 가운데 어떤 것 속에 있는 게 아니라 그것의 읽기들로 이루어진 도해적 전체 속에, 이 읽기들의 복수적(複數的)인 체계 속에 있다. 어떤 사람들은 **"저자가 이야기한 것과 같은"** 극장의 장면이 문학성의 특권을 지니고 있고, 텍스트의 '진실'과 '현실'을 구성한다고 말할 것이다. 따라서 그들이 볼 때 오르가슴의 읽기는 상징적 읽기이고, 결과에 대한 보장이 없는 노고일 것이다. **"다만 텍스트뿐, 텍스트뿐"**이라는 이 명제는 협박이 아니라면 별 의미가 없다. 텍스트의 글자 그대로의 해석은 다른 체계와 마찬가지로 하나의 체계이다. 발자크의 글자는 요컨대 다른 글자의 '옮김,' 즉 상징의 옮김에 불과하다. 완곡어법은 하나의 언어이기 때문이다. 사실을 말하자면 텍스트의 의미는 그것이 지닌 체계들의 복수태, 다시 말해 그것이 지닌 무한하게 (순환적으로) '옮겨 쓸 수 있는 특성'에 다름 아니다. 텍스트를 상대로 한 '근본적' '자연적' '민족적' '모태적' 비평 언어는 존재하지 않는다. 텍스트는 태어나면서 단번에 다(多)언어적이다. 텍스트 사전(辭典)을 위한 진입 언어도 출구 언어도 없다. 왜냐하면 텍스트는 사전의 (닫힌) 규정적 힘이 아니라 무한한 구조를 지니고 있기 때문이다.

250) 숙소에 돌아왔을 때 ★ ACT. '극장' : 10 : 자기 집으로 돌아오다.

251) 그는 우리의 생활에서 새로운 원칙들의 존재를 드러내 주는 그런 절정의 활동에 빠져들었습니다. 고통만큼이나 즐거움에도 기인하는 그 첫사랑의 열병에 사로잡혀, 그는 기억을 통해 잠비넬라를 그림으로써 자신의 초조함과 열광을 달래 보려고 했습니다. 그것은 일종의 육체적인 명상이었죠. ★ REF. 사랑-병. ★★ ACT. '사랑하고자-하는 의지' : 2 : 데생을 그리다. 이것은 사랑의 시도에서 기회를 기다리는 우유부단한 활동이다. ★★★ SYM. 육체들의 복제 : 데생. 데생은 인간의 육체를 스타일 · 포즈, 상투적 표현의 분류 속에 재통합하면서 그것을 재코드화하는 작업인데 수사학적인 도식에 따라 담론에 의해 제시되고 있다. 인간에 특유한 활동(데생)은 세 종류로 변환되게 된다.

252) 어떤 화지 위에서는, 잠비넬라는 라파엘로 · 조르조네, 그리고 모든 위대한 화가들이 좋아했던 외관상 그 고요하고 냉정한 태도를 드러내고 있었습니다. ★ SYM. 육체들의 복제 : 데생(1) : 관습적임(통일성은 문화적 코드에, 예술의 책이라는 대문자 준거에 의지하고 있다).

253) 또 다른 화지 위에서는, 그녀는 구르는 음성을 마감하면서 머리를 세련되게 돌렸고, 자기 자신의 목소리를 듣는 것 같았습니다. ★ SYM. 육체들의 복제: 데생(2): 낭만적임(생명의 책에서 모사된 것으로, 몸짓의 가장 취약한 순간).

254) 사라진은 자신의 애인을 온갖 포즈에 담아 스케치했습니다. 그는 우리가 어떤 애인을 열렬히 생각할 때 우리의 상상력을 자극시키는 갖가지 변덕스러운 생각들을 연필의 열광적인 움직임을 통해 구현해 내면서 그녀에게서 베일을 없애고, 그녀를 앉히고, 세우고 눕혔으며, 혹은 정숙하고 혹은 사랑에 약한 모습으로 그려냈습니다. ★ SYM. 육체들의 복제.: 데생(3): 환상적. 모델은 욕망의 조작에 '자유롭게'(다시 말해 하나의 코드, 즉 환상의 코드에 따라) 순종한다('갖가지 변덕스러운 생각들' '온갖 포즈에'). 사실 이전의 데생들은 이미 환상적이다. 라파엘로가 그린 포즈를 모사하고, 흔치 않은 동작을 상상하는 것은 일정한 방향이 잡힌 짜맞추기 작업에 빠지는 것이고, 욕망된 육체를 자신의 '몽상'(자신의 환상)에 따라 조작하는 것이다. 예술에 대한 사실주의적 견해에 따르면, 사실 모든 회화가 환상적 조작의 거대한 갤러리——여기서 육체들이 원해지는 모습으로 만들어진다. 그리하여 점점 더 육체들은 욕망의 모든 부분들을 점유하러 온다(이런 현상은 사드의 생생한 묘사들에서 적나라하게, 다시 말해 전범적으로 일어나고 있다)——로 규정될 수 있다. ★★ REF. 정열의 코드. ★★★ SYM. 옷 벗기기(여자 잠비넬라는 베일이 벗겨져/나체로 상상되고 있다).

255) 그러나 그의 격렬한 사유는 그림보다 더 멀리까지 갔습니다. ★ REF. 과도함(공격성). ★★ SYM. 옷 벗기기.

LIV. 뒤로, 보다 멀리

끊임없이 자신의 모델의 옷을 벗기면서 조각가 사라진은 문자 그대로 프로이트를 따라가고 있다. 프로이트는 (레오나르도 다빈치와 관련해서) 조각과 분석을 일치시킨다. 둘 다 장애물의 제거 작업(via di levare)이라는 것이다. 어린 시절의 동작을 되찾으면서(그는 조잡한 초벌 조각 작품들을 만들기 위해 벤치의 나무를 들쭉날쭉 깎아내곤 했다) 조각가는 자신이 여자 잠비넬라 육체의 진실이라고 믿는 것에 도달하기 위해 그녀에게서 베일들을 벗긴다. 한편 주체로서 사라진이 숙명적으로 향하는 것은 반복되는 함정들을 통해 거세된 남자의 진정한 상태로, 즉 그에게 중심의 구실을 하는 비어 있음이다. 이 이중적 움직임은 사실주의적 애매함의 움직임이다. 사라진 안에 있는 예술가는 비밀을 진실과 일치시키는 이상주의적 원칙에 근거해 외관의 옷을 벗겨 끊임없이 **보다 멀리, 뒤로** 가고자 한다. 따라서 모델 **안으로,** 조각상 **밑으로,** 그림 **뒤로** 이동해야 한다(이것이 발자크의 또 다른 예술가인 프랑오페(Frenhofer)가 그 자신이 꿈꾸는 이상적 그림에 요구하는 것이다). 사실주의 작가(그리고 그의 비판적 후대)에게도 동일한 규칙이 적용된다. 책의 종잇장 뒤로 가야 하고, 예컨대 보트랭과 뤼시앵 드 뤼방프레의 **정확한** 관계를 알아야 한다(그러나 종잇장 뒤에 있는 것은 현실, 곧 지시 대상이 아니라 대문자 준거, 곧 '글쓰기들의 미묘한 무한함'이다). 이와 같은 움직임은 사라진, 사실주의 예술가, 그리고 비평가로 하여금 모델 · 조각상 · 그림 혹은 텍스트를 뒤집어 그것의 밑, 그것의 내부를 확보하도록 부추기는데, 실패로——대문자 실패로——이끌며 **사라진**의 이 실패의 이를테면 상징이다. 프랑오페가 상상한 그림 **뒤에** 있는 것은 여전히 그것의 표면, 휘갈겨 그린 선들, 해독할 수 없는 추상적 화법뿐이고, 천재적 화가가 다다르고 그의 죽음을 나타내는 신호 자체인 미지의(알 수 없는) 걸작뿐이다. 여자 잠비넬라 **아래에는**(따라서 그녀의 조각상 내부에는) 거세의 무(無)가 있으며, 이 무로 인해 사라진은 허망한 조각상에서 자기 실패의 증인을 파괴한 후 죽게 된다. 그렇게 사물들의 외관이 정당한 것으로 인정되고, 기표의 확장적 움직임이 중지될 수 있다.

256) 그는 잠비넬라를 보았고, 그녀에게 이야기했으며, 애원했습니다. 그는 그녀를 상상할 수 있는 온갖 상황 속에 위치시키면서 천년의 **삶과 행복을 고갈시켰습니다.** ★ 이 단위는 환상(fantasme)의 매우 정확한 규정이다. 왜냐하면 환상은 하나의 시나리오로서, 그 속에서 사물의 포즈들은 무수하지만('**상상할 수 있는 온갖 상황**') 관능적인 조작의 시도들처럼 장면의 중심인 주체와 언제나 연결되어 있기 때문이다("그는 보았고, 이야기했으며, 애원했고, 고갈시켰습니다")(SYM. 환상적 시나리오).

257) 말하자면 그녀와 함께하는 미래를 시험해 보면서. ★ 이 시나리오에는 환상의 고유한 시간인 **미래**까지 빠지지 않고 있다(SYM. 환상적 미래).

258) 그 다음날 그는 하인을 보내 극장 무대와 가까운 복스 좌석을 시즌 내내 예약해 놓았습니다. ★ REF. 연대기('그 다음날'). ★★ ACT. '사랑하고자-하는 의지' : 3: 극장에 복스 좌석을 예약하다. 사랑의 시도는 사라진의 경우 지극히 의지가 약하다. 그가 조직하는 것은

여자 잠비넬라의 정복이 아니라 나 혼자만의 최초 쾌락을 반복하는 일
이다. 그런 만큼 이 시퀀스는 일단 출발의 종이 울리고 나면("그녀로부
터 사랑을 받거나 아니면 죽는 것이다"), 두 개의 확장적 항목, 즉 그림
을 그리고 응시하는 것밖에 모른다. 그 다음에 사건들의 전진은 더 이
상 사라진에게 속하지 않으며 개입되는 것은 그의 **죽고자-하는 의지**
이다. ★★★ 주체는 무대의 인접성이 자신의 쾌락을 위해 주는 귀중한
이점들을 우연히 발견했는데, 이 인접성은 여기서 의도적으로 추구되
고 있다. 왜냐하면 이제 중요한 것은 이 쾌락을 시즌 내내 매일 저녁
반복하고 조직하는 일이기 때문이다(ACT. '쾌락' : 12: 반복의 조건).

259) 그리고 강력한 영혼을 지닌 모든 젊은이들이 그렇듯, ★ REF.
나이의 심리.

260) 그는 자신의 시도가 지닌 난제들을 과장했고, 아무런 장애물 없
이 애인을 찬양할 수 있는 행복을 자신의 열정에 첫번째 양식으로 바
쳤습니다. ★ ACT. '사랑하고자-하는 의지' : 4: 휴식하다. 주체가 목
표로 하는 바는 실질적으로보다는 환상적으로 자신의 대상을 즐기는
것이다. 따라서 그는 현실적인 시도를 뒤로 미루고, 환상적인 조작의
좋은 조건들을 즉시 조직하며, 이런 매우 의지적 우유부단함에 대한
구실로 그가 과장하는 어려움들을 장애물로 내세운다. 왜냐하면 이 어
려움들은 그것들이 변명을 해주고 자신의 유일한 관심 대상인 자신의
'꿈' 에 유익하기 때문이다.

261) 사랑의 황금기에는 우리가 우리 자신의 감정을 즐기고, 거의 우
리 자신만으로 행복한 상태에 처하게 되는데, ★ REF. 사랑에서 나이

의 코드.

262) (그 황금기가) 사라진의 경우에는 오래 지속될 수가 없게 되었습니다. ★ REF. 연대기.

263) 사건들이 그에게 불시에 들이닥쳤는데, ★ 사라진이 적극적으로 이끌어 가는 것은 자신의 환상뿐이다. 따라서 외부(현실)로부터 오는 것은 그에게 불시에 들이닥친다. 따라서 이 지적은 '사랑하고자−하는 의지'의 종말을 확고히 하고 있다. 그러나 그것은 전망적인 지적이기 때문에(우리는 이 사건들, 다시 말해 특히 노파와의 약속을 만나기 위해서 20여 개의 독해 단위를 기다려야 한다), n° 240에서 성립된 휴식은 일련의 환상적인 항목들로 여전히 엮어질 수 있게 된다(ACT. '사랑하고자−하는 의지' : 5: 시도의 중단).

264) 그때 그는 관능적인 만큼이나 천진한 환각, 그 청춘의 환각이 주는 매력을 아직 벗어나지 못하고 있었습니다. ★ 사랑의 시도에 도입된 휴식은 비록 그것의 종말이 우리에게 통지되고 있다 할지라도, 일정 수의 관심사들 · 행동들 · 인상들로 채워지게 된다. 이 하부적 항목들은 여기서 관능적 환각이라는 총칭적 이름으로 알려지고 있다(ACT. '사랑하고자−하는 의지' : 6: 휴식을 구성하는 항목들의 알림).

265) 그는 대략 일주일 동안 아침이면 찰흙으로 빚어내는 작업에 몰두한 채 하나의 인생 전체를 체험했으며, 이 찰흙을 통해 잠비넬라를 성공적으로 복제해 냈습니다. ★ REF. 연대기(일주일 동안의 복스 좌석과 소파. 이것은 그가 로마에 체류한 지 24일째 되는 날 사라진에게 '불

시에 닥치는' 사건인 노파와의 약속(로마 풍습에 대한 그의 무지와 일치하는 정보임)을 야기시키게 된다). ★★ ACT. '사랑하고자-하는 의지' : 7: 아침에는 조각한다(관능적인 환각의 첫번째 용어-화폐). n° 163에서 사라진의 청소년기 활동으로 주의가 환기된 반죽은 찢는 행위와 상징적으로 동일한 동작을 함축한다. 그것은 손을 찔러넣는 것이고, 외관을 굴복시키는 것이며, 볼륨의 내부를 파악하는 것이고, **밑부분**, 곧 **진실**을 포착하는 것이다.

266) 베일 · 치마 · 코르셋 · 리본 매듭이 제대로 안 되어 그녀가 숨어 버리곤 했어도 말입니다. ★ SYM. 옷 벗기기.

267) 저녁이면 자신의 좌석에 자리잡고 홀로 소파에 누워서 그는 흡사 마약에 취한 터키인처럼, 자신이 소망하는 만큼 풍요롭고도 아낌없는 행복을 품어 보곤 했습니다. ★ ACT. '사랑하고자-하는 의지' : 8: 저녁, 소파(환각적 유예의 두번째 용어-화폐). 함축 의미들은 어느 날 저녁 우연히 발견한 '최초의 쾌락' 에 입각해 사라진이 의례적으로 반복하고 조직하는 그 관능성의 성격을 잘 말해 준다. 이 관능성은 나 혼자만의 것이고, 환각적이며(주체와 대상 사이에 더 많은 거리가 있음) 무제한이다. 그것은 쾌락의 의지적이고 의례적인 생산으로서 일종의 고행과 노동을 포함하고 있다. 중요한 것은 쾌락에서 삐걱거리고 고통스러우며 폭력적이고 과도한 모든 요소를 정화시키는 것이다. 이로부터 쾌락을 제거하는 데 목적이 있는 게 아니라 그것을 지배하고 모든 부조화적 감각으로부터 정화하는 데 목적이 있는 점진적인 사려 깊음의 테크닉이 비롯된다. 소파 위의 이 행복은 차례로 행동으로 전환되게 된다.

268) 우선 그는 자기 애인의 노래가 주었던 너무도 강렬한 감동들과 점차로 친숙해졌습니다. ACT. '사랑하고자-하는 의지' : 9: 청각을 익숙하게 하다.

269) 그리고 나서 그는 그녀를 익숙하게 보도록 자신의 눈을 길들였고, 응시하게 되었습니다. ★ ACT. '사랑하고자-하는 의지' : 10: 시각을 길들이다.

270) 그녀를 최초로 만난 날 그를 부추겼던 그 은밀한 열정의 폭발을 두려워하지 않은 채,[45] 그의 정열은 보다 조용해지면서 더욱 깊어졌습니다. ★ 청각과 시각의 이중적 고행은 그의 최초의 격렬함(n° 237: "그의 힘은 고통스러울 정도로 격렬하게 분출되려는 경향을 드러냈습니다") 이 정화된 보다 수익적인 환상을 생산하고 있다(ACT. '사랑하고자-하는 의지' : 11: 이전의 두 활동의 결과).

271) 게다가 이 악착같은 조각가는 이미지들로 가득 차고 기대의 환상들로 장식되어 있으며, 행복에 넘치는 자신의 고독을 동료들이 방해하는 것을 허용하지 않았습니다. ★ ACT. '사랑하고자-하는 의지' : 12: 획득된 환각의 보호.──사라진의 의지적인 고독은 이야기적인 기능을 지니고 있다. 왜냐하면 그것은 모든 환경으로부터 고립된 사라진이 어떻게 교황의 국가에서 여자 가수들이 거세된 가수들이라는 사실을 모를 수 있었는지 설명해 주고 있기 때문이다. 그것은 연

───────────

45) 번역에서 이 문장은 독해 단위 269)에서 '응시하게 되었습니다' 앞에 놓인다. 〔역주〕

대기적 코드가 여러 번에 걸쳐 강조하는 사라진의 짧은 로마 체류와 동일한 기능을 한다. 이 모든 것은 늙은 치기 공작의 부르짖음(n° 468) 인 "어디서 왔습니까?"와 일치한다.

272) 그는 너무도 강력하고 너무도 천진하게 사랑했기 때문에 우리가 처음으로 사랑할 때 몰려오는 그 순진무구한 불안감을 견뎌 내야 했습니다. ★ REF. 정열의 코드.

273) 이윽고 그는 행동하고, 술책을 쓰며, 그녀가 사는 곳을 묻고, 어머니 · 삼촌 · 후견인 · 가족이 있는지 알아야 한다는 사실을 어렴풋이 느끼기 시작했고, 그녀를 만나서 이야기할 수 있는 방도에 대해서도 생각했습니다. 그러자 그는 그처럼 야심적인 생각들에 마음이 너무도 강하게 부풀어오르는 것을 느꼈기 때문에 그런 걱정들을 내일로 미루었습니다. ★ ACT. '사랑하고자-하는 의지' : 13: 휴식의 구실과 보류의 연장.

274) 자신의 정신적 즐거움만큼이나 육체적 고통에 행복해하면서 말입니다. ★ SEM. 혼합(우리는 반대적인 것들이 혼합되어 있는 사라진의 모순적 성격을 알고 있다).

275) ─ 하지만 마리아니나도 그녀의 작은 늙은이도 아직 나타나지 않는군요. 로슈필드 부인은 나의 말을 가로막으면서 말했다.
─ 당신은 그 늙은이만 상상하고 있군요! 나는 방해를 받아 사건의 극적인 반전 효과를 놓쳐 버리는 작가처럼 참지 못하고 소리를 질렀다. ★ REF. 작가들의 코드(메타 언어적인 행위를 통해서 화자는 화자

들의 코드를 지시한다). ★★ HER. 수수께끼 4(늙은이는 누구인가?): 대답의 요구. ★★★ 화자의 대답은 진실(잠비넬라가 그 늙은이이다)과 오류(사라진이 그 늙은이라고 이해될 수도 있다)로 동시에 유도한다. 이 것은 애매함이다(HER. 수수께끼: 4: 애매함).

LV. 자연으로서 언어

사라진의 연애담이 실제로 등장시키는 것은 사라진 자신과 여자 잠 비넬라라는 두 인물뿐이다. 따라서 늙은이는 그들 가운데 하나이다 (**"당신은 그 늙은이만 상상하고 있군요"**). 진실과 오류는 다음과 같은 단순한 양자택일로 귀결되고 있다. 화자는 '애를 태운다.' 왜냐하면 그는 소프라노 가수의 신분이 밝혀지도록 하기 위해선 양자택일의 각 항에 대해, 그러니까 여자 잠비넬라에 대해——번개같이——자문해 보면 충분하기 때문이다. 하나의 성별을 의심한다는 것은 그것에 하나 의 규정적인 부류, 즉 비정상의 부류를 지정하는 것이다. 성별의 분류 에 있어서 의심은 순간적으로 '수상쩍은' 것으로 바뀐다. 그러나 이것 이 읽혀지는 것은 아니다. 말하자면 애매함은 분석적 차원에서만 확실 하다. 그러나 통상적인 읽기의 리듬을 따라 가면 일종의 빠른 회전문 이 양자택일(오류/진실)의 두 부분을 포착하고, 그것이 지닌 드러내는 힘을 중화시킨다. 이 회전문은 바로 문장이다. 그것의 구조·짧음· 신속함(이것은 화자의 조급함에서 환유적으로 빌려진 것 같다)이 드러 내는 단순성, 바로 그 단순성 안에 있는 모든 것이 (이야기의 입장에서 보면 위험한) 진실을 독자로부터 멀리 **가져가 버린다**. 다른 곳에서는 (또 다른 예인데) 서술적 구조의 분절들을 완화시키고, 가볍게 하며 기화시키는 것은 신속하면서도 우아한 구문적 변화가 될 것이고, 언어 자체가 제공하는 수단――이것은 구조적인 모순을 양보의 단순한 형태소로 축소시키는 것이다. 예컨대 **"상호 주고받는 몇몇 감동적 시선에도 불구하고, 그는 잠비넬라가 자신과 함께 있으면서 드러내는 그 신중한 태도에 놀라움을 느꼈습니다"**(n° 351)――이 될 것이다. 달리 말하면 이야기의 기교를 길들이는 어떤 힘, 의미를 부정하는 어떤 의미가 문장(언어적 실체)에 있다. 우리는 이러한 구별짓는 요소(왜냐하면 이 요소는 서술적 단위들의 분절 위로 솟아 있기 때문이다)를 **분절법** (le phrasé)이라 부를 수 있을 것이다. 또 달리 말하면 문장은 이야기가 담아내는 문화/교양을 정당화하는 기능――혹은 중요성――을 지닌 하나의 **자연**이다. 문장은 서술 구조에 중첩되고, 서술 구조를 형성하고 이끌고 그것의 리듬을 조정하고, 그것에 순전히 문법적인 논리의 형태소들을 강제하면서, 이야기에 **분명함**의 구실을 한다. 왜냐하면 언어(여기서는 프랑스어)는 (어린아이가) 그것을 습득하는 방식을 통해서, 그것의 역사적 무게를 통해서, 그것이 사용되는 명백한 보편성을 통해서, 요컨대 그것이 지닌 **선행성**(antériorité)을 통해서 우발적 일화에 대해 모든 권리를 지니고 있는 것 같다. 일화는 오로지 20여 페이지 남짓 거슬러 올라가 시작되었지만, 반면에 언어는 옛적부터 지속되고 있는 것이다. 이를 통해서 우리가 알 수 있는 것은 외시 의미(la dénotation) 가 담론의 진실이 아니다는 점이다. 외시 의미는 구조들 밖에 있지 않다. 그것은 다른 것들과 동등한 구조적 기능, 즉 바로 구조를 정당화하는 기능을 지니고 있다. 그것은 코드들에 일종의 값진 부형약(賦形藥)을 제공한다. 그러나 순환적으로 그것은 또한 다른 코드들이 그것들의 분절을 완화시키기 위해 사용하는 현저한 특수 물질이다.

276) 며칠 전부터, 나는 잠시 쉬었다가 이야기를 계속했다. 사라진은 자기 좌석에 너무도 충실하게 자리잡으러 왔고, 그의 두 눈은 너무도 **많은 사랑을 표현하고 있었기 때문에 ★** REF. 연대기(우리는 독해 단위 265를 통해 이 며칠이 일주일이라는 사실을 알고 있다). **★★** ACT. '사랑하고자-하는 의지': 14: 휴식의 요약.

LVI. 나무

때로는 언술 행위를 따라 수사학적 코드는 행동적 코드와 중첩하러 온다. 그래서 시퀀스는 그것의 행동들(**결정하다/데생을 그리다/하나의 복스 좌석을 예약하다/휴식을 취하다/시도를 중단하다**)을 낱알처럼 제시하지만 담론은 그 속에서 논리적인 확장들을 발아시킨다. 예컨대 하나의 명사적 유형(**사랑에 빠진 환각**)은 특별한 행동들로 변환되며(**저녁/아침**), 차례로 이것들은 결과·구실 혹은 요약으로 재개된다. 시퀀스의 암묵적인 명명('사랑하고자-하는 의지')에서 출발하여 우리는 (흔히 과수장에 있는 것과 같은) 행동적 나무를 획득하는데, 이 나무의 갈래들과 합류들은 문장의 행이 텍스트의 볼륨으로 끊임없이 변모되고 있음을 잘 나타낸다.

수사학적 코드는 읽혀지는 텍스트에서 매우 강력한데, 시퀀스의 어떤 장소들에서 일종의 발아를 강제한다. 낱말은 절점으로 변모되기 때문이다. 하나의 이름은 그것을 알리거나 요약하기 위해서 하나의 열거를 거느리는데, 이 열거는 장차 자세히 설명되거나, 혹은 이미 설명된 것이다. 예컨대 휴식은 순간들로, 데생은 유형들로, 환각은 욕망된 기관들로 말이다. 본질적으로 아리스토텔레스적인 구조를 통해서 담

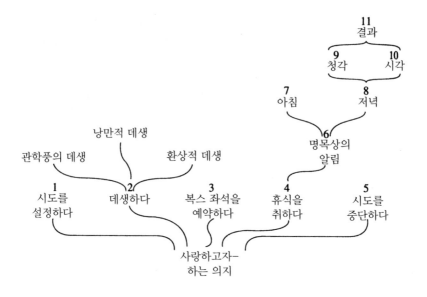

론은 (명사적) 유형과 이것의 (행동적) 하위 종류들 사이에서 끊임없이 흔들리는데, 이는 총칭적이고 특수한 명사들의 체계로서 어휘가 구조화에 근본적으로 협력하기 때문이다. 사실 이런 현상은 어휘를 자기 것으로 삼기 위한 것이다. 왜냐하면 의미는 힘이기 때문이다. 명명한다는 것은 예속시키는 것이고, 명명이 총칭적이면 그럴수록 예속은 더욱 강한 것이다. 담론 자체가 **환각**에 대해서 말할 때(이어서 그것을 전환시킬 각오를 하고), 다음과 같이 말하는 수학자나 논리학자와 동일한 폭력 행위를 저지른다. **……라는 대상을 P라 부르자. ……라는 이미지 P가 있다 하자** 등. 그래서 읽혀지는 담론은 전(前)입증적인 명명들로 엮어지며, 이 명명들이 텍스트의 예속을 확보해 줄 뿐 아니라——아마 모든 전유적(專有的) 폭력이 야기하는 구토를 촉발시킨다 할 것이다. 우리 자신은 문제의 시퀀스('사랑하고자—하는 의지')를 명명함으로써 의미의 전쟁을 연장하게 할 뿐이고, 텍스트 자체가 실현시킨 전유를 뒤집게 할 따름이다.

277) 잠비넬라의 목소리에 대한 그의 열정은, 아마 이 연애 사건이 파리에서 일어났더라면 파리 전체의 뉴스거리가 되었을 것입니다. ★ SYM. 거세된 가수의 목소리(통속적 제유——잠비넬라는 그의 목소리로 지시되고 있기 때문이다——로 통할 수도 있는 것이 여기서는 문자 그대로 받아들여져야 한다. 그것은 거세된 가수의 목소리이고, 사라진이 사랑에 빠진 거세 자체이기 때문이다). ★★ REF. 윤리적 심리: 파리.

278) 그러나 부인, 이탈리아에서는 공연이 있을 때 각자는 오페라 글라스로 정탐을 해서는 안 되는 마음의 관심을 갖고, 자신의 열정들을 드러내면서 관람합니다. REF. 윤리적 심리: 이탈리아.

279) 하지만 이 조각가의 열광은 남녀 가수들의 시선을 오랫동안 벗어날 수는 없게 되었습니다. ★ 수수께끼 6(여자 잠비넬라는 누구인가?)은 조립된 수수께끼이고, 하나의 계략에 의거하고 있다. 따라서 매번 속임수가 술책적인 어떤 주동자와 관련될 수 있을 때마다 술책이라는 하나의 벽돌, 정연한 시퀀스를 갖게 될 것이다. 그러나 잠비넬라의 속임수들은 여전히 함정들로 계산될 것이다. 왜냐하면 그것들은 **술책**이 아니라 일반적으로 수수께끼 6에 속하며 이는 여자 잠비넬라 자신의 감정들이 지닌 (가능한) 불분명함을 존중해 주기 위한 것이기 때문이다 (**HER**. '술책': 1: 술책적인 그룹).

280) 어느 날 저녁 프랑스인은 사람들이 무대 뒤에서 그를 비웃는다는 사실을 알아차렸습니다. ★ REF. 연대기('어느 날 저녁'은 "사건들

이 그에게 불시에 들이닥쳤다"라는 독해 단위 263을 이어받고 있다). ★★
HER. '술책' : 2: 장난(계략의 동기). 장난은 술책의 토대로서 n° 513에
서 거세적인 것으로 드러나게 된다("장난, 장난이라니! 그대는 감히 남
자의 정열을 우롱했지, 그대가 말야?").

281) 그는 자신이 어떤 극단적 상황으로 치달았을지 알기 어려웠을
것입니다. ★ SEM. 폭력, 과도함.

282) 잠비넬라가 무대에 등장하지 않았다면,[46] 그녀는 그 의미심장
한 눈길을 사라진에게 던졌습니다. ★ 잠비넬라의 '의미심장한' 눈길
은 술책적인 그룹이라는 주동자가 희생자를 향해 내놓는 함정을 구성
한다(HER. 수수께끼 6: 함정, 잠비넬라로부터 사라진으로 향함).

LVII. 목적지의 노선들

우리는 (인공두뇌학적 의미에서) 모든 '잡음'으로부터 안전하고 단
하나의 선처럼 하나의 단순한 목적지에 의해 연결된 두 파트너를 접촉
시키는 소통을 **목가적**이라 부를 수 있을 것이다. 서술적 소통은 목가
적이 아니다. 그 속에서 목적지 노선들은 다양하다. 그래서 모든 메시
지는 그것이 어디서 출발하고 어디로 가고 있는지 명시될 때에만 충분
히 규정될 수 있다. 수수께끼 6(여자 잠비넬라는 누구인가?)과 관련해
보면, 《사라진》은 다섯 개의 목적지 노선들을 가동시키고 있다. 첫번

---

46) 이 조건절은 앞 문장에 걸린다. [역주]

째는 술책적인 그룹(가수들, 비타글리아니)으로부터 사라진(희생자)으로 간다. 이때 메시지는 거짓말들·함정들·계략들 등에 의해 전통적으로 구성된다. 그리고 그것이 애매한 경우에는 공모한 구경꾼들을 즐겁게 하기 위한 말장난들이나 '조롱들'에 의해 구성된다. 두번째 목적지 노선은 여자 잠비넬라에게서 사라진으로 간다. 이때 메시지는 속임수나 기만이고 혹은 애매한 경우는 억눌린 회한이며 진솔함의 고통이다. 세번째 노선은 사라진으로부터 그 자신으로 간다. 그것은 기만적인 편견과 증거인 구실들을 전달하고, 조각가는 사활이 걸린 문제로 이것들을 남용한다. 네번째 노선은 공동체(치기 공작, 조각가의 동료들)로부터 사라진으로 간다. 전달되는 것은 세론, 분명한 것, '현실'이다("여자 잠비넬라는 여자로 변장한 거세된 가수이다"). 다섯번째 목적지 노선은 담론으로부터 독자로 간다. 그것은 때로는 함정들을 지탱하고(이것은 수수께끼의 비밀을 너무 일찍이 드러내지 않기 위한 것임), 때로는 애매함들을 지탱한다(이것은 독자의 호기심을 자극하기 위한 것임). 이와 같은 다양화의 목적은 물론 연극이고 연극으로서 텍스트이다. 목가적인 소통은 모든 연극을 부정한다. 목적지는 어떤 **인물 앞에서** 종료될 수 있는데, 목가적 소통은 이 인물 앞에서 어떠한 존재도 거부한다. 그것은 어떠한 타자도, 어떠한 주체도 생략한다. 서술적 소통은 그 반대이다. 왜냐하면 각각의 목적지는 놀이의 다른 참여자들에게 어떤 순간에 연극이기 때문이다. 여자 잠비넬라가 사라진에게 보내는 메시지, 혹은 사라진이 자기 자신에게 보내는 메시지는 술책적인 그룹에 의해 청취된다. 진실이 사라진에게 드러난 후 그는 하나의 함정 속에 유지되고 있는데, 독자는 담론과 공모하여 이 함정에 귀를 기울인다. 그리하여 방해를 받는 전화망에서처럼 선들은 새로운 꼬아 잇기들의 놀이에 따라 뒤틀리면서 동시에 끝과 끝이 이어지는

데, 독자는 이런 놀이의 최후 수혜자이다. 전반적인 청취는 결코 뒤죽 박죽이 되지 않지만, 빗장이 풀린 상호 간섭의 체계 속에서 끊기고 굴절되어 포착된다. 상이한 청취자들(여기서 **엿보는** 자가 언급되듯이 **청취자**가 언급될 수 있어야 할 것이다)은 언술의 구석마다 배치되어 있는 것 같고, 각자는 자신이 이차적인 행동을 통해서 읽기의 흐름에 옮겨 붓는 어떤 기원을 염탐하고 있다. 그리하여 읽혀지는 글쓰기는 목가적인 소통에, 순수한 소통(예컨대 형식화된 과학들의 소통이 그런 것이될 터이다)에 대립하면서 어떤 '잡음'을 등장시킨다. 그것은 잡음의 글쓰기이고, 불순한 소통의 글쓰기이다. 그러나 이 잡음은 혼란스럽지 않고, 덩어리가 아니며, 명명할 수 없는 것이 아니다. 그것은 중첩들이 아니라 접합들이 형성하는 투명한 소리이다. 그것은 변별적인 '글쓰기 오류(cacographie)'와 같은 것이다.

283) 여자들이 원하는 것보다 흔히 훨씬 더 많은 것을 말하는 (그런 눈길을). ★ REF. 여자들의 심리.

284) 이 시선은 하나의 완전한 계시 같은 것이었습니다. 사라진은 사랑받고 있었던 것입니다! — "저게 변덕에 지나지 않는다면 그녀는 자신이 앞으로 당하게 될 지배를 알지 못하겠지. 그녀의 변덕이 내 인생만큼 지속되었으면 좋겠다." 그는 자신의 애인이 너무 열정적이라고 벌써 비난하면서 그렇게 생각했습니다. ★ SEM. 과도함, 폭력 등. ★ ★ HER. 수수께끼 6: (사라진으로부터 그 자신에게 가는) 함정. 함정은 여자 잠비의 감정이 아니라 그녀의 성(性)과 관련되어 있다. 왜냐하면 세론(l'endoxa)에 따르면 오직 여자만이 남자를 '의미심장하게' 바라볼 수 있기 때문이다.

285) 그 순간에 그의 좌석문을 세 번 가볍게 두드리는 소리가 이 예술가의 주의력을 자극했습니다. ★ ACT. '문 II' : 1: 두드리다(세 번의 가벼운 두드림은 위험이 없는 미스터리, 곧 어떤 공모를 함축한다).

286) 그는 문을 열었습니다. ★ ACT. '문 II' : 2: 열다.

287) 한 늙은 여인이 은밀하게 들어왔습니다. ★ ACT. '문 II' : 3: 들어오다. 우리가 이 문의 평범성을 털어놓게 하고 싶다면, 그것을 마리아니나가 신비한 늙은이를 한 하인에게 넘겼을 때 우리가 이미 만난 바 있는 문(n°s 125-127)과 비교해야 한다. 그때 우리는 **도착하다/두드리다/나타나다(열다)**를 본 바 있다. 여기서 우리가 보는 것은 **두드리다/열다/들어오다**이다. 그런데 미스터리를 규정하는 것은 바로 첫번째 낱말(**도착하다**)의 상실이다. 아무도 도착하지 않은 문이 홀로 두드려지고 있기 때문이다.

288) — 젊은이, 행복하고 싶다면 신중해야 합니다. 그녀는 말했다. 망토를 두르고 커다란 모자를 눈 아래까지 눌러 쓰세요. 그런 뒤 저녁 10시경 스페인관 앞의 코르소 가(街)에 나타나세요. ★ ACT. '약속' : 1: 약속을 정하다. ★★ REF. 어둡고 소설적인 이탈리아.

289) — 그리 하겠습니다. 그는 대답하면서 ★ ACT. '약속' : 2: 전달하는 여자에게 수락한다.

290) 노파의 주름진 손에 2루이를 쥐어 주었습니다. ★ ACT. '약속' : 3: 감사하다, 베풀다.

291) 그는 좌석에서 **빠져나왔습니다.** ★ ACT. '나오다' : 1: 최초 장소로부터.

292) 마침내 자신을 이해시킨 행복한 여인처럼 관능적인 눈꺼풀을 수줍게 내리까는 잠비넬라에게 암묵적인 신호를 보낸 다음,[47] ★ ACT. '약속' : 4: 약속을 제의하는 사람에게 수락하다. ★★ SEM. 여성성(관능적인 눈꺼풀). ★★★ ……**여인처럼.** 이 말에는 함정이 있다. 왜냐하면 잠비넬라는 여자가 아니기 때문이다. 그렇다면 대체 이 함정은 어디고 오고 어디로 가는가? 사라진으로부터 그 자신으로 가는가?(언표가 사라진의 생각을 재현하는 간접화법일 경우) 담론으로부터 독자로 가는가? (이것은 그럴 듯하다. 왜냐하면 **처럼**이란 낱말은 여자 잠비넬라에게 씌워진 여성적 형상의 양태를 변화시키고 있기 때문이다.) 달리 말하면 누가 여자 잠비넬라의 동작을 책임지는가? 이 언표의 기원은 식별할 수 없다. 보다 정확히 말하면 결정 불가능하다(HER. 수수께끼 6: 함정).

293) 그리고 나서 치장이 그에게 제공해 줄 수 있는 온갖 매력들을 끌어내기 위해 자기 집으로 **달려갔습니다.** ★ ACT. '옷 입기' : 정장을 하고자 하다.

294) 극장에서 **나왔을 때,** ★ ACT. '나오기' : 2: 두번째 장소에서 나오다(나오기는 복스 좌석, 건물과 같은 상이한 장소들에 따라 개시된 행동이다).

---

47) 번역본에 앞의 독해 단위 291) 앞에 위치한다. (역주)

295) 어떤 낯선 사람이 그의 팔을 붙잡아 멈춰 세웠습니다.

— 조심하세요, 프랑스 양반. 그는 귀에다 대고 말했다. 사느냐 죽느냐 문제입니다. 치코냐라 추기경이 그의 보호자인데 근엄한 분입니다. ★ ACT. '경고' : 1: 경고를 주다. ★★ ACT. '암살' : 1: 장차 살인자의 지정("이 사람은 위험하다").

296) 악마가 사라진과 잠비넬라 사이에 지옥의 심연을 파놓았다 할지라도, 그 순간에 그는 성큼 모든 것을 통과했을 것입니다. 호메로스가 그려낸 신들의 말〔馬〕들과 유사한 조각가의 사랑은 눈 깜짝할 사이에 방대한 공간을 뛰어넘었던 것입니다. ★ SEM. 에너지, 과도함. ★★ REF. 문학사.

297) — 집에서 나올 때 죽음이 나를 기다리게 되어 있다면, 나는 더욱더 빨리 갈 것입니다. 그는 대답했다. ★ ACT. '경고' : 2: 강행하다. ★★ ACT. '죽고자−하는 의지' : 2: 경고를 비웃고, 위험을 받아들이다.

LVIII. 이야기의 이익

사라진은 미지의 인물이 주는 경고를 자유롭게 따르든지 거부하든지 할 수 있다. 이러한 양자택일적 자유는 구조적이다. 왜냐하면 그것은 각각의 항목을 하나의 시퀀스로 표시하고 '새로운 전개들'을 통해 이야기의 진전을 보장해 주기 때문이다. 그러나 역시 구조적으로 사라진은 이탈리아인의 경고를 결코 자유롭게 거부할 수 없다. 왜냐하면 그가 그 경고를 받아들이고 계속 모험하는 것을 삼가한다면, 이야기는 더 이상 없을 것이기 때문이다. 달리 말하면 《사라진》은 **담론에 의해** 여자 잠비넬라와의 약속 장소에 가지 **않을 수 없게 되어 있다.** 이 인물의 자유는 담론의 보존 본능에 의해 지배되고 있는 것이다. 한쪽에는 양자택일이 있고, 다른 한쪽에는 동시에 제약이 있다. 그런데 이러한 갈등은 이렇게 조정된다. 즉 담론의 제약("이야기는 계속되어야 한다")은 신중하게 '망각' 된다. 양자택일의 자유는 인물의 자유 의지로 고상하게 옮아진다. 인물은 **탁상 논리적 죽음**(mort de papier)(이것은 소설의 인물에게는 가장 견디기 힘든 죽음이다)을 죽어서는 안 되기 때문에 담론이 그에게 강요하는 것을 전적인 책임하에 선택하는 것 같다. 이러한 요술은 위대한 소설적인 비극의 비약을 가능하게 한다. 왜냐하면 인물의 선택이 **탁상적 논리로부터 멀리 떨어져** 지시적인 유토피아에서 일단 설정되면, 그것은 내적 결정들을 따르는 것 같기 때문이다. 결국 사라진은 약속을 선택한다. 왜냐하면 1) 그는 천성이 집요하기 때문이다. 2) 그의 정열은 더없이 강렬하기 때문이다. 3) 그는 죽어야 할 운명이기 때문이다. 따라서 이와 같은 다원적 결정은 이중의 기능을 지니고 있다. 한편으로 그것은 인물 및 이야기의 자유를 지시하고 있는 것 같다. 왜냐하면 행위는 인물의 심리 속에 들어가기 때문이다. 다른 한편으로 동시에 이 다원적 결정은 담론의 냉혹한 제약을 중첩을 통해서 은폐하고 있다. 이러한 놀이는 경제적이다. 사라진이 미지의 인물로부터 오는 만류를 거부하는 것은 이야기의 **이익에** 속한다. 그는 **어떤 대가를 치르더라도** 노파와의 약속 장소에 가야 한다. 이 일화의 살아 남음 자체가 중요하다는 것, 혹은 이게 더 좋다면, 독서 시장에서 판매에 필요한 시간을 아직 다 채우지 못한 상품(이야기)의 보호가 중요하다는 점을 인정하자. 이야기의 '이익' 은 그것의 생산자(혹은 소비자)의 '이익'이다. 그러나 여느 때처럼 사물의 가치는 이미지들 가운데 가장 고상한 것, 즉 주체의 운명을 형성하는 지시적 결정들(**탁상적 논리를 벗어나**, 영혼의 세계에서 선취된 것들)의 풍부함을 통해 승화된다.

298) ― 가여운 친구로군(Poverino)! 낯선 사람은 사라지면서 그렇게 소리쳤다. ★ **REF**. 이탈리아풍(le pauvre!가 아니라 poverino를 사용했음).

299) 사랑에 빠진 사람에게 위험을 이야기하는 것은 그에게 즐거움을 파는 게 아니겠습니까? ★ **REF**. 격언적 코드.

300) 사라진의 하인은 주인이 그토록 세심하게 치장하는 모습을 본 적이 없었습니다. ★ **ACT**. '옷 입기' : 2: 정장하다('옷입기'라는 시퀀스는 전반적으로 사랑·희망의 기표로서 가치가 있다). ★★ 우리는 사라진이 성욕으로부터 유배되어 어머니(부샤르동)의 감시를 통해 동정 상태로 유지되었다는 그 테마를 알고 있다. 이 상태는 사라진이 여자 잠비넬라를 보고 그녀의 목소리를 들었을 때 깨졌다. 그때 **처음으로**라는 표현이 성욕에의 접근, 동정의 끝을 의미했다. 바로 이 **처음**이 사라진의 옷 입기에 다시 나타나고 있다. 조각가는 **처음으로** 성장(盛裝)하고 있는 것이다. 우리가 기억하고 있듯이, 클로틸드는 그를 허술한 옷차림으로부터 벗어나게 할 수 없었다(nº 194)(이 말을 **아파니시스**로부터 그를 벗어나게 할 수 없었다로 이해하자. 게다가 그것 때문에 그는 그를 떠났다)(**SYM**. 성적 유배의 끝).

301) **부샤르동이 준 선물인 더없이 아름다운 검, 클로틸드가 준 넥타**

이 매듭, 번쩍거리게 장식을 한 예복, 은빛 나사 조끼, 금빛 코담뱃갑, 값비싼 회중시계 등, 모든 것이 궤짝들에서 꺼내졌다. ★ 부샤르동과 클로틸드는 구속·압박·아파나시스에 연결되어 있다. 따라서 자신들의 증여물들을 통해서 사라진의 입문을 의례적으로 주재하고 있는 것은 그들이다. 이 증여물들은 느슨하게 풀어지는 것을 제지했는데, 여기서 그것을 인정하고 있다. '동정 잃기'는 동정 지킴이들이 준 상징적 물건들(매듭·검)을 수반하고 있다(SYM. 입문).

302) 그리하여 그는 자신의 첫 연인 앞에서 자태를 드러내야 하는 여자처럼 치장했다. ★ REF. 사랑에 빠진 자들의 심리. ★★ 주인공은 젊은 처녀처럼 옷을 입는다. 이러한 전도는 사라진의 (이미 지적된) 여성성을 함축한다(SEM. 여성성).

303) 정해진 시간에, 사랑에 취하고 희망에 들뜬 모습으로, ★ 하나의 긴 시퀀스가 여기서 시작되는데, 희망하다/실망하다/상쇄하다라는 세 개의 주요 항목으로 분절된다(ACT. '희망': 1: 희망하다).

304) 사라진은 망토에 코를 처박고 노파가 말한 약속 장소로 달려갔다. 노파는 기다리고 있었다.
— 늦게 오시는군요! 그녀는 말했다. ★ ACT. '약속': 5: 지켜진 약속("늦게 오시는군요"라는 표현은 사라진의 세심한 옷 입기에 중언부언을 구성한다, n° 300).

305) 따라오세요.
그녀는 이 프랑스인을 여러 작은 길들로 끌고 다니다가 ★ ACT.

'코스' : 1: 떠나다. ★★ '코스' : 2: 두루 돌아다니다. ★★★ REF. 어둡고 소설적인 이탈리아(작은 길들).

306) 꽤 아름다운 외양을 지닌 궁전 앞에 멈추었습니다. ★ ACT. '문 Ⅲ' : 1: 멈추다.

307) 그녀는 노크했습니다. ★ ACT. '문 Ⅲ' : 2: 노크하다.

308) 문이 열렸습니다. ★ ACT. '문 Ⅲ' : 3: 열리다. 우리는 이보다 더 진부하고(더 기대되고) 외관상 더 불필요한 행동적 태도를 상상할 수 없다. 담론이 그녀는 프랑스인을 어떤 궁전 쪽으로 끌고 갔고, 그 곳에 들어가자 어떤 홀로 안내했다……라고 말했다 할지라도 이야기는 일화적 관점에서 볼 때 역시 읽혀질 수 있었을 것이다. 이야기의 작동적 구조는 아무런 타격도 받지 않았을 것이다. 그렇다면 문은 무엇을 덧붙이는가? 엄밀하게 말해서 의미론적인 것이다. 우선 왜냐하면 모든 문은 막연하게 상징적인 대상이기 때문이다(죽음 · 즐거움 · 한계 · 비밀에 대한 하나의 문화 전체가 그것과 결부되어 있다). 다음으로 (주체가 없이) 열려지는 이 문은 미스터리 분위기를 함축하기 때문이다. 끝으로 문은 열려졌지만 코스의 목적지는 여전히 불확실한 바 서스펜스가 연장되고, 다시 말해 재가동되고 있기 때문이다.

309) 그녀는 불확실한 희미한 달빛만이 비추고 있는 거처들 · 계단들 · 주랑들로 이루어진 미로를 가로질러 사라진을 안내하다가 이윽고 어떤 문 앞에 도착했습니다. ★ ACT. '코스' : 3: 뚫고 들어가다. ★★ REF. 모험, 소설적인 것(미로 · 계단 · 어둠 · 달).

310) 그 문의 틈새 사이로 강렬한 불빛이 새어 나왔고, 여러 사람의 즐거운 목소리가 터져 나왔습니다. ★ ACT. '통음난무' : 1: 전조. (이야기의 내부에 있는) 이야기상의 예고는 수사학적 예고와 혼동되어서는 안 된다. 후자를 통해서 담론은 다음에 세부적으로 다루게 될 것을 한마디 말로 미리 명명한다(여기서는 이야기상의 예고이다).

311) 노파의 말 한마디에 사라진은 그 신비한 거처에 들여보내졌습니다. 그는 화려하게 가구가 갖추어진 만큼 찬란하게 조명이 된 살롱에 서게 되자, 갑자기 눈이 부셨습니다. 살롱 한가운데는 붉은 면들이 반짝이는 아름다운 그릇들, 지극히 신성한 술병들이 가득한 잘 차려진 식탁이 놓여 있었습니다. ★ ACT. '코스' : 4: 도착하다. ★★ REF. 술(슬픈/즐거운/뇌쇄적인/나쁜/속내 이야기를 할 수 있는 절친한 친구/감동된 등). 이 코드는 암묵적으로 문학적인 코드와 중복될 수 있다(라블레 등).

312) 그는 극장의 남녀 가수들을 알아보았는데, ★ HER. '술책' : 3: 술책적 그룹.

313) 그들은 예술가들의 요란한 파티를 시작할 태세를 갖춘 채 매력적인 여자들과 뒤섞여 있었으며, 이 파티는 그가 오기만을 기다리고 있었습니다. ★ ACT. '통음난무' : 2: 예고는 여기서 이야기적이라기보다는 수사학적이다.

314) 사라진은 분통이 끓는 것을 억눌렀고, ★ ACT. '희망' : 2: 실망하다.

315) **침착했습니다.** ★ ACT. '희망' : 3: 상쇄하다(이 용어는 불운에 굴하지 않다라는 격언적 코드와 매우 가깝다).

316) 그는 조명이 다소 어두운 방, 화로 옆에 있는 애인, 가까이서 지켜보는 질투하는 남자, 죽음과 사랑, 낮은 목소리로 흉금을 터놓고 주고받는 속내 이야기, 위험스러운 키스를 기대했습니다. 그리고 두 얼굴이 너무 가까이 있어 잠비넬라의 머리칼이, 욕망으로 가득하고 행복으로 빛나는 사라진의 이마를 애무해 주기를 기대했었습니다. ★ ACT. '희망' : 4: 희망하다(회고적 되풀이). ★★ REF. 정열적 코드, 소설적 코드, 풍자적 코드.

LIX. 함께 있는 세 개의 코드

참조 코드들은 일종의 구역질 효과를 지닌다. 그것들은 그것들을 성립시키는 지루함 · 순응주의 · 반복 때문에 구역질나게 한다. 작가들에 따라 다소간 사용되는 고전적 치유법은 그것들을 조롱하는 것이다. 다시 말해 혐오적인 코드에 이것을 거리를 두고 말하는 두번째 코드를 중첩시키는 것이다(우리는 이런 방법의 한계를 언급한 바 있다, **XXI**). 달리 말하면 메타 언어의 과정을 가동시키는 것이다(**현대적** 문제는 이 과정을 멈추지 않는 것이고, 어떤 언어에 대해 지니는 거리에 부딪치지 않는 것이다). 사라진이 "**조명이 다소 어두운 방, 질투하는 남자, 죽음과 사랑 등을 기대했었다**"고 말함으로써 담론은 세 명의 상이한 발신자로부터 나온 세 개의 가동된 코드(이 코드들은 서로를 받쳐 주고 있다)를 뒤섞고 있다. 정열의 코드는 사라진이 느낀다고 생각되는 것의 토대를 설정하고 있다. 소설적 코드는 이 '감정'을 문학으로 변모시키고 있다. 그것은 소설적인 것이 정열의 **정확한**(자연적인) 표현이라는 점을 의심하지 않는 성실한 작가(그는 단테와는 반대로 정열이 책들로부터 온다는 것을 알지 못한다)의 코드이다. 풍자적 코드는 앞의 두 코드들이 지닌 '순진함'을 담아낸다. 소설가가 인물에 대해서 이야기하기 시작하듯이(두번째 코드), 풍자가는 소설가에 대해 이야기하기 시작한다(세번째 코드). 결국 사라진의 '자연적'(내적) 언어는 두 번 이야기된다. 코드들의 이러한 중층적 작업을 더 밀고 나가려면 독해 단위 316)의 이와 같은 문장을 모델로 하여 발자크의 작품을 모방하기만 하면 될 것이다. 이런 가동 작업은 어떤 중요성이 있는가? 그것은 이 작업이 최후의 고정점을 끊임없이 넘어서고 무한으로 나아감으로써 글쓰기를 놀이의 전적인 힘으로 구축한다는 것이다. 고전적 글쓰기는 그렇게 멀리 나아가지 않는다. 그것은 오래지 않아 숨을 헐떡거리고, 닫혀지며 매우 일찍이 그것의 마지막 코드에 서명을 하고 만다(예컨대 여기서처럼 그것의 아이러니를 드러냄으로써 말이다). 그러나 플로베르는 (우리는 이 점을 이미 시사했다) 불확실성이 강하게 밴 아이러니를 조작함으로써 글쓰기의 유익한 불안을 생성시키고 있다. 그는 코드들의 놀이를 멈추지 않는다(혹은 제대로 멈추지 않는다). 그리하여(아마 이것이 글쓰기의 근거일 테지만) **우리는 그 자신이 쓴 것에 대해 그가 책임이 있는지**(혹은 그의 언어의 **배후에** 어떤 주체가 있는지) 결코 알지 못한다. 왜냐하면 글쓰기의 존재(글쓰기를 구성하는 작업의 의미)는 **누가 말하는가?**라는 이 질문에 대답하는 것을 단연코 막는 것이기 때문이다.

317) ― **광기 만세! 그는 외쳤습니다. 신사 숙녀 여러분, 나중에 설욕하겠으며 이 불쌍한 조각가를 맞이해 준 여러분의 방식에 대해 감사**

를 표하겠습니다. ★ ACT. '희망' : 5: 상쇄하다(되풀이). ★★ REF. 이탈리아풍.

318) 그는 본 적이 있는 대부분의 참석자들로부터 제법 정다운 인사말을 받은 후, ★ HER. '술책' : 4: 속임수('참석자들'은 사라진을 대상으로 하는 술책의 주동자들이다. 그들이 그를 맞이하는 접대 방식은 이 기계 장치의 부품과 같다).

LX. 담론의 결의론(決疑論)

그들이 사라진을 맞이하는 방식은 **제법** 정답다. 이 표현이 바로 양적으로 신기한 점이다. 그것은 **무척** 혹은 **매우**라는 표현을 축소시킴으로써, 긍정적 측면 자체를 깎아내리고 있다. **제법** 정다운 그런 인사말은 사실 정다움에 미치지 못한 것이며, 아니면 이 정다움에는 최소한 불편함이나 망설임이 배어 있다. 담론의 이러한 망설임은 어떤 타협의 결과이다. 한편으로 가수들은 사라진을 웃음거리로 만들고 자신들이 꾸민 술책을 진전시키기 위해서 그를 잘 맞이해야 한다(이로부터 정다운 인사말이 비롯된다). 다른 한편으로 이러한 접대는 담론이 책임지고 싶지 않은 속임수이다. 그렇다고 초연을 감당할 수도 없다. 왜냐하면 그렇게 되면 술책자들의 거짓을 너무 일찍이 고발하게 될 것이며, 이야기는 서스펜스를 상실할 것이다(이로부터 **제법** 정다운이라는 표현이 비롯된다). 이를 통해서 우리는 담론이 **가능한 한 가장 적게** 거짓말하려고 애쓰고 있음을 알 수 있다. 이것이 바로 독서의 재미를 보장하기 위해서, 다시 말해 독서 자체의 생존을 위해서 필요한 것이다.

수수께끼 · 진실 · 해독의 문명에 붙들린 담론은 이 문명이 구상해 낸 도덕적 타협안을 그 나름의 심급 차원에서 재창안하기에 이른 것이다.

319) 안락의자로 다가가려고 했고 그 위에는 잠비넬라가 ★ ACT. '대화 I' : 1: 접근하다.

320) 무기력하게 누워 있었습니다. ★ SEM. 여성성.

321) 아! 슬리퍼를 신고 있는 사랑스러운 발을 보았을 때 그의 가슴은 얼마나 뛰었던지! 그 슬리퍼는, 말하자면 부인, 예전에 여자들의 발에 너무도 교태적이고 관능적인 생기를 주었기에 남자들이 어떻게 그걸 견뎌 낼 수 있었는지 모를 정도였습니다. 가장자리가 녹색으로 처리된 팽팽한 흰 스타킹, 짧은 치마, 루이 15세 치하의 굽이 높은 뾰족한 슬리퍼는 유럽과 성직자들의 풍기를 문란하게 만드는 데 다소 기여했을 것입니다.
— 다소라고요! 후작부인은 말했다. 그러니까 당신은 아무것도 읽어보지 못했군요? ★ 여성성. ★★ 여자 잠비넬라의 의상 전체가 사라진을 대상으로 하는 속임수이다. 이 속임수가 성공하는 이유는 사라진이 기만을 필연적으로 증거로 변모시키기 때문이다(아양은 여성성을 입증한다). 이것은 말하자면 발을 통한 증거이다(HER. 수수께끼: 6: 함정, 여자 잠비넬라로부터 사라진으로 향함). ★★★ REF. 루이 15세의 세기. 다른 한편으로 젊은 여자가 (서술에 개입하면서) 서술과 재접촉하는 시점이 에로틱한 암시의 시점이라는 점은 사소한 것이 아닐 수 있다. 멋을 부린 간단한 말(여기서 후작부인은 갑자기 자유분방하고, '영악하며' 거의 저속적인 모습을 드러내고 있다)은 현재 지켜지고 있는 계

약, 사랑의 성격을 띤 그 계약에 활기를 불어넣고 있다(화자는 이 점에서 착각하고 있지 않으며 미소로 후작부인에게 답하고 있다).

322) — 잠비넬라는, 나는 웃으면서 말을 이었다. 뻔뻔스럽게 두 다리를 꼬고 있었고 윗다리를 만지작거리면서 흔들고 있었습니다. 그런 공작부인 같은 태도는 그녀와 같은 부류의 아름다움, 다시 말해 어떤 매력 있는 부드러움으로 충만하고 변덕스러운 그런 아름다움에 매우 잘 어울렸습니다. ★ 예의범절의 코드가 단죄하는 표적적인 자세인 두 다리를 꼰 모습은 여자 잠비넬라의 아양을 매우 명시적으로 의미하고 있는데, 이 아양은 도발처럼 구축되고 있다. 그러니까 여기서 그것은 명백하게 속임수의 가치를 지니고 있다(HER. 수수께끼 6: 함정, 여자 잠비넬라로부터 사라진으로 향함).

323) 그녀는 무대 의상을 벗어 버렸고, 허리를 날씬하게 드러내는 몸매를 하고 있었으며 푸른 꽃들로 수놓아진 비단 드레스와 살대들(치마를 둥그렇게 퍼지게 하는)이 그 몸매를 돋보이게 하고 있었습니다. ★ 여자 잠비넬라가 무대에 있는 동안, 그의 여자 의상은 이를테면 제도적이었다. 그러나 일상으로 되돌아온 이 음악가는 여자의 외양을 간직함으로써 속이고 있다. 그러니까 의도적인 속임수가 있는 것이다. 게다가 사라진이 진실을 알게 되는 것은 의복을 통해서이다(n° 466). 왜냐하면 제도(의복)만이 사라진에게 성별을 읽게 해주기 때문이다. 사라진이 의복을 믿지 않는다면, 그는 여전히 살아 있게 될 것이다(HER. 수수께끼: 6: 함정, 여자 잠비넬라로부터 사라진으로 향함).

324) 레이스 장식의 사치스러운 멋을 통해 보물을 숨기고 있는 그녀

의 가슴은 하얗게 빛나고 있었습니다. 이 문장의 제법 교활한 양면성을 잘 분석을 하기 위해——그리고 어쩌면 보다 잘 감상하기 위해——그것을 두 개의 나란한 함정으로 해체시켜야 한다. 이 함정들의 목적지 노선들은 약간 상이하다. ★ 여자 잠비넬라는 자신의 가슴을 숨기고 있다(더 이상 문화적이 아니라 해부학적인 여성성에 대한 텍스트의 암시만이 있다). 동시에 그녀의 가슴은 여자 잠비넬라가 사라진의 눈 앞에서 감추고 있는 은폐의 명분 자체이다. 감추어야 하는 것은 아무것도 없다는 점이다. 결여의 변태는 어떤 충만함(가짜의 조잡한 기만)을 통해서가 아니라 충만한 가슴을 통상적으로 감추는 것(레이스 장식) 자체를 통해서 이 결여가 숨겨지고 있다는 데 기인한다. 결여는 충만함으로부터 그것의 모습이 아니라 그것의 거짓을 빌리고 있다(HER. 수수께끼: 6: 함정, 여자 잠비넬라로부터 사라진으로 향함). ★★ 담론은 보다 거칠게 거짓말을 하고 있다. 그것은 충만함(보물)을 은폐의 가능한 유일한 대상으로 내세우고 있다. 또 그것은 이런 은폐에 어떤 동기(아양)를 부여하고 있기 때문에 은폐의 존재를 논의의 여지가 없는 것으로 만들고 있다(명분에 대한 주의가 환기됨으로써 사실의 확인이 회피되고 있다)(HER. 수수께끼: 6: 함정, 담론으로부터 독자로 향함). ★★★ 결여는 그것의 순백을 통해 현혹시키고 있다. 그것은 거세된 가수의 육체 속에서 빛의 진원지, 순수함의 해안처럼 지시되고 있다(SYM. 결여의 순백).

325) 다소 바리 부인처럼 머리 모양을 한 그녀의 얼굴은 비록 넓은 모자를 쓰고 있어 지나치게 가려져 있었으나, 그로 인해 더욱 사랑스럽게 보였을 뿐이었고, 분화장도 잘 어울렸습니다. ★ SEM. 여성성. ★★ REF. 역사적 코드.

326) 그런 식으로 그녀를 바라보는 것은 그녀를 열렬히 사랑하는 것이었습니다. ★ REF. 사랑의 코드.

LXI. 자기 도취적 증거

통상적인 진실('삶'이 매 순간 반박하는 전적으로 문학적인 세론)에 따르면, 아름다움과 사랑 사이에는 의무의 관계가 있다(**그처럼 아름다운 그녀를 바라보는 것은 그녀를 열렬히 사랑하는 것이다**). 이런 관계의 힘은 다음과 같은 점에서 비롯된다. (소설적인) 사랑은 그 자체가 코드화되어 있는데, 하나의 확실한 코드에 의거하지 않을 수 없다는 것이다. 아름다움이 이 사랑에 그 코드를 제공한다. 우리가 보았듯이, 이 코드가 지시적 특징들을 토대로 성립될 수 있기 때문이 아니다. 아름다움은 (덧붙이기와 동어반복을 통하지 않고는) 묘사될 수 없다. 그것은 지시 대상이 없다. 그러나 그것은 준거가 없는 것은 아니다(비너스, 터키 황제의 딸, 라파엘로의 마돈나 등). 그런 만큼 바로 그처럼 풍부한 권위적인 존재들, 유산으로 물려받은 그 글쓰기들, 앞서 존재하는 그 모델들이 아름다움을 하나의 확실한 코드로 만들고 있다. 따라서 이 아름다움이 성립시키는 사랑은 문화의 **자연적** 법칙들에 따라 끌려간다. 코드들은 서로 합류하고 서로에게 근거한다. 순환성이 있는 것이다. 왜냐하면 아름다움은 사랑하지 않을 수 없게 만들 뿐 아니라, 내가 사랑하는 것은 숙명적으로 아름답기 때문이다. 사라진은 잠비넬라가 열렬히 사랑할 만하다고 표명함으로써 세 개의 (자기 도취적 · 심리적 · 미적) 증거들 가운데 하나를 확립하고, 이것을 거세된 가수의 성에 대해 착각하기 위해 지속적으로 이렇게 이용한다. 그녀는 아름답기 때문에 나는 그녀를 사랑할 근거가 있고, 내가(잘못 생각할 수가 없는 내가) 그녀를 사랑하는 것은 그녀가 여자이기 때문이다.

327) 그녀는 조각가에게 우아하게 미소를 지었습니다. ★ HER. 수수께끼 6: 함정, 여자 잠비넬라로부터 사라진으로 향함.

328) 사라진은 증인들 앞에서만 그녀에게 말할 수 있게 된 것이 매우 불만족스러웠지만, ★ ACT. '희망': 6: 실망하다(되풀이).

329) 그녀 곁에 공손하게 앉았고 그녀의 엄청난 재능을 찬양하면서 음악에 대해 이야기를 했습니다. ★ ACT. '희망': 7: 상쇄하다(되풀이). ★★ ACT. '대화 I': 2 및 3: 앉아서 이야기하다.

330) 그러나 그의 목소리는 사랑·두려움·희망으로 떨리고 있었습니다. ★ACT. '희망': 8: 희망하다(되풀이).

331) — 무얼 두려워하십니까? 그들 무리에서 가장 유명한 가수인 비타글리아니가 말했습니다. 자, 당신이 여기서 두려워해야 할 경쟁자는 단 한 사람도 없습니다.
그 테너 가수는 조용히 미소를 지었습니다. 그 미소는 모든 회식자들의 입에서 반복되었는데, ★ HER. '술책': 5: 술책의 징후(술책 그룹의 공모). ★★ HER. 수수께끼: 6: 애매함.

LXII. 애매함 I: 이중의 뜻

"당신이 위험을 무릅써야 할 경쟁자는 없습니다"라고 테너 가수는 말하고 있다. 1) 왜냐하면 당신은 사랑받고 있기 때문이다(사라진은 듣는다). 2) 당신은 거세된 가수에게 치근거리고 있기 때문이다(그의 공모자들과 어쩌면 이미 독자가 듣고 있다). 첫번째 청취에 따르면 함정이 있다. 두번째 청취에 따르면 폭로가 있다. 이 두 청취의 짜임이 하나의 애매함을 형성한다. 애매함은 사실 동등하게 받아들여진 두 목소리로부터 분명하게 비롯된다. 두 목적지 노선들 사이에 간섭이 있다. 달리 말하면 말장난의 토대인 **이중적 뜻**(이 용어는 잘 명명된 것이다)은 의미작용의 단순한 표현(하나의 기표에 대해 두 개의 기의)으로 분석될 수 없다. 여기에는 두 개의 수신자들 사이에 구분이 있어야 한다. 따라서 여기서 전개되는 것과는 반대로 두 수신자가 이야기에 의해 주어지지 않는다면, 말장난이 단 한 사람(예를 들면 독자)을 대상으로 하는 것 같다면 이 인물이 두 개의 주체로, 두 개의 문화로, 두 개의 언어로, 두 개의 청취 공간으로 분할된 것으로 생각해야 한다(이로부터 말장난과 '광기'의 전통적 유사성이 비롯된다. 두 부분으로 이루어진——분할된——의상을 입은 '광인'은 예전에 이중적 뜻의 관리였다). (수학에서 이루어지는 것과 같은) 관념적으로 순수한 메시지와 관련해서 보면 청취의 분할은 '잡음'을 형성하고, 소통을 모호하고 허위적이며 위험천만한 것으로 만든다. 요컨대 불확실한 것으로 만든다. 그러나 이 잡음과 불확실성은 소통을 위해 담론에 의해 생산된다. 그것들은 독자가 그것들로부터 자양을 얻도록 주어진다. 그러니까 독자가 읽는 것은 반(反)소통(contre-communication)이다. 이중적 뜻이 말장난이나 애매함의 제한된 경우를 폭넓게 벗어나고, 결국 다양한 형태들과 강도들로 모든 고전적 글쓰기에 (이 글쓰기가 지닌 다의적인 소명 자체 때문에) 배어들고 있다고 우리가 생각하고 싶다면, 문학들이 결국은 '잡음'의 예술들이라는 점을 알 수 있다. 독자가 소비하는 것은 소통의 그 장애이고, 메시지의 그 결함이다. 모든 구조화가 그를 위해 구축하고 양식들 가운데 가장 귀중한 것으로 그에게 내미는 것은 하나의 **반소통**이다. 독자는 청취의 분할, 소통의 불순을 담당한다는 점에서 이런저런 인물의 공모자가 아니라 담론 자체의 공모자이다. 인물들 가운데 어떤 자가 아니라 담론이 이야기의 유일한 **실질적** 주인공이다.

332) 그들의 관심은 사랑에 빠진 자로서는 알아차릴 수 없게 되어 있는 어떤 감추어진 악의가 있었습니다. ★ 한편으로 사라진은 사랑하는 자의 맹목 때문에 계략을 해독할 수 없다. 이는 구조적으로 마치 그가 자기 자신에게 함정을 내미는 것과 같다. 다른 한편으로 이러한 맹목을 근거로 하여 담론은 독자에게 해독의 시작을 내밀고, 계략을 있는 그대로 설정한다(HER. 수수께끼: 6: 애매함). ★★ 사랑에 빠진 자(눈이 어두움).

333) 이와 같은 공개적 상황은 사라진의 가슴에 갑작스럽게 단검을 찌르는 것과 같았습니다. 비록 그가 성격적으로 강한 힘을 부여받았고 그 어떤 상황도 그의 사랑에 영향을 미칠 수 없게 되어 있었다 할지라도, ★ 사라진은 테너 가수의 미소를 악의가 아니라 경솔함의 표시로 간주한다. 그는 스스로 함정을 판다(HER. 수수께끼: 6: 함정, 사라진으로부터 그 자신으로 향함). ★★ SEM. 에너지.

334) 그는 잠비넬라가 화류계 여자나 진배없다는 사실을 아직 생각해 보지 않았던 것 같습니다. ★ 사라진의 망각(이 망각 속에서 부샤르동이 그를 유지시켰던 '세상 물정에 그 어두운 상태'가 반복적으로 반향하고 있다)은 함정의 구실을 한다. 여자 잠비넬라를 화류계 여자로 보는 것은 그녀를 여성성으로 확인하는 것이다. 그녀의 사회적 신분을 의심하는 것은 그녀의 성별 정체에 대한 의심을 회피하는 것이다(HER. 수수께끼: 함정: 6: 사라진으로부터 그 자신으로 향함).

335) 또 젊은 처녀에 대한 사랑을 그토록 감미로운 것으로 만들어 주는 순수한 쾌락과, 무대 여자가 자신을 위험하게 소유하려 할 경우 치르게 하는 격렬한 열광을 동시에 맛볼 수 없다는 것도 말입니다. ★ REF. 여자들의 패러다임: 젊은 처녀/화류계 여자.

336) 그는 깊이 생각한 끝에 체념했습니다. ★ ACT. '희망': 9: 상쇄하다, 체념하다(되풀이).

337) 밤참이 나왔습니다. ★ ACT. '통음난무': 밤참을 먹다.

338) 사라진과 잠비넬라는 격식없이 나란히 자리잡았습니다. ★ ACT. '대화 II': 나란히 앉다.

339) 향연의 전반부에서 예술가들은 다소간 절제를 했고, ★ ACT. '통음난무': 4: 초기의 고요함.

340) 조각가는 여가수와 이야기할 수 있었습니다. ★ ACT. '대화

II' : 2: 이야기하다.

341) 그는 그녀에게서 재치와 세련미를 발견했습니다. ★ SEM. 정
신적 세련미. 이 의소는 여자 잠비넬라의 성격적 묘사에서 일종의 **하
팍스**[48]인데, 고지식한 여자의 이미지가 상처 줄 수 있는 측면을 완곡
하고 인습적인 소묘에 따라 수정하는 데 소용된다.

342) 그러나 그녀는 놀랄 정도로 무지했고, ★ 여자 잠비넬라의 무
지는 그녀의 신체적 미성숙에 부합한다(SEM. 미성숙).

343) **허약하고 미신적인 모습을 보였습니다.** ★ 허약성과 미신은 소
심함에 부합한다(SEM. 소심함).

344) **그녀의 신체 기관들이 지닌 예민함은 그녀의 지적 능력에서 재
현되었습니다.** ★ 우리가 여자 잠비넬라의 '신체 기관들'을 그녀의 성
대로 이해한다면 아무것도 드러나지 않는다. 그러나 이 신체 기관들
이 그녀의 성적인 성격들이라면 모든 게 암시된다. 그러니까 이중적 뜻
이 있다(HER. 수수께끼: 6: 애매함). ★★ REF. 심리-생리학적 코드:
신체적 결함과 정신적 허약성.

345) 비타글리아니가 첫번째 샴페인 병을 땄을 때, ★ ACT. '통음난
무': 술.

---

48) 하팍스(hapax)는 그리스어로 단 한 번밖에 사용된 적이 없는 낱말을 말한다.
〔역주〕

346) 사라진은 이웃한 그녀가 가스 배출 때문에 생기는 작은 폭발음에도 꽤 격렬한 두려움을 느낀다는 것을 그녀의 두 눈에서 읽었습니다. ★ HER. 수수께끼: 6: 함정, 사라진으로부터 그 자신으로 향함(겁이 많음은 여성성을 입증한다. 사라진은 그 스스로 함정에 빠지기 위해 이 심리적 근거를 사용하고 있다).

LXIII. 심리적 증거

샴페인은 여자 잠비넬라의 소심함을 입증하는 데 소용된다. 여자 잠비넬라의 소심함은 그녀의 여성성을 입증하는 데 소용된다. 사라진이 그 자신에게 파는 함정은 그렇게 근거에서 근거로 이어진다. 어떤 근거들은 귀납적이며, 해묵은 수사학적 여신인 **사례**(exemplum)에 토대하고 있다. 그리하여 하나의 서술적 에피소드(삼페인, 그리고 나중에 뱀)로부터 성격적 특징이 추론된다(보다 정확히 말하면 성격을 의미하기 위해 에피소드가 구축된다). 다른 근거들은 연역적이다. 그것들은 (잘못되거나, 불완전하거나 단순히 그럴듯한) 생략 추리법들이고, 완벽하지 못한 삼단논법들이다. 예컨대 모든 여자들은 겁이 많다. 그런데 잠비넬라는 겁이 많다. 따라서 잠비넬라는 여자이다. 두 개의 논리적 체계는 뒤섞이고 있다. **사례**는 다음에서 보듯이 삼단논법의 소전제를 설정하게 해준다. 잠비넬라는 튀어나가는 병마개를 두려워한다. 따라서 잠비넬라는 겁이 많다. 대전제로 말하면, 그것은 자기 도취적 영역(여자는 열렬히 사랑할 만하다), 혹은 심리적 영역(여자는 겁이 많다), 혹은 미적 영역(여자는 아름답다)으로부터 온다. 이러한 대전제를 성립시키는 것은 과학적 진실이 아니라 생략 추리법에 따른 세론, 즉 **앙독사**

(endoxa)이다. 따라서 사라진이 자기 자신에게 던지는 함정들은 지극히 사회적인 담론으로부터 형성되고 있다. 사회성에 완전히 빠진 주체는 그 속에서 검열을 하고 구실을 얻는다. 한마디로 그는 그 속에서 자신의 맹목성, 나아가 그 자신의 죽음을 끌어내고 있다——왜냐하면 그는 자신이 착각함으로써 죽게 되기 때문이다. 따라서 심리——사회적인 순수한 담론——는 주체를 궁극적인 거세로 **이끄는**(conduit)(우리는 이 낱말 아래 귀납적인 **사례**와 연역적인 삼단논법을 위치시키고자 한다) 살인적인 언어로서 나타난다.

347) 사랑에 빠진 예술가는 그와 같은 여성적 신체 조직이 나타내는 무의식적 전율을 과도한 감수성의 징후로 해석했습니다. 이런 허약함이 프랑스인을 매혹시켰죠. ★ SEM. 소심함(겁많음, 여성성). ★★ 우리가 함정을 글자 그대로 받아들이면, 여성의 신체 조직은 하나의 함정과 관계된다. 그리고 우리가 그것을 은유적으로 이해한다면, 이 신체 조직은 하나의 해독과 관계된다(HER. 수수께끼: 6: 애매함).

348) 한 남자의 사랑 속에는 많은 보호가 개입되는 것입니다!
— 당신은 나의 힘을 방패처럼 사용해도 됩니다! 이 문장은 모든 사랑 고백의 근본 바탕에 씌어 있는 것이 아닙니까? ★ REF. 격언적 코드: 사랑.

349) 사라진은 너무도 열정적이었기에 그 아름다운 이탈리아 여인에게 감언이설을 늘어놓을 수가 없었는 바, 모든 연인들이 그렇듯이 심각했다가 웃었다가 혹은 명상에 잠겼습니다. ★ REF. 사랑에 빠진 자의 심리.

350) 비록 그는 회식자들의 말을 경청하고 있는 것처럼 보였지만, 그들이 말하는 것은 한마디도 들리지 않았습니다. 그만큼 그는 그녀의 옆에 있고, 그녀의 손을 스치며 그녀에게 봉사하는 즐거움에 푹 빠져 있었죠. 그는 은밀한 기쁨을 누리고 있었습니다. ★ REF. 사랑: 행동과 감정.

351) 상호 주고받는 몇몇 감동적 시선에도 불구하고, ★ '상호 주고받는 시선'은 상호적인 사랑의 기호이다. 그러나 구조적으로 볼 때 사라진의 감정은 상관성이 없다. 왜냐하면 그것은 오래전부터 담론 속에 자리잡고 있고 불확실한 게 아무것도 없기 때문이다. 여기서 유일하게 중요한 것은 여자 잠비넬라가 보내는 일치의 표시이다. 이 표시는 속임수이다(HER. 수수께끼: 6: 함정, 여자 잠비넬라로부터 사라진으로 향함).

352) 그는 잠비넬라가 자신과 함께 있으면서 드러내는 그 신중한 태도에 놀라움을 느꼈습니다. ★ 사라진이 아마 진실을 발견하기 위해서는 그가 자신의 '놀라움'을 좀더 밀고 나가기만 하면 될 것이다. 따라서 이 '놀라움'은 사라진이 자기 자신에게 불완전하게 보내는 해독이다(HER. 수수께끼: 6: 부분적인 해독, 사라진으로부터 그 자신으로 향함).

353) 분명 그녀가 먼저 시작하여 그의 발에 압력을 가했으며, 사랑에 빠진 자유분방한 여인처럼 짓궂은 장난을 치며 그를 유혹했습니다. ★ HER. 수수께끼: 6: 함정, 여자 잠비넬라로부터 사라진으로 향함. ★★ REF. 여자들의 유형.

354) 그러나 그녀는 갑자기 젊은 처녀의 정숙한 모습을 가장했습니다. ★ REF. 여자들의 유형. ★★ 그 동기가 어떠하든(두려움 혹은 양심의 가책) 여자 잠비넬라의 모든 신중함은 계략의 중지이고, 해독의 초기에 부합한다. 그러나 여기서 우리는 메시지가 여자 잠비넬라로부터 오는지 담론으로부터 오는지, 그것이 사라진으로 가는지 독자로 가는지 말할 수 없다. 그것은 그야말로 **설정되어 있지 않다**(insitué). 이를 통해서 우리가 다시 한번 알 수 있는 것은 글쓰기가 목적지에 대한 진정한 침묵을 실현할 수 있는 그 힘을 지니고 있다는 점이다. 이것이 문자 그대로 반소통이고 '의도적 글쓰기 오류'이다(HER. 수수께끼: 6: 부분적 해독).

355) 사라진이 지나치게 격렬한 자기 성격을 나타내는 어떤 특질을 이야기하는 것을 들은 후.[49] ★ SEM. 격렬함(과도함). ★★ 여자 잠비넬라의 소심함(그녀의 여성의 논리적 원천)은 몇몇 예들(샴페인 · 뱀)을 통해서뿐 아니라 사라진의 몇몇 공세들을 통해서도 의미된다. 따라서 이 의소는 작동적인 가치를 지니고 있다(설령 이 공세들이 일차적으로는 여자 잠비넬라를 향하고 있지는 않더라도 말이다). 그것은 하나의 긴 시퀀스('위험')의 끝이 되고 있는데, 이 시퀀스는 술책이 탄로나 음악가가 사라진에 의해 죽임을 당할 위험에 처할 때까지 점진적으로 여자 잠비넬라를 대상으로 하게 되는 위협들에 의해 점철된다. (추상적이긴 하지만) 위협들에 이어지는 그 두려움들은 최후의 위기를 예고하는 것들이다(ACT. '위험' : 1: 격렬한 행위, 위험한 성격의 기호).

---

49) 이 독해 단위는 앞의 독해 단위 354)에서 '그녀는' 다음에 걸린다. 〔역주〕

356) 밤참이 통음난무가 되었을 때, ★ ACT. '통음난무' : 6: 통음난무(orgie)의 명명(이것은 수사학적이고 지시적인 예고이다. 담론은 그것이 앞으로 자세하게 제시하게 될 것의 전체를 명명하고 있기 때문이다).

357) 스페인산 페랄타와 페드로 히메네스를 마시고 고무된 회식자들은 노래를 부르기 시작했습니다. 그 노래들은 매혹적인 이중창, 칼라브리아 지방의 가곡, 스페인의 세기디야 무도곡, 나폴리의 칸초네타였습니다. ★ ACT. '통음난무' : 7: 노래하다.

358) 모든 사람의 두 눈·가슴·목소리·음악 속에 도취가 담겨 있었습니다. 매혹적인 생기발랄함, 마음에서 우러나와 빠져드는 모습, 이탈리아식 순박함이 갑자기 넘쳐났는데, ★ ACT. '통음난무' : 8: 빠져들다(지시적인 예고).

359) 파리의 모임들이나 런던의 연회들 혹은 빈의 클럽들밖에 알지 못하는 사람들한테는 이런 것들에 대한 발상이 전혀 떠오를 수가 없지요. ★ REF. 사교적인 유럽.

360) 사랑의 말과 농담이 웃음, 불경한 언행, 성모 마리아나 아기 예수(al Bambino)에 올리는 기도를 가로질러 전투에서의 총알처럼 교차했습니다. ★ ACT. '통음난무' : 9: 빠져들다(1): 고삐 풀린 대화. ★★ REF. 이탈리아풍(al Bambino).

361) 어떤 남자는 소파에 누워 잠을 자기 시작했습니다. ★ ACT. '통음난무' : 10: 빠져들다(2): 잠자다.

362) 어떤 처녀는 자신이 헤레스산 포도주를 식탁보에 쏟고 있는지도 모른 채 사랑의 고백을 듣고 있었습니다. ★ ACT. '통음난무' : 11: 빠져들다(3): 술을 쏟다(이 동작은 젊은 처녀의 코드에 일치하지 않으며, 이런 몰상식은 무질서의 기호를 배가시킨다).

363) 이런 무질서 한가운데서, ★ ACT. '통음난무' : 12: 빠져들다(지시적인 되풀이). 통음난무의 부분인 빠져듦은 수사학적으로, 즉 예고, 세 번의 표현, 그리고 되풀이로 구축되고 있다.

364) 잠비넬라는 공포에 사로잡힌 것 같은 모습을 한 채 생각에 잠겨 있었습니다. 그녀는 더 이상 마시는 것을 거부했습니다. ★ ACT. '위험' : 2: 희생자의 두려움.

LXIV. 독자의 목소리

공포에 사로잡힌 것 같은이라는 표현에서 말하는 자는 누구인가? 설령 간접적이라 할지라도 그게 사라진일 수는 없다. 왜냐하면 그는 여자 잠비넬라의 두려움을 정숙함으로 간주하기 때문이다. 특히 그게 화자일 수는 없다. 왜냐하면 그는 여자 잠비넬라가 실제로 공포에 떨고 있다는 것을 알고 있기 때문이다. 양태 부여(**처럼**)는 사라진도 화자도 아닌 독자라는 유일한 인물의 이익을 표현한다. 그러니까 진실이 명명되면서도 회피되는 현상에서, 즉 담론의 **처럼**이 매우 훌륭하게 연출해 내는 애매함에서 이익을 보는 것은 독자인 것이다. 왜냐하면 그는 진실을 지시하지만 그것을 선언적으로, 그것을 단순한 외양으로 귀결시키기 때문이다. 따라서 여기서 우리가 듣는 것은 독자가 위임을 통해 담론에 부여하는, **위치가 바뀐**(déplacée) 목소리이다. 요컨대 담론은 독자의 이익에 따라 말하는 것이다. 이를 통해서 우리가 알 수 있는 것은 글쓰기가 저자로부터 출발해 독자로 가는 메시지의 소통이 아니라는 점이다. 그것은 특히 독서의 목소리 자체이다. 그러니까 **텍스트에서 오직 독자만이 말한다.** 우리가 지닌 편견(이 편견은 독서를 **반복**으로 만들거나 기껏해야 이야기되는 모험에의 단순한 심리적 참여로 만든다)의 이러한 전복은 하나의 언어학적 이미지를 통해 설명될 수 있다. 인도-유럽어(예컨대 그리스어)에서 두 개의 소질(분명히 말하면 두 개의 **목소리**)이 대립한다. 하나는 보통의 목소리로 이 목소리에 따라 행위자는 자신을 위해 행동을 완수한다(**나는 나 자신을 위해 희생한다**). 다른 하나는 적극적 목소리로, 이 목소리에 따라 그는 동일한 행동을 다른 사람을 위해 완수한다(신도의 이익을 위해 희생한 사제처럼 말이다). 그렇다면 글쓰기는 **적극적**이다. 왜냐하면 그것은 독자를 위해 작용하기 때문이다. 그것은 저자로부터 비롯되는 게 아니라, 제도가 책임을 부과한 공증인인 **공적인 작가**로부터 비롯된다. 제도가 이 공적인 작가에게 부과한 책임은 고객의 취향에 아첨하는 것이 아니라, 제도가 명령하는 바에 따라 그의 이익 명세를 기록하는 것이고, 드러내기의 경제 내에서 그가 이야기라는 이 상품을 관리하게 해주는 작용들을 기입하는 것이다.

365) **아마 너무 많이 먹었던 것 같습니다. 그러나 식도락이 여자들의 경우는 하나의 멋이라고 말해집니다.** ★ REF. 여자들의 코드(그녀들은 식도락을 즐긴다). ★★ 식도락은 두려움과 마찬가지로 여자를 **입증**한다. 이것은 심리적인 증거이다(HER. 수수께끼: 함정: 사라진으로부

터 그 자신으로 향하는가? 아니면 담론으로부터 독자로 향하는가?)

366) **애인의 수줍음에 탄복하면서** ★ 사라진은 착각함으로써 두려움을 수줍음으로 변모시키고 있다(HER. 수수께끼: 6: 함정: 사라진으로부터 그 자신으로 향함).

367) **사라진은 미래에 대한 진지한 성찰을 했습니다.**
— **그녀는 아마 결혼하고 싶겠지라고 그는 혼잣말을 했습니다.**
그렇게 그는 그 결혼의 감미로움에 빠져들었습니다. 그가 보기에는 자신의 인생 전체를 다 바친다 해도, 자기 영혼의 심층에서 찾아낸 행복의 샘을 고갈시키는 데는 충분히 길지 않은 것 같았습니다. ★ 사라진이 자기 자신을 대상으로 하는 속임수는 우선 사실의 지시(두려움 대신에 **수줍음**)와 관련되고 있는데, 동기에 환유적으로 확대되고 있다. 차례로 이 동기는 부르주아식 결혼을 지배하는 코드의 지배를 받고 있다(여자가 자기 몸을 아끼는 것은 결혼하고 싶기 때문이다)(HER. 수수께끼: 6: 함정, 사라진으로부터 그 자신으로 향함). ★★ REF. 사랑에 빠진 자의 상상력.

368) **옆에 있던 비타글리아니가 너무도 자주 술을 따라주었기 때문에 새벽 3시경에** ★ ACT. '술책': 6: 사람들은 희생자를 취하게 만든다.

369) **사라진은 완전히 취하지는 않았지만, 자신의 열광에 대항할 힘이 없었습니다.** ★ 여기서 제한적인 '유괴'가 시작되는데, 우리는 이것을 최후의 '납치'와 구분할 것이다(ACT. '유괴': 1: 유괴자의 조건 만들기)(이 유괴는 하나의 '열광'처럼, 작은 **액팅 아웃**처럼 구축되고 있다).

370) 한순간 격정이 끓어오르자, 그는 그 여인을 데리고 ★ ACT. '유괴' : 2: 희생자를 납치하다.

371) 살롱과 통하는 일종의 규방으로 달아났습니다. ★ ACT. '유괴' : 3: 장소를 바꾸다.

372) 그리고 규방의 문에서 여러 번에 걸쳐 눈길을 뒤로 돌려보았습니다. ★ ACT. '유괴' : 4: 납치를 사전 숙고했다.

373) 이탈리아 여인은 단검으로 무장하고 있었습니다.
— 가까이 오면 이 단검을 그대 가슴에 찌르지 않을 수 없어. 그녀는 말했습니다. ★ ACT. '유괴' : 희생자의 무장한 방어. ★★ 여자 잠비넬라가 방어하는 것은 자신의 미덕이 아니라 거짓말이다. 바로 이를 통해서 그녀는 진실을 지시하고 있으며, 그녀의 행동은 하나의 징후에 해당한다. 그러나 사라진은 이 행동을 화류계 여자의 계산으로 돌리고 있다. 그는 그 자신에게 함정을 파고 있다. 그리하여 징후와 맹목은 애매함을 형성한다(HER. 수수께끼 6: 애매함). ★★★ 담론은 자신의 글쓰기를 여자 잠비넬라에게 빌려주고 있다(나는 ……하지 않을 수 없어 forcée). 철자법의 단순한 의무(과거분사의 일치)[50]를 통해서 담론은 기만의 공모자가 되는 것 이외에 달리 어찌할 도리가 없다(HER. 수수께끼 6: 함정, 담론으로부터 독자로 향함). ★★★★ 여자 잠비넬라는 사라진을 절단내겠다고 위협한다. 게다가 이것은 나중에 끝맺음을 하기

---

50) 주어인 여자 잠비넬라가 여성이기 때문에 과거분사 'forcée'가 일치되어 있음을 말한다. [역주]

위해서 완수된다: "그대는 나를 그대의 차원까지 실추시켜 버렸어," n°
526(SYM. 거세, 칼).

374) 가라고! 그대는 나를 깔보고 있겠지. 나는 그대의 성격에 대해
너무도 많은 존경심을 품어 왔기 때문에 이런 식으로 나를 내맡길 순
없어. 나는 그대가 나에게 주는 감정을 잃고 싶지 않아. ★ HER. 수수
께끼 6: 애매함(여자 잠비넬라가 제시하는 이유는 전략적이거나 진지할
수 있다). ★★ REF. 여자들의 명예, 사랑이 아니라 존중 등.

375) — 아! 아! 사라진은 말했습니다. 정열을 자극하는 것은 그것을
진정시키는 데는 나쁜 방법이야. ★ REF. 정열의 심리학과 전략.

376) 마음이 늙어 버려 그대는 감정을 예민하게 다듬어 팔아먹는 젊
은 화류계 여자처럼 행동할 정도로 이미 타락했단 말인가? REF. 여자
들의 유형(화류계 여자). ★★ HER. 수수께끼 6: 함정, 사라진으로부터
그 자신으로 향함(사라진은 여자 잠비넬라의 동기에 대해 착각하고 있다).

LXV. '언쟁'

여자 잠비넬라와 사라진은 응수를 주고받는다. 각각의 응수는 하나
의 함정, 남용이고 각각의 남용은 하나의 코드에서 정당성을 획득한
다. 예컨대 여자들의 명예에 여자들의 유형이 대응한다. 그들은 서로
의 머리에 코드들을 던지고 있으며, 이러한 빗발치는 코드들은 '언쟁'
이 된다. 그리하여 의미의 본질이 나타난다. 그것은 다른 힘들, 다른

의미들, 다른 언어들을 예속시키려 시도하는 하나의 힘이다. 의미의 힘은 그것이 체계화하는 정도에 달려 있다. 가장 강한 의미는 그 체계화가 세계의 모든 주목할 만한 것을 포함하는 것처럼 나타날 정도로 많은 수의 요소를 포괄하는 의미이다. 예컨대 이런 요소들에는 의미를 사용하여 서로 싸우는 커다란 이데올로기적 체계들이 있다. 가장 강한 의미의 모델은 언제나 서로 다른 두 코드의 끝없는 대결인 '언쟁'이다. 그것들은 서로 끼워 맞추기를 통해서만, 그것들의 한계를 맞추는 방식(이것은 이중적 응수, 곧 격행 대화이다)을 통해서만 소통한다. 그래서 중세 사회가 언어들의 대결에 종지부를 찍는 것은 진실이 아니라 다만 그것들 가운데 하나가 지닌 힘이라고 생각하면서 말의 기교들에 관한 **트리비움**(Trivium)[51]을 통해 그렇게 했듯이, 세계의 이를테면 언어학적 성격에 주의 깊은 사회는 유희적 정신 속에서 이 힘을 코드화하고, 그것에 해결 절차를 부여하려고 시도할 수 있다. 이것이 바로 **디스푸타시오**(토론: disputatio)인데, 이 디스푸타시오의 일부 용어들——이것들은 언어들 사이의 놀이를 종결시키는 단념 표시 같은 것들로, 요컨대 '종결소들(terminèmes)'이다——이 수행하는 기능은 응수들의 무한한 반복을 임의적으로, 하지만 필요상 종결시키는 것이다.

377) — 하지만 오늘은 금요일이야. 그녀는 대답했습니다, ★ SEM. 미신(소심함, 겁많음).

378) 프랑스인의 난폭함에 질겁한 채.[52] ★ ACT. '위험': 3: 희생자

---

51) 트리비움은 중세 대학의 7과목 중 문법·수사학·논리학을 말한다. [역주]
52) 번역본에서 이 독해 단위는 앞의 단위의 '그녀는' 다음에 온다. [역주]

의 새로운 두려움.

379) 믿음이 깊지 않은 사라진은 웃기 시작했습니다. ★ SEM. 불경
건. 사라진의 불경건은 패러다임적으로 여자 잠비넬라의 미신에 대응
한다. 이 패러다임은 본질적으로 비극적이고(비극적이 될 것이다). 왜
냐하면 소심한 존재는 남성적 존재를 후자가 지닌 결함으로 끌고 가
게 되고, 상징적 형상[53]은 강한 정신을 전염시키게 되기 때문이다.

380) 잠비넬라는 새끼노루처럼 뛰어서 ★ ACT. '유괴' : 6: 희생자
의 달아남.

381) 향연장으로 달려갔습니다. ★ ACT. '유괴' : 7: 장소의 변화($n°$
371의 장소와 대칭적이고 반대됨).

382) 사라진이 그녀를 뒤쫓아와 나타났을 때, ★ ACT. '유괴' : 8:
추적.

383) 끔찍한 웃음소리가 그를 맞이했습니다. ★ HER. '술책' : 7: 계
략의 성공을 부각시키는 웃음(집단적 웃음은 술책의 동기이다. "제가
당신을 속이는 데 동의한 것은 다만 친구들을 즐겁게 하기 위해서였습니
다. 그들은 장난치고 싶었던 것입니다," $n°$ 512).

384) 그는 잠비넬라가 소파 위에 실신해 있는 모습을 보았습니다.

---

53) XXVIII '인물과 형상' 참조 바람. [역주]

그녀는 창백했고, 그녀가 조금 전에 기울인 엄청난 노력 때문에 기진 맥진한 것 같았습니다. ★ SEM. 허약함·소심함·겁많음·여성성.

385) 사라진은 이탈리아어를 거의 몰랐지만, ★ REF. 연대기(이 지적은 사라진이 로마에서 보낸 날들의 계산에 부합한다. 통음난무의 저녁에 3주가 되었음).

LXVI. 읽혀지는 것 I: "모든 것이 성립된다"

사라진이 이탈리아어를 이해한다는 것은 필연적이다(사실임직하다). 왜냐하면 그의 애인이 한 지적은 그를 혼란스럽게 하지 않을 수 없고, 그의 열광을 멈추지 않을 수 없게 만들고 있기 때문이다. 그러나 그가 이탈리아어를 거의 모른다는 것 또한 필연적이다(사실임직하다). 왜냐하면 그는 이탈리아에 온 지 24일밖에 되지 않기 때문이다(우리는 이 점을 연대기적 코드를 통해 알고 있다). 또 그가 이곳에 머문지가 그보다 오래되지 않아야 하는 이유는 로마의 풍습, 거세된 가수들을 무대에 오르게 하는 그 풍습을 몰라야 하기 때문이다. 그리고 이 풍습을 몰라야 하는 이유는 그가 여자 잠비넬라의 정체성에 대해 착각을 해야 하기 때문이다. 달리 말하면 담론은 결속 관계들로 이루어진 어떤 서클 속에 세심하게 폐쇄되어 있으며, "모든 것이 성립되는" 이 서클은 읽혀지는 것의 서클이다. 읽혀지는 것은 우리가 기대할 수 있듯이 비모순의 원칙에 의해 통제된다. 그러나 결속 관계들을 증식시키고, 매번 가능할 때마다 상황들의 **양립적인** 성격을 표시하며, 이야기되는 사건들을 일종의 논리적 '접착제'를 통해 결합시킴으로써 담론은 이 원칙을 강박적인 정도까지 밀고 나간다. 그것은 모순의 현행 범으로 붙잡힐까 두려워하는 어떤 개인의 용의주도하고 경계하는 방식을 취한다. 그것은 '상식'을 깨는 비논리적인 부끄러운 일을 저질렀음을 인정하라고 몰아붙이는 적에 대항하여 만일에 대비해 자신의 방어를 끊임없이 지키고 준비한다. 따라서 짧은 주목들(notations)의 결속은 방어적인 무기처럼 나타난다. 그것은 의미는 하나의 힘이며, 힘들의 경제 내에서 스스로를 창안한다고 그 나름대로 말한다.

386) 자신의 애인이 낮은 목소리로 비타글리아니에게 이렇게 말하는 것을 들었습니다.
— 하지만 그가 날 죽일 거야! ★ HER. '술책' : 8: 교사자와 술책의 교사자와 행위자 사이의 공모의 징후. ★★ ACT. '위험' : 4: 희생자의 예감적인 두려움.

387) 이 이상한 장면은 조각가를 완전히 혼란스럽게 만들었습니다. 그는 정신을 되찾았습니다. 그는 우선 꼼짝 않고 있다가 말을 되찾았으며, 애인 곁에 앉아서 자신의 존경심을 맹세했습니다. 그는 그녀에게 더없이 흥분된 이야기를 함으로써 자신의 정열을 속이는 힘을 찾아냈습니다. 자신의 사랑을 묘사하기 위해서 그는 보물을 펼쳐냈습니다. ★ ACT. '유괴' : 9: 유괴의 실패, 질서로의 회귀.

388) 선의의 대변인인 그 마법적 웅변의.[54] ★ REF. 정열의 코드.

---

54) 이 독해 단위는 앞의 단위에서 '보물'을 꾸며 준다. [역주]

389) 여자들이 대부분 쉽게 믿어 버리는.[55] ★ REF. 여자들의 심리.

390) 새벽의 여명이 회식자들에게 불시에 다가왔을 때, 한 여자가 프라스카티로 가자고 제안했습니다. ★ ACT. '소풍' : 1: 제안. ★★ ACT. '통음난무' : 13: 끝(새벽).

LXVII. 통음난무는 어떻게 이루어지는가

독자가 아니라 하나의 인물(이 경우에는 사라진)인 누군가가 통음난무의 장소에 조금씩 접근한다. 통음난무는 시끄러운 목소리, 빛줄기들을 통해 그에게 예고된다. 이것은 어떤 폭풍우나 지진을 미리 해독하게 해주는 물리적 징후들과 유사하고 이야기 내부에 있는 예고이다. 우리는 통음난무의 자연스러운 이야기 속에 있다. 그리고 나서 통음난무는 담론 내에서 예고된다. 그러니까 그것이 명명되는데, 이런 사실은 지시적 요약처럼(예컨대 한 장(章)의 제목) 그것이 앞으로 분석될 것이며, 그것의 순간들, 즉 그것을 구성하는 기의들이 제시될 것임을 전제한다. 그리하여 우리는 통음난무의 수사학 속에 있다. 통음난무의 그 부분들은 반복되는 경험들(밤참을 먹고, 샴페인을 터트리며, 노래를 하고, 되는 대로 몸을 맡기는 식으로)로부터 태어난 틀에 박힌 행태들이다. 요컨대 우리는 통음난무의 경험적인 지식 속에 있다. 뿐만 아니라 이 통음난무의 어떤 순간은 그것의 **빠져듦**이라는 총칭적 명칭으로 제시되는데, 통음난무 자체로서 더 이상 분석되지 않고 전범적인 행

---

55) 이 독해 단위는 앞의 단위에서 '마법적 웅변'을 꾸며 준다. 〔역주〕

태들(잠자고, 술을 흘리는 것 등)을 통해 **예시된다**. 그리하여 우리는 통음난무의 (사례들을 토대로 한) 귀납적 논리 속에 있는 것이다. 끝으로 통음난무는 시들해지고 멈춘다. 이때 우리는 통음난무의 물리학 속에 있다. 따라서 우리가 행동적 코드라 불렀던 것 자체가 상이한 지식들을 토대로 빚어지게 되는 다양한 다른 코드들을 만들어 낸다. 일련의 행동들은 그것들이 비록 자연적이고 논리적이며 일직선적이라 할지라도, 단 하나의 질서 법칙에 의해 통제되지 않는다. 그것들은 무한한 확장들에 따라 울타리를 벗어날 수 있을 뿐 아니라(여기서는 여자 잠비넬라의 실패한 유괴), 지식들·질서들, 상이한 코드들을 굴절시킨다. 그래서 그것들의 공간은 전망적 공간이고, 담론의 물질성은 관점이다. 코드들은 탈주점들(points de fuite)이다. 지시 대상(통음난무)은 배치된 이미지이다.

391) 모두가 루도비시 별장에서 하루를 보내자는 발상을 열렬한 환호로 받아들였습니다. ★ ACT. '소풍' : 2: 전반적인 동의.

392) 비타글리아니는 마차를 빌리기 위해 내려갔습니다. ★ ACT. '소풍' : 3: 마차를 빌리다.

393) 사라진은 잠비넬라를 4인승 마차로 데려가는 행운을 얻었습니다. ★ ACT. '사랑의 산책' : 1: 같은 마차에 타다.

394) 로마에서 일단 벗어나자, 각자가 잠과 투쟁하느라 잠시 억눌렸던 쾌활함이 되살아났습니다. 남녀 모두가 그런 이상한 삶, 그런 연속적인 즐거움, 그런 예술가적 충동에 익숙한 것 같았습니다. 인생을 영

원한 축제로 만들어 사람들이 저의없이 웃음을 터트리게 하는 그런 충동 말입니다. ★ ACT. '소풍': 4: 집단적 쾌활함. ★★ REF. 예술가의 삶.

395) 조각가의 동반자만이 유일하게 낙심한 것 같았습니다.

— 어디 아파요? 사라진이 그녀에게 물었습니다. 당신 집으로 돌아가고 싶은가요?

— 저는 이 모든 무절제를 견딜 수 있을 만큼 강하지 못해요. 그녀는 대답했습니다. 저는 아주 조심해야 합니다. ★ ACT. '위험': 5: 집요한 두려움. ★★ 사라진은 계속해서 착각한다. 여자 잠비넬라의 저항을 수줍음이나 아양으로 간주한 후, 그는 그녀의 낙담을 아프기 때문이라고 생각하고 있다(HER. 수수께끼: 6: 함정, 사라진으로부터 그 자신으로 향함). ★★★ 주장된 피로가 통음난무의 피로라 한다면 여자 잠비넬라의 대답은 함정이다. 그녀의 병이 두려움 때문이라면 그 대답은 진실이다. 그녀의 소심함이 그녀의 여성성 때문이라면 그 대답은 함정이다. 이 소심함이 그녀의 거세로부터 온다면 그 대답은 진실이다(HER. 수수께끼: 6: 애매함). ★★★★ ACT. '사랑의 산책': 2: 둘이 하는 대화.

396) 하지만 당신 곁에 있으니 기분이 매우 좋아요! 당신이 없다면 저는 그 밤참에 남아 있지 않았을 거예요. ★ 두 개의 있음직한 일이 여기서 그것들의 목소리를 들려주고, 그럼으로써 이중의 뜻을 생산하고 있다. 하나는 작동적인 있음직한 일이다. 이것은 여자 잠비넬라가 사라진에게 사랑의 이야기는 아니라 할지라도 최소한 우호적인 이야기를 하고 있다고 말한다. 이런 이야기는 사라진이 그 자신이 빠진 계

략에 대한 어떠한 의심도 하지 않도록 하기 위한 것이다. 다른 하나는 '심리적인' 있음직한 일이다. 이것은 '인간의 마음이 지닌 모순들'을 논리적으로 생각하기 때문에 여자 잠비넬라의 고백에서 성실성의 움직임, 기만의 일시적 중지를 본다(**HER**. 수수께끼 6: 애매함). ★★ 보호의 요청은 **섹스를 제외한 모든 것**을 의미한다. 그러나 바로 이를 통해서 섹스의 불능 자체가 지시된다(**SYM**. 성별을 떠난 보호: 이 테마는 다시 한번 나타날 것이다).

397) 하룻밤만 지새도 저는 저의 모든 신선함을 잃어버리고 말아요.
— 당신은 참으로 예민하군요! 사라진은 이 매력적인 여인의 귀여운 윤곽을 응시하면서 말을 이었습니다.
— 요란한 연회는 저의 목소리를 상하게 합니다. ★ SEM. 여성성.

398) — 이제 우리들만 있소. 예술가는 소리쳤습니다. 당신은 내 끓어오르는 정열을 더 이상 두려워할 필요가 없으니 나를 사랑한다고 말해 줘요. ★ ACT. '사랑의 선언': 1: 고백의 요구.

LXVIII. 편물

이야기의 이 지점에서(다른 지점에서일 수도 있다) 여러 행동이 동시에 연루되어 있다. 왜냐하면 여자 잠비넬라가 겪는 위험, 주인공의 '죽고자—하는 의지,' 그가 애인에게 하는 '사랑의 선언' '술책' 그리고 그룹의 '소풍'이 정지되고 서로 엮어진 채 계속해서 흘러가고 있기 때문이다. 텍스트가 만들어지고 있는 동안, 그것은 우리가 보는 앞에서 여자 레이스 제조공의 손가락에서 태어나게 되는 발랑시엔산 레이스와 유사하다. 각각의 개시된 시퀀스는 이웃방추가 일하는 동안 기다리며 잠정적으로 활동을 멈춘 방추처럼 늘어져 있기 때문이다. 그리고 나서 자기 차례가 올 때, 손은 실을 다시 붙들어 둥근 자수틀로 가지고 간다. 그림이 완성되어 감에 따라 각각의 실은 그것을 지탱하면서 조금씩 이동하는 바늘을 통해서 전진을 나타낸다. 시퀀스의 항목들도 마찬가지이다. 그것들은 의미의 점진적 투자를 위해 점유되고 이어서 초월되는 **위치들**이다. 이러한 과정은 모든 텍스트에 적용된다. 코드들이 일 속에서, 독서의 전진 속에서 포착될 때 그것들 전체는 하나의 편물을 구성한다(**텍스트**, **직물** 그리고 편물은 동일한 것이다). 각각의 실, 각각의 코드는 하나의 목소리이다. 그처럼 짜여진——혹은 짜 나가는——목소리들은 글쓰기를 형성한다. 목소리가 홀로일 때 그것은 작업하지 않고, 아무것도 변모시키지 못한다. 그것은 **표현한다**. 그러나 손이 생기 없는 실들을 모아서 뒤섞기 위해 개입할 때 작업이 있고, 변모가 있다. 우리는 편물의 상징성을 알고 있다. 프로이트는 직물 짜기의 기원에 대해 생각하면서, 자신에게 결여된 페니스를 만들기 위해 치모를 엮어 짜는 여자의 작업을 그 속에서 보았다. 텍스트는 요컨대 하나의 페티시이다. 과도하게 일의적인 독서를 통해 그것을 의미의 통일성으로 귀결시키는 것은 **편물을 자르는 것**이고, 거세적인 동작을 취하기 시작하는 것이다.

399) — 왜요? 그녀는 대꾸했습니다. 그게 무슨 소용이 있어요? ★ ACT. '선언' : 2 : 요구된 고백을 회피하다. ★★ 불편한 모든 태도가 그렇듯이, 여자 잠비넬라의 대답은 진실을 회피하면서 그것을 지시하고 있다(아니면 최소한 수수께끼가 있음을 말하고 있다)(HER. 수수께끼:

6: 애매함).

400) 전 당신에게 예쁘게 보였습니다(Je vous ai semblé jolie). 하지만 당신은 프랑스인이고 당신의 감정은 사라질 것입니다. ★ HER. 수수께끼: 6: 함정, 여자 잠비넬라로부터 사라진으로 향함(당신은 변덕스럽기 때문에 나를 사랑하는 것을 멈추게 될 것이다. 따라서 나는 분명 여자이다). ★★ ACT. '선언': 3: 사랑의 제안을 사양하는 첫번째 이유 (사랑은 변덕스러운 것이다). ★★★ REF. 민족들의 사랑에 관한 유형: 변덕스러운 프랑스인. ★★★★ HER. 수수께끼: 6: 함정(나는 당신에게 예쁘게 보였습니다라는 담론에서 여성적인 것으로 향함,[56] cf. n° 373).

401) 아! 당신은 제가 사랑받고 싶은 것처럼 저를 사랑하지는 않을 거예요.
— 뭐라구요?
— 저속한 정열의 목적 없이 순수하게 말이에요. ★ ACT. '선언': 4: 사랑의 제안을 거절하는 두번째 이유(수락할 만한 감정의 불가능성). ★★ SYM. 성별을 떠난 보호. ★★★ SYM. 거세의 변명: 이해받지 못하는 여자. 진지하든 진지하지 않든(이것을 결정하기 위해서는 탁상적 논리의 뒤쪽으로 가야 할 것이다), 여자 잠비넬라는 고상하고 애처로운 테마, 즉 이해되지 못하는 여자의 테마를 통해 거세 작용의 상태 (혹은 제명시키는 상태)를 승화시키고 있다. 그런데 이 테마는 로슈필드 부인이 화자의 이야기를 통해 거세 작용 속으로 끌려들어가게 될 때 그녀에 의해 되풀이된다. 그녀는 이렇게 말하기 때문이다. "아무도

---

56) '예쁘다(jolie)'가 여성형으로 표시된 것에 주목할 것. [역주]

나를 알지 못하고 말 거예요! 나는 그것이 자랑스럽습니다," n° 560.
★★★★ "저속한 정열의 목적 없이 순수하게 말이에요"라는 말은 애매한 것이다. 왜냐하면 섹스의 추방은 신체적 무능력이든지(진실), 아니면 그것은 육신과 이상적으로 한 숭고한 이별이든지(함정) 하기 때문이다(HER. 수수께끼: 6 애매함).

402) 저는 아마 여자들을 증오하는 것보다 남자들을 훨씬 더 싫어한다고 할 수 있어요. ★ SYM. 거세된 가수의 중성(le neutre)(ne-uter: 어느 쪽도 아님).

403) 저는 우정 속에 피신할 필요가 있어요. ★ SYM. 성별을 떠난 보호. ★★ HER. 수수께끼: 6: 애매함(진지한 감정, 아니면 술책의 연쇄적 상황에 의해 결정된 달아남).

404) 저에게 세상은 사막이에요. 저는 행복을 이해하고 느끼며 욕망하지 않을 수 없고, 다른 많은 사람들처럼 행복이 이윽고 저로부터 달아나는 것을 보지 않을 수 없는 저주받은 여자입니다. ★ ACT. '선언': 5: 사랑의 제안을 거절하는 다섯번째 이유(정서적 기준들 밖으로 배척됨). ★★ SYM. 배척, 저주(거세된 남자는 자궁이 부재한 견딜 수 없는 장소에 위치해 있기 때문에 아무데도 없는 존재이다. 그는 차이와 대조법으로부터 배제되어 있다. 그러니까 그는 남녀의 성별이 아니라 분류를 위반하고 있다). ★★★ SYM. 거세된 남자의 완곡한 규정: 해결할 수 없는 욕망. ★★★★ REF. 지혜의 코드(행복은 인간으로부터 달아난다).

405) 제가 당신을 속이진 않을 것(je ne vous aurai pas trompé)이란 점

을 기억해 주세요. ★ 전미래는 술책이 드러나게 될 시점을 지시하고 있다.[57] 그것은 예측적이고 재액을 쫓는 표현이다(HER. '술책': 9: 출구의 예견 및 액막이). ★★ 수수께끼: 6: 애매함. 불분명함은 여자 잠비넬라의 '솔직함'이 진실을 포함할 정도로 일반적인 표명을 뽐내고 있지만 진실을 지시할 수 있기에는 너무 일반적이라는 점에서 비롯된다.

LXIX. 애매함 II: 환유적 거짓말

애매함은 (매우 자주) 속(屬)(나는 배척된 존재이다)을 드러내고 종(種)(나는 거세된 가수/남자이다)을 말하지 않는 데 있다. 부분을 말하기 위해 전체를 말하는 것이 제유이다. 그러나 양면성을 통해서는 환유가 더 이상 언표가 아니라 언술로서 작용중인 상태로 이를테면 간파된다. 왜냐하면 담론(혹은 위임을 통한 인물)은 한편으로 전진하고 드러내면서도 다른 한편으로 제지하고 감추기 때문이다. 그것은 그것이 말하지 않는 것의 빈 상태에 그것이 말하는 것의 충만함이 배어들게 하기 위해, 그리고 말과 침묵의 상이한 두 진실을 뒤섞기 위해 활발하게 움직인다. '배척된 자'라는 속의 두 종(한편으로 도달할 수 없는 여자, 그리고 다른 한편으로 원치 않는 거세된 거수)에서 담론은 한쪽의 기반이 되고, 수신자는 다른 한쪽의 기반이 된다. 따라서 여기서도 청취의 분할이 있다. 이런 환유적 거짓말(왜냐하면 부분을 위해 전체를 말함으로써 그것은 진실을 오류로 이끌거나 최소한 은폐하고, 충만함 속에 비어 있음을 감추고 있기 때문이다)은 우리가 기대할 수 있듯이, 여기서

---

57) 병기된 원문의 시제가 전미래임.〔역주〕

전략적인 기능을 지니고 있다. 종으로부터 속으로 가는 차이로서, 바로 잠비넬라의 **고유성**이 숨겨지고 있다. 그런데 이 **고유성**은 작동적으로 결정적이면서(그것은 수수께끼의 드러냄을 명령한다) 동시에 상징적으로 사활이 걸려 있다(그것은 거세 자체이다).

406) 당신은 저를 사랑해선 안 되요. ★ ACT. '선언' : 6: 사랑의 금지.

407) 저는 당신에게 헌신적인 친구(un ami)가 될 수 있습니다. 왜냐하면 저는 당신의 힘과 당신의 성격을 찬양하기 때문이죠. 저는 오빠나 보호자가 필요해요. 저를 위해 그 모든 것이 되어 주세요. ★ ACT. '선언' : 7: 사랑을 우정으로 격하시킴. ★★ 성별을 떠난 보호(이 보호는 숭고한 구실을 내세워 섹스의 불능을 지시함). ★★★ 잠비넬라가 하나의 남자 친구(un ami)가 될 수 있는가? 이 낱말이 여성형(여자 친구(une amie))을 인정하고 있는 한 선택이 있으며 남성형은 변장을 드러내고 있다. 그러나 이와 같은 드러남은 독서에 진정한 효과를 미치지 못하고 있다. 이 고발적인 낱말이 문장의 밋밋한 일반성 속에 휩쓸려 가고, 친근한 상투적 표현(헌신적인 친구가 되다)에 의해 지탱되며, 따라서 묵살되고 있기 때문이다(HER. 6: 드러냄, 여자 잠비넬라로부터 사라진으로 향함).

408) 하지만 그 이상은 안 됩니다. ★ 이 이야기 전체에서 과도한 것은 분명히 섹스이다(SYM. 성별을 떠난 보호).

409) — 당신을 사랑해선 안 된다구? 사라진은 소리쳤습니다. 하지만 천사여, 그대는 나의 삶이고 나의 행복이야! ★ ACT. '선언' : 8:

사랑의 항의. ★★ REF. 사랑의 수사학(천사여, 나의 삶).

410) — 제가 한마디만 하면 당신은 질겁하여 나를 물리칠 거예요. ★
한마디면 상황을 변모시키는 데 충분한 것은 그것이 폭로적 힘을 지니
고 있고, 따라서 **수수께끼가 있기** 때문이다(HER. 수수께끼: 6: 설정).
★★ SYM. 표시 · 저주 · 배척. ★★★ 거세된 가수라는 명칭에 대한
터부.

LXX. 거세된 상태와 거세

일화(逸話)의 조건인 **거세된 상태**(castrature)를 상징적 구조인 **거세**
(castration)와 일치키는 것이 수행자(발자크)가 성공한 임무이다. 왜냐
하면 하나가 다른 하나를 숙명적으로 가져오지는 않기 때문이다. 그
증거로 거세된 남자들에 관한 일화적인 수많은 관계들이 있다(카사노
바 · 의장 드 브로스[58] · 사드 · 스탕달). 이러한 성공은 구조적인 기교에
기인한다. 그러니까 상징적인 영역과 해석학적인 영역을 혼동시키고,
진실의 추구(해석학적 구조)가 거세의 추구(상징적 구조)가 되게 하며,
진실이 (더 이상 상징적인 차원에서가 아니라) 일화적인 차원에서 상실
된 남근이 되게 하는 것이다. 두 길의 일치는 그 어느 한쪽이 결코 결
정될 수 없도록(불가결성은 글쓰기의 '근거'이다) 막음으로써 (구조적
으로) 획득된다. 그러니까 **거세된 가수**라는 명칭에 대한 실어증은 이중

---

58) 드 브로스(Charles de Brosses, 1709-1777)은 디종 의회의 의장을 지낸 사법관
이자 작가임. (역주)

의 가치를 지니는데, 이것의 이중성은 해결 불가능하다. 상징적 차원에는 터부가 있다. 조작적 차원에는 폭로의 연기가 있다. 진실은 검열에 의해서 그리고 **동시에** 술책에 의해서 정지되고 있다. 따라서 텍스트의 **읽혀지는** 구조는 분석적 투자의 수준으로 상승된다. 그러나 또한 우리가 아마 더욱 당연히 말할 수 있는 것은 주체의 정신분석학적 여정(이 여정은 사라진 · 화자 · 저자 · 독자를 통해서 도처로 관류된다)이 일화적이 됨으로써 그것의 필연성을 상실한다는 점이다. 결과적으로 상징적 영역은 **잉여적**이고 불필요하다(우리가 여기서 **상징적 영역**의 이름으로 나타냈던 것은 정신분석학적 지식에 속하지 않는다). 이로부터 이 중편 소설이 지닌 아마 유일하다 할 가치가 비롯된다. 즉 거세된 상태를 통해서 거세를, 동일한 것을 통해서 동일한 것을 "예시함으로써" 이 소설은 예시라는 관념을 가소롭게 만들고 있다. 그것은 등치(等値)의 두 면(문자와 상징)을 폐지시키는데, 그렇다고 이것이 어느 한쪽을 위한 것은 아니다. 그 속에서 잠재적인 것이 분명한 것의 노선을 단번에 점유하고, 기호는 위세가 꺾인다. 결국 더 이상 '표상'은 없는 것이다.

411) — 애교가 만점이군! ★ HER. 수수께끼 6: 함정, 사라진으로부터 그 자신으로 향함. 사라진은 여자 잠비넬라가 성실성에 의해서든 조심성에 의해서든 그에게 내미는 해독의 단편들을 악착같이 **뒤엎어 놓고 있다.** 그는 파트너의 부정하는 말들을 부정하기 때문이다. 그런데 이와 같은 이차적 부정은 본질적으로 의미론적 길들을 통해서 이루어진다. 사라진이 여자 잠비넬라의 메시지들에서 유념하는 것은 사랑의 속임수들(여기서는 애교)이라는 문화적 코드를 통해 그들에게 관련된 함축 의미뿐이다.

412) 난 겁날 게 아무것도 없어. ★ SEM. 집요함. ★★ 위험의 부정은 운명이 덮치게 될 자리를 분명히 지시한다(보다 정확히 말하면, 운명은 부정되고 있는 것 자체이다)(ACT. '죽고자−하는 의지' : 3: 모든 위험을 감수하다).

413) 말해봐, 그대는 내 미래를 희생시킬 것이고, 두 달 후면 내가 죽을 것이며, 당신에게 키스밖에 안했는데도 영벌을 받을 것이라고 말이야. ★ ACT. '죽고자−하는 의지' : 4: 운명에 도발하는 형태로 예언적인 표현(내가 죽을 것이다). ★★ '선언' : 9: 생명을 바침(욕망된 대상의 구입).

414) 그는 그녀에게 키스했습니다, ★ ACT. '사랑의 산책' : 3: 키스하고자 하다.

LXXI. 되돌려받는 키스

두번째 독서, 즉 탐욕적이고 무지한 일차적 독자가 텍스트에 대해 설정한 서스펜스의 투명한 측면 뒤에다 이야기의 출구들에 관한 예견된 지식을 위치시키는 이같은 다른 독서——책이 신선미를 잃었다는 구실을 내세워 사람들이 새로운 책을 살 수 있도록 책을 낭비하고 던져 버리지 않을 수 없게 만드는 우리 사회의 상업적 명령들이 부당하게 규제하는 독서——, 이런 반성적 독서는 사라진의 키스에 엄청나게 귀중한 것을 부여하고 있다. 왜냐하면 사라진은 거세된 가수(혹은 변장한 사내)에게 열정적으로 키스하고 있기 때문이다. 거세는 사라진의 육체 자체에 다시 쏟아지고 있다. 그래서 우리 다른 사람들, 즉 이 차적 독자들은 그 동요를 받고 있다. 따라서 우리가 텍스트를 다시 읽는 것을 받아들이는 것이 지적인 이익(보다 잘 이해하고, 사정을 잘 알고 분석하는 것)을 위해서라고 말한다면 잘못된 것이리라. 그것은 사실 언제나 유희적인 이익을 위해서이다. 그것은 어떤 최후의 기의에 도달하기 위해서가 아니라 기표들을 증식시키기 위해서이다.

415) 잠비넬라가 그 열정적인 키스로부터 벗어나기 위해 애를 썼음에도. ★ ACT. '사랑의 산책' : 4: 저항하다.

416) ― 그대는 악마이고, 그대는 나의 재산, 나의 이름, 나의 모든 명성이 필요하다고 말해봐! 그대는 내가 조각가가 아니었으면 좋겠나? 말을 해봐. ★ ACT. '선언' : 10: 자신이 지닌 가장 값진 것의 증여(예술).

417) ― 내가 여자가 아니라면? ★ HER. 수수께끼 6: 폭로, 여자 잠비넬라로부터 사라진으로 향함. ★★ 지금까지 여자 잠비넬라가 주장한 사랑의 불가능성(400, 401, 404)은 모두가 심리적 차원에 속했다. 이제 여기서 주장되는 것은 육체적 한계이다. 감정상의 평범한 이의 제기, 다시 말해 몇몇 심리적 속성들에 토대한 이의 제기(**당신은 변덕스럽다, 나는 까다롭고, 배척되어 있다**)로부터 존재의 근본적 이의 제기(**나는 여자가 아니다**)로 이동이 있다. 그러나 이 속성들 각자는 그것이 제시되었을 때 거절의 충분한 동기처럼 간주되었다. 따라서 우리는 문제의 표현이 '사랑의 선언'이라는 매우 진부한 시퀀스의 희귀한 표현이라는 점을 인정하게 된다. 이 표현의 내용은 분노할 만하고 혼란스

럽지만 그것의 형식(사랑의 불가능성)은 시퀀스를 완전히 읽혀지게 만들고 있다(ACT. '선언' : 11: 육체적 불가능성).

418) 잠비넬라는 낭랑하고 부드러운 목소리로 수줍게 물었습니다. ★ SEM. 여성성. ★★ (함축된) 여성성은 그것 자체의 (외시된) 부정을 부정하고 있다. 기호는 메시지보다 더 강하고, 연상된 의미는 문자적 의미보다 더 강하다(함축 의미의 대단한 소비자인 사라진은 이 점을 놓치지 않고 장악하게 된다. 그는 문장에서 그것이 단언하는 것이 아니라 그것이 암시하는 것을 듣는다)(HER. 수수께끼 6: 함정, 여자 잠비넬라로부터 사라진으로 향함).

419) — 농담도 잘하는군! 사라진은 소리쳤습니다. 그대는 예술가의 눈을 속일 수 있다고 생각하는가? ★ ACT. '선언' : 12: 부정의 부정. ★★ REF. 사실주의 예술가의 해부학적 지식. ★★★ HER. 수수께끼 6: 함정, 사라진으로부터 그 자신으로 향함. 미학적 증거로 예술가들은 과오를 범할 수 없다는 것임.

LXXII. 미학적 증거

사라진은 스스로 함정에 빠지기 위해(이 일 속에서 그는 세심한 에너지를 소비하고 있다) 세 개의 생략 삼단논법에 의거하고 있다. 자기 도취적 증거(나는 그녀를 사랑한다. 따라서 그녀는 여자이다), 심리적 근거(여자들은 약하다, 그런데 잠비넬라는 약하다 등), 그리고 미학적 증거(아름다움은 여자들만의 것이다, 따라서……)가 그것이다. 이 가짜 삼단논법들은 결합될 수 있고, 그것들의 오류들을 강화시킬 수 있으며, 다음과 같이 일종의 연쇄 추리(복합 삼단논법)를 형성할 수 있다. **아름다움은 여성적이다. 그런데 오직 예술가만이 아름다움을 안다. 그런데 나는 예술가이다. 따라서 나는 아름다움을 안다. 따라서 나는 여자를 안다** 등. '사실주의적' 독자라면 아마 사라진에게 이렇게 물을 수도 있을 것이다. 설령 종국적으로 승리를 위해서라 할지라도 어떻게 당신은 파트너의 요컨대 믿어지지 않는 암시(**내가 여자가 아니라면?**) 앞에서 아무런 놀라움도, 아무런 동요도 나타내지 않는가? 어떻게 당신은 '현실'의 호소에 반하는 (게다가 근거가 빈약한) 추론에 즉각적으로 만족하는가? 설령 이 호소가 과감하지 못하고 의아하다 할지라도 말이다(우리는 하나의 성을 의심한다는 것은 그것을 결정적으로 부정하는 것이라는 점을 이미 언급했다). 왜냐하면 바로 '사실주의' 예술가가 자기 담론의 기원에 '현실'을 전혀 위치시키지 않고, 아무리 멀리 거슬러 올라간다 할지라도 이미 씌어진 어떤 현실만을, 즉 일련의 복제들만이 끝없이 포착되게 해주는 전망적인 코드만을 끊임없이 위치시키고 있기 때문이다. 이 코드는 이 경우 조형 예술의 코드이다. 바로 그것이 피그말리온의 신화가 말하듯이 아름다움과 사랑을 동시에 성립시키며, 사라진은 이 신화의 지배를 받고 있었다(nº 229). 잠비넬라의 고백에 예술가의 이성을 즉각적으로 대립시킴으로써, 조각가는 진실한 것들과 분명한 것들이 비롯되고 모든 현실을 창설하는 예술이라는 최고의 코드만을 인용하고 있다. 예술가는 자신의 성과들이 지닌 확실성(그는 '현실'의 훌륭한 모사인 것만이 아니다) 때문이 아니라, 자신이 갖춘 역량의 권위 때문에 과오를 범할 수 없다는 것이다. 그는 코드 · 기원 · 토대를 알고 있는 자이고, 따라서 현실의 보증인 · 증인 · 창조자(auctor)이다. 그래서 그는 예술의 본래적이고 궁극적인 권위와 직면

한 채 현상의 우발성 속에서 살아가는 관계자들의 항의 자체에 맞서 성별의 차이를 결정할 권리를 지니고 있는 것이다.

420) **난 열흘 전부터 그대의 완벽한 모습을 탐욕스럽게 바라보았고, 면밀히 살폈으며 찬양하지 않았던가?** ★ REF. 연대기(이 지표는 거의 정확하다. 극장에서 하루 저녁, 소파에서 8일, 그리고 곧바로 노파와의 약속, 통음난무, 소풍을 계산하면 말이다). ★★ 사라진은 여자 잠비넬라에 대한 찬양의 본질——혹은 기원——을 이미 자신에게 적용된 바 있는(n° 162) 하나의 의소에 준거하여 규정하고 있다. 이 의소는 찢어 조각내기와 반죽에 대한, 또 우리가 이 움직임의 형태를 포착하고자 한다면 **구멍 뚫기**나, 일종의 내시경 검사 에너지인 돌파 충동이라 부를 수 있어야 할 것에 대한 그의 취향을 말한다. 이 에너지는 베일들과 의복들을 제거하면서 대상 속으로 그것의 내적 본질을 찾으러 가게 된다. **탐색한다(scruter)**는 것은 문자 그대로 **뒤지고, 깊이를 살펴보며, 방문하고, 탐사하는 것**을 말한다. (열흘 동안) 여자 잠비넬라를 **탐색하면서** 사라진은 삼중의 기능을 수행했다. 첫번째는 신경증적이다. 왜냐하면 그는 어린 시절의 동작을 반복했기 때문이다(n° 162). 두번째는 미학적이다(다시 말해 그의 경우 존재를 창설하는 것이다). 왜냐하면 예술가 그리고 특히 조각가는 내부와 **밑**에 대한 지식을 통해서 외관의 모사가 정당한지 검증하는 자이기 때문이다. 마지막으로 상징적이다——혹은 숙명적이거나 또는 조소적이다. 왜냐하면 사라진은 이런 뒤지기의 의기양양한 결과물(여자 잠비넬라의 여성성)을 설명하는데, 이 뒤지기가 보다 멀리까지 나아갔다면 그것은 거세된 가수가 이루어진 무(無)를 결정적으로 드러냈을 것이기 때문이다. 그리하여 이처럼 발견된 무는 실패하게 될 예술가의 지식 자체이고 파괴된 조각상이다(SEM. 찢기).

421) 여자만이 그런 둥글고 부드러운 팔과 우아한 윤곽선을 지닐 수 있어. ★ 미적 증거는 전제가 잘못된(**여자들만이 아름답다**) 생략 삼단 논법에 의거하고 있다. 왜냐하면 최소한 거세된 가수들 역시 아름다울 수 있기 때문이다(HER. 수수께끼 6: 함정, 사라진으로부터 그 자신으로 향함).

423) 아! 그대는 찬사를 원하고 있군! ★ HER. 수수께끼 6: 함정, 사라진으로부터 그 자신으로 향함(심리적 증거: 애교).

423) 그녀는 슬프게 미소짓고 중얼거리며 말했습니다. ─ 숙명적인 아름다움이여! 그녀는 눈을 들어 하늘을 바라보았습니다. ★ 복잡한 회화적 코드로부터 파생된 여자 잠비넬라는 여기서 자신의 마지막 육화를 경험하고 있거나 자신의 최후의 기원(起源), 즉 **눈을 들어올린 마돈나**를 드러내고 있다. 이 마돈나는 비장함의 코드에서 주요 요소로서 강력한 상투적 표정이다(라파엘로·엘 그레코·라신의 작품에서 쥐니와 에스터르 등). 이미지는 사디즘적이다(우리는 그것이 사라진의 '**은근한 격분**'을 야기한다는 것을 안다, n° 430). 그것은 순수하고, 경건하며, 숭고하고 수동적인 희생자(사드의 쥐스틴)를 지시하기 때문이다. 이 희생자의 하늘로 들어올린 눈은 다음과 같이 충분히 말하고 있다. 내가 쳐다보지 않는 것을 바라보세요, 나의 육체를 가지고 만들고자 하는 것을 만들어 보세요. 저는 관심이 없어요. 당신이나 흥미를 느끼세요(REF. 비장함의 코드).

424) 그 순간 그녀의 시선은 무언가 알 수 없는 너무도 강력하고 너무도 선명한 혐오의 표정을 드러냈기 때문에 사라진은 소스라쳤습니

다. ★ SYM. 저주 · 배척('혐오'). ★★ 여자 잠비넬라는——기호들의 일종의 논리적 계층 구조를 통해서——자신의 조건의 본질, 즉 혐오 (저주 · 표시)를 사라진에게 분명히 보여주고 있다. 이 계층 구조에 따르면 소리(외침 · 탄성)가 말보다, 모습이 소리보다, 표정(솔직함의 극치)이 모습보다 더 진실하다. 사라진은 메시지를 받고 있다. 그래서 그는 소스라친다(그는 진실의 일보 직전까지 끌려오고 있다). 그러나 그는 사디즘적 충동을 통해 기의로부터(유일하게 중요하다 할 이 기의의 표명으로부터, 그것의 언어화로부터) 이탈하고 있다. 기표('**하늘을 향해 들어올린 눈**')는 그를 거세된 가수의 진실이 아니라 그 자신의 진실, 즉 여자 잠비넬라의 성별이 어떠하든, 그녀를 없애 버린다는 것으로 이끌고 있기 때문이다(**HER**. 수수께끼: 6: 폭로, 여자 잠비넬라로부터 사라진 으로 향함).

425) ── 프랑스 선생님. 그녀는 말을 이었다. 한순간의 광기를 영원히 잊어버리세요. ★ ACT. '선언': 13: 잊어버리라는 명령.

426) **저는 당신을 존경해요.** ★ 여기서 세 개의 의미가 뒤섞이고 있다. 첫번째는 섹스의 거부이다(**그를 존경한다**는 것은 사랑의 코드에서 파트너에게 너무 강력한 자기 도취적인 상처를 가하지 않은 채 그의 욕망을 거절하게 해주는 완곡어법이다). 두번째는 솔직함이다(나는 당신을 희생시키는 계략에 재미로 말려들었지만 당신을 알고 존경하는 법을 배웠다). 세번째는 신중함이다(당신이 진실을 알게 될 때 모든 것을 잃는 것은 아니기 때문에 당신은 폭력을 포기할 것이며, 그래서 나로서는 크게 애쓰지 않은 채 우리는 이 모험을 끝낼 것이다). 이 의미들은 가능하다. 다시 말해 구별될 수 없다(**HER**. 수수께끼: 6: 애매함).

427) 그러나 사랑이라면 저에게 요구하지 말아요. 그런 감정은 제 마음속에서 꺼져 버렸습니다. 저는 무정합니다! 그녀는 울면서 소리쳤습니다. 당신이 나를 보았던 무대, 그 찬사, 그 음악, 나에게 부여되지 않을 수 없었던 그 영광, 이게 나의 인생입니다. 제게 다른 것은 없습니다. ★ 여자 잠비넬라는 다시 한번 거세된 상태에 대한 정의로 되돌아오고 있다. '마음'은 이미 사용된 완곡어법을 통해서 거세된 가수에게 제거되었던 것을 분명히 지시하고 있다. 결여의 존재로서 그는 외적인 삶, 다시 말해 사라진이 볼 때 단 하나의 움직임을 통해 예술·진실 그리고 생명을 성립시키는 그 **하부**, 자신의 깊숙한 곳, 자신의 충만함이 절단된 그런 삶을 운명적으로 영위하지 않을 수 없다. 이러한 정의는 (하나의 문화적 코드를 인용하면서) 그것에 의거하고 있다. 즉 배우는 외면성에 운명지어져 있다는 것이다(이것이 익살광대들의 비극이다)(**SYM**. 거세된 가수의 조건).

428) 몇 시간 후면 당신은 저를 더 이상 같은 눈으로 보지 않을 거예요. 당신이 사랑하는 여자는 죽어 버렸을 것입니다. ★ HER. '술책': 10: 종말의 예견. ★★ 여자는 죽어 버렸을 것이다. 왜냐하면 1) 나는 죽을 것이기 때문이다. 2) 당신은 더 이상 나를 사랑하지 않을 것이기 때문이다. 3) 여성성의 가짜 외관은 사라질 것이기 때문이다 등. 이러한 양면성은 우리가 환유적 거짓이라 불렀던 것에 토대하고 있다. 그러니까 여자는 때로는 총체적 개인을, 때로는 섹스를, 때로는 사랑의 감정이 야기하는 상상의 대상을 지시한다. 속임수는 전체와 부분들의 일치 관계를 이용한다(**HER**. 수수께끼 6: 애매함).

429) 조각가는 응대하지 않았습니다. ★ 선언의 응수들은 여기서 의

미 작용적 여백을 포함하고 있다. 왜냐하면 이와 같은 말없는 '응대' 속에 사라진의 사디즘이 위치하고 있기 때문이다(ACT. '선언' : 14: 침묵하고 있다).

430) 그는 가슴을 미어지게 하는 은근한 격분에 사로잡혔습니다. 그는 불타오르는 두 눈으로 이 기막힌 여인을 바라볼 뿐이었습니다. 연약함이 배어 있는 잠비넬라의 그 목소리, 슬픔 · 우수 · 낙담을 드러내는 그 태도 · 매너 · 동작은 그의 영혼 속에서 정열의 온갖 풍요로움을 일깨웠습니다. 말 한마디 한마디가 자극이었습니다. ★ 이와 같은 사디즘적 입장은 여기서 두 가지 기능이 있다. 한편 단기적으로 충동은 주체로 하여금 파트너가 내미는 진실을 지각하고, 자신에게 건네지는 이별에 응대하는 것을 면하게 해준다. 다른 한편 그것은 폭력, 곧 공격성의 의소, 처음부터 사라진에게 고정된 그 의소를 상황 속에서 실현한다. 의미는 이를테면 행위로 이동하고 있다(SEM. 폭력, 과도함).

431) 그때 그들은 프라스카티에 도착했습니다. ★ ACT. '사랑의 산책' : 5: 막바지에 이르다. ★★ ACT. '소풍' : 5: 소풍의 목적지에 도착하다.

432) 예술가는 애인이 내리는 것을 돕기 위해 그녀에게 팔을 내밀었을 때, ★ ACT. '사랑의 산책' : 6: 마차에서 내리는 것을 도와주다(이 항목은 동일한 마차에 오른다는 n° 393에 대응한다).

433) 그녀가 극도로 떨고 있음을 느꼈습니다.
— 무슨 일입니까? 그는 그녀가 창백해지는 모습을 보면서 소리쳤

습니다. 내 책임이 아니라 할지라도 나 때문에 당신이 조금이라도 고통을 받는다면 난 죽어 버릴 겁니다.

— 뱀! 그녀는 도랑을 따라 미끄러져 가는 뱀을 가리키며 말했습니다. 전 저런 가증스러운 동물들이 무섭습니다.

사라진은 발로 뱀의 대가리를 짓이겨 버렸습니다. ★ 뱀의 에피소드는 하나의 증거(하나의 논거: probatio)를 구성하는 요소인데, 우리는 이 요소의 다음과 같은 생략 삼단논법(게다가 이것은 그릇된 것이다)을 알고 있다. 여자들은 겁이 많다. 잠비넬라는 겁이 많다. 잠비넬라는 여자이다. 뱀의 에피소드는 소전제의 **사례** 역할을 한다(SEM. 소심함, 겁 많음).

LXXIII. 결론으로서 기의

뱀의 에피소드는 **사례**(고대 수사학의 귀납적 무기)이자 동시에 기표(이 기표는 이 경우 거세된 가수에 고정된, 성격상의 한 의소로 귀결된다)이다. 고전적 체제에서 의미론적 과정은 논리적 과정과 구분될 수 없다. 요점은 기표로부터 기의로 올라감과 동시에 사례로부터 이것이 추론하게 해주는 일반성으로 내려가는 것이다. 기표(뱀을 무서워하는 것)와 기의(여자처럼 감수성이 예민한 존재) 사이에는 세론적인 전제(겁많은 존재들은 뱀을 두려워한다)와 그것의 축약적인 결론(여자 잠비넬라는 겁이 많다) 사이에 있는 것과 같은 동일한 거리가 있다. 의소적 공간은 해석학적 공간에 밀착되어 있다. 따라서 항상 중요한 것은 어떤 심층적 혹은 궁극적 진실(심층적인 것은 **마지막에** 발견되는 것이다)을 고전적 텍스트의 관점 속에 위치시키는 것이다.

434) ― 어떻게 그런 용기가 있어요? 잠비넬라는 죽은 파충류를 질
겁하여 바라보면서 다시 말했다. ★ SEM. 겁많음. 겁많음은 '섹스를
뺀' 사랑의 구실인 '보호'를 재개하게 해준다.

435) 자, 이런데도 당신은 당신이 여자가 아니라고 감히 주장할 수 있
겠소? ★ 문장의 형식("당신은 ……라고 감히 주장하겠소……")은 하나
의 분명한 점의 당당한 승리를 입증한다. 그런데 이 분명한 점은 그릇
된 생략 삼단논법의 결론에 지나지 않는다(당신은 겁이 많다. 따라서 당
신은 여자이다)(HER. 수수께끼 6: 함정, 사라진으로부터 그 자신으로 향
함. 여성성의 심리적 증거라는 함정).

436) 그들은 일행과 합류한 뒤, 당시에 치코냐라 추기경의 소유였던
루도비시 별장의 숲 속에서 산책을 했습니다. ★ ACT. '소풍': 6: 숲
속에서 산책. 치코냐라 추기경에 대한 암시는 본질적으로 무의미하다
(아무런 기능적 중요성도 없다). 그러나 그것은 현실 효과를 도입하는
것 이외에 여자 잠비넬라의 보호자이자 사라진의 암살자의 이름을 다
시 끌어들이게 해준다. 그러니까 그것은 읽혀지는 것의 '접착제'인
것이다.

437) 그 아침 나절은 사랑에 빠진 조각가에게는 너무도 빨리 흘러갔
습니다. ★ REF. 사랑과 흘러가는 시간.

438) 그러나 그것은 부드럽고 무기력한 그 영혼의 교태·연약함·
사랑스러움을 그에게 드러내 준 수많은 작은 사건들로 가득했습니다.
★ SEM. 소심함, 여성성.

439) 그녀는 갑작스럽게 두려움을 느끼고, 이유없이 변덕을 부리며, 본능적으로 동요를 드러내고, 까닭없이 과감한 행동을 하며, 허세를 부리고 감미롭게 세련되게 감정을 표현하는 그런 여자였습니다. ★ SEM. 여성성. 이 문장의 기원은 식별할 수 없다. 누가 말하는가? 사라진인가? 화자인가? 저자인가? 발자크–저자인가? 발자크–남자인가? 낭만주의인가? 부르주아 계급인가? 보편적 지혜인가? 이 모든 기원들의 교차가 글쓰기를 형성한다.

440) 유쾌한 가수들이 작은 무리를 이루어 들판을 모험적으로 쏘다니고 있는데, 한순간 완전무장을 한 몇몇 남자들이 멀리서 보였습니다. 그들의 복장으로 보아 전혀 안심이 되지 않았습니다. '강도다!' 라는 말이 떨어지자 각자는 추기경의 별장 울타리 안으로 피신하기 위해 속력을 배가시켜 뛰었습니다. 그 위급한 순간에 사라진은 잠비넬라의 창백한 모습을 보고 그녀가 이제 더 이상 걸을 수 있는 힘이 없다는 것을 알아차렸습니다. 그는 그녀를 팔로 붙들고 부축하면서 얼마 동안 달렸습니다. 부근의 포도밭에 가까이 다가갔을 때 그는 애인을 땅에 내려놓았습니다. ★ 강도의 에피소드는 하나의 사례이다(SEM. 소심함 · 겁많음 · 여성성).

LXXIV. 의미의 지배

고전적 이야기는 언제나 다음과 같은 인상을 준다. 저자가 우선 기의(혹은 일반성)를 구상해 내고, 그 다음에 자신이 지닌 상상력의 역량에 따라 이 기의에 '좋은' 기표들, 즉 그럴듯한 예들을 찾아 주려고 한다는 것이다. 왜냐하면 고전적 저자는 자신이 사전에 형성한 개념에 대한 가장 좋은 **표현**들을 선택하고 의미의 확고한 측면에 기울어진 장인 (匠人)과 유사하기 때문이다. **겁많음**의 경우를 보자. 샴페인 터지는 소리, 뱀 이야기, 강도 이야기가 선택되고 있다. 그러나 의미 작용적 상상력은 그것이 일석이조를 가져다주기 때문에 그만큼 더 수익성이 있다. 그리하여 그것은 읽혀지는 것을 규정하는, 주목 사항들의 그 결속에 참여하고 이중적으로 분절되는 기호들을 생산해 내려고 애쓴다. **불경건**의 경우를 보자. 미사에서 장난치며 노는 주체를 나타내는 것으로 그칠 수도 있을 것이다. 그러나 (미사가 진행되는 동안 외설적인 초벌 작품들을 조각하는 사라진을 보여줌으로써) 불경건을 어린아이의 소명과 연결시킨다거나 그것을 여자 잠비넬라의 미신(사라진은 이를 비웃는다)에 대립시키는 것은 보다 대단한 기법이다. 왜냐하면 조각과 소심함은 이야기의 다른 망들에 속하고, 기표들의 접합이 긴밀하고 잘 계산되면 될수록 텍스트는 '잘 만들어진' 것으로 평판이 나기 때문이다. 옛 수사학에서 **사례**들과 입증적 전제들의 선택은 **창작력**(l'inventio)이라는 방대한 부분을 구성했다. 입증의 목적 자체(사람들이 입증하고자 했던 것)로부터 출발해 논지들을 선별하여 그것들이 좋은 길을 택하도록 하는 게 중요했다. 어떤 법칙들(특히 상투적 표현·주장의 분류에 대한 일반 이론)의 도움을 받아서 말이다. 마찬가지로 고전적 저자는 그가 의미를 **인도할 수 있는**(conduire) 능력을 나타내는 순간부터 수행자로 태어나는데, 인도하다는 이 낱말은 귀중하게 애매하고, 의미적이며 방향 표시적이다. 사실 고전적 텍스트에서 두 가지 커다란 관리 기능을 결정하는 것은 의미의 방향이다. **저자**는 기의에서 기표로, 내용에서 형태로, 계획에서 텍스트로, 정열에서 표현으로 가는 것으로 항상 간주되고 있다. 그리고 그 맞은편에서 **비평가**는 역방향의 길을 다시 가며 기표들로부터 기의로 거슬러 올라간다. 의미가 기의로부터 기표를 향해 넘쳐나는 정신적 활기·흐름·발산으로 규정되는 이상, 진정한 세미위르지[59]로서 이 **의미의 지배**는 신적인 속성이다. 그래서 **저자**는 하나의 신이다(기원으로서의 그의 장소는 기의이다). 비평가로 말하면, 그는 이 신의 글쓰기를 해독하는 데 주의를 기울이는 사제이다.

441) — **설명해 봐요.** 그는 그녀에게 말했다. **이런 극도의 연약함은 다른 여자의 경우였다면 가증스럽고 나를 불쾌하게 했을 것이고 그런 게 조금만 보여도 나의 사랑은 거의 꺼져 버렸을 것입니다. 그런데 당신의 경우는 그게 내 마음에 들고 나를 매혹시키니 어�떤 일입니까?** ★ 상징적 관점에서 주체는 차례로 고백을 전진시키고 있다. 그는 그가 잠비넬라에게서 사랑하는 **바로 그것**을 규정하려고 시도하고 있으며, **바로 그것**은 결여이고, **존재하지 않는** 것의 존재이며, 거세이다. 그러나 사라진이 이런 종류의 자기-분석을 아무리 진전시킨다 할지라도, 그는 이중의 뜻을 지닌 언어를 항상 사용하면서 계속해서 착각을 하고 있다. 왜냐하면 **극단적인** 연약함이 어떤 위계의 상위 항이라면, 소심함은 최상급의 여성성, 강화된 본질, 어떤 초여자(Sur-Femme)를 함축하기 때문이다. 그 반대로 그 **극단**이 최후의 깊이로 규정된다면, 그것은 잠비넬라의 육체에서 그것의 중심, 곧 부재를 지시한다. 사라진의 언표에서 중첩되는 것은 이를테면 이 양 극단이며, 이 언표에서 통상 그렇듯이 두 개의 언어가 상호 간섭한다. 하나는 편견·세론·삼단논법, 문화적 준거로 가득 찬 사회적 언어이고(이 언어는 여자 잠비넬라

---

59) 세미위르지(sémiurgie)는 기호의 연구인 세미올로지(sémiologie)와 대비되는 용어로, 기호의 연구뿐 아니라 기호의 생산과 제조까지 가는 적극적 참여를 나타내는 신조어이다. (역주)

의 여성성으로 확실하게 결론을 이끈다) 다른 하나는 사라진과 거세의 일치를 끊임없이 말하는 상징적 언어이다(SYM. 거세의 취향).

442) — 아! 내가 당신을 얼마나 사랑하는지! 그는 다시 말을 이었다. 당신의 모든 결점, 당신의 불안, 당신의 옹졸함조차도 당신의 영혼에 무언지 모를 멋을 덧붙여 줍니다. ★ 결여(결점 · 불안 · 옹졸함, 거세가 낳은 성격상의 모든 산물들)는 여자 잠비넬라가 차이를 나타내는 보충(supplément)을 구성한다. 1) 다른 여자들과의 차이이다(이로부터 여자 잠비넬라의 참신함에 근거해 사라진이 빠지는 함정이 비롯됨). 2) 여자들과의 차이이다(이로부터 잠비넬라 안에서 거세된 가수를 사랑하는 사라진의 진실이 비롯됨)(SYM. 결여의 보충).

443) 나는 사포처럼 용기 있고 에너지와 열정이 넘치는 강한 여자를 싫어한다고 느낍니다. ★ 사라진이 그 자신이 두려워하는 여자의 정체를 보다 분명하게 확인한다는 것은 어렵다 할 것이다. 그녀는 그녀가 남녀 두 성의 축을 중심으로 차지하는 전도된 위치에 의해 규정되는 거세시키는 여자이기 때문이다(사포와 같은 여자). 우리가 상기할 것은 텍스트가 이런 능동적 여자의 몇몇 이미지를 이미 전달했다는 것이다. 랑티 부인, 화자가 사랑하는 젊은 여자, 그리고 자신의 아이를 섹스로부터 격리시켜 가두어 놓았던 소유적인 어머니를 대리하는 부샤르동 말이다. 그런데 운명이 완전히 모순적인 두 사건이 갑자기 중첩되고 동일시되게 만드는 이런 분명하고 설계된 것 같은 행동이라면, 사라진은 여기서 자신의 운명(혹은 그의 연애 모험에서 숙명적인 것)을 표현하고 있다. 왜냐하면 사포, 즉 거세시키는 여자를 피하기 위해 그는 결여가 그를 안심시키는 거세된 존재한테서 피신처를 찾고 있기 때문이

다. 그러나 이 존재는 무서운 사포보다 그를 더욱 확실하게 장악하여 그 자신의 빈 상태로 끌고 가게 된다. 결국 사라진이 거세되는 것은 거세를 피해 달아났기 때문이다. 그렇게 하여 꿈과 이야기의 매우 잘 알려진 다음과 같은 형상이 완성된다. 즉 당신을 찾고 있는 살인자의 품 안에 피신처를 찾고 있다는 것이다(SYM. 거세의 두려움).

444) 오 가냘프고 부드러운 여인이여! 그대가 어떻게 다른 존재일 수 있겠소? ★ 여자 잠비넬라의 차이(열렬히 사랑할 만한 대상의 본질 자체이기 때문에 절대적으로 귀중한 보충인 그 결여)는 필연적이다. 모든 게 정당화되고 있다. 거세된 가수, 거세된 가수에 대한 취향도 말이다(SYM. 거세의 숙명성).

445) 천사 같은 그 음성, 그 섬세한 목소리는 당신 아닌 다른 사람의 육체로부터 나왔다면 상식적으로 납득이 안 되었을 것이오. ★ 본질적이고 경배할 만한 차이는 여기서 그것의 특수한 장소, 즉 육체 속에 위치하고 있다. 사라진이 자신이 말하는 것을 읽는다면, 그는 거세된 가수에 대한 자신의 취향에 더 이상 멸시나 승화라는 핑계를 댈 수가 없을 것이다. 그 자신이 수수께끼의 진실, 즉 여자 잠비넬라의 진실과 그 자신의 진실을 표명하고 있다. 상징적 항목들의 정확한 질서가 여기서 재확립되고 있다. 거세된 가수를 대문자 여자의 위조물로 만들고 그가 야기할 수 있는 취향을 비상식적인 것으로 만드는 문화적 코드·세론·신화적 언어에 사라진은 경배할 만한 목소리와 거세된 육체의 결합이 올바르다고 응대하기 때문이다. 육체는 목소리를 생산하고 목소리는 육체를 정당화시킨다. 여자 잠비넬라의 목소리를 있는 그대로 사랑하는 것은 그 목소리가 흘러나오는 육체를 있는 그대로 사랑

하는 것이다(SYM. 거세된 가수에 대한 사랑).

446) ─ 저는 당신에게 어떠한 희망도 줄 수 없어요. 그녀는 말했습니다. ★ ACT. '선언' : 15: 단념하라는 명령.

447) 그런 식으로 말씀 그만 하세요. ★ ACT. '선언' : 16: 입다물라는 명령.

448) 왜냐하면 당신은 웃음거리가 될 것이기 때문입니다. ★ HER. '술책' : 11: 애매함. 여자 잠비넬라의 경계는 모호하다. 왜냐하면 한편으로 그것은 술책의 현실적 기원, 즉 장난을 표적으로 삼고 있고, 다른 한편으로 그것은 악이 이미 행해진 상황에서 위험에 대해 이야기하고 있기 때문이다.

449) 제가 당신이 극장에 들어오는 것을 막을 수는 없습니다. 그러나 당신이 나를 사랑한다면, 아니면 당신이 현명하다면 더 이상 오지 마세요. ★ ACT. '선언' : 17: 결정적인 이별.

LXXV. 사랑의 선언

사랑의 선언(이미 씌어진 평범한 최고의 시퀀스)는 하나의 단언(나는 당신을 사랑한다)과 하나의 부정(저를 사랑하지 마세요)을 교대하게 할 뿐이다. 따라서 형식적으로 그것은 (음악적 의미에서) 변주되면서도 무한하다. 변주는 표현들(이것들은 두 개뿐이다)의 빈곤성에서 비롯된다. 이 빈곤성이 각자로 하여금 상이한 기표들의 리스트를 찾지 않을 수 없게 만든다. 이 기표들은 여기서 (사랑하거나 거절하는) **이유들**이다. 그러나 다른 곳(예컨대 서정시에서)에서는 그것들은 은유적 대체물들일 수도 있다. 사랑의 말을 표현하는 형식들의 역사적 목록만이 이런 변주들을 탐사할 수 있을 것이고, **"나에게 사랑을 이야기해 다오"**의 의미가 변화해 왔다면, 이 의미를 우리에게 드러내 줄 수 있을 것이다. 무한함, 그것은 반복에서 비롯된다. 반복은 멈추어야 할 아무런 이유가 없다는 것을 매우 정확히 나타내는 것이기 때문이다. 이런 두 특징(변주와 반복)을 통해서 우리가 이미 알 수 있는 것은 사랑의 (받아들여진 혹은 거부된) 선언은 '언쟁'(LXV)이 그렇듯이, 이의를 제기하는 담론이다. 소실점 동일하지 않은(은유적 전망이 동일하지 않은) 두 개의 언어가 서로에 등을 기대고 있는 것이다. 그것들이 가지고 있는 공통점이란 동일한 패러다임, 즉 **긍정/부정**의 패러다임에 참여하는 것뿐이다. 이 패러다임은 결국 모든 패러다임의 순수한 형식이므로, 이의 제기(혹은 선언)는 의미의 강박적인 일종의 유희, **지루한 반복**(litanie)처럼 나타난다. 이런 유희는 프로이트가 말하는 어린아이의 번갈아 하는 놀이와 비교될 수 있다. 혹은 그것은 세계의 창조와 절멸을 끝없이 번갈아 함으로써 이 세계, 곧 우리의 세계를 단순한 장난감으로 만들고 **반복된** 차이를 놀이 자체로, 고차원의 놀이로서의 의미로 만드는 인도 신의 놀이와 비교될 수 있다.

450) **제 말 들어요. 그녀는 심각한 목소리로 말했습니다.** ★ HER. 수수께끼 6: 임박한 억제된 폭로.

451) **— 아, 제발 입다물어. 도취한 예술가가 말했습니다.** ★ 중단되

는 것은 거세된 가수의 명명이다(왜냐하면 바로 그것이 여자 잠비넬라
가 마침내 **심각한 목소리로** 발설하려고 했던 것이기 때문이다)(SYM. 거
세된 가수라는 명칭에 대한 터부). ★★ HER. 수수께끼 6: 함정, 사라
진으로부터 그 자신으로 향함. 주체의 사활이 걸린 관심은 진실을 듣
지 않는 것이다. 담론의 사활이 걸린 관심이 수수께끼의 해답을 여전
히 유보하는 것이듯 말이다.

LXXVI. 인물과 담론

사라진은 여자 잠비넬라의 말을 끊고 그렇게 하여 진실의 표명을 정
지시키고 있다. 우리가 **인물**에 대한 사실주의적 시각을 지니고 있다
면, 우리가 사라진이 탁상적인 논리를 벗어나 살고 있다고 믿는다면,
우리는 이처럼 말을 끊는 행동의 동기들(열광, 진실의 무의식적 거부
등)을 찾아 나서게 될 것이다. 우리가 **담론**에 대한 사실주의적 시각을
갖고 있다면, 우리가 서술된 이야기를 끝까지 기능하는 것이 중요한
기계 장치처럼 간주한다면 우리는 이렇게 말할 것이다. 이야기의 철
칙은 이야기가 여전히 계속되는 것을 원하기 때문에 **거세된 가수**라는
낱말이 언급되지 않는 것이 필요하다고. 그런데 이러한 두 가지 시각
은 비록 상이하면서 원칙적으로 상호 독립적인(심지어 대립적인) 있음
직한 것들에 속한다 할지라도 서로를 지탱하고 있다. 상이한 언어들의
조각들을 예고 없이 구성하는 하나의 공통적 문장이 생산되기 때문이
다. 즉 사라진은 담론이 끝나서는 안 되기 때문에 열광해 있다. 담론
은 계속될 수 있을 것이다. 왜냐하면 열광한 사라진이 상대의 말에 귀
를 기울이지 않은 채 말하고 있기 때문이다. 필연성의 두 회로는 결정

불가능하다. 서술적인 좋은 글쓰기는 이런 불가결성 자체이다. 따라서 비평적 관점에서 보면, 인물을 탁상적인 논리에서 벗어나게 하여 (가능한 동기들을 부여받은) 심리적 인물로 만드는 것과 마찬가지로 그를 없애는 것도 역시 잘못된 것이다. 결국 **인물과 담론은 서로의 공모자인 것이다.** 담론은 그 자체의 공모자를 인물 속에서 야기시킨다. 이것이 주술적 분리의 형태인데, 이를 통해서 신화적으로 최고신은 주체/신하를 확보했고, 인간은 여자 동반자를 확보했으며, 주체/신하와 여자 동반자가 일단 창조되자마자 그들의 상대적 독립성은 **유희를 하게** 해준다. 담론처럼 말이다. 담론이 인물들을 만들어 내는 것은 그들로 하여금 우리들 앞에서 그들끼리 유희를 하도록 하기 위해서가 아니다. 그것은 그들과 함께 유희를 하고, 코드들의 중단 없는 교환을 확보해 주는 공모 관계를 그들로부터 획득하기 위해서이다. 그러니까 인물들은 담론상의 유형들이고 그 반대로 담론은 다른 인물들처럼 하나의 인물인 셈이다.

452) 장애물은 내 마음속의 사랑을 더욱 타오르게 합니다. ★ REF. 정열의 역학.

453) 잠비넬라는 우아하고 정숙한 태도로 있었습니다. 그러나 마치 어떤 무서운 생각이 무언가 불행을 그녀에게 계시해 준 것처럼 침묵했습니다. ★ ACT. '위험' : 6: 불행의 전조.

454) 로마로 돌아가야 했을 때, 그녀는 조각가에게 4인승 무게차로 홀로 돌아가라고 지극히 잔인한 태도로 명령하면서 베를린형 4인승 마차에 올라탔습니다. ★ ACT. '소풍' : 7: 귀가. ★★ ACT. '사랑의

산책': 7: 따로따로 귀가.

455) 돌아오는 길에 사라진은 잠비넬라를 납치할 결심을 했습니다. 그는 온종일 점점 더 기상천외한 계획들을 짜는 데 여념이 없었습니다. ★ REF. 연대기. 하루가 소풍과 납치를 분리시킨다(그러나 하나의 단순한 마침표가 '소풍'과 '납치'를 분리시키고 있다). ★★ ACT. '납치': 1: 결심과 계획.

456) 해질 무렵 그가 애인이 살고 있는 저택의 위치를 몇몇 사람들에게 물으려 나가는 순간에, ★ ACT. '납치': 2: 사전 정보.

457) 문턱에서 그의 동료 하나를 만났습니다.
— 이봐, 우리 대사님께서 집으로 자네를 오늘 저녁 초대한다고 전하라고 했네. 그분은 기막힌 연주회를 열 것이네. ★ ACT. '연주회': 1: 초대.

458) 그때 잠비넬라가 거기서 ……라는 것을 자네가 알게 되면…… ★ 이탈리아어는 그것의 구조에서 통상적으로 고유명사 앞에 관사의 존재를 포함한다. 이러한 규칙은 다른 곳에서는 대수롭지 않지만 여기서는 잠비넬라의 성별이 제기한 수수께끼 때문에 해석학적 종류의 결과들을 수반한다.[60] 프랑스 독자에게 여성 관사(la)는 그것 앞에 있는 이름을 눈에 띄게 여성화한다(그것은 여자역을 하는 남자 배우들의 여성성을 확립하는 통상적 수단이다). 그런 만큼 담론은 사라진을 희생자

---

60) 이 독해 단위에서 잠비넬라 앞에 여성 관사가 없음에 주목해야 한다. [역주]

로 삼고 있는 성적인 속임수를 보호하려고 고심하고 있기 때문에 현재까지 (한두 번을 제외하고) 여자 잠비넬라(la Zambinella)라고 끊임없이 말했다. 따라서 관사의 전적인 상실은 소프라노 가수를 여성으로부터 남성(Zambinella)으로 이동하게 하면서 해독의 해석학적 기능을 지니고 있다. 이로부터 거세된 가수의 비밀과 관련된 대화자의 상황에 따라 존재하거나 부재하는 이 관사의 유희 전체가 비롯된다. 여기서 사라진에게 말을 건네는 동료는 로마의 관습을 알고 있고, 프랑스인에게 프랑스어로 말하고 있기 때문에 문제의 가수를 탈여성화시키고 있다(HER. 수수께끼: 6: 해독, 집단으로부터 사라진으로 향함).

459) — 잠비넬라! 사라진은 그 이름을 듣고 흥분하여 소리쳤다. 난 잠비넬라에 미쳐 있어! — 자네도 모든 사람과 똑같네. 동료는 그에게 응대했습니다. ★ 사라진이 잠비넬라의 이름을 관사 없이 되풀이할 때, 이것은 전혀 다른 변화의 흐름에 따른 것이다. 우선 있음직한 것(다시 말해 정보의 어떤 심리적 일치)의 관점에서 보면, 사라진은 이탈리아어를 잘 모르기 때문에(연대적 코드는 우리에게 이 점을 충분히 말해 주었다) 관사가 있는가 없는가에 대해 아무런 타당성도 따지지 않는다. 뿐만 아니라 문체적 관점에서 보면 외침은 이름의 일종의 영도, 모든 형태학적 처리 이전에 이름의 본질을 드러낸 그 영도를 실어온다(nº 205에서 사라진으로 하여금 명성을 통해 여자 잠비넬라의 존재를 알게 해준 외침이 이미 그런 경우였다). 그의 동료가 던진 낱말은 그 자신이 사용하는 남성이 잠비넬라의 비밀에 대한 아무런 의식도 의미하지 않듯이, 사라진에게 예술가의 남성에 대해 아무런 정보도 제공하지 않는다(HER. 수수께끼 6: 함정, 사라진으로부터 그 자신으로 향함). ★★ 두 개의 대사(458과 459)는 담론의 새로운 양면성을 확립하고 있

다. 동료는 잠비넬라에게 미적으로 미쳐 있고, 사라진은 여자 잠비넬라에게 사랑으로 미쳐 있는 것이다(HER. 수수께끼: 6: 애매함).

460) ─ 하지만 자네들이 내 친구라면, 자네 · 비엥 · 로테르부르 · 알그랭은 축제가 끝난 후 기습적인 일을 도모할 때 도움을 줄 수 있겠나?
─ 추기경을 죽여야 하는 것은 아니지? (…) 아니지…?
─ 아니야, 아니야. 사라진은 말했습니다. 나는 자네들에게 신사들만이 할 수 있는 것을 요구하네. ★ ACT. '납치': 3: 공모자들의 모집. ★★ 여기서 소개되는 비엥은 나중에 아도니스의 형태로 여자 잠비넬라의 조각상을 모사함으로써 복제적 연쇄의 연속성을 보장하게 된다(SYM. 육체들의 복제).

461) 잠깐 사이에 조각가는 자신의 계획이 성공하도록 모든 것을 준비했습니다. ★ ACT. '납치': 4: 준비의 조치.

462) 그는 대사의 집에 마지막에 도착하는 사람들에 끼었습니다. ★ ACT. '연주회': 2: 늦게 도착하다. (연주회에 가는) 평범한 시퀀스에서는 (늦게 도착하는) 이 평범한 항목 자체가 커다란 작동적 힘을 지닐 수 있다. 프루스트의 작품에서 화자가 자기 작품의 토대를 제공하게 되는 무의지적 기억을 받아들이는 것은 게르망트의 대공 부인이 개최한 연주회에 늦게 도착하기 때문이 아닌가?

LXXVII. 읽혀지는 것 II: 피결정체/결정체

우리는 읽혀지는 것의 결속 법칙을 알고 있다. 모든 것이 성립되며, 모든 것이 가능한 한 가장 잘 성립되어야 한다(LXVI). 비엥은 사라진의 공모자이자 동시에 그의 계승자이다(그는 여자 잠비넬라의 이미지를 후대에 전하게 된다). 이 두 기능은 담론의 다음 부분에서 분리됨으로써 한편으로 비엥이 이야기 속에 처음으로 한번 진입하는 것은 순전히 우연에 의한 것이다. 그렇지만 그가 무언가에 '다시 소용되는' 지는 알지 못한다(비엥의 통합체적 친구들인 로테르부르와 알그랭은 담론에 태어나자마자 영원히 사라지게 된다). 다른 한편으로 비엥은 여자 잠비넬라의 조각상을 모사하기 위해 나중에 다시 나타남으로써(nº 546), 그는 **식별되는데**, 이런 식별은 논리적 만족을 가져다주게 되어 있다. 비엥이 사라진의 친구이기 때문에 후자가 만든 조각상을 모사하는 것은 당연하지 않은가? 읽혀지는 것의 도덕적 법칙, 즉 가치 법칙은 인과적 연쇄적인 인과 관계들을 **가득 메우는 것이다**. 그렇기 때문에 모든 세부적 주목 사항이 매개적이 되고, 이중으로 방향이 잡히며, 최후의 움직임으로 포착되도록 각각의 결정체(déterminant)는 가능한 한 피결정체(déterminé)가 되어야 한다. 예컨대 늙은이의 청각 장애는 화자로 하여금 그가 늙은이의 정체를 알고 있다는 것을 알리지 않을 수 없게 만들지만(nº 70), 그것 자체가 늙은이의 고령에 의해 결정된다. 여기서도 마찬가지이다. 사라진은 대사가 개최하는 연주회에 늦게 도착하는데, 이것은 **설명되고** 있다(납치를 준비하는 데 시간이 걸렸던 것이다). 잠비넬라는 이미 노래를 하고 있는 중이다. 그녀는 모든 사람 앞에서 동요를 일으키게 되고 치코냐라는 이를 알아차리며 사라진을 감시하고, 이어서 암살하라는 명령을 내리게 된다. 따라서 사라진의 늦음은 교차로-항목이다. 피결정체이자 결정체로서 그것은 납치와 암살 사이의 **자연적인** 접합이다. 이것이 바로 서술적 직물이다. 이 직물은 외관상으로 보면 메시지들의 불연속성을 따르고 있으며, 이 메시지들의 각자는 그것이 경주에 진입하는 순간 불필요한 보충(이것의 무상성 자체가 우리가 **현실 효과**라 불렀던 것을 통해서 픽션의 정당성을 입증하는 데 소용된다)으로 받아들여진다. 그러나 이 직물은 사실 가짜 논리적 연관들, 중계들, 이중으로 방향이 잡혀진 항목들로 가득 차 있다. 이론 문학의 충만함을 만들어 주는 것은 **계산**이다. 그 속에서 산종은 의미들이 언어의 무한을 향해서 상실되는 흩어짐이 아니다. 그것은 이미 자기를 띤 유사한 요소들이 동일한 **다발** 속에 경제적으로 정리되도록 소환되어 달려가기 전에 이 요소들의 단순한——일시적인——중지이다.

463) 그러나 그는 로마에서 가장 대담한 마부들(vetturini) 가운데 한 사람이 모는 힘센 말들이 구비된 마차를 타고 왔습니다. ★ ACT. '납치': 5: 신속한 도피 수단. ★★ REF. 이탈리아풍(vetturini).

464) 대사관저에는 사람들이 가득했습니다. ★ ACT. '연주회': 3: 많은 청중. ★★ SEM. 스타(청중은 여자 잠비넬라가 누리는 인기를 나타낸다. 이런 인기는 기능적이다. 왜냐하면 그것은 이 소프라노 가수의 엄청난 재산, 나아가 랑티 가문의 재산을 정당화시켜 준다).

465) 모든 참석자들에게 낯선 인물인 조각가가 잠비넬라가 노래하고 있던 그 순간에 살롱에 이르는 데는 어려움이 없지 않았습니다. ★ ACT. '연주회': 4: 연주홀에 다다르다. 사라진이 살롱에 도달하는 데

시간이 걸린 것은 사람이 많아서 때문만이 아니다. 그것은 잠비넬라가 유명하다는 것이 소급하여 언급되기 **위해서이다.** ★ REF. 연대기. 사라진은 로마에 온 지 얼마 되지 않았기 때문에(그의 무지의 조건) 참석자들에게 낯설다. '모든 게 성립된다.' ★★★ 차례로 담론은 비록 진실이 사라진에게도 독자에게도 아직 드러나지 않았지만, 사라진의 동료 다음으로 남성의 입장에 선다.[61] 그 이유는 사실 (사실주의적) 담론이 표현적 기능에 신화적으로 집착하기 때문이다. 그리하여 그것은 그것이 기록하고, 모사하며, 소통시키는 임무를 띤 (현실의) 지시 대상의 이전 존재를 믿는 척 가장한다. 그런데 이야기의 이 지점에서 지시 대상, 즉 남자 소프라노 가수는 **담론의 눈 앞에서** 이미 그의 물질성을 드러내고 있다. 담론은 살롱에 있고 여자 잠비넬라가 남장을 하고 있는 모습을 이미 보고 있다. 여자 잠비넬라를 아직도 여성 인물로 간주한다면, 그것은 이제 쓸데없이 거짓말하는 것이 되리라.

466) ― 아마 여기 있는 추기경들·주교들·신부들을 고려해서 그녀가 남장을 하고, 머리 뒤에 주머니를 달고 있으며, 짧고 곱슬곱슬한 머리를 하고, 옆구리에 검을 차고 있는 것이겠죠? 사라진은 물었습니다. ★ 여자 잠비넬라의 수수께끼는 두 벌의 의복, 즉 여장($n°$ 323)과 남장(이 독해 단위) 사이에 전적으로 위치한다. 의복은 성별의 결정적 증거처럼 나타난다(혹은 나타났다). 그러나 사라진은 어떤 대가를 치르더라도 자신이 빠진 함정을 집요하게 지키고자 한 나머지, 남장의 동기에 대해 논쟁하면서 사실을 파괴하고자 희망한다(HER. 수수께끼 6: 함정, 사라진으로부터 그 자신으로 향함). ★★ 여자 잠비넬라의 여성성

---

61) 잠비넬라 앞에 여성 관사가 없음에 유의할 것.〔역주〕

은 이제부터 (그녀)로 '인용되고' 있다. 아무도 더 이상 그것을 책임질 수 없는 것 같다. 그러나 이 인용의 기원은 여전히 수수께끼이다. '그녀'를 강조하는 것은 담론인가? 이 대명사의 발음을 강조하는 것은 사라진인가? (HER. 수수께끼 6: 해독.) ★★★ '곱슬곱슬한 머리'라는 이 세부적인 설명이 '사실주의적'인 것은 그것이 명시적이기 때문이 아니라, 나폴리 소년의 이미지를 해방시키기 때문이고, 이 이미지가 거세된 가수들의 역사적 코드에 따라 사내라는 사실을 폭로하고 수수께끼를 해독하는 데 검이나 의복보다 더 기여하기 때문이다(HER. 수수께끼: 6: 해독, 그리고 REF. 거세된 가수들의 역사적 코드).

467) — 그녀! 어떤 그녀 말인가? 사라진이 말을 걸었던 늙은 귀족이 대답했습니다.

— 잠비넬라(La Zambinella).

— 잠비넬라(La Zambinella)! 그 로마 공작이 다시 말했습니다. 누굴 놀리는 거요? ★ HER. 수수께끼 6: 폭로, 집단으로부터 사라진으로 향함. 폭로는 함정에 대한 일종의 감탄적이고 의문적인 타격을 통해 이루어지고 있다. 그러나 함정은 성별과 관련이 있기 때문에 모든 이의 제기는 양자 택일이고 즉각적으로 반대 항을 드러낸다.

468) 어디서 왔습니까? ★ 모든 연대기적 지표들은 사라진이 이탈리아에서 한 경험이 짧다는 점에 대해 우리를 '객관적으로' 설득시키려 했다. 이러한 연대기적 줄기는 여기서 하나의 이야기적 기능으로 귀결되고 있다. 즉 사라진의 순진함은 그가 빠져 살아온 함정을 설명하고 늙은 치기 공작이 이 함정에서 그를 깨어나게 하고 있다는 것이다(HER. 수수께끼: 6: 폭로: 함정의 간접적 설명).

469) 로마의 극장 무대에 여자가 오른 적이 있습니까? 교황의 나라에서 어떤 사람들이 여자들의 역할을 하는지 모르시나요? ★ HER. 수수께끼: 6: 폭로(비록 진실이 직접적으로 표명되지 않은 채 완곡하게 표현되고 일반성을 통해 주장되고 있긴 하지만, 그것은 더 잘 언급되지 못할 것이다. 잠비넬라는 거세된 가수인 것이다). ★★ REF. 교황의 나라에서 음악사.

LXXVIII. 무지로 죽다

통속적인 지식의 요약인 문화적 코드들은 이야기의 (우리가 보았듯이 수많은) 삼단논법들에 대전제를 제공하고 있는데, 이 대전제는 통상적(구(舊)논리학이 말하는 바에 따르면 '그럴듯한') 여론에, 여론상의 진실에, 한마디로 다른 사람들의 담론에 토대하고 있다. 사라진은 이와 같은 생략 삼단논법들을 통해서 여자 잠비넬라의 가짜 여성성을 자신에게 끊임없이 입증했는데, 잘못 전개되고 근거가 빈약한 추론의 실수 때문에 죽게 된다. 바로 타자의 담론 때문에, 이 담론의 이유들이 너무 많기 때문에 그는 죽는다. 그러나 또한 반대로 그리고 보완적으로 이 담론의 결함이 그를 죽인다. 인용이 거듭되면서 알알이 떨어지는 모든 문화적 코드들 전체는 이상하게 봉합된 작은 백과사전적 지식, 잡동사니 지식 같은 것을 형성한다. 이 잡동사니 지식은 통상적인 '현실'을 형성하고 주체는 이 현실에 적응하여 살아간다. 이러한 백과사전적 지식에서 어떤 결여, 이런 문화적 직물에서 어떤 구멍이 있으면 그건 바로 죽음이 될 수 있다. 교황청 관습들의 코드를 모르는 사라진은 지식상의 결함("당신은…… 모르시나요?") 때문에, 다른 사람들의 담론에서 공백 때문에 죽는다. 이 담론이 '현실'을 정당화시키는 지식, 사활이 걸린 이 지식의 대변자인 '현실주의적'인 한 늙은 조신(朝臣)(그는 자신의 소년이 지닌 목소리에 유리한 투자를 하고자 하지 않았는가?)의 목소리를 통해 마침내 (너무 늦게, 그러나 항상 너무 늦을 수밖에 없는 것이다) 사라진에게 이른다는 것은 의미심장하다. 상징의 비비 꼬인 구축물들(이것들이 중편 소설 전체를 차지했다)에 갑작스럽게 대립하는 것, 그것들에 대해 당연히 승리하도록 부름을 받은 것은 사회적인 진실이고, 제도들의 코드——현실 원칙——이다.

470) 이봐요, 잠비넬라에게 그 목소리를 준 것은 바로 나요. 내가 저 이상한 친구와 그의 노래 선생에게 모든 것을 지불했소. 그는 내가 준 도움에 대해 별 감사한 마음이 없기 때문에 나의 집에 발을 들여놓고자 한 적이 없었소. ★ 저 이상한 친구(ce drôle-là)라는 말은 여자나 거세된 남자 대신에 사내라는 생각을 불러일으킴으로써 성별의 이를테면 정상적인 축을 재확립하고 있다(설령 이것이 일시적이라 할지라도 말이다)(이 축은 중편 소설이 전개되는 동안 내내 때로는 여성성의 본질, 때로는 모든 성의 부정이라는 거세된 가수의 불확실한 상황에 의해 변질되었다)(SYM. 성별의 추) ★★ SYM. 거세 이전.

LXXIX. 거세 이전

치기의 작은 담론은 진실을 드러내는 것을 넘어서 그것이 해방시키는 이미지들에 따라 두 가지 방식으로 숙명적이다. 우선 그것은 잠비넬라를 사내로 명명하고 사라진으로 하여금 최상급의 여자로부터 불량배(곱슬곱슬한 머리를 한 나폴리 소년)로 추락하지 않을 수 없게 만들고 있다. 그래서 주체 안에서는 우리가 **패러다임적 추락**이라 부를 수 있는 것이 발생한다. 구분들 가운데 가장 강한 것에 의해 분리된 두 항(한쪽에는 예술의 항이자 토대인 초여인이 있고, 다른 한쪽에는 초라한 나폴리의 거리를 달리는 더럽고 누더기를 입은 이상한 친구가 있다)은 갑자기 동일한 인물 속에 뒤섞이고 있다. (마키아벨리의 말을 빌리면) **불가능한** 접합부가 만들어지고, 조각에서 차이로서 확립되었던 의미는 무너진다. 더 이상 의미는 없고 이러한 전복은 치명적이다. 그리고 잠비넬라가 아직 거세되지 않았던 시기를 상기시킴으로써(이것은 우리가 산정한 것이 아니라 함축 의미의 단순한 전개이다), 치기는 하나의 장면, 이전의 작은 소설 하나를 풀어 놓고 있다. 이 노인은 소년을 거두어들여 부양하면서 그의 수술(내가 **모든 것**을 지불했소), 그의 교육을 책임졌지만, 스타가 되고 있는 이 피보호자는 배은망덕하게도 보다 부유하고, 보다 힘 있으며 눈에 띄게 더 사랑을 주는 보호자(추기경)를 파렴치하게 선택하고 있다는 것이다. 물론 이런 이미지는 사디즘적인 기능을 지니고 있다. 왜냐하면 그것은 사라진으로 하여금 자신의 애인에게서 사내를 읽어내도록 만들고 있기 때문이다(이 부분은 중편 소설 전체에서 유일하게 남색에 대한 노트이다). 그것은 완전하게 현실적인 외과 수술처럼 설정된 거세(이것은 날짜가 제시되고 그 **이전**과 **이후**가 제공되어 있다)를 통속화시키고 있다. 마지막으로 그것은 치기를 문자 그대로 거세시키는 자(수술 비용을 지불한 자)로 드러내고 있다. 그런데 바로 이 동일한 치기가 잡담의 대수롭지 않은 찌꺼기를 통해 사라진을 거세와 죽음으로 이끌고 있다. 그는 상징적인 역량이 없고 우연성 속에 빠진 보잘것없는 매개자이며, 세론적인 대문자법을 완전하게 보장하는 지킴이이지만, 바로 의미의 밖에 위치함으로써

'운명'의 모습 자체가 된다. 이것이 **잡담**(프루스트와 제임스라면 **험담**: potin이라 말했을 것이다)의 공격적인 기능이다. 잡담은 타자의 담론이 지닌 본질이고 따라서 상상될 수 있는 가장 치명적인 말인 것이다.

471) 그러나 그가 출세한다면 모든 게 내 덕분일 겁니다. ★ 가정적 인 형태이지만 잠비넬라는 대스타가 되리라 예견되고 있다. 여기서 상 기해야 할 점은 18세기에 거세된 가수는 매우 위대한 국제적 스타의 위치를 차지할 수 있었고 큰 재산을 모을 수 있었다는 것이다. 카파렐 리는 (산 도나토의) 공작령을 구입했으며 공작이 되었고 화려한 궁전 을 짓게 했다. 파리넬리('**일 라가조**: 그 소년')는 막대한 부를 거머쥐 고 영국에서 나왔다(그는 이곳에서 헨델을 꼼짝 못하게 했었다). 그는 스페인에 건너가 매일같이 노래(게다가 항상 같은 곡)를 통해서 펠리페 5세의 신비한 혼수 상태를 치유했는데, 후자는 우리의 옛 프랑으로 매 년 1천4백만 프랑의 연금을 10년 동안 지불했다. 카를로스 3세에 의 해 쫓겨난 그는 볼로뉴에 화려한 궁전을 짓게 했다. 이런 사실들은 여 자 잠비넬라처럼 성공한 거세된 가수의 재산이 어디까지 이를 수 있 는지를 보여주고 있다. 늙은 치기가 비용을 지불한 수술은 수익성이 있을 수 있었다. 그래서 (돈이 상징적으로 중립적이 결코 아니다라는 점 이외에도) 이런 종류의 금전상의 이익에 대해 암시하면서 담론은 랑 티 가문의 재산(일련의 수수께끼들에서 최초 테마이자 그 '파리 생활 풍 경'의 주제임)을 추잡한 기원에 연결시키고 있다. 로마의 (타산적이거나 방탕한) 한 공작이 돈을 지불하여 나폴리의 소년을 거세시키는 수술을 했는데, 그 이후에 이 소년이 그를 '차버렸다'는 것이다(SEM. 스타).

472) 물론 치기 공작은 오랫동안 이야기할 수도 있었을 테지만, 사라

진은 더 이상 귀담아듣지 않았습니다. 무시무시한 진실이 그의 영혼 속에 침투했던 것입니다. 그는 벼락을 맞은 것 같았습니다. 그는 눈을 고정시킨 채 꼼짝하지 않고 있었습니다. ★ HER. 수수께끼 6: 폭로의 인정. 완전한 폭로가 세 단계로 이루어진다. 1) 함정의 뒤흔듦, 2) 설명, 3) 그 결과.

LXXX. 결말과 폭로

브레히트에 따르면, 극적인 연극에는 결말에 대한 열정적인 관심이 있다. 서사극에서는 전개에 대한 열정적인 관심이 있다. 《사라진》은 극적인 중편 소설(주인공에게 어떤 일이 벌어질까? 그는 어떻게 '끝나게' 될까?)이지만 그 결말은 폭로 속에 포함되어 있다. 도달하고 있는 것, 결말짓고 있는 것은 진실이다. 이 진실은 있음직한 것들(비평적 타당성들)에 따라 다르게 명명될 수 있다. 일화의 측면에서 보면 진실은 **잠비넬라가 거세된 가수이다**라는 지시 대상(현실적 대상)이다. 심리학에서 보면 그것은 **내가 거세된 가수를 사랑했다**라는 불행이다. 상징의 차원에서 보면, 그것은 **잠비넬라에게서 내가 사랑한 것은 거세된 가수이다**라는 해명이다. 이야기로 보면, 그것은 **나는 거세의 타격을 받았기 때문에 죽어야 한다**라는 예언이다. 어쨌든 진실은 마침내 발견된 술어이고 보어를 마침내 갖추게 된 주어이다. 왜냐하면 인물은 우리가 다만 이야기의 **전개** 차원에서, 다시 말해 서사적 관점에서 그를 포착한다면, 주어가 그것의 궁극적인 술어를 찾아 방황하는 상황에서 언제나 불완전하고, 불포화적 모습으로 나타날 것이기 때문이다. 이러한 방황 동안 함정과 남용 이외에는 아무것도 보여지지 않는다.

수수께끼는 이와 같은 술어적인 태만이다. 폭로하면서 담론은 논리적 형식을 완수한다. 그리하여 드라마를 결말짓는 것은 이러한 되찾은 충만함이다. 주어는 결국 속사를 갖추어야(소유해야) 하고 서양 전체의 모(母)세포는 가득 차야 한다. 술어의 이와 같은 일시적 방황은 유희로 묘사될 수 있다. 극적인 이야기는 함정과 진실이라는 두 파트너가 하는 놀이이다. 처음에는 커다란 미확정이 그것들의 만남들을 지배하고 방황이 강력하다. 그러나 점차로 두 개의 망은 접근하고, 서로에게 함께 침투하며, 확정이 충족되고, 이와 더불어 주어도 충족된다. 따라서 폭로는 최초의 그럴듯한 것이 필연적인 것으로 넘어가게 해주는 최후의 일격이다. 유희는 끝나고, 드라마는 '결말'이 나며, 주어는 바로 술어로 서술된다(고정된다). 그리하여 담론은 입을 다무는 일밖에 할 수 없다. (브레히트가 상상했던 것과 같은) 서사적 작품에서 일어나는 것과는 반대로, (독자의 즉각적인 비평에 제공된 것으로) 아무것도 보여진 게 없다. 보여지는 것은 단번에 마지막에 보여진다. 결국 보여지는 것은 종말이다.

473) **이른바 그 남자 가수에**(sur le prétendu chanteur).[62] ★ 이 표명은 수수께끼 같다. 우리는 오히려 **여자 가수**라는 표현을 기대할 수 있을 것이다. 왜냐하면 여자 잠비넬라에게서 기만은 노래가 아니라 성이며, 성은 여기서 남성(언어가 거세된 가수를 명명하기 위해 지니고 있는 유일한 성)인 바 이른바('prétendu')[63]가 남성으로 씌어질 수 없기 때

---

62) 번역본에서 이 독해 단위는 앞의 단위에서 '눈을 고정시킨 채' 앞에 위치함.〔역주〕

63) 'Prétendu'는 부당하게 ……라고 생각되는(일컬어지는, 주장되는)이라는 의미가 함축되어 있음을 상기하자.〔역주〕

문이다. 그러나 잠비넬라의 외양이 어떠하든, 주장·허위·협잡의 피해를 입은 자는 잠비넬라라는 개인이라 할 것이다. 이 외양이 '이른바'가 되지 않기 위해서는 여자 잠비넬라가 거세된 가수로 옷을 입어야 할 것이며, 이 의상은 교황청 사회가 예견하지 못했던 것이다(HER. 수수께끼 6: 폭로).

474) 그의 타오르는 시선은 잠비넬라에게 일종의 자석 같은 영향을 미쳤습니다. ★ ACT. (연주회, 공연의) '부수적 사건': 1: 무대에 있는 예술가에게 관심의 호소.

475) 왜냐하면 그 가수(le musico)가 마침내 눈을 사라진 쪽으로 돌렸고, ★ ACT. '부수적 사건': 2: 일깨워진 관심. ★★ REF. 이탈리아풍(담론은 이제부터 더 이상 잠비넬라를 여성으로 간주하지 않고 있다).

476) 그리하여 그의 천상의 목소리가 변질되었기 때문입니다. 그는 몸을 부르르 떨었습니다! ★ ACT. '부수적 사건': 3: 예술가의 동요. ★★ '위험'(여자 잠비넬라의): 7: 두려움의 반응.

477) 그는 모여 있는 사람들에서 새어 나온 무의식적인 중얼거림이 자신의 입술에 붙어 있는 것처럼 생각했고, 결국 그 중얼거림은 그를 동요시키고 말았습니다. ★ ACT. '부수적 사건': 4: 집단적 동요.

478) 그는 주저앉아서 노래를 일시 중단했습니다. ★ ACT. '부수적 사건': 5: 노래, 공연의 중단.

479) 치코냐라 추기경은 자기가 보호하는 자의 시선이 가는 방향을 곁눈질로 엿보았다가 프랑스인을 발견했습니다. ★ ACT. '암살' : 2: 희생자에 대한 신호. '암살'의 시퀀스는 이렇게 기능적으로 정당화되는, 연주회의 부수적 사건 때문에 전개된다. 부수적 사건이 없다면(이것 자체는 사라진의 늦음에 기인한다), 잠비넬라에겐 구제도, 사라진에겐 살인도 없을 것이다.

480) 그는 자신의 성직 보좌관 한 사람에게 몸을 기울여 조각가의 이름을 묻는 것 같았습니다. ★ ACT. '암살' : 3: 정보의 요구.

481) 그는 원하는 대답을 얻자, ★ ACT. '암살' : 4: 정보를 받음.

482) 이 예술가를 매우 주의 깊게 응시한 후 ★ ACT. '암살' : 5: 평가 및 내적 결정.

483) 신부 한 사람에게 명령을 내렸고, 그러자 신부는 신속하게 사라졌습니다. ★ ACT. '암살' : 6: 은밀한 명령. 시퀀스의 이 부분은 작동적 기능만 있는 게 아니라 의소적 기능도 있다. 그것은 어두운 '분위기'(로마 교회의 은폐된 힘, 금지된 사랑, 은밀한 명령 등)를 성립시키고 있기 때문이다. 이 분위기는 사랑의 만날 약속 끝에 배우들의 통음난무만을 만난 데 실망한 사라진에게 조롱의 관점에서 매우 결여되었던 것이다(n° 316).

484) 그러나 잠비넬라는 기력을 되찾은 후, ACT. '부수적 사건' : 6: 자신을 억제하다.

485) 곡을 다시 부르기 시작했습니다. ★ ACT. '부수적 사건' : 7: 노래, 공연을 다시 시작하다.

486) 그처럼 제멋대로 중단했던[64] ★ SEM. 스타.

LXXXI. 개인의 목소리

결말이 다가오고, 우리의 옮겨 쓰기 역시 결말이 다가온다. 따라서 편물처럼 엮어져 텍스트를 형성하는 목소리들 하나하나(코드들 각각)를 재점검해야 한다. 마지막 의소들 가운데 하나는 이것이다. 즉 대체 그 의소들의 목록이 우리에게 가르쳐 주는 것이 무엇인가? 의소(혹은 엄밀한 의미에서 함축 의미로 이루어진 기의)는 기의를 하나의 **성격**으로 하는 개인들·장소들·대상들의 함축 의미체(connotateur)이다. 성격은 형용사·속사·술어이다(예컨대 **자연을 벗어난, 어두운, 스타, 잡다한, 과도한, 불경건한** 등). 비록 함축 의미가 분명하다 할지라도, 그것으로 만들어진 기의의 명명은 불확실하고, 대략적이며, 불안정하다. 이 기의의 이름을 정지시키는 것은 우리가 위치하고 있는 비평적 타당성에 대부분 달려 있다. 의소는 하나의 **출발**에 불과하고, 의미의 한 통로일 뿐이다. 우리는 이런 통로들을 다양한 풍경들로 배열할 수 있으며, 이것들은 중심 주제들이다(우리는 여기서 이런 배열들 가운데 어떤 것도 수행하지 않았으며, 성격들의 목록만을 제시했지만, 이 성격들에 일련의 질서를 찾아 주려고 하지 않았다). 우리가 (최소한 이 작품에서

---

64) 번역본에서 이 독해 단위는 앞의 단위에서 맨 앞에 위치한다. 〔역주〕

는) 결국 희귀한, 대상 혹은 분위기의 의소들을 제외하면, 변하지 않는 것은 의소가 개인의 이데올로기에 연결되어 있다는 점이다(따라서 고전적 텍스트의 의소들의 목록을 작성하는 것은 이런 이데올로기를 고찰하는 것에 지나지 않는다). 결국 개인은 의소들의 집합에 불과하다(그러나 그 반대로 우리가 아무도 더 이상 예외가 되지 못하는 어떤 상징적 심층으로 내려가기만 한다면 의소들은 하나의 인물에서 다른 하나의 인물로 이동할 수 있다. 그래서 사라진과 화자는 공통적 의소들을 지니고 있다). 그래서 (상징적이라기보다는 심리적인) 고전적 관점에서 보면 사라진은 **부산함 · 예술적 재능 · 독립성 · 폭력 · 과도함 · 여성성 · 못생김 · 잡다한 성격 · 불경건 · 찢기 취향 · 의지** 등의 총합이고 그것들이 합류하는 장소이다. 이 총합에 어떤 귀중한 잔재(질적이고 말로 표현할 수 없기 때문에 구성적 성격들의 통속적인 회계를 벗어난다고 생각된다는 점에서 **개성**으로서의 무엇)가 보충되어 있다는 환상을 주는 것은 고유명사이고, 이 고유명사의 **고유성**이 완수하는 차이이다. 고유명사는 개인으로 하여금 의소들을 넘어서 존재하게 해주지만, 이 의소들의 총합이 그를 전적으로 구성한다. 운집되고 고정되는 대상으로서 하나의 대문자 명사(설령 이것이 대명사라 할지라도 말이다)가 존재하자마자 의소들은 진실의 유도자들인 술어들이 되며, 대문자 명사는 주어가 된다. 우리는 이야기의 고유성이 행동이 아니라 고유명사로서의 인물이라고 말할 수 있다. 그리하여 (소설의 이야기에 대한 우리의 이야기에서 어떤 순간에 대응하는) 의소적 재료는 고유성을 존재로, 명사를 형용사들로 **채우러** 온다. 의소들의 목록과 구조화, 개인의 그 고유한 목소리에 귀를 기울이는 청취는 심리학적 비평에는 많이, 테마 비평과 정신분석학적 비평에는 약간 도움이 될 수 있다. 결국 모든 것은 우리가 의소의 명명을 정지하는 수준에 달려 있다.

487) 그러나 그는 제대로 부를 수가 없었고, ★ 잔존하는 동요는 더 이상 연주회의 부수적 사건과 관련되지 않고 잠비넬라 자신이 위협받고 있다 알고 있는 그 위험과 관련된다(ACT. '위험' : 8: 위협의 느낌).

488) 온갖 간청에도 불구하고 다른 노래를 부르는 것을 거절했습니다. ★ ACT. '부수적 사건' : 8: 연주회, 공연 연장의 거부.

489) 그가 이처럼 변덕스러운 횡포를 부린 것은 처음이었습니다. 그렇지만 그것은 뒷날에 그의 재능 못지않게 그를 유명하게 만들어 주었습니다. ★ SEM. 스타. 여기서 우리는 함축 의미로 이루어진 의소의 성격을 분명하게 포착한다. 왜냐하면 스타들의 '변덕스러운' 성격은 통상적인 함축 의미 사전이라 할 사회통념 사전이 아니고는 그 어떠한 사전에도 열거되어 있지 않기 때문이다. ★★ 잠비넬라가 겪는 '위험'과 연결된 새로운 시퀀스는 조각가가 거세된 가수를 납치하는 동안 그를 짓누르게 할 매우 분명한 위협을 중심으로 이윽고 전개될 것이다. 그런데 이 시퀀스의 결말은 이미 여기서 암시되고 있다. 미래(뒷날에)는 잠비넬라가 사라진의 공격에 살아남으리라는 점을 우리에게 보장해 주고 있기 때문이다(ACT. '위험' : 1: 결말의 예측).

490) 또 그의 목소리와 아름다움 때문이라고 전해지는 그의 엄청난 재산 못지않게.[65] ★ 수수께끼들의 연쇄는 대략적으로 재구성된다. 우리가 본 독해 단위를 통해서 거세된 가수의 재산을 이미 알게 되는 바,

---

65) 번역본에서 이 독해 단위는 앞의 단위에서 '그를 유명하게' 앞에 위치한다. 〔역주〕

늙은 잠비넬라가 랑티 부인의 삼촌이라는 사실을 알게 되자마자, 랑티 가문의 재산이 어디서 비롯되는지 알게 되는 것이다(HER. 수수께끼 2: 랑티 가문의 재산: 테마의 상기). 잠비넬라의 아름다움이 그의 엄청난 재산과 무언가 관계가 있다는 사실은 추기경이 그에게 부여하는 사랑의 '보호'와 관련될 수밖에 없다. 따라서 랑티 가문이 지닌 재산의 기원은 '불순하다' (그것의 출처는 '매음'이다).

491) ─ 여자야. 사라진은 혼자 있다고 생각하면서 말했습니다. 여기엔 무언가 은밀한 음모가 있는 거야. 치코냐라 추기경은 교황과 로마 전체를 속이고 있는 거야! ★ HER. 수수께끼: 6: 함정, 사라진으로부터 그 자신으로 향함. (사라진이 사라진에게 내미는) 반사적 함정은 폭로에도 불구하고 살아남고 있다. 우리는 조각가가 사실들의 분명함보다 코드들의 분명함을 더 좋아한다는 점을 알고 있다. ★★ REF. 마키아벨리적 코드(은밀한 음모들, 음침한 협잡들, 미묘한 거대한 속임수들로 이루어진 허구적인 망임. 편집광의 공간이자 교황청과 피렌체의 이탈리아 코드임).

492) 곧바로 조각가는 살롱에서 빠져나와 ★ ACT. '연주회' : 5: 연주홀에서 빠져나오다.

493) 친구들을 불러모았고, ★ ACT. '납치' : 6: 공모자들의 규합.

494) 그들을 관저의 뜰에 매복시켰습니다. ★ ACT. '납치' : 7: 매복.

495) 잠비넬라는 사라진이 떠난 것을 확인하자 약간의 평정을 되찾

은 것 같았습니다. ★ ACT. '위험' : 9: 다시 평온을 되찾다.

496) 자정 무렵에 남자 가수는 적을 찾는 남장 모습으로 살롱들을 배회한 후, ★ REF. 연대기(자정 무렵에, 다시 말해 연주회의 저녁에). ★★ ACT. '위험' : 잔존하는 경계심. '위험'의 시퀀스는 이제부터 '위협'의 시퀀스에 자리를 내주게 된다. 후자의 장소는 잠비넬라가 사라진에게 잡혀 있는 아틀리에가 될 것이다. 비록 이 두 행태가 매우 가깝다 할지라도, 그것들은 동일한 질서를 포함하는 게 아니다. 여기서 위험은 반복되는 부수적 사건들에 대한 일련의 예방들 혹은 반응들로 구성된다. 위협은 어떤 위기의 도면에 따라 구축된 시퀀스인 반면에 위험은 열려진 무한한 시리즈일 수 있다. 위협은 종결을 부르는 닫혀진 구조이다. 하지만 두 시퀀스 사이에는 구조적 관계가 있다. 위험 항목들의 분산이 수행하는 기능은 위협의 대상을 **표시하는 것**이다. 그리하여 오래전부터 희생물로 지정된 잠비넬라는 위협의 위기 속에 진입할 수 있다.

497) 모인 사람들을 떠났습니다. ★ ACT. '납치' : 8: 희생자의 순진한 떠남.

498) 그가 관저의 문을 넘어서는 순간, 여러 남자들이 그를 능란하게 붙잡아서 손수건으로 입에 재갈을 물린 뒤 사라진이 빌린 마차 속에 밀어넣었습니다. ★ ACT. '납치' : 9: 엄밀한 의미에서 유괴. 이 납치는 구조적으로 완벽하다. 왜냐하면 공모자들이 독해 단위 460에서 모집되고, 493에서 결집되며, 494에서 매복되고 (빠른) 마차가 463에서 도입되고 있기 때문이다.

499) 공포에 얼어붙은 잠비넬라는 감히 움직이지도 못한 채 한쪽 구석에 있었습니다. 그는 자기 앞에서 죽음 같은 침묵을 지키고 있는 예술가의 무서운 얼굴을 보았습니다. ★ ACT. '위협' : 2: 희생자가 공포에 떨다.

500) 달린 거리는 짧았습니다. ★ ACT. '납치' : 10: 도정. 다른 이야기들에서 이 항목은 한편 소설 혹은 영화 내내 지속될 수 있는 무한한 촉매 작용에 내맡겨진다.

501) 사라진에 의해 납치된 잠비넬라는 곧바로 어둡고 황량한 아틀리안에 있게 되었습니다. ★ ACT. '납치' : 11: 감금의 장소에 도착하다.

502) 반쯤 죽은 그 가수는 의자 위에 앉아 있었고, ★ ACT. '위협' : 3: 부동의 희생자.

503) 한 여자 조각상에서 자신의 모습을 알아보았지만(il reconnut ses traits) 감히 쳐다보지도 못했습니다. 텍스트의 보다 논리적인 다른 판본을 보면, "자신의 모습을 알아보았지만(il avait reconnu ses traits)"이라고 씌어 있다.[66] ★ ACT. '조각상' : 1: 일정 수의 행동을 한곳으로 집중해야 할 대상의 테마화. ★★ SYM. 육체들의 복제. 조각상은 고유한 본질적 여자의 육체를 복제하는 그 기나긴 연쇄, 잠비넬라로부터 지로데의 엔디미온으로 이어지는 그 연쇄의 고리들 가운데 하나이다.

---

66) 단순과거가 다른 판본에서 그보다 한 시제 앞선 대과거로 씌어 있음을 말한다. [역주]

504) 그는 한마디 말도 하지 못했지만 이가 덜그럭거렸습니다. 그는 두려움에 얼어붙었습니다. ★ ACT. '위협' : 4: 말없는 희생자.

505) 사라진은 성큼성큼 왔다갔다했습니다. 갑자기 그는 잠비넬라 앞에 멈추었습니다.

― 진실을 말해봐, 그는 말했습니다. ★ HER. 수수께끼: 6: 애매함. 폭로는 이루어졌지만 주체는 여전히 확신하지 못하고 있다. "진실을 말해봐"가 함축하고 있는 것은 1) 사라진이 아직도 의심하며 기대를 하고 있고 2) 잠비넬라를 반말할 수 있는 '이상한 친구'로 이미 간주하고 있다는 점이다(사라진이 잠비넬라에게 반말을 한 것은 독해 단위 444와 445에서 두 번뿐이지만, 서정적인 고상한 돈호법을 써야 할 숭고한 대상으로서 그렇게 한 것이다).

506) **음험하고 변질된 목소리로.**[67] ★ (육체의 억제된 깊이로부터 오는) **음험한** 소리는 (서양)에서 내면성――따라서 어떤 감정의 진실――을 함축하고 있는 것으로 여겨진다. 사라진은 잠비넬라가 여자가 아니라는 점을 알고 있는 것이다(HER. 수수께끼: 6: 해독, 사라진으로부터 그 자신으로 향함).

507) **그대는 여자인가?** ★ HER. 수수께끼 6: 애매함(이 언표가 끌어들이는 함정은 의문문 형태에 의해 수정된다).

508) **치코냐라 추기경은……** ★ HER. 수수께끼 6: 함정, 사라진으로

---

67) 번역본에서 이 독해 단위는 앞의 단위에서 '그는' 다음에 위치한다.〔역주〕

부터 그 자신으로 향함(사라진은 n° 491에서 하게 되었던 로마의 음모에 대한 생각, 즉 잠비넬라의 여성성을 보존하는 설명을 다시 떠올리고 있다). ★★ REF. 마키아벨리적 코드.

509) 잠비넬라는 무릎을 꿇고는 대답으로 고개를 숙일 뿐이었습니다. ★ HER. 수수께끼: 6: 폭로, 잠비넬라로부터 사라진으로 향함.

510) — 아, 그대는 여자야. 예술가는 광분하여 소리쳤습니다. 왜냐하면 심지어…… 그는 말을 마치지 못했습니다. 아니야, 그(il)가 그토록 비열하지는 않을 거야. 그는 다시 말을 이었습니다. ★ HER. 수수께끼: 6: 함정, 사라진으로부터 그 자신으로 향함. 심리적 증거는 사라진에게 마지막 함정을, 열광에 마지막 피난처를 제공하고 있다. 이 증거는 여성성을 여자들의 허약성을 토대로 설정하고 있다. 그러나 그가 자주 이용했던 이와 같은 증거 앞에서 사라진은 그 자신이 생물학적 존재들의 도덕적 위계 속에 위치시켜야 하는 거세된 가수라는 새로운 항목으로 혼란스러워하고 있다. 절대적이고 최후의 허약성을 여자 속에 위치시켜야 하기 때문에 그는 거세된 가수에게 중간적 위치를 부여한다("거세된 가수라 할지라도 그처럼 비굴하지는 않을 것이다"). 따라서 모든 증거의 설립자인 생략 삼단논법은 이렇게 조직된다. 소심함의 마지막 단계를 차지하는 것은 여자이다. 그런데 잠비넬라는 굴욕적인 자세, 비열한 행동을 통해서 이 마지막 단계에 위치하고 있다. 따라서 잠비넬라는 분명 여자이다. ★★ SYM. 거세된 가수라는 명칭에 대한 터부. ★★★ SYM. 중성의 표기적 표시. 왜냐하면 그(il)가 강조되고 인용되어 있지만 그것의 남성이 의심받고 있기 때문이다.

511) — 아, 절 죽이지 말아요. 잠비넬라는 눈물을 흘리며 소리쳤습니다. ★ ACT. '위협' : 5: 최초로 용서를 빎. 용서를 비는 것이 명시적 위협을 반드시 수반하는 것은 아니지만, 사라진의 상황과 **열광**이 함축하는 막연한 위협을 수반한다.

512) 제가 당신을 속이는 데 동의한 것은 다만 친구들을 즐겁게 하기 위해서였습니다. 그들은 장난치고 싶었던 것입니다. ★ HER. '술책' : 12: 계략의 동기 폭로(우리가 알다시피, 장난은 거세시키는 대용물이다).

513) — 장난친다구? 조각가는 끔찍하게 터져 나오는 목소리로 대꾸했습니다. 장난, 장난이라니! 그대는 감히 남자의 정열을 우롱했지, 그대가 말야? ★ 장난의 거세시키는 역할은 여기서 거세 위협과 연결된 **남성적 항의**에 의해 확인되고 있는데, 사라진은 전자에 후자를 대립시키고 있다. 우리가 알다시피, 아들러는 다른 남자들에 대한 모든 수동적 태도의 거부를 남성적 항의라고 명명할 것을 제안한 바 있으며, 그후로 이 항의를 **여성성의 거부**로 보다 분명히 규정하자는 제안이 있었다. 과연 사라진은 여성성을 거부하지만 그 자신 안에 그것의 흔적이 없지 않다. 사라진 자신이 강조하는 '역설'은 그의 남성다움에, 남성다움 자체를 박탈당한 것으로 규정되는 존재가 장난의 거세시키는 무기를 통해 이의를 제기했다는 것이다(**SYM**. 남성적 항의).

514) — 오, 제발! 잠비넬라가 대꾸했습니다. ★ ACT. '위협' : 6: 두 번째 용서를 빎.

515) — 난 그대를 죽이지 않을 수 없을 것 같아! 사라진은 격렬한

동작으로 검을 빼내면서 소리쳤습니다. ★ ACT. '위협': 7: 죽이겠다는 첫번째 위협(조건법은 이미 위협의 정지를 이미 알리고 있다).

516) 하지만, 하고 그는 차가운 멸시를 드러내면서 다시 말했습니다. ★ ACT. '위협': 8: 위협의 철회.

517) 이 칼날로 그대의 존재를 뒤져본다 한들, 꺼버리지 않으면 안될 어떤 감정이나 만족시켜야만 하는 어떤 복수심을 발견할 수 있겠는가? 그대는 아무것도 아니야. 남자이든 여자이든 나는 그대를 죽일 거야! ★ SYM. 거세된 가수의 아무것도 아닌 존재. 추리는 다음과 같다. "그대는 나를 거세로 끌고 가려고 했다. 복수를 하고 그대를 벌주기 위해선 이번엔 내가 그대를 거세시켜야 한다('**그대의 육체를 이 검으로 뒤져본다**'). 그러나 나는 그렇게 할 수 없다. 그대는 이미 거세되어 있다." 욕망의 상실은 거세된 가수를 어떠한 생(生)과 사(死)에도 미치지 못하는 상태로, **어떠한 분류도 넘어서 있는 상태**로 이르게 하고 있다. 분류되지 못하는 것을 어떻게 죽일 수 있는가? 성적 패러다임의 내적 질서(여자역을 하는 남자 배우는 이 질서를 전복시킬 수 있었을지 모르지만 그것을 파괴할 수는 없었을 것이다. 왜냐하면 사라진의 입장은 "**남자라 해도 그대를 나는 죽일 거야**"이기 때문이다). 혐오의 본질은 죽음이 아니라, 죽음과 삶의 분류가 중단된다는 것이다.

518) 그러나……
사라진은 혐오스러운 동작을 취했고, ★ SYM. 거세된 가수라는 명칭에 대한 터부. ★★ SYM. 혐오·저주·배척.

519) 이로 인해 머리를 돌리지 않을 수 없었습니다. 그리하여 조각상을 보게 되었습니다. ★ ACT. '조각상' : 2: 이전에 테마화된 대상을 알아보다.

LXXXII. 글리산도

단 하나의 동일한 문장에 두 개의 코드가 나란히 있는 경우가 있는데, 읽혀지는 것의 통상적인 기교인 이런 조작은 이유가 없는 게 아니다. 동일한 언어적 단위 속에 주조됨으로써 두 코드는 그 속에서 외관상 **자연적인** 관계를 엮어낸다. 이와 같은 자연성(단순히 이것은 아주 오래된 통사법의 자연성이다)은 담론이 두 코드 사이에 (**능숙한 해법**에서처럼, 수학적 의미로) 능숙한 관계를 가져올 때마다 실현된다. 이러한 능숙함은 예컨대 연속적인 단 하나의 문장을 통해서 상징적 사실과 행동적 사실을 결합시키게 해주는 일종의 인과적 **글리산도** 속에서 유지된다. 그리하여 외관상 매끄러운 줄의 알들처럼, 긴밀한 작은 인과 관계들의 미끄러지는 연쇄를 통해서 거세된 가수에 대한 혐오(상징적 항목)와 조각상의 파괴(행동적 항목)가 다음과 같이 분절된다. 1) 사라진은 거세된 가수를 보고 역겨움을 느낀다. 2) 혐오는 그렇게 바라보는 것을 회피하게 만든다. 3) 시선의 이같은 회피는 머리를 돌리게 만든다. 4) 이렇게 돌리자 눈은 조각상이 있는 것을 본다 등. 이처럼 쪽매붙임 세공 같은 분절들은 문장의 대단한 자연스러움을 통해서("**사라진은 혐오의 동작을 취했고, 이로 인해 머리를 돌리지 않을 수 없었으며 그리하여 조각상을 바라보았다**") 수문을 하나하나 터 나가듯이, 상징적 영역으로부터 조작적 영역으로 이동하게 해준다. 담론의 표면으로 이끌려 온 코드의 인용은 자신의 표지를 상실하고, 새로운 의복처럼 '영원한' 문장으로부터 온 통사적 형태를 받아들이며, 이 형태는 인용을 정당화하고 일상적 언어의 방대한 자연 속에 정착시킨다.

520) — 저건 환상이야! 그는 소리쳤습니다. ★ ACT. '조각상' : 3: 실망하다(거짓, 빠진 것 때문에, 테마화된 대상에 대한 실망). ★★ HER. 수수께끼: 6: 폭로, 사라진으로부터 그 자신으로 향함.

521) 그리고 나서 잠비넬라 쪽으로 고개를 돌렸습니다. — "여자의 마음은 나에게 피난처였고 고국이었어. 그대는 그대를 닮은 누이들이 있는가? 아니라고. ★ SYM. 육체들의 복제. ★★ 잠비넬라의 누이들은 거세된 가수-여자, 고쳐지고 치유된 거세된 가수를 일시적으로 나타내게 해준다(SYM. 교정된 거세된 가수).

LXXXIII. 사방으로 퍼지는 전염병

거세는 전염적이다. 그것은 그것이 접근하는 모든 것에 타격을 입힌다(그것은 사라진 · 화자 · 젊은 여자 · 이야기 · 황금에 타격을 입힌다). 이것이 《사라진》이란 작품이 제시하는 '입증들' 가운데 하나이다. 예를 들어 조각상을 보자. 그것이 '환상'인 것은 그것이 그 물질성을 획득할 수 없는 어떤 현실적 대상을 인위적 수단들을 통해서 복제하고 있기 때문이 아니라(이런 제시는 평범하다), 이 대상(여자 잠비넬라)이 비어 있기 때문이다. '사실주의적' 작품은 모델의 총체적 진실에 의해 보장되어야 한다. 모사하는 예술가는 이 모델을 그의 하부까지 알아야 한다(우리는 조각가 사라진의 작품에서 옷 벗기기의 기능을 알고 있다). 여자 잠비넬라의 경우에서 모든 조각의 내적 우묵함(이것이 아마 많은 조각 애호가들을 매료시키고 성상 파괴에 전적인 상징적 맥락을 부여한다)은 거세된 가수의 중심부의 결여를 재현하고 있다. 조각상은 아이러니컬하게도 진실하며, 비극적으로 자격이 없다. 모델에서 빈 부분은 그것이 지닌 혐오의 의미를 모사 작품에 전달하면서 침투했다. 그러니까 거세의 환유적 힘이 조각상에 충격을 준 것이다. 우리는 이와 같은 전염에 주체가 행복하고 구원적인 반대적 환유, 곧 여성성이라는 본질의 환유에 대한 꿈을 대립시키고 있음을 알 수 있다. 기대된 누이들은 교정되고, 성을 되찾았으며 치유된 거세된 가수, 가증스러운 껍데기 같은 훼손된 것을 벗어던져 올곧은 여성성만을 간직한 그런 거세된 가수를 상상하게 해주고 있다. 어떤 민족들의 관습을 보면, 개인이 아니라 일종의 가족적 본질과 결혼해야 한다는 것이 제도적으로 규정되어 있다(순연혼, 한 남자가 여러 자매들과 일부다처제, 수혼제). 마찬가지로 사라진은 거세된 가수가 그의 손에 남겨 주는 거세된 유해로부터 멀리 벗어나 잠비넬라의 본질——게다가 이 본질의 먼 훗날에 마리아나나와 필리포에게서 개화될 것이다——을 추구하고 있다.

522) 그럼, 죽어…! ★ ACT. ‘위협’ : 9: 죽이겠다는 두번째 위협.

523) 아니지, 그대는 살아야 해. 그대 목숨을 살려 주는 것은 그대가 죽음보다 더 지독한 것을 운명적으로 당하지 않을 수 없게 하는 게 아니겠는가? ★ ACT. ‘위협’ : 10: 위협의 철회. ★★ SYM. 모든 제도로부터 벗어나 거세된 가수. 거세는 죽음 자체에 타격을 가하고, 그것을 부패시키며 지시한다(이른바 **왜곡시킨다**). 삶의 체계에 속하는 진짜 죽

음, 능동적인 죽음, **분류된** 죽음이 있다. 거세된 가수는 체계 밖에 존재하므로 이런 죽음을 더 이상 누릴 수조차 없다.

524) 내가 아쉬워하는 것은 내 피도 내 삶도 아니고, 미래이고 애정에서 나의 행운이야. 그대의 허약한 손이 내 행복을 뒤엎어 버리고 말았어. ★ 사라진은 자신의 죽음을 해설하고 있다. 따라서 그는 죽음을 받아들였던 것이다(ACT. '죽고자—하는 의지' : 5: 자신의 죽음을 미리 해설하다). ★★ SYM. 거세의 전염.

525) 그대가 시들게 한 그 모든 희망들을 보상하기 위해 나는 어떤 희망을 그대에게서 빼앗을 수 있겠는가? 그대는 나를 그대의 차원까지 실추시켜 버렸어. 사랑하고 사랑받는다는 것! 그것은 이제 나에게 빈말이 되었고 그대에게도 마찬가지야. ★ SYM. 거세의 오염: 거세된 사라진.

LXXXIV. 충만한 문학

잠비넬라의 병은 사라진에게 감염되었다("**그대는 나를 그대의 차원까지 실추시켜 버렸어**"). 여기서 거세의 전염적 힘이 폭발하고 있다. 거세의 환유적인 지배력은 돌이킬 수 없다. 그것이 가져온 비어 있음에 타격을 받아 성(性)이 무너질 뿐 아니라, 예술도 부서지고(조각상이 파괴된다) 언어도 죽는다("**사랑하고 사랑받는다는 것은 이제 나에게 빈말이 되었다**"). 이를 통해서 우리가 알 수 있는 것은 사라진의 형이상학에 따라 의미 · 예술 · 성이 하나의 대용적인 동일한 연쇄, 즉 충만함의 연쇄만을 형성한다는 점이다. 한 예술(서술의 예술)의 산물이고, 다의성(고전적 텍스트의 다의성)의 동원이며, 성의 주제인 중편 소설 자체가 **충만함**의 상징이다(하지만 우리가 조금 후에 보다 잘 말하겠지만, 그것이 **재현하는** 것은 이 충만함의 재앙적인 동요이다). 텍스트는 다양하고 불연속적이며 집적된 의미들로 충만하지만 그것의 문장들의 '자연적인' 움직임을 통해 광택이 나고 매끄럽게 된다. 그것은 텍스트-달걀(texte-œuf)이다. 르네상스 시대의 한 작가(피에르 파브리)는 《수사학적 충만함의 위대한 참다운 예술》이라는 개론서를 썼다. 그리하여 우리는 (읽혀지는) 모든 고전적 텍스트가 암묵적으로는 충만한 문학의 예술이라고 말할 수 있을 것이다. 문학은 의미들이 배열되고 쌓여 있으며, 저축되어 있는 가정용 장롱처럼 충만하다(이 텍스트에서 상실되는 것은 아무것도 없으며 의미는 모든 것을 되찾는다). 또 그것은 비평이 거침없이 분만하게 만드는, 기의들로 충만한 암컷과 같다. 또 그것은 바다처럼 깊은 곳들과 움직임들로 가득 차 있으며, 이것들이 그것에 무한의 모습과 커다란 명상적인 주름을 부여한다. 그것은 태양처럼, 그것을 만드는 사람들에게 쏟아지는 영광으로 가득 차 있다. 혹은 마지막으로 그것은 선언되고 인정된, 그러니까 제도적인 예술로서 숨김이 없다. 이와 같은 읽혀지는 충만한 예술은 더 이상 씌어질 수 없다. 왜냐하면 (낭만주의 예술에서 절정이 다다르는) 상징적 충만함은 우리 문화의 마지막 변모이기 때문이다.

526) **"나는 현실의 어떤 여인을 보면서 끊임없이 저 상상의 여인에 대해 생각할 거야."**

그는 절망적인 몸짓으로 조각상을 가리켰습니다. ★ 조각상, (최상급의) 상상적 여자 그리고 현실적 여자는 육체들의 복제적 연쇄를 이루는 몇몇 고리들인데, 거세된 가수의 결여가 이 연쇄를 재앙적으로 끊어 버리고 있다(SYM. 육체들의 복제). ★★ ACT. '조각상' : 4: 테마화된 대상이 야기하는 절망.

527) — 나는 남자로서의 내 모든 감정에 발톱을 박아넣으러 오는 천상의 하르퓌아 같은 괴물을 항상 기억 속에 간직할 거야. 그 괴물은 다른 모든 여자들에게 불완전이라는 낙인을 찍을 거야. ★ SYM. 거세의 전염. 하르퓌아의 이미지는 (발톱에 의한) 거세와 동시에 (복수의 세 여신의 테마를 통한) 죄의식을 함축한다. 예술과 문화의 코드이기 때문에 최고의 씌어진 코드인 여자 육체들의 코드는 이제부터 결여에 의해 서명될 것이다.

528) 괴물! ★ 이 돈호법은 여기서 문자 그대로의 충만함을 지니고 있다. 괴물은 자연을 벗어나 있고, 모든 종류, 모든 의미를 벗어나 있기 때문이다(이 의소는 늙은이에게 이미 고정된 바 있다)(SEM. 자연의 벗어남).

529) 그 어떤 것에도 생명을 줄 수 없는 그대, ★ SYM. 육체들의 복제.

LXXXV. 중단된 복제

'상상의' ——다시 말해 현대적 의미에서, 자신 안의 무의식에 대한 몰이해를 통해 사라진의 내부에서 야기된——여인으로서 여자 잠비넬라는 파편화된 우연적인 말들(모두 다 페티시인 현실적 여자들)과 모든 아름다움을 창시하는 코드, 곧 끝이자 시작인 걸작 사이에 중계 역할을 했다. 중계가 실패하게 됨으로써(그것은 비어 있다) 전달 체계 전체가 무너진다. 이것이 사라진의 실−망이고, 육체들의 전 회로에서의 일−탈이다. 따라서 거세된 상태의 평범한 정의("**그 어떤 것에도 생명을 줄 수 없는 그대**")는 구조적인 중요성을 지니고 있다. 그것은 육체들의 미적인 복제(사실주의 예술의 '모사')뿐 아니라 환유적 힘의 총체성과 관련이 있다. 사실 죄악 혹은 근본적 불행('**괴물!**')은 (미적 혹은 생물학적) 복제들의 순환을 중단시키는 것이고, 의미들의 정연한 침투성을 동요시키며, 언어로서 분류이자 반복인 이 의미들의 **연쇄** 작용을 깨트리는 것이다. 그 자체가 환유적인 (그리고 절대적 힘을 지닌) 거세는 모든 환유를 봉쇄한다. 왜냐하면 삶과 생명의 연쇄들이 부서지기 때문이다. 육체들의 영광스러운 전을 나타내는 상징인 조각상이 당장 부서지게 되어 있듯이 말이다(그러나 조각상은 구출되고 무언가가 아도니스 · 엔디미온 · 랑티 가문 · 화자 · 독자에게 전수될 것이다).

530) 나에게 그대는 지상에서 모든 여자들이 사라지게 만들어 버렸어. ★ SYM. 사방으로 전염되는 거세. ★★ 여자들 · 쾌락 · 예술에서 세 번의 부분적 죽음이 주인공의 육체적 죽음에 선행하고 있다(ACT. '죽고자−하는 의지' : 6: 여자들과의 관계에서 죽은 몸이 되다).

531) 사라진은 공포에 사로잡힌 가수 앞에 앉았습니다. 두 줄기 굵은 눈물이 그의 메마른 눈에서 나와 남성적 두 **뺨**을 타고 흘러 땅에 떨어졌습니다. 두 줄기 격심한 고통의 눈물, 두 줄기 쓰라린 뜨거운 눈물이. ★ REF. 눈물의 코드. 주인공의 코드는 그 자체가 강력하게 역사적인 어떤 의례의 매우 엄격한 한계 내에서 남자로 하여금 울도록

허용한다. 미슐레는 성 루이[68]가 '눈물의 재주'를 지닌 것을 축하했고 부러워했다. 그리하여 예컨대 사람들은 라신의 비극들을 보고 눈물을 많이 흘렸다. 그러나 일본을 보면, 사무라이로부터 계승된 생활 지혜인 부시도에서 감정의 모든 육체적 표현은 금지되어 있다. 사라진은 네 가지 이유(혹은 네 가지 조건)로 울 권리가 있다. 우선 예술가로서의 그의 사랑에 대한 꿈이 소멸되었기 때문이다. 다음으로 그는 죽게 되기 때문이다(그가 눈물을 흘리고도 살아남는다면 고상하지 못하다 할 것이다). 세번째로 그는 홀로이기 때문이다(거세된 가수는 아무것도 아닌 것이다). 네번째로 남성다움과 눈물의 대비 자체가 비장하기 때문이다. 뿐만 아니라 그의 눈물은 드물며(두 번) 타오르고 있다(그것은 여성성과 결부된 마땅치 않은 습기의 성격을 지닌 게 아니라, 건조하고 남성적인 불의 성격을 띠고 있다).

532) — 더 이상 사랑은 없다! 나는 그 어떠한 즐거움에도, 인간의 그 어떠한 감동에도 관심이 없다. ★ SYM. 거세의 전염. ★★ ACT. '죽고자-하는 의지' : 7: 쾌락에서, 감동에서 죽다.

533) 이 말을 마치자, 그는 망치를 집어들어 너무도 엄청난 힘으로 조각상에 던졌기 때문에 빗나가고 말았습니다. ★ ACT. '죽고자-하는 의지' : 8: 예술에서 죽다. ★★ ACT. '조각상' : 5: 파괴의 동작.

534) 그는 자신의 광기를 표현한 이 기념비적 작품을 파괴했다고 생각했습니다. ★ ACT. '조각상' : 6: 피해를 입지 않은 조각상. ★★

---

68) 프랑스의 왕 루이 9세(1214-1270)를 말함. [역주]

SYM. 육체들의 복제. 연쇄는 최후의 순간에 보존되고 있다.

535) 그리고 나서 그는 자신의 검을 다시 집어들고 가수를 죽이기 위해 휘둘렀습니다. ★ ACT. '위협' : 11: 세번째 죽음의 위협.

536) 잠비넬라는 날카로운 비명을 질렀습니다. ★ ACT. '위협' : 12: 구원의 호소. 희생자의 구원에 대한 호소는 '위협'과 '암살'의 두 시퀀스가 합류하도록 해주고 있다. 희생자는 구원된다. 왜냐하면 공격자가 살해되기 때문이다. 한쪽을 구원하는 자들은 다른 한쪽의 암살자들이 되는 것이다.

LXXXVI. 자동 구성되는 경험 영역의 목소리

행동적 시퀀스들은 이제 곧 모두가 폐쇄될 것이고 이야기는 죽게 될 것이다. 우리는 그것들에 대해 무엇을 아는가? 이 시퀀스들은 일련의 행동들을 충분히 초월적인 하나의 용어로 명명하고자 하는 독서의 어떤 역량으로부터 태어난다는 것이다. 이 행동들 자체는 인간 경험들로 이루어진 유산의 보고에서 비롯된 것이다. 또 우리가 알 수 있는 점은 이러한 행태들의 유형론이 불확실하게 보인다는 것이며, 아니면 최소한 그것들에 그럴듯함, 자동 구성되는 경험 영역, **이미-이루어진** 것 혹은 **이미-씌어진** 것의 논리와는 다른 논리가 부여될 수 없다는 것이다. 왜냐하면 그것들의 항목들의 수와 순서는 가변적이기 때문이다. 이 항목들 가운데 어떤 것들은 작은 통상적 행동들의 실제적 축적으로부터 오고(예컨대 **문을 두드리다, 만날 약속을 주다**), 어떤 것들은 소설적 모델들의 씌어진 자료체들에서 추출된다(**납치, 사랑의 선언, 살인**). 또 우리가 알 수 있는 것은 이런 시퀀스들이 촉매 작용 · 발아에 폭넓게 개방되어 있고 '나무들'을 형성할 수 있다는 점이다. 뿐만 아니라 논리적−시간적 질서에 따라 그것들이 읽혀지는 것의 가장 강력한 골격을 구성하고, 통합체적이면서도 정연한 전형적으로 시퀀스적 성격을 통해서 그것들이 이야기의 어떤 구조적 분석에서 우선적 자료를 형성한다는 점이다.

537) **바로 그때 세 명의 남자가 들어왔고,** ★ ACT. '위협' : 13: 구조자들의 도착. ★★ ACT. '암살' : 7: 암살자들의 진입.

538) **갑자기 조각가는 세 개의 비수를 맞고 쓰러졌습니다.** ★ ACT. '위협' : 14: 공격자의 제거. ★★ ACT. '암살' : 8: 주인공의 살해. 무기들은 코드화되어 있다. 즉 검은 명예, 우롱당한 정열, 남성적인 항의의 남근적인 무기이기 때문이다(사라진은 n° 301에서 이 무기로 우선 잠비넬라를 매혹시키려 했고, 다음으로 n° 535에서 거세된 가수를 찌르고자 했다). 비수(작은 남근)는 고용된 살인자들의 하찮은 무기이고, 이제 거세된 주인공과 어울리는 무기이다.

539) **— 치코냐라 추기경의 지시이다. 그들 가운데 하나가 말했습니다.** ★ ACT. '암살' : 9: 살인의 서명.

540) **— 기독교도에 걸맞는 자선이군. 프랑스인은 숨을 거두면서 대꾸했습니다.** ★ 살인자의 종교에 대한 반어적인 암시에도 불구하고, 희생자가 주는 축복은 암살을 자살로 만들고 있다. 주체는 그가 자신

과 (n° 240에서) 자기 자신과 체결한 협약에 따라, 그리고 거세와의 접촉이 그를 끌어들였던 상징적 운명에 따라 자신의 죽음을 받아들이고 있다(ACT. '죽고자-하는 의지' : 9: 자신의 죽음을 받아들이다).

541) **그 음침한 속죄양들은** ★ REF. 어두운 소설적 것(cf. 뒤에 가서 닫혀진 마차).

LXXXVII. 지식의 목소리

사라진과 관련된 텍스트는 문화적 코드들로부터 많은 준거들을 끌어내고 있는데, 이 코드들 역시 다른 텍스트들을 향해서 소멸하게 된다(아니면 최소한 이동하게 된다. 그것들을 받아들이는 다른 텍스트들이 없지 않다). 그렇게 하여 멀어지는 것은 말하자면, 작은 지식의 커다란 목소리이다. 사실 이런 인용들은 지식의 자료체, 익명적인 대문자 책에서 발췌되는데, 이 대문자 책의 가장 좋은 모델은 아마 학교 교과서일 것이다. 왜냐하면 선행하는 이 책은 지식(경험적인 관찰)의 책이자 동시에 지혜의 책이다. 다른 한편으로 (우리가 보았듯이 흔히 추론의 근거를 위해서 혹은 감정들에 씌어진 권위를 부여하기 위해서) 텍스트에서 동원되는 교육적인 자료는 고전적인 부르주아 교육을 충실하게 받은 학생이 지닐 수 있었던 일곱 내지 여덟 개 교과서의 놀이에 부합한다. 열거하면 문학사(바이런 · 《천일야화》 · 앤 래드클리프 · 호메로스) · 예술사(미켈란젤로 · 라파엘로 · 그리스의 기적) · 역사 교과서(루이 15세의 세기) · 실천 의학 개요(질병 · 회복 · 늙음) · 심리학 개론서(사랑의 심리, 윤리적 심리 등) · 도덕 개설서(기독교 혹은 스토아학파의 도덕, 라틴어 판본들의 도덕)·논리학(삼단논법)·수사학 그리고 마지막으로 삶·죽음·고통·사랑·여자·나이 등과 관련된 금언들 및 격언들의 모음집이 그것이다. 비록 그 기원이 전적으로 책에서 나온 것이라 할지라도, 문화적 코드들은 부르주아 이데올로기의 고유한 회전문, 문화를 자연으로 전복시키는 그런 회전문을 통해서 현실, 곧 '삶'을 성립시키는 것 같다. 그리하여 삶은 고전적 텍스트에서 통상적 견해들의 역겨운 혼합이 되고, 사회통념들의 질식시키는 층이 된다. 사실 바로 이와 같은 문화적 코드들 속에 발자크의 구식적(舊式的)인 측면이, 발자크 작품에서 (다시) 씌어질 수 없는 것의 본질이 집중되고 있다. 사실을 말하자면, 이러한 구적인 측면은 저자가 다가올 현대적인 것의 기회들을 마련하지 못하는 개인적인 무력이나 수행상의 결함이라기보다는 충만한 문학의 숙명적인 조건이다. 이 문학이 그 안에 간직하고 있는 고정관념들의 군대는 이 조건을 치명적으로 노리며 매복하고 있다. 그런 만큼 준거들(문화적 코드들)에 대한 비평은 충만한 문학의 한계 지점 자체에서 책략을 통해서만 확립될 수 있다. 이 지점에서 아이러니라는 새로운 고정관념에 의존하지 않은 채 고정관념을 비판하는 것(그것을 토해내는 것)이 가능하다(그러나 어떤 곡예와 불확실성의 대가를 지불해야 한다). 이것이 아마 플로베르가 특히 《부바르와 페퀴셰》에서 수행했던 것이리라(우리는 이 점을 여러 번 언급하고 있다). 이 작품에서 학업적인 코드들을 베끼는 두 인물 자체가 불확실한 신분으로 '표현된다.' 왜냐하면 저자는 그들에 대해 그 어떠한 메타 언어(옥은 유예된 메타 언어)도 사용하지 않기 때문이다. 사실 문화적 코드는 어리석음과 동일한 위치를 지니고 있다. 왜냐하면 이런 질문을 할 수 있기 때문이다. 자신을 현명하다고 표명하지 않은 채 어떻게 어리석음을 핀으로 고정시키듯이 포획할 수 있겠는가? 하나의 코드가 코드들의 복수태를 부당하게 봉쇄시키지 않은 채 어떻게 다른 코드를 지배할 수 있는가? 오직 글쓰기만이 작업 자체에서 가능한 가장 방대한 복수태를 받아들임으로써 각각의 언어가 지닌 제국주의에 폭력 없이 대립할 수 있다.

542) 잠비넬라에게 후원자가 걱정하고 있다고 알려 주었습니다. 후원자는 잠비넬라가 구조되자마자 데려갈 수 있기 위해 문 앞의 닫혀진 마차에서 기다리고 있었습니다. ★ ACT. '위협': 15: 구조자들과 함께 돌아감. ★★ ACT. '암살': 10: 최후의 설명.

543) — 하지만 이 이야기가 우리가 랑티 씨네 집에서 보았던 그 작은 늙은이와 어떤 관계가 있지요? 로슈피드 부인은 나에게 물었다. ★ HER. 수수께끼 4(늙은이는 누구인가?: 표명).

544) — 부인, 치코냐라 추기경은 잠비넬라 조각상의 주인이 되었고, 그것을 대리석으로 제작하도록 했습니다. 그것은 오늘날 알바니 박물관에 있습니다. ★ ACT. '조각상': 7: 되찾은(표적이 되고, 빗나간) 조각상. ★★ 육체들의 복제적 연쇄에서 또 하나의 고리가 나타남. 조각상이 대리석으로 복제되었기 때문이다. 이러한 복제적 에너지의 동인은 다시 한번 욕망이다. 치코냐라는 희생자의 작품을 소유하고 자기 경쟁자의 눈으로 자신의 사랑스러운 젊은이의 초상을 응시하는 데 아무런 가책을 느끼지 않기 때문에, 고리찾기 놀이[69]에서처럼 희생자의

_____

69) 여러 사람이 둥글게 앉아 고리를 끈에다 끼워 뒤로 감추면서 돌리면 중앙에 앉은 자가 그것을 찾아내야 하는 놀이이다. 〔역주〕

욕망과 이 경우 이 욕망에 결부된 거세를 후대에 **넘겨 주고 있다**. 이 욕망은 다시 비엥의 아도니스(로슈피드 부인이 욕망하는 아도니스)와 달빛이 비치는 지로데의 엔디미온에 배어들게 된다(SYM. 육체들의 복제).

545) 바로 그곳에서 1791년에 랑티 가문은 그것을 되찾았고, ★ REF. 연대기. 사실 이 정보는 흐릿하다. 왜냐하면 그것은 그 어떠한 다른 지표와도 연결될 수 없기 때문이다(뿐만 아니라 그것은 그 어떤 다른 정보, 예컨대 1809년에 죽은 비엥의 전기와도 양립할 수 없다). 그것은 순전한 현실 효과이다. 하나의 날짜보다 더 '현실적인' 것은 아무것도 없다고 생각되기 때문이다. ★★ HER. 수수께끼 3(랑티 씨네 사람들은 누구인가?): 대답의 시작(랑티 씨네 사람들과 조각상은 관계가 있다).

546) 비엥으로 하여금 그것을 복제해 달라고 부탁했습니다. ★ SYM. 육체들의 복제.

LXXXVIII. 조각에서 회화로

사라진이 죽자, 여자 잠비넬라는 조각상에서 그림으로 옮아진다. 이는 무언가 **위험한** 것이 포함되었고, 내쫓겼으며, 진정되었다는 것을 말한다. 볼륨에서 평면성으로 이동함으로써 복제는 중편 소설이 끊임없이 등장시켰던 예민한 문제군을 상실하거나 최소한 완화시키고 있다. 주위를 돌아볼 수 있고 침투할 수 있는, 한마디로 **깊이가 있는** 조각상은 방문·탐사·침투를 부른다. 그것은 **내부의** 충만함과 진실을 관념적으로 끌어들인다(그렇기 때문에 이 내부가 여기서 비어 있고 거세되어 있다는 점은 비극적이다). 사라진에 따르면 완벽한 조각상은 현실의 여자(이 여자 자체가 **결작**이어야 한다는 조건이 붙는다)가 자태를 드러내는 육체여야 했으며, 이 여인이 지닌 현실로서의 본질이 그녀에게 적용되었던 대리석 피부를 확인하고 보장해야만 했다(이런 관계는 반대된 방향에서 포착하면, 피그말리온의 신화를 제시한다. 현실의 여인이 조각상으로부터 태어나기 때문이다). 그 반대로 회화는 아마 이면을 가지고 있다 할 것이다. 그러나 그것은 내부가 없다. 그것은 그림 **뒤에** 있는 것을 보러 가게 해줄 수 있는 그 **조심성 없는** 움직임을 야기할 수 없다(우리가 보았듯이, 아마 프랑오페의 꿈의 경우를 제외하면 말이다. 그는 그려진 육체들의 진실성을 확인하기 위해 그것들의 몸을 볼륨이 있는 외모에서처럼 그림 **안에서** 돌릴 수 있고 그것들의 주위를 돌 수 있기를 원했다). 조각상에 대한 사라진의 미학은 비극적이다. 그것은 꿈꾸어진 충만함이 거세된 비어 있음으로, 의미가 의미 밖으로 추락할 위험이 있다. 반면에 그림의 미학은 보다 덜 상징적이고 보다 초연하기 때문에 보다 진정되어 있다. 하나의 조각상은 부서지지만, 하나의 그림은 보다 단순하게 뒤죽박죽 흐려지는 것이다("**미지의 결작**"이 파괴되는 경우 일어나듯이 말이다). 비엥과 지로데의 그림들에서 복제적 연쇄를 따라 전개되는 여자 잠비넬라의 이야기는 멀어지며, 무례하지 않은 막연하고 달빛 어린 신비한 수수께끼로서만 존속한다(비록 그려진 아도니스를 단순히 보기만 해도 거세적인 환유가 다시 활성화되게 되어 있다 할지라도 말이다. 젊은 여자가 화자로 하여금 그들 둘 다 거세시키게 될 이야기를 하도록 부추기는 것은 아도니스로에 매혹되었기 때문이다). 최후의 변모는 그림으로부터 씌어진 '재현'으로의 이동인데, 이전의 모든 복제물들을 되찾고 있다. 하지만 글쓰기는 **안쪽**의 환상(fantasme)을 더욱더 약화시킨다. 왜냐하면 그것은 간격 이외에 다른 실체를 지니고 있지 않기 때문이다.

547) 당신이 백 살 된 잠비넬라를 본 직후, 당신에게 스무 살 된 잠비넬라를 보여준 그 초상화는 뒷날에 지로데의 〈엔디미온〉을 위해 사용되었습니다. 당신은 그것의 전형을 아도니스에게서 알아볼 수 있었을 거예요. ★ REF. 연대기(잠비넬라는 1758년에 스무 살이다. 랑티 씨네 야회 때 그가 진정으로 백 살이라면 이 야회가 1838년에, 즉 발자크가 그것을 묘사하고 8년이 지난 뒤에 개최되기 때문이다, cf. n° 55). ★★ HER. 수수께끼 4(늙은이는 누구인가?): 부분적인 폭로(폭로는 늙은이의 호적상의 신분과 관계되어 있다. 그가 여자 잠비넬라인 것이다. 그의 친족적 신분, 랑티 가문과 그의 관계를 드러내는 게 남아 있다). ★★ 육체들의 복제. ★★★ HER. 수수께끼 5(아도니스는 누구인가?): 폭로(스무 살 때 여자 잠비넬라이다).

548) ─ 그런데 그 남자 잠비넬라, 혹은 여자 잠비넬라는(ce ou cette Zambinella)?
─ 부인, 그는 마리아니나의 증조부일 수밖에 없을 겁니다. ★ HER. 수수께끼 4: 완전한 폭로(늙은이의 친족적 신분). ★★ HER. 수수께끼 3: 폭로(랑티 씨네 사람들은 누구인가? 여자 잠비넬라의 친척). ★★★ 거세된 가수에게 어떤 문법적인 성(性)을 적용할 수 있는가? 아마 중성일 것이다. 그러나 프랑스어는 중성이 없다. 이로부터 ce/cette라는 교대가 비롯되고, 이 교대의 망설임은 두 성의 일종의 평균, 남성과 여성으로부터 동일한 거리를 지닌 그런 평균을 멋있게 만들어내고 있다(SYM. 중성).

549) 당신은 이제 랑티 부인이 ……재산의 근원을 감춤으로써 어떤 이득을 얻을 수 있는지 알 수 있을 겁니다. ★ HER. 수수께끼 2(랑티 가문이 지닌 재산의 근원): 폭로.

LXXXIX. 진실의 목소리

모든 수수께끼들이 이제 드러났다. 가장 큰 해석학적 문장도 끝났다(오직 우리가 거세의 환유적 진동이라 부를 수 있는 것만이 다소간 더 계속될 것이며, 그것이 젊은 여자와 화자를 그것의 마지막 파동으로 동요시키게 될 것이다). 이제 우리는 이 해석학적 문장, (수사학적 의미에서) 진실의 그 **총합문**(période)[70]의 형태소들(혹은 '해석소들')을 안다. 그것들은 다음과 같다. 1) 수수께끼의 대상이 되는 주제의 **테마화** 혹은 강조적인 표시; 2) 수수께끼가 있다는 것에 대해 수없이 다양한 방식으로 주의를 환기시키면서 해석학적(혹은 수수께끼의) **장르**를 지시하는 메타언어적 지표로서의 **설정**; 3) 수수께끼의 **공식화**; 4) **대답의 약속**(혹은 대답의 요구); 5) **가능하다면** 목적지의 순환 회로(하나의 인물로부터 그 자신으로, 또는 다른 하나의 인물로 향하거나 담론으로부터 독자로 향함)에 의해 규정되어야 하는 속임수인 **함정**; 6) **애매함** 혹은 이중의 뜻, 단 하나의 언술에 함정과 진실의 혼합; 7) **봉쇄**, 수수께끼가 해결 불가능하다는 확인; 8) (착수된 후에) **중지된 대답**; 9) 진실의 완전한 확인을 형성하는 총체적 특질들 가운데 하나만을 진술하는 데 있는 **부분적인 대답**; 10) 순수한 수수께끼(이것의 모델은 언제나 스핑

---

70) 여러 개의 절이 조화를 이루면서 구성되는 긴 문장을 말한다. 〔역주〕

크스가 오이디푸스에게 하는 질문이다)에서 궁극적인 명명이고 돌이킬 수 없는 낱말의 발견이자 발설인 **폭로**, 혹은 **해독**.

550) — 그만 해요! 그녀는 나에게 명령적인 동작을 취하면서 말했다. 우리는 잠시 더없이 깊은 침묵 속에 잠겨 있었다. ★ SYM. 거세에 대한 터부. ★★ SYM. 거세에 대한 혐오. 랑티 가문의 재산에 결부된 혐오(그 '파리 생활 풍경' 의 테마)는 근원이 여럿이다. 그 재산은 매음(늙은 치기와 다음으로 치코냐라가 부양한 소년) · 피(사라진의 살해)로 얼룩졌고, 특히 거세와 불가분의 관계에 있는 혐오가 배어 있는 것이다.

551) — 자, 어때요? 나는 그녀에게 말했다.
— 아! 그녀는 일어나 방 안을 성큼성큼 왔다갔다하면서 외쳤다. 그녀는 다가와 나를 바라보고 변질된 목소리로 말했다. ★ 거세는 젊은 여자에 타격을 가하고 있다. 그것은 질병의 징후들(동요 · 장애)을 나타내고 있다(SYM. 거세의 전염).

552) — 당신은 나로 하여금 삶과 정열을 오랫동안 혐오하도록 만들었습니다. ★ SYM. 거세의 전염. ★★ 거세는 이야기의 운반자를 통해 도달했다(ACT. '서술하다' : 13: 이야기의 거세시키는 효과).

XC. 발자크의 텍스트

그 효과는 **오랫동안** 갈 것인가? 전혀 그렇지 않다. 베아트릭스, 곧 아르튀르 드 로슈필드 백작부인은 1808년에 태어나 1828년에 결혼했으나, 남편에 곧바로 실증이 났으며, 1830년경에 화자를 따라 랑티 가문의 무도회에 왔는데 그녀가 말하듯이, 치명적인 거세가 그녀를 덮친 것이다. 하지만 그녀는 3년 뒤에 테너 가수 콩티와 이탈리아로 종적을 감추게 되고, 칼리스트 뒤 게닉과 유명한 연애를 하여 자신의 친구이자 연적(戀敵)인 펠리시테 데 투슈를 원통하게 만들게 되며, 라 팔페린의 정부가 된다. 그러니까 거세는 결국 치명적인 질병은 아니다. 그것은 치유가 되는 것이다. 다만 치유되기 위해서 《사라진》으로부터 벗어나 다른 텍스트들(《베아트릭스》《수수한 귀여운 아이》《이브의 딸》《여자에 대한 또 다른 연구》《카르디냥 공작 부인의 비밀》 등)로 이동하면 되는 것이다. 이 텍스트들은 발자크의 텍스트를 형성한다. 사라진에 관한 텍스트를 발자크의 텍스트에 포함시키지 않아야 할 아무런 이유가 없다(우리가 이 복수태의 유희를 계속하고 전개시키고자 했다면 우리는 그렇게 할 수 있었을 것이다). 점차로 하나의 텍스트는 그 어떤 체계와도 접촉할 수 있는 것이다. 상호 텍스트는 그것의 무한한 반복 이외에 다른 법칙이 없다. 저자 자신——구(舊)비평의 다소간 낡은 신(神)——은 하나의 텍스트를 다른 텍스트들처럼 구성할 수 있거나 언젠가는 그렇게 할 수 있을 것이다. 자신이라는 개인을, **표현**을 통해 작품이 파생되게 하는 주체 · 지주 · 기원 · 권위 · 아버지로 삼는 것을 단념하기만 하면 될 것이다. 자기 자신을 종이 존재로, 자신의 삶을 (어원적 의미에서) **생명-기록**(bio-graphie)으로, 지시 대상이 없는 글쓰기, **친자관계**(filiation)가 아니라 **결합**(connextion)의 질료인 그런 글쓰기로 간주하기만 하면 된다. 따라서 (우리가 아직도 비평에 대해 말할 수 있다면) 비평의 시도는 자료에 바탕을 둔 저자의 모습을 그 자신의 텍스트가 지닌 복수태 속에서 포착된 소설적이고, 위치 측정이 불가능한 무책임한 모습으로 **뒤집는** 데 있다 할 것이다. 그것은 비평가들이 아니라 프루스트나 장 주네과 같은 저자들 자신이 이미 이야기했던 모험의 작업인 것이다.

553) — 괴물이 아닌 경우 인간의 모든 감정들은 그런 식으로 끔찍한 실망으로 결판나지 않나요? 어머니들이나 아이들은 나쁜 행실이나 냉혹함을 통해서 우리를 죽입니다. 아내로서 우리들은 배반당합니다. 애인으로서 우리들은 방치되고 버림받습니다. 우정! 그게 존재합니까? ★ 이야기의 작용을 통해 자동—거세의 작업 속에 끌어들여진 젊은 여자는 그것이 주는 아픔의 숭고한 버전을 곧바로 구상해 낸다. 그녀는 섹스의 이와 같은 철회가 하나의 고차원적 도덕 코드의 지배, 안심하게 만들고 기품 있게 해주는 그런 지배를 받게 함으로써 그것을 주름으로 감싸고 그것에 위엄을 부여하고 있다(SYM. 거세의 구실). ★ ★ 이 코드는 어머니이자 아내이고, 정부(情婦)이자 애인인 고상한 희생자들의 보편적 비관론, 세계의 허무, 그리고 보람 없고 금욕적이며 놀라운 역할의 코드이다(REF. 헛되고 헛됨).

554) 내일 나는 인생의 폭풍우에도 끄덕하지 않는 바위처럼 남아 있을 수 없다면, 독실한 신자가 될 것입니다. ★ SYM. 거세의 구실: 미덕(문화적 코드).

555) 기독교도의 미래가 여전히 환상이라 할지라도, 최소한 이 환상은 죽은 다음에야 비로소 파괴됩니다. ★ REF. 기독교 코드.

556) 혼자 있게 해주세요.
— 아, 당신은 벌도 내릴 줄 아시는구요. 나는 그녀에게 말했다. ★

거세의 타격을 받은 젊은 여자는 화자와 맺은 협약을 파기하고, 교환에서 빠져나와 파트너를 쫓아 버리고 있다(ACT. '서술하다' : 14: 계약의 파기). ★★ SYM. 거세 속에 끌려들어간 화자(그는 '이야기를 했기' 때문에 벌을 받는다).

XCI. 수정

사랑에 빠진 한 남자는 자신의 정부가 불가사의한 늙은이와 신비한 초상화에 대해 나타내는 호기심을 이용하면서 그녀에게 계약을 제안한다. 하룻밤 사랑을 나누는 대신에 진실을 알려 주고, 육체를 갖는 대신에 이야기를 해주겠다는 것이다. 젊은 여자는 약간의 흥정을 통해서 회피하려 한 뒤 받아들인다. 그리하여 이야기는 시작된다. 그러나 그것은 전염의 저항할 수 없는 힘으로 활기를 띤 끔찍한 아픔에 대한 진술이 되고 만다. 이야기 자체가 실어나르는 이 아픔은 결국 아름다운 여자 청취자에게 충격을 준다. 그리하여 그것은 그녀를 사랑으로부터 빼내면서 계약을 지키지 않게 만든다. 사랑에 빠진 남자는 자신의 함정에 걸려들어 퇴짜를 당한다. 거세 이야기를 하면 벌을 받지 않을 수 없는 것이다. 이 이야기는 (대상으로서의) 서술이 (행위로서의) 서술을 수정한다는 것을 우리에게 가르쳐 준다. 메시지는 그것의 수행에 매개적으로 연결되어 있기 때문이다. 한쪽에 언표들이 있고 다른 한쪽에 언술들이 있는 게 아니다. 이야기한다는 것은 책임 있고 상업적인 행위(책임 있다는 것과 상업적이라는 것은 동일한 것이 아닌가? 두 경우에 중요한 것은 계량하는 것(peser)이 아닌가?)이며, 이 행위의 운명(변모의 잠재성)은 이를테면 상품의 가치에, 이야기의 대상에 연동되어 있다.

따라서 이 대상은 마지막이 아니다. 그것은 서술의 목적·끝·종말이 아니다(《사라진》은 '거세된 가수의 이야기'가 아니다). 의미로서 일화의 주제는 반복적인 힘, 다시 말해 약속을 바꾸고 약속의 발설이 지닌 순수함의 환상을 깨버리고 이 순수함 유린하는 그런 힘을 내포하고 있다. 이야기되는 것은 **이야기한다는 것**(le raconter)이다. 결국 이야기의 **대상**은 없다. 이야기는 그것 자체만을 다루고 있다. 이야기는 자기 자신을 이야기한다.

557) — 제가 잘못인가요?
— 그렇습니다. 나는 어떤 용기 같은 것을 발휘해 대답했다. 이탈리아에서 상당히 잘 알려진 이 이야기를 끝내면서 나는 현재의 문명이 이룩한 진보에 대한 고도한 생각을 당신에게 전해 줄 수 있습니다. 이 문명에서 그런 불행한 사람들은 만들어지지 않고 있지요. ★ 마지막 노력——사실을 말하자면 이것은 실패할 수밖에 없고, 그에게 '**어떤 용기 같은 것**'이 필요로 하는 것이다——을 통해서 화자는 모든 것을 전염시키고 그 자신이 마지막 희생자인 전능한 거세의 공포에 역사적 이성, 실증적 사실의 바람막이를 대립시키려 하고 있다. 그는 상징을 몰아내고 '현실'로, 역사 속으로 돌아오자고 말한다. 더 이상 거세된 가수는 존재하지 않는다는 것이다. **그 질병은 극복되었고** 페스트나 나병처럼 유럽에서 사라졌다. 《사라진》의 모든 사람을 막 휩쓸어가 버렸던 상징계의 급류 같은 힘에 맞서기에는 매우 작은 제안이고, 의심스러운 방패이며 가소로운 논지가 아닐 수 없다(SYM. 거세의 전염은 부정되고 있다). ★★ SEM. 합리성, 상징에 귀먹음(asymbolie)(이 의소는 이미 화자에게 고정된 바 있다). ★★ REF. 거세된 가수들의 이야기. 화자가 참조하는 역사적 코드가 우리에게 가르쳐 주는 것은 이런 내용이

다. 알려진 최후의 두 거세된 가수 가운데 한 사람은 나폴레옹이 1805 년 빈에서 노래를 듣고 철관 훈장을 수여한 크레센티니였다. 그는 나폴레옹을 따라 파리에 와 활동하다가 1848년에 사망했다. 다른 한 사람은 1826년 런던에서 마지막 노래를 부르고 죽은 지(1861) 백 년이 조금 넘은 벨루티였다.

558) ― 파리는 매우 친절한 곳입니다. 그녀는 말했다. 파리는 부끄러운 재산과 피로 물든 재산 등, 모든 것을 받아들입니다. 이곳에서는 범죄와 파렴치함도 불가침권이 있어요. ★ REF. 파리, 황금, 새로운 사회의 비도덕주의 등.

559) 이곳에서는 미덕만이 제단이 없습니다. 그래요, 순수한 영혼들의 고국은 하늘에 있어요! ★ SYM. 거세의 숭고한 구실(우리는 거세된 가수들이 되었는데, 이를 하늘이 정당화시켜 줄 것이다). ★★ REF. 도덕적 코드(미덕은 이 세상의 것이 아니다).

560) 아무도 나를 알지 못하고 말 거예요! 나는 그것이 자랑스럽습니다. ★ 후작부인은 여자 잠비넬라의 조건과 상징적으로 결합했는데, 마찬가지로 그녀는 배척을 '몰이해'로 변모시키고 있다. 충만한 형상이고, 주름으로 감싸진 역할을 하며, 자신이 지닌 상상적 의미들로 가득하고, 언어의 대상인 ("**나는 그것이 자랑스럽습니다**") 이해받지 못하는 이 여자는 거세된 가수의 끔찍한 비어 있음을 유익하게 대신하고 있다. 거세된 가수에 대해서는 언급할 게 **아무것도 없는 것이다**(그는 그 자신에 대해 아무것도 말할 수 없다. 자기 자신을 **상상할** 수 없기 때문이다)(SYM. 거세의 구실. 이해받지 못하는 여자).

XCII. 세 개의 입구

상징적 영역은 단 하나의 대상에 의해 점유되고 있으며, 이 대상으로부터 자신의 통일성을 끌어내고 있다(그리고 우리는 그것으로부터 그것을 명명할 어떤 권리, 그것을 묘사하는 어떤 즐거움을 끌어냈으며, 이 묘사는 조각가 혹은 화자인 주인공의 상징적 모험과 상징 체계에 부여된 특권의 모습이었다). 이 대상은 인간의 육체이다. 이 육체에 대해 《사라진》은 위상학적 위반들을 이야기하고 있다. **안쪽**과 **바깥쪽**의 대조는 무너졌다. **하부**는 비어 있다. 육체들의 복제는 중단되었다. 욕망의 계약은 기만으로 위반되었다. 그런데 우리는 세 개의 입구를 통해 이 상징적 영역으로 들어갈 수 있는데, 그 가운데 어떤 것도 특권이 부여되어 있지 않다. 동등한 입구들을 부여받은 텍스트적 망은 상징적 차원에서 가역적이다. 수사학적인 길은 대조법의 위반, 대립되는 것들을 가르는 장벽의 통과, 차이의 폐기를 드러내 준다. 엄밀한 의미에서 거세의 길은 욕망의 범(汎)전염적인 공허, 창조적인 연쇄(육체들과 작품들)의 붕괴를 드러내 준다. 경제적인 길은 모든 가짜 돈의 소멸을 드러내 준다. 황금은 비어 있고, 기원이 없으며, 향기가 없고, 더 이상 표시(indice)가 아니고 기호(signe)이며, 그것이 전달하는 이야기(histoire)에 의해 부식된 이야기(récit)이다. 이와 같은 세 개의 길은 동일한 분류 장애를 표명하도록 유도한다. 텍스트가 말하는 바에 따르면, 의미로 하여금 기능하게 하고(대조법의 장벽을 말한다), 생명으로 하여금 번식하게 만들며(성별의 대립을 말한다), 재화로 하여금 보호받게 해주는(계약 규칙을 말한다) 패러다임적 경계, 곧 분리선(trait séparateur)을 없애는 것은 치명적이기 때문이다. 요컨대 중편 소설은 다음과 같은 경제들의 일반화된 붕괴를 **표상한다**(우리는 읽혀지는 것의 예술 속에 있다). 통상적으로 대립되는 것들의 분리에 의해 보호되는 언어의 경제, 성(性)들 경제(중성은 인간임을 열망해서는 안 된다), 육체의 경제(육체의 장소들은 교환될 수 없으며, 남녀 성들은 동등할 수 없다), 돈의 경제(파리의 황금, 더 이상 지주 계급이 아니라 투자 계급인 새로운 사회 계급이 창출한 이 황금은 기원이 없다. 그것은 모든 순환 코드, 모든 교환 법칙, 모든 소유 노선——이 낱말은 그야말로 애매하다. 왜냐하면 그것은 방향의 교정과 재화들의 분리를 동시에 지시하기 때문이다——을 내쫓았다). 이와 같은 재앙적인 붕괴는 광적인 환유의 형태라는 동일한 형태를 항상 취한다. 이 환유는 패러다임적 경계들을 무너뜨리면서 합법적으로 대체시키는 힘, 의미를 창설하는 그 힘을 무너뜨린다. 그리하여 하나의 대립되는 것을 다른 하나의 대립되는 것에, 하나의 성을 다른 하나의 성에, 하나의 재화를 다른 하나의 재화에 일정하게 대립시키는 것이 더 이상 불가능하다. 정확한 등가의 질서를 간직하는 것이 더 이상 불가능하다. 한마디로 말해 **표상하는 것**이 사물들에 개별화되고, 분리되며 분배된 **표상체**들을 부여하는 것이 불가능하다. 《사라진》은 표상의 장애 자체, 기호들·성(性)들·재산들의 (범전염적인) 순환의 고장을 재현하고 있다.

561) **그리고 후작부인은 생각에 잠겨 있었다.** ★ 생각에 잠긴 후작부인은 일어났거나 일어나게 될 많은 것들에 대해 생각할 수 있지만, 우리는 그것들에 대해 결코 아무것도 알 수 없을 것이다. 생각에 잠겨 있다는 특성(pensivité)의 무한한 개방성(이것이 바로 이 특성의 구조적 기능이다)은 이 마지막 독해 단위를 모든 분류로부터 **빼내고** 있다.

XCIII. 생각에 잠긴 텍스트

후작부인처럼 고전적 텍스트는 생각에 잠겨 있다. (우리가 보았듯이) 의미로 충만한 채, 항상 그것은 마지막 의미를 유보하고 있는 것 같다. 그것은 이 마지막 의미를 표현하지 않지만 그것의 자유롭고 의미 작용적인 위치를 유지하고 있다. (폐기가 아니라 그 반대로 인정인) 의미의 이 영도(零度), 암묵적인 것의 연극적인 표시인 이 예기치 않은 보충적 의미는 생각에 잠겨 있다는 특성이다. (얼굴들, 텍스트들의) 이런 특성은 표현되지 않은 것이 아니라 표현할 수 없는 것의 기표이다. 왜냐하면 고전적 텍스트가 그것이 말하는 것 이외에 더 이상 말할 게 아무것도 없다 할지라도, 최소한 그것은 그것이 모든 것을 말하지는 않았다는 점을 '암시하고' 자 하기 때문이다. 이러한 **암시(allusion)**는 생각에 잠겨 있다는 특성에 의해 코드화되어 있으며, 이 특성은 그것 자체만의 기호이다. 마치 텍스트를 가득 채웠지만 텍스트가 **이의를 제기할 수 없을 정도로** 채워지지는 않았지 않았나 하고 강박적으로 염려한 나머지, 담론이 충만함을 나타내는 **등등(et caetera)**으로 텍스트를 보충하고 싶다는 것처럼 말이다. 어떤 얼굴에서 생각에 잠겨 있다는 특성은 그 머리가 억제된 언어를 품고 있다는 점에 주의를 환기시키듯이, (고전적) 텍스트는 그것의 기호 체계 속에다 그것의 충만함을 나타내는 서명을 기입하고 있다. 얼굴처럼 텍스트는 그것의 인색한 복수태를 보충한다고 생각되는 깊이를 지닌 내면성을 부여받은 채 **생각에 잠겨** 있게 된다(이 말은 텍스트가 그것의 풍부한 표현성을 의미한다는 점으로 이해하자). 우리는 고전적 텍스트의 신중한 권유에 따라 이 텍스트에 **당신은 무엇에 대해 생각하는가?** 라는 질문을 하고 싶은 마음이

든다. 그러나 **아무것에 대해서도** 생각하지 않는다고 대답하면서 빠져
나갈 수 있다고 생각하는 사람들보다 더 교활한 텍스트는 의미에 최
후의 종결인 정지를 부여함으로써 대답을 하지 않고 있다.

부록 1
오노레 드 발자크:
¹《사라진》

²나는 ³더없이 소란스러운 축제에서 경박한 자까지 모든 사람을 사로잡는 ²그 깊은 몽상들 가운데 하나에 잠겨 있었다. ⁴엘리제 부르봉 궁의 괘종시계가 자정을 막 울리고 있었다. ⁵창문의 벽구멍에 앉아서, ⁶그리고 주름잡혀 일렁이는 물결무늬 천 커튼 아래 숨어서 ⁷나는 내가 그 야회를 보냈던 저택의 정원을 편안하게 응시할 수 있었다. ⁸눈이 불완전하게 덮인 나무들은 달빛에 희끄무레하게 된 구름 낀 하늘을 잿빛 배경삼아 뚜렷하게 모습을 드러내고 있었다. 그런 환상적 분위기 속에서 보니 그 나무들은 수의를 제대로 걸치지 않은 귀신들을 닮으면서, 인구에 회자되는 저 **사자(死者)들의 춤**의 거대한 이미지를 떠올리게 했다. ⁹그리고 나서 반대 방향으로 몸을 돌리면, ¹⁰나는 산 자들의 춤에 감탄할 수 있었다! ¹¹화려한 살롱의 벽은 은빛과 금빛으로 빛나고 샹들리에는 촛불들로 반짝이며 광채를 발하고 있었다. 그곳에는 파리에서 가장 부유하고 가장 좋은 작위를 지닌 가장 멋진 여자들이 다이아몬드로 눈부시고 번쩍이며 화려한 모습으로 우글거리고, 분주히 움직이며 나비처럼 돌아다니고 있었다! 꽃들이 머리에, 가슴에, 머리털 속에 꽂혀 있었고, 드레스 위에 뿌려져 있었으며 혹은 그녀들의 발에 장식되어 있었다. 가벼운 떨림이나 관능적인 발걸음만 해도 그녀들의 섬세한 허리 주변에서 레이스 · 금발 · 모슬린이 출렁거렸다. 너무도

강렬한 몇몇 시선들이 여기저기서 뚫고 나와 불빛들과 다이아몬드의 광채를 퇴색시키고, 너무도 불타는 마음들에 여전히 생기를 불어넣고 있었다. 정부(情夫)들로 향한 의미심장한 얼굴 표정들과 남편들로 향한 부정적 태도들이 포착되고 있었다. 예기치 않은 카드가 나올 때마다 터지는 도박꾼들의 목소리와 금화 부딪치는 소리가 음악과 속삭이는 대화에 뒤섞이고 있었다. 세상이 제공할 수 있는 유혹적인 모든 것을 통해서 이 열광한 무리를 완전히 얼빠지게 하려는 듯, 한 줄기 향수(香水)와 전반적인 도취가 광기 어린 상상력에 작용하고 있었다. [12]이렇게 나의 오른쪽에는 죽음의 어둡고 적막한 이미지가 자리잡고 있었고, 왼쪽에는 삶의 품격 있는 바쿠스 축제가 펼쳐지고 있었다. 이쪽에는 슬픔에 잠긴 차갑고 음울한 자연이, 저쪽에는 즐거움에 빠진 인간들이 있었다. [13]매우 부조화를 이루는 이 두 그림은 다양한 방식으로 수없이 반복되면서 파리를 세계에서 가장 재미있고 가장 철학적인 도시로 만들어 준다. 나는 그 둘의 경계에서 반은 즐겁고 반은 음산한 정신적 잡탕을 만들고 있었다. 나는 왼발로는 박자를 맞추고 있으면서 오른발은 관 속에 있다고 생각했다. 사실 나의 왼쪽 사지는 몸뚱이의 절반을 얼어붙게 만드는 그 외풍에 얼어 있었던 반면에, 오른쪽 사지는 살롱의 축축한 열기를 느끼고 있었는데, 이는 무도회에서 상당히 자주 있는 돌발사이다.

— [14]랑티 씨가 이 저택을 소유한 지가 그렇게 오래되지 않지요?

— 오래되었습니다. 카리글리아노 원수가 그에게 이 저택을 판 지 곧 10년이 됩니다……

— 아!

— 저 사람들은 엄청난 재산을 지니고 있어야겠지요?

— 그래야만 하겠지요.

— 대단한 축제입니다! 오만한 사치입니다.

— 저들이 뉘생장 씨나 공드르빌 씨만큼 부유하다고 생각하십니까?

— [15]그렇다면 당신은 모르고 계신단 말인가요…?

나는 머리를 내밀었고 두 대화자가 파리에서 오로지 왜? 어떻게? 그는 출신이 어딘가? 그들은 누구인가? 무슨 일인가? 그녀가 무슨 일을 저질렀는가?와 같은 질문들에만 관심을 기울이는 그 호기심 많은 족속에 속한다는 것을 알아보았다. 그들은 낮은 목소리로 말하기 시작했고, 그러다가 어딘가 조용한 소파에서 보다 편안히 이야기하러 멀어져 갔다. 미스터리를 캐는 자들에게는 이보다 더 풍요로운 광산은 열려진 적이 없었다. [16]아무도 랑티 씨 가족이 어떤 나라에서 왔는지도, [17]수백만 프랑에 달하는 것으로 평가되는 재산이 어떤 거래, 어떤 횡령, 어떤 해적질, 어떤 유산에서 비롯되었는지도 몰랐다. [18]이 가족 구성원들 모두가 이탈리아어 · 프랑스어 · 스페인어 · 영어 · 독일어를 상당히 완벽하게 말했기 때문에 그들이 이들 상이한 국민들 사이에서 틀림없이 오랫동안 체류했을 것이라고 추정하게 해주었다. 그들은 보헤미안들이었던가? 그들은 해적들이었던가?

— [19]어떤 일이 있어도 저들의 접대는 훌륭해라고 젊은 정치인들이 말했다.

— 랑티 백작이 어떤 카스바[71]를 털었다 할지라도, 나는 그의 딸과 혼인하겠소!라고 어떤 철학자가 소리쳤다.

— [20]어느 누가 이팔청춘의 젊은 처녀인 마리아니나와 결혼하지 않으려 했겠는가? 그녀의 아름다움은 동방 시인들의 신화적인 발상을 구

---

71) 카스바(Casauba, 혹은 Casbah)는 중세 및 근세에 만들어진 성채를 말한다. 알제리의 오랑에 있는 카스바는 프랑스 식민지 치하에서 국고 역할을 하였다. 〔역주〕

현하고 있었는데 말이다! 《요술 램프》의 이야기에 나오는 터키 군주의 딸처럼 그녀는 베일에 가려져 있어야 했으리라. 그녀의 노래는 말리브 랑[72] · 손타그[73] · 포도르[74] 같은 가수들의 불완전한 재능을 무색케 했다. 이들 가수들의 경우 하나의 지배적인 능력 때문에 항상 전체의 완벽성에 이르지 못했다. 반면에 마리아니나는 소리의 순수성, 감성, 템포와 음정의 적절성, 영혼과 교양, 정확성과 감정을 똑같은 정도로 융합할 줄 알았다. 이 처녀는 모든 예술의 공통적 끈인 저 은밀한 시정의 전형, 그녀를 찾는 사람들로부터 끊임없이 달아나는 그런 전형이었다. 그녀의 어머니가 아니면 그 어떤 것도 부드럽고 겸손하며, 교양 있고 재치 있는 마리아니나의 빛깔을 퇴색시킬 수 없었다.

[21]여러분은 나이를 무색케 할 정도로 위압적으로 아름다우며 서른여섯 살의 나이에 15년 전보다 더 욕망을 불러일으키는 것 같은 저런 여인들을 만나 본 적이 있는가? 그녀들의 얼굴은 열정적인 영혼으로 빛을 발하고 있다. 표정마다 지성으로 빛나고 있다. 특히 빛에 노출될 때는 털구멍마다 특별한 광채를 띠고 있다. 매력적인 눈은 유혹하고, 거부하며, 말하거나 침묵한다. 거동은 천진스럽게 능란하다. 목소리는 지극히 애교스럽게 부드럽고 다정한 톤으로 선율적인 풍요로움을 펼쳐낸다. 비교를 토대로 한 그녀들에 대한 찬사는 극도로 상처받기 쉬운 자존심을 애무해 준다. 그녀들이 눈살을 조금만 찌푸려도, 눈짓을 조금만 해도, 입술만 움직여도, 자신들의 삶과 행복을 그녀들에게 종속시키고 있는 사람들에게는 일종의 공포가 새겨진다. 사랑을 경험하

---

72) 말리브랑(Maria Malibran, 1808-1836)은 스페인 태생의 프랑스의 메조 소프라노 여가수이다. [역주]
73) 손타그(Sontag, 1806-1854)는 독일의 여가수로 말리브랑의 경쟁자였다. [역주]
74) 포도르(Josephine Fodor, 1789-1870)는 프랑스의 여가수로 로시니의 오페라를 애호했다. [역주]

지 못했고 대화에 유순한 처녀는 유혹에 넘어갈 수 있다. 그러나 저런 종류의 여인들을 상대하려면 남자는 조쿠르 씨처럼 하녀가 작은 옆방에 숨으려 하다 그의 두 손가락을 문틈에 부러뜨린다 해도 소리를 지르지 않을 줄 알아야 한다. 저런 힘 있는 요부들을 사랑한다는 것은 자신의 인생을 거는 게 아니겠는가? 그렇기 때문에 아마 우리는 그녀들을 그토록 정열적으로 사랑하는 것이리라! 랑티 백작부인이 그런 여자였다.

[22]마리아니나의 동생인 필리포도 누이처럼 백작부인의 경이로운 아름다움을 물려받았다. 한마디로 말하면, 이 젊은이는 보다 호리호리하기는 하지만 안티노우스[75]의 살아 있는 이미지였다. 그러나 올리브색이 도는 안색, 기운찬 짙은 눈썹 그리고 부드러운 눈의 불꽃이 남성적인 열정과 관대한 생각들을 미래에 약속해 주고 있었기에 그 여위고 섬세한 균형은 젊음과 기막히게 조화를 이루고 있었다! 필리포가 처녀들의 모든 가슴속에 아직도 사나이로 남아 있다면, 그는 모든 어머니들의 추억 속에서도 프랑스에서 가장 멋진 사윗감으로 남아 있을 것이다.

[23]이 두 아이의 아름다움·재산·재치·우아함은 오로지 그들의 어머니로부터 온 것이었다. [24]랑티 백작은 키가 작고 못생겼으며 곰보였다. 스페인 사람처럼 거무튀튀했고, 은행가처럼 싫증나는 존재였다. 게다가 그는 통찰력 있는 정치인으로 통했는데, 아마 그 이유는 그가 웃는 경우가 흔치 않았고 끊임없이 메테르니히나 웰링턴을 인용하곤 했기 때문일 것이다.

---

75) 안티노우스는 로마의 하드리아누스 황제가 총애한 미모의 그리스 청년이었는데, 122년에 나일 강에 투신했다. 황제는 그를 신의 반열에 올리고 사원을 지어 주었다. 바티칸에 있는 벨베데르의 안티노우스 조각상이 유명하다. [역주]

²⁵이 신비한 가족은 바이런 경의 한 시(詩)에 나오는 모든 매력을 지니고 있었는데, 사교계의 인물들은 제각기 이 시의 어려운 부분들을 다른 방식으로 번역했다. 연이 이어질수록 모호하고 숭고한 노래처럼 말이다. ²⁶랑티 씨 부부가 그들의 출신, 과거 생활, 그리고 세상 사람들과의 관계에 대해 지키고 있었던 그 비밀은 파리에서는 오랫동안 놀라운 주제가 되지 못했을 것이다. 그 어떤 나라에서도 아마 베스파시아누스⁷⁶⁾의 금언이 여기보다 잘 이해될 수 없을 것이다. 이곳에서는 피나 진흙이 묻었다 할지라도 돈은 아무것도 배반하지 않으며 모든 것을 나타낸다. 사교계가 여러분의 재산 액수를 알기만 하면, 여러분은 여러분에게 공평한 금액들 사이에 분류되며 아무도 여러분의 귀족 칭호 증서를 보자고 하지 않는다. 왜냐하면 그게 얼마나 값이 하찮은지 모두가 알고 있기 때문이다. 사회적 문제들이 대수 방정식들을 통해 해결되는 도시에서 모험가들은 자신들을 위한 절호의 기회들이 있다. 사교계는 이 가족이 보헤미안 출신이라고 추정하면서도, 그들이 매우 부유하고 매우 매력적이었기 때문에 그들의 작은 미스터리들을 용서해 줄 수 있었다. ²⁷그러나 불행하게도 랑티 가문의 수수께끼 같은 역사는 앤 래드클리프의 소설들에 나오는 것과 상당히 유사한, 호기심 어린 지속적 흥미를 제공했다.

²⁸어떤 가게에서 여러분이 칸델라를 샀는지, 혹은 여러분의 아파트가 아름답게 보일 때 집세가 얼마인지 알고 싶어 안달하는 그런 부류의 관찰자들은 백작부인이 베푼 축제 · 콘서트 · 무도회 · 대연회 가운데 기묘한 인물 하나가 나타나는 현상에 때때로 주목하곤 했다. ²⁹그는

---

76) 베스파시아누스(69-79)는 로마의 황제로서 "돈에는 냄새가 없다(Non olet)"라는 말을 남겼다. 그는 아들 티투스가, 가죽의 기름을 제거하는 무두질을 위해 공중변소에서 수거되는 오줌에 세금을 걷는 것에 망설이자 이 말을 했다 한다. [역주]

남자였다. ³⁰그가 저택에 모습을 처음으로 드러낸 것은 어떤 콘서트 때였는데, 이때 그는 마리아니나의 매혹적인 목소리에 이끌려 살롱으로 나왔던 것 같다.

— ³¹조금 전부터 몸이 추워요. 문 옆에 위치한 한 부인이 이웃한 부인에게 말했다.

그 여자 옆에 있던 미지의 남자는 떠나갔다.

— 저 사람 참 특이해요! 더위요. 낯선 사람이 사라지자 그 여자는 말했다. 당신은 아마 내가 미쳤다고 비난하겠지요. 하지만 나는 내 옆에 있던 사람, 방금 떠난 그 검은 옷을 입은 남자 때문에 그처럼 추위를 느꼈단 말이에요.

³²이윽고 상류 사회 사람들에게 자연스러운 과장 때문에 이 미스터리 인물에 대한 더없이 즐거운 발상들, 지극히 이상한 표현들, 그야말로 우스꽝스러운 이야기들이 생겨나 쌓여 갔다. ³³그는 분명 흡혈귀나 인조 인간, 일종의 파우스트나 로빈 후드는 아니지만, 환상적인 것을 좋아하는 사람들이 말하는 바에 따르면, 인간의 형체를 한 이 모든 특성들을 띠고 있었다. ³⁴파리 사람들의 비방이 만들어 낸 이런 기발한 놀림들을 사실로 받아들이는 독일인들이 종종 여기저기 있었다. ³⁵그 이방인은 단지 **늙은이**일 뿐이었다. ³⁶매일 아침 어떤 우아한 문장으로 유럽의 미래를 결정하는 데 익숙해진 그 젊은이들 가운데 몇몇은 이 미지의 인물을 어떤 대단한 범죄자나 엄청난 부의 소유자로 보고자 했다. 소설가들은 이 늙은이의 생애를 이야기했고, 그가 마이소르⁷⁷⁾의 왕자를 모시고 있었을 때 저지른 잔악한 행위들에 대해 그야말로 희

---

76) 마이소르는 인도 남부 지방(오늘날 카르나타카)이며 한 대왕이 통치한 조그만 독립 국가의 소재지였다. 왕자는 18세기 영국의 식민지화에 대항해 싸웠던 어떤 왕자를 가르킨다고 생각됨. [역주]

한한 세부적인 것들을 제시해 주고 있었다. 보다 긍정적인 사람들인 은행가들은 그럴듯한 이야기를 만들어 내고 있었다. — 체! 그 조그만 늙은이는 제노바 친구라고! 그들은 가엾다는 듯 넓은 어깨를 으쓱하며 말하곤 했다.

— ³⁷이봐요, 실례가 되지 않는다면 제노바 친구란 말이 무슨 뜻인지 설명해 주시겠습니까?

— 이봐요, 그의 목숨에 엄청난 자본이 달려 있어요. 아마 그 가족의 수입이 그의 건강에 달려 있을 겁니다.

³⁸나는 에스파르 부인 집에서 유리 액자에 넣어진 것처럼 애지중지 보호받는 이 늙은이가 문제의 그 발사모,⁷⁸⁾ 이른바 카글리오스트라는 사실을 어떤 최면술사가 매우 그럴듯한 역사적 고찰을 통해서 입증하는 것을 들은 기억이 난다. 그 현대적인 연금술사에 따르면, 시칠리아의 이 모험가는 죽음을 초월했으며 자신의 손자들을 위해 재산 늘리는 일을 즐겁게 했다. 페레트 대법관은 이 특이한 인물이 생제르맹 백작임을 알아보았다고 주장했다.⁷⁹⁾ ³⁹재기발랄한 어조와 빈정대는 태도로 언급된 이런 어리석은 소리들은 오늘날 믿음이 없는 사회를 특징짓고 있는데, 랑티 가문에 대한 막연한 의혹을 유지해 주고 있었다. ⁴⁰끝으로 이상하게 상황까지 가세하여, 이 가족 구성원들은 어떠한 탐구도 이를테면 통하지 않을 정도로 인생이 베일에 싸인 이 늙은이에게 상당히 불가사의한 행동을 취함으로써 세상 사람들의 추측을 정당화

---

78) 발사모 백작(1743-1795)은 이탈리아의 모험가로서 치료사 활동을 하다 추방되어 동방과 유럽을 편력한 것으로 알려졌고, 스트라스부르를 거쳐 파리에 들어와 마법적·기적적 치료와 당시의 위세를 떨쳤던 프리메이슨단에서 활약함으로써 대성공을 거두었다. 〔역주〕

79) 페레트 대법관은 몰타 교단의 수도원장이었으며 1784년에 죽은 생제르맹 백작이란 인물이 불로장생의 신비를 꿰뚫어 수백 살까지 장수했다고 주장했다 한다. 〔역주〕

시켜 주고 있었다.

⁴¹이 인물은 그가 랑티의 저택에서 차지하게 되어 있었던 거처의 문지방을 넘어서곤 했는데, 그의 출현은 항상 가족 내에 커다란 감정을 불러일으켰다. 마치 매우 중요한 사건 같았다. 필리포·마리아나나·랑티 부인 그리고 늙은 하인 하나만이 이 미지의 인물이 걷고, 일어서며 앉는 것을 돕는 특권을 지니고 있었다. 각자는 그가 취하는 지극히 작은 움직임에도 주의를 기울였다. ⁴²그는 모든 사람의 행복, 삶 혹은 운명이 달려 있는 마력을 지닌 인물 같았다. ⁴³이건 두려움인가 애정인가? 세상 사람들은 이 문제를 풀 수 있게 도와주는 어떠한 추리도 발견할 수 없었다. ⁴⁴미지의 은신처 속에 여러 달 동안 꼼짝없이 숨어 있던 이 친근한 정령 같은 존재는 슬그머니 예기치 않게 그곳에서 갑자기 나와 살롱 한가운데 나타나곤 했다. 마치 옛날의 요정들이 나는 용 위에서 내려와 자신들이 초대받지 않은 성대한 축제의 흥을 깨트리는 것처럼 말이다. ⁴⁵그래서 지극히 능숙한 관찰자들만이 특이할 정도로 능란하게 자신들의 감정을 숨길 줄 알았던 이 집 주인들의 불안을 간파할 수 있었다. ⁴⁶그러나 너무도 순진한 마리아나나는 카드리유를 추면서도 그녀가 무리들 가운데서 감시를 게을리 하지 않는 이 늙은이에 때때로 공포의 시선을 던지곤 했다. 아니면 필리포가 군중들 사이로 미끄러지듯 달려나와 그의 곁에 애정 있고 주의 깊은 모습으로 머물곤 했다. 마치 사람들의 접촉이나 조금만 입김이 불어도 이 이상한 인간을 부스러뜨리게 되어 있는 것처럼 말이다. 백작부인은 그와 합류하려 했다는 의도를 드러내지 않은 채 그의 곁으로 다가가려고 애썼다. 그리고 나서 비굴함과 애정, 복종과 횡포가 똑같이 새겨진 매너와 안색을 드러내면서 그녀는 늙은이가 거의 언제나 공손하게 따르는 두세마디 말을 하곤 했다. 그리하여 그는 그녀에 이끌려서, 아니 보다

잘 말하면 끌려나가 사라졌다. [47]랑티 부인이 없을 경우에는 백작이 그에게 도달하기 위해 수많은 계략을 사용했다. 그러나 그는 자기 말을 알아듣게 하기가 어려운 것 같았고, 어머니가 변덕을 달래 주거나 반항을 두려워하는 응석받이처럼 노인을 다루었다. [48]몇몇 신중치 못한 사람들이 랑티 백작에게 경솔하게 질문을 감행했을 때, 차갑고 신중한 이 인물은 호기심 많은 자들의 질문을 이해하는 것 같은 모습을 보여준 적이 결코 없었다. 그래서 많은 시도들이 이 가족의 모든 구성원들이 드러내는 신중함 때문에 소용없게 되자, 아무도 그처럼 잘 간직된 비밀을 파헤치려고 애쓰지 않았다. 항상 친절하게 붙어다니는 염탐자들, 남의 말을 쉽게 곧이 듣는 사람들, 그리고 정치인들은 결국 할 수 없이 이 미스터리에 더 이상 관심을 기울이지 않게 되었던 것이다.

[49]그러나 이 순간에도 아마 그 찬란한 살롱에는 아이스크림이나 소르베를 집어들면서, 혹은 콘솔 위해 빈 펀치 잔을 놓으면서 이렇게 이야기하는 철학자들이 있었을 것이다.

— 저 사람들이 사기꾼이라는 사실을 안다 해도 나는 놀라지 않을 것입니다. 숨어 있다가 춘분·추분과 하지·동지에만 나타나는 저 늙은이는 전적으로 살인자 같은 모습을 하고 있군요…….

— 아니면 파산자 같은…….

— 그건 마찬가지나 다름없지요. 한 사람의 재산을 없앤다는 것은 때때로 그 사람 자체를 죽이는 것보다 더 고약하지요.

— [50]이봐요, 나는 20루이를 걸었으니, 40루이가 되돌아와야지.

— 정말이지, 선생, 도박판에는 30루이밖에 남아 있지 않소.

— 좋아요, 당신도 알다시피 이곳 사회는 여러 잡다한 사람들이 섞여 있소. 이런 데서는 도박을 할 수 없소.

— 맞습니다……. 하지만 우리가 그 유령을 보지 못한 지 거의 6개

월이 되었소. 당신은 그가 살아 있는 존재라고 생각하십니까?

— 허, 기껏해야…….

나의 주위에서 낯선 사람들이 이와 같은 마지막 말을 하고 난 후 떠났다. [51]그때 나는 흑과 백, 삶과 죽음이 뒤섞인 나의 성찰을 마지막 생각을 하면서 정리하고 있었다. 나의 눈과 마찬가지로 나의 광적인 상상력은 화려함이 절정에 다다른 축체와 정원의 음산한 풍경을 차례로 응시하고 있었다. [52]나는 인간이 지닌 이같은 메달의 양면에 대해 얼마나 오랫동안이나 성찰했는지 모르겠다. [53]그런데 갑자기 어떤 젊은 여자의 억누른 웃음소리가 나를 깨어나게 했다. [54]나는 내 시선에 주어진 이미지의 모습에 대경실색한 채로 있었다. [55]나의 뇌에서 반쯤 죽어 전개되고 있던 사유가 자연의 더없이 드문 변덕을 통해서 빠져나와 내 앞에 사람의 형상을 한 채 살아 있는 모습으로 있었다. 그것은 주피터의 머리로부터 미네르바처럼 크고 강력한 모습으로 솟아나왔고, 백 살로 보이면도 스물두 살이었고, 살아 있으면서도 죽어 있었다. [56]광인이 자신의 방에서 나오듯이 그 작은 늙은이는 자신의 방에서 벗어나자, 《탕크레드》[80]의 카바타나를 끝내고 있었던 마리아니나의 목소리에 열을 지어 주의를 기울이고 있었던 사람들 뒤로 아마 능란하게 빠져나왔을 것이다. [57]그는 연극에서의 어떤 기계 장치에 떠밀려 지하로부터 빠져나온 것 같았다. [58]움직이지 않고 음울한 모습으로 그는 이 축제를 잠시 바라보았다. 아마 축제의 웅얼거리는 소리가 그의 귀에 들렸던 것이리라. 거의 몽유병 환자처럼 몰두한 모습은 상황에 너무 집중되어 있었기에 그는 사람들 가운데 있었지만 사람들을 보지 못하고 있었다. [59]그는 파리에서 가장 매혹적인 한 여자 옆에 아무런 격식도 차

---

80) 베네치아에서 초연된 로시니의 《탕크레디》(1813)를 말한다. [역주]

리지 않고 갑자기 나타난 것이다. [60]세련된 몸매에 우아하고 젊은 무희인 그 여자는 어린아이처럼 상큼하고 희고 발그레한 그런 모습의 하나였고, 그 모습은 너무도 날씬하고 투명했기 때문에 태양빛이 깨끗한 유리를 통과하듯이 남자의 시선이 뚫고 들어가지 않을 수 없을 것 같다. [61]그들은 내 앞에 둘이 함께 붙어 너무도 밀착되어 있었기에 그 낯선 인간은 얇은 천의 드레스, 꽃장식, 가볍게 파마한 머리와 나부끼는 허리띠를 구겨 놓고 있었다.

[62]나는 이 젊은 여자를 랑티 부인의 무도회에 데려왔다. 그녀가 이 집에 처음 왔기 때문에, 나는 그녀의 억눌린 웃음을 용서했다. 그러나 내가 무언지 모를 위압적인 신호를 그녀에게 강력하게 보내자 그녀는 매우 당황하여 옆의 늙은이에게 존경을 표했다. [63]그녀는 내 옆에 앉았다. [64]그 늙은이는 이 감미로운 여인을 떠나려 하지 않았고, 매우 나이 많은 노인들이 어린아이처럼 드러낼 수 있는 그 말없는 집요함을 보이며, 뚜렷한 이유도 없이 변덕스럽게 그녀에게 집착했다. [65]그 젊은 여인 옆에 앉기 위해서 그는 접이식 간이의자 하나를 집어들어야 했다. 그의 지극히 작은 움직임에까지도 중풍환자의 동작을 특징짓는 그 냉기도는 무거움, 그 어처구니없는 우유부단함이 새겨져 있었다. 그는 조심스럽게 의자에 천천히 내려앉으면서 [66]무언가 알아들을 수 없는 말을 중얼거렸다. 그의 쉰 목소리는 우물에 떨어지는 돌멩이 소리를 닮았다. [67]젊은 여인은 마치 절벽에서 자신을 보호하려는 것처럼 나의 손을 강하게 쥐었다. 그리고 그녀는 자신이 바라보고 있던 그 남자가 [68]열기 없는 두 눈, 광택을 잃은 나전에나 비교될 수 있는 그 청록색 두 눈을 자신에게 돌리자 [67]전율했다.

— [69]무서워요. 그녀는 몸을 숙여 내 귀에 대고 말했다.

— [70]말을 해도 돼요. 나는 대답했다. 그는 알아듣기가 매우 힘들어요.

— 그러니까 당신은 그를 알고 있어요?

— 그래요.

[71]그러자 그녀는 인간의 언어로는 이름이 없는 그 피조물, 실체가 없는 형태, 생명이 없는 존재, 아니면 행동이 없는 생명인 그 피조물을 한순간 관찰할 수 있을 만큼 대담해졌다. [72]그녀는 두려움에 찬 호기심을 지닌 매력을 발산하고 있었다. 그런 호기심 때문에 여자들은 차단벽이 취약해 무서움을 느끼면서도 위험한 감동을 체험하려 하고, 사슬에 묶인 호랑이들을 바라보지 않을 수 없으며, 보아뱀들을 주시하게 되는 것이다. [73]작은 늙은이는 날품팔이처럼 등이 굽어 있었음에도 불구하고, 그의 키가 틀림없이 보통이었을 것이라는 점은 쉽게 알아볼 수 있었다. 그의 지나치게 야윈 모습, 허약한 사지는 그의 신체적 균형이 항상 잘 잡혀 있었다는 것을 입증하고 있었다. [74]그는 야윈 허벅지 부분이 헐렁한 검은 비단의 짧은 바지를 입고 있었는데, 부서진 돛처럼 주름들을 그려내고 있었다. [75]해부학자 같으면 이 이상한 몸을 지탱하고 있는 작은 사지들을 보았을 때 끔찍한 쇠약의 징후들을 즉각 알아보았을 것이다. [76]여러분이라면 무덤에 십자가 모양 놓여진 늙은 해골이라고 말했을 것이다. [77]불가피하게 주의를 기울이다 보니 노쇠가 이 우연적 몸뚱이에 새겨 놓은 흔적들이 드러났을 때, 인간에 대한 깊은 혐오감이 마음에 엄습하였다. [78]그 낯선 인간은 금장식이 된 구식의 흰 조끼를 입고 있었고 리넨 천은 빛나는 백색을 뿜어내고 있었다. 여왕이라도 부러워했을 풍요로움을 드러낸 짙은 갈색 계열의 영국산 가슴 장식은 그의 가슴에서 노란 주름을 만들어 내고 있었다. 그러나 그의 몸에서 이 레이스 장식은 장식이라기보다는 누더기 같았다. 이 가슴 장식 한가운데에는 값을 헤아릴 수 없는 다이아몬드 하나가 태양처럼 빛나고 있었다. [79]그와 같은 낡아빠진 사치, 안에 처박힌 그런 취

향 없는 보물은 이 이상한 존재의 모습을 더욱 두드러지게 만들었다. [80]전체적 틀은 초상(肖像)에 어울렸다. 그 검은 얼굴은 각이 졌고, 사방으로 움푹 파여 있었다. 턱도 우묵했고 관자놀이도 움푹 들어가 있었다. 눈은 누르스름한 안와 속에 사라져 있었다. 형용할 수 없을 정도로 비쩍 말라 튀어나온 턱뼈는 양볼 한가운데 우묵한 구멍을 그려내고 있었다. [81]그 혹들은 불빛에 다소간 노출되자, 이 얼굴에서 인간의 특징들을 완전히 없애 주는 기묘한 그림자들과 반영들을 만들어 냈다. [82]그리고 세월로 인해 이 얼굴의 노랗고 얇은 피부가 뼈에 너무도 강하게 달라붙어 있었기에 사방에 수많은 주름살을 만들어 내고 있었다. 주름살들은 어린아이가 물에 돌을 던져 만들어지는 흐린 파문처럼 원을 그리고 있거나 금이 간 유리창처럼 별 모양을 하고 있었으나 예외 없이 깊었고 책의 종잇장들처럼 빽빽했다. [83]어떤 늙은이들은 우리에게 이보다 더 끔찍한 초상들을 보여준다. 그러나 우리 앞에 갑자기 나타난 그 유령 같은 존재가 인공적인 창조물의 모습을 띠는 데 가장 많이 기여하는 것은 그를 번쩍이게 하는 붉은색과 흰색이었다. 그의 마스크에서 눈썹은 불빛으로부터 광택을 받고 있었고, 이 광택은 매우 잘 제작된 하나의 그림을 드러내고 있었다. 그처럼 파괴된 폐인의 모습에서 글픔을 느끼는 시선에는 다행한 일이지만, 그의 시체 같은 두개골은 수많은 컬로 극도의 거드름을 드러낸 황금색 가발 속에 감추어져 있었다. [84]게다가 그의 귀에 매달려 있는 금귀고리, 모질어진 손가락에서 빛을 발하는 기막힌 보석 반지, 그리고 여자의 목에 걸린 목걸이의 보석처럼 반짝이는 시곗줄은 이 몽환적인 인물의 여성적 멋부림을 매우 강하게 알려 주고 있었다. [85]끝으로 그 일본의 우상 같은 모습은 [86]푸르스름한 입술에 고정되고 정지된 웃음, 죽은 자의 얼굴에 나타나는 것 같은 냉혹하고 빈정대는 웃음을 간직하고 있었다. [87]조각상처럼 침묵하며 움직이지 않는 그 모습은 어떤 공작부인의 상속자들이 목록을 작성하는 동안 그녀의 서랍들에서 찾아내는 오래된 옷들에서 나는 사향 냄새를 풍기고 있었다. [88]이 늙은이가 모인 군중 쪽으로 눈을 돌리면, 희미한 빛도 반사할 줄 모르는 두 눈의 움직임은 어떤 감지할 수 없는 인공적 장치로 이루어지는 것 같았다. 그리고 두 눈이 멈추었을 때, 그 눈을 살펴본 사람은 그것들이 움직였는지 의심하고야 말았다. [89]이와 같은 인간 잔해 옆에서, [90]목·팔·가슴은 하얗게 드러나 있으며, 몸매는 충만한 초록빛 아름다움을 드러내고, 백대리석 같은 이마에 정갈하게 심어진 머리칼은 사랑을 불러일으키며, 눈은 감미롭고 상큼한 빛을 흡수하는 게 아니라 내뿜고 있고, 경쾌한 머릿결과 향기로운 숨결은 이런 유령, 먼지 같은 이런 인간에게는 너무 무겁고 너무 딱딱하며 너무 강력한 것처럼 보이는 [89]젊은 여인을 보다니, [91]아! 그것은 나의 사유에서 바로 죽음과 삶이었고, 상상의 아라베스크 무늬였으며, 가슴 윗부분으로만 보면 완벽하게 여성적이면서도 반은 끔찍한 키마이라[81] 같은 것이었다.

— 하지만 세상에는 이런 식의 결합들이 상당히 자주 이루어지지라고 나는 혼잣말을 했다.

[92]저 사람은 묘지 냄새가 나요!라고 공포에 사로잡힌 젊은 여자는 소리쳤다. [93]그러면서 그녀는 나의 보호를 확실히 받기 위해 나에게 밀착했고, 요동치는 동작을 통해 대단히 무서워하고 있음을 드러냈다. [94]그녀는 말을 다시 이었다. "끔찍한 모습이에요. 나는 더 이상 여기 머물 수 없을 것 같아요. 다시 한번 저 사람을 쳐다보면 죽음 자체가 나를

---

81) 키마이라 혹은 키메라는 그리스 신화에서 사자의 머리, 양의 몸, 용의 꼬리를 한 괴물이다. [역주]

찾으러 왔다고 생각할 거예요. 그런데 저 사람은 살아 있는 건가?"

^{95}그녀는 ^{96}여자들이 맹렬히 타오르는 욕망을 느낄 때나 나타낼 수 있는 그런 대담함을 드러내며 ^{95}그 기형적인 인간에게 손을 댔다. ^{97}그러나 그녀의 모공에서는 식은땀이 나왔다. 왜냐하면 그녀는 그 늙은이를 건드리자마자 멧새 소리와 유사한 소리를 들었기 때문이다. 그 날카로운 목소리는, 그게 목소리였다면, 거의 말라붙은 목구멍에서 새어 나왔다. ^{98}그리고 그 외침에 이어 어린아이가 하는 것 같은 독특한 울림의 경련적이 잔기침이 급격하게 나왔다. ^{99}이런 소리가 나자 마리아니나, 필리포 그리고 랑티 부인이 우리를 흘끔 쳐다보았는데, 그들의 시선은 번갯불같이 튀었다. 젊은 여자는 센 강에라도 뛰어들고 싶었을 것이다. ^{100}그녀는 나의 팔을 잡고 어떤 규방으로 끌고 갔다. 남자들과 여자들, 모든 사람이 우리에게 길을 비켜 주었다. 여러 접견실 끝에 다다르자, 우리는 반쯤 둥그런 작은 방에 들어갔다. ^{101}나의 동반자는 공포에 떨면서 자신이 어디에 있는지도 모른 채 긴 의자에 몸을 던졌다.

— ^{102}부인, 당신 제정신이 아니군요, 나는 말했다.

— ^{103}하지만, 내가 잠시 그녀에게 감탄해 마지않는 침묵의 순간이 흐른 뒤 그녀는 다시 말했다, ^{104}그게 내 잘못인가요? 왜 랑티 부인은 저택에 귀신들이 배회하게 놓아두는 거예요?

— ^{105}이런, 당신은 바보 흉내를 내는군요. 당신은 작은 늙은이를 유령으로 생각하고 있군요. 나는 대답했다.

— ^{106}조용히 해봐요. 그녀는 모든 여자들이 자신들이 옳고자 할 때 매우 잘 취할 줄 아는 그 위압적이고 조롱하는 모습을 보이며 대꾸했다. ^{107}예쁜 규방이에요!" 그녀는 주변을 둘러보며 소리쳤다. "푸른색 자수는 벽걸이 장식으로선 언제나 훌륭한 효과를 내요. 정말 상큼해요! ^{108}오! 아름다운 그림이군요!" 그녀는 일어나 액자가 훌륭한 한 점의 그

림 앞으로 가면서 덧붙였다.

우리는 잠시 머물러 이 경이로운 작품을 응시하였다. [109]그것은 어떤 초자연적인 붓으로 그린 것 같았다. [110]그림은 사자 가죽 위에 누워 있는 아도니스를 나타내고 있었다. [111]규방 한가운데 걸린 백대리석 용기의 램프가 부드러운 미광으로 이 그림을 비추고 있어 우리는 그것의 모든 아름다움을 포착할 수 있었다.

— [112]저토록 완벽한 존재가 있을까요? [113]그녀는 윤곽의 세련된 우아함·자태·색깔·머리칼, 요컨대 모든 것을 만족한 부드러운 미소를 머금은 채 살펴본 후, [112]나에게 물었다.

— [114]남자로선 너무 아름다워요. 그녀는 경쟁적인 여인을 훑어보듯이 살펴본 후 덧붙였다.

[115]아! 나는 그때 [116]어떤 시인이 나로 하여금 믿게 하려고 헛수고를 했던 [115]그런 질투를 얼마나 가슴 아프게 느꼈던가! [116]예술가들이 모든 것을 이상화시키게 만드는 이론에 따라 인간의 아름다움을 과장했던 판화·그림·조각상에 대한 그런 질투를.

— [117]저건 초상화예요. 나는 그녀에게 대답했다. 그것은 비엥의 재능에 의한 것입니다. [118]하지만 이 위대한 화가는 실물을 본 적이 없으며, 당신이 이 나체화가 한 여자 조각상을 모델로 하여 만들어졌다는 것을 알게 되면, 당신의 찬사는 아마 덜 열렬할 것입니다.

— [119]그런데 그게 누구죠?

나는 망설였다.

— 알고 싶어요. 그녀는 격한 어조로 덧붙였다.

— [120]난 이 아도니스가 랑티 부인의 어떤…… 어떤…… 어떤 친척을 나타내고 있다고 생각합니다라고 나는 그녀에게 말했다.

[121]나는 그녀가 그 그림에 푹 빠져 응시하는 모습을 보자 괴로웠다.

그녀는 조용히 앉았고, 나는 그녀 곁에 자리잡고 그녀의 손을 잡았다. 그러나 그녀는 알아채지도 못했다! 초상화 때문에 나는 잊혀지고 만 것이다! [122]바로 그때 드레스 자락 스치는 소리를 내는 여인의 가벼운 발소리가 침묵 속에서 울렸다. [123]우리는 어린 마리아니나가 들어오는 것을 보았다. 그녀의 우아함과 상큼한 치장보다는 천진난만한 표정이 더욱 눈부셨다. 그때 그녀는 천천히 걷고 있었는데, 우리를 음악 살롱 으로부터 달아나게 만들었던 그 옷 입은 유령을 모성적 보살핌과 효심 어린 정성으로 부축하고 있었다. [124]그녀는 그가 허약한 다리를 천천히 내딛는 모습을 이를테면 불안하게 바라보면서 그를 인도하고 있었다. [125]둘이서 그들은 벽걸이 장식 뒤에 감추어진 문 앞에 힘들게 도착했다. [126]거기서 마리아니나는 조용히 문을 두드렸다. [127]그러자 집을 지키는 일종의 수호 정령 같은 키가 큰 마른 남자가 마법에 의한 것처럼 곧바 로 나타났다. [128]늙은이를 이 불가사의한 수호자에게 맡기기 전에, [129]젊 은 아이는 송장처럼 뼈와 가죽뿐인 그에게 정중하게 입을 맞추었는데 그녀의 순결한 애무에는 몇몇 특권적인 여자들만이 비밀을 간직한 그 우아한 아양기가 없지 않았다.

— [130]안녕, 안녕! 그녀는 어린 목소리가 지닌 더없이 귀여운 어조로 말했다.

[131]그녀는 마지막 음절에 굴러가는 장식음까지 뛰어나게 덧붙였는데, 그 목소리는 조용했고 마치 시적인 표현을 통해 자신의 마음을 그려내 고자 하는 것 같았다. [132]늙은이는 갑자기 무언가 추억이 떠올랐는지, 그 은밀한 구석방의 문턱에 잠시 멈추었다. 그때 우리는 깊은 침묵 때 문이었지만, 그의 가슴에서 새어 나오는 무거운 한숨 소리를 들었다. [133]그는 뼈만 남은 손가락에 끼워 있었던 반지들 가운데 가장 아름다운 것을 빼내어 마리아니나의 가슴 안에 넣어 주었다. [134]미칠 듯이 기쁜

소녀는 웃음을 터트리기 시작했고, 반지를 집어서 장갑을 낀 손가락 하나에 끼웠다. [135]그리고는 때마침 카드리유의 서곡이 울려퍼지고 있는 살롱 쪽으로 신속하게 달려갔다. [136]그녀는 우리가 있음을 알아보았다.

— 아! 당신들 거기 계셨군요! 그녀는 얼굴을 붉히며 말했다.

질문하듯이 우리를 쳐다본 후, [137]그녀는 그 나이의 무심한 혈기를 드러내면서 춤파트너한테 달려갔다.

— [138]그런데 그게 무얼 의미하죠? 나의 젊은 파트너가 물었다. 그 남자가 그녀의 남편인가요? [139]꿈을 꾸고 있는 것 같아요. 내가 지금 어디에 있지요?

— 부인, 당신은 지금 흥분해 있습니다. 지극히 미세한 감정까지도 매우 잘 이해하여 한 남자의 마음속에 첫날부터 더없이 미묘한 감정을 가꿀 줄 알고, 그러면서도 그 마음을 시들게 하지도 꺾어 버리지도 않는 당신께서 말입니다. 그런 아픈 마음에 연민을 느끼고, 이탈리아나 스페인에 어울리는 열정적인 영혼을 파리 여인의 정신에 결합시키는 당신이……

그녀는 나의 언어가 씁쓸한 빈정거림이 배어 있다는 것을 잘 알아차렸다. 그래서 신경 쓰지 않는 척하면서 그녀는 내 말을 가로막고 말했다.

— 아, 당신은 당신 마음대로 날 생각하고 있군요. 이상한 횡포군요! 당신은 내가 **나 자신**이 아니기를 바라고 있어요.

— 아, 난 아무것도 원하지 않아요. 나는 그녀의 가혹한 태도에 질겁하여 소리쳤다. [140]남부의 매혹적인 여자들이 우리들 마음에 일으킨 그 강렬한 정열의 이야기를 당신이 듣기 좋아한다는 것만은 적어도 맞지 않나요?

— [141]그래요. 그런데요?

— 그래서 내일 9시경에 당신 집에 가서 이 미스터리를 밝혀 주겠소.

— [142]아니예요. 그녀는 반항적인 태도로 말했다. 나는 당장에 알고 싶어요.

당신은 당신이 알고 싶다고 말할 때 내가 당신의 말에 복종할 권리도 주지 않았어요.

— [143]난 지금 그 비밀을 알고 싶어 죽을 지경이에요. 그녀는 비길 데 없는 교태를 부리며 대답했다. 내일이면 나는 아마 당신 이야기에 귀기울이지 않을 거예요…….

[144]그녀는 미소를 지었다. 우리는 헤어졌다. 그녀는 언제나처럼 거만하고 만만치 않았으며, 언제나처럼 우스꽝스러웠다. 그녀는 과감하게 어떤 젊은 부관과 왈츠를 추었고, 나는 화를 냈다가 뾰로통했고, 경탄했다가 상냥했고 그러다가 질투를 느낀 채 있었다.

— [145]내일 새벽 2시경에 봐요. 그녀는 무도회에서 빠져나왔을 때 말했다.

— [146]나는 가지 않을 것이다. 나는 너를 포기할 거야라고 나는 생각했다. 너는 내가 상상했던 것보다 더 변덕스럽고, 더 몽환적이야, 아마 백배 천배로 말이다.

[147]그 다음날 우리는 조그만 우아한 살롱의 쾌적한 벽난로 앞에 앉아 있었다. [148]그녀는 조그만 안락의자에 앉아 있었고, 나는 눈으로 그녀의 눈을 올려다본 채, 거의 그녀의 발 옆 쿠션 위에 앉아 있었다. 거리는 조용했다. 램프는 부드러운 광채를 발하고 있었다. 영혼에게는 감미로운 그런 저녁이었고, 결코 잊혀지지 않는 그런 순간이었으며, 평화와 욕망 속에서 지낸 그런 시간이었고, 뒷날에 우리가 더 행복할 때조차도 그 매력을 항상 그리워하게 되는 그런 순간이었다. 그 누가 사랑의 첫 유혹이 새겨 놓은 생생한 흔적을 지울 수 있겠는가?

— [149]자, 이야기해 봐요. 그녀가 말했다.

— [150]하지만 못하겠군요. 그 사건은 이야기하는 사람에게는 위험한 대목들이 있습니다. 내가 열광하면 당신은 나를 입다물게 할 것입니다.

— [151]이야기해 봐요.

— [152]당신 말대로 하겠소.

— [153]에르네스트 장 사라진은 프랑슈콩테 지방의 어떤 검사의 외아들이었지요. 나는 잠시 쉬었다가 말을 이었다. 그의 아버지는 연금으로 6천 내지 8천 리브르를 당당하게 받았는데, 전문가의 재산으로선 그 옛날에 지방에서는 엄청난 것으로 받아들여졌습니다. 늙은 사라진 영감은 아이가 하나밖에 없었기 때문에, 그의 교육을 위해서라면 그 어떤 것도 소홀히 하고 싶지 않았죠. 그는 아이를 법관으로 만들고자 했습니다. 오랫동안 살면서 말년에는, 생디에 지방의 농부였던 마티외 사라진의 손자가 고등법원의 더없는 영광을 위해 공판 때 백합 문장이 새겨진 의자에 앉아 졸고 있는 모습을 보고 싶었죠. 그러나 하늘은 검사에게 이런 즐거움을 예정해 놓지 않았습니다.

[154]어린 사라진은 일찍이 예수회에 맡겨졌는데, [155]유별난 부산스러움을 드러냈습니다. [155]그는 재능 있는 사람의 유년기를 보냈죠. [157]그는 자기 멋대로만 공부를 하고자 했고, 자주 반항을 했으며, 때로는 몇 시간이고 막연한 사색에 잠겨서 친구들이 노는 모습을 응시하기도 하고, 자신을 호메로스의 영웅들로 그려 보기도 했습니다. [158]또 기분 전환하며 노는 일이 있을 때면 눈에는 놀라운 열정을 드러냈습니다. 친구와 싸움을 하게 될 때면 피를 흘리지 않고 싸움이 끝나는 경우는 드물었습니다. 자신이 상대방보다 약하면, 그는 물어뜯곤 했습니다. [159]활동적

이다가 수동적이고, 소질이 없다가도 너무 지적인 모습을 드러내는 이상한 성격 때문에 [160]그는 친구들과 선생님들 모두를 꺼려하게 되었죠. [161]그는 그리스어의 기본 요소를 배우는 대신에 투키디데스[82]의 한 대목을 설명해 주는 신부님을 그림으로 그렸고, 수학 선생님·감독 선생님·하인들·채점관을 스케치하였으며, 모든 벽을 무정형의 스케치들로 더럽혀 놓았습니다. [162]교회에서 주님을 찬양하는 노래를 부르는 대신에 그는 미사가 진행되는 동안 의자를 찢는 데 즐거움을 느꼈습니다. [163]혹은 나뭇조각을 훔쳤을 때, 그는 어떤 성녀(聖女)를 조각했습니다. 나무·돌·연필이 없을 때면 그는 빵조각으로 자신의 착상을 표현했습니다. [164]성가대를 장식하고 있던 그림들의 인물들을 모사하든지, 즉흥적으로 그리든지, 그는 자기 자리에 조잡한 초벌 그림들을 남겨 놓았는데, 이 그림들의 외설적인 성격은 가장 젊은 신부들조차도 절망하게 만들었죠. 한편 늙은 예수회 수도사들은 그 그림들을 비웃었다고 비방자들은 주장했습니다. [165]끝으로 중학교의 기록을 믿는다면, 그는 [166]어느 성(聖) 금요일 고해실 앞에서 자기 차례를 기다리며 커다란 장작을 그리스도의 형태로 조각했다는 이유로 [165]추방되었습니다. [166]이 조각상 위에 새겨진 신성모독은 너무도 강렬했기 때문에 이 예술가는 벌을 받지 않을 수 없게 되었습니다. 그는 제단의 높은 감실 위에 꽤 파렴치한 그 형상을 과감하게 올려 놓지 않았겠습니까!

[167]사라진은 [168]아버지의 저주에서 오는 [167]위협에 대한 피난처를 파리로 찾으러 왔습니다. [169]장애물을 모르는 그 강력한 의지를 지녔기 때문에 그는 자신의 재능이 명령하는 대로 따랐고, 부샤르동[83]의 아틀리에에

---

82) 투키디데스는 고대 그리스의 역사학자로 유명한 미완의 《펠로폰네소스 전쟁사》를 남겼다. 〔역주〕

로 들어갔습니다. [170]그는 하루 종일 일을 했고 저녁이면 생필품을 구걸하러 가곤 했습니다. [171]이 젊은 예술가의 발전과 지성에 감탄한 부샤르동은, [172]자신의 제자가 처한 비참을 곧바로 알아차렸습니다. 그는 그를 구제해 주었고, 좋아하게 되었으며, 자신의 아들처럼 대해 주었습니다. [173]그리고 사라진의 천재성이 [174]미래의 인재가 젊음의 피끓는 열기와 싸우고 있는 그런 작품에 의해 [173]드러났을 때, [175]아량이 넓은 부샤르동은 그가 늙은 검사의 총애를 다시 받게 하고자 시도했습니다. 유명한 조각가의 권위 앞에서 아버지의 분노는 잦아들었죠. 브장송 시전체가 미래의 위대한 인물을 탄생시켰다고 기뻐했습니다. 처음 황홀한 순간에 우쭐해진 허영에 빠지게 되자 그 인색한 전문가는 자기 아들이 세상에 유리하게 나타날 수 있도록 조치해 주었습니다. [176]조각이 요구하는 길고 힘든 공부로 인해 [177]사라진의 혈기 넘치는 성격과 야성적 천재성은 순화되었습니다. [178]어쩌면 미켈란젤로의 영혼만큼이나 강력하게 담금질된 [177]이 젊은 영혼에서 열정이 폭발하게 될 때 나타날 그 폭력성을 예견하고 있었기에, 부샤르동은 끊임없이 일거리를 줌으로써 그 에너지를 억눌렀습니다. 그는 사라진이 어떤 사유의 열정에 휩쓸리는 것을 볼 때면 일하는 것을 금지시키고 심심풀이를 제안했으며, 혹은 사라진이 방심에 빠질라 치면 중요한 일거리를 맡겼습니다. 그렇게 함으로써 그는 사라진의 범상치 않은 격정을 적절한 한계 속에 성공적으로 유지했습니다. [180]그러나 이 열정적인 영혼에는 부드러움이 모든 무기 가운데 언제나 가장 강력했기 때문에 스승은 부성적 선의를 통해서 감사한 마음을 일으킴으로써만 제자에게 큰 영향력을 행사

---

83) 부샤르동(Edme Bouchardon, 1698-1762)은 프랑스의 조각가이자 데생화가로서 로마와 파리에서 활동하였다. 고대 그리스·로마의 조각을 찬양자로서 많은 흉상과 메달을 조각했으며 베르사유 궁전의 정원을 위한 작업에도 참여했다. [역주]

할 수 있었죠.

[181]스물두 살이 되자 사라진은 부샤르동이 그의 생활 태도와 습관에 행사했던 건강한 영향력으로부터 필연적으로 벗어나게 되었습니다. [182]그는 하나의 조각 상(賞)을 수상함으로써 자신의 천재성이 주는 고통을 견뎌 냈는데, [183]이 상은 퐁파두르 부인[84]의 동생으로서 예술을 위해 많은 일을 한 마리니 후작[85]이 제정한 것이었습니다. [184]디드로는 부샤르동의 제자가 창조한 조각 작품을 걸작으로 찬양했습니다. [185]왕실의 조각가는 젊은이가 이탈리아로 떠나는 것을 보고는 깊은 고통을 느끼지 않을 수 없었습니다. [186]왜냐하면 그는 원칙적으로 이 젊은이를 세상 물정에 통 어두운 상태로 유지시켰기 때문이었죠.

[187]사라진은 6년 전부터 부샤르동과 함께 식사를 했습니다. [188]카노바[86]가 그 이후로 그렇게 했듯이, 자신의 예술에 열광적이었던 그는 해가 뜰 때 기상하여 아틀리에에 들어간 후 밤이 되어서야 나왔으며, [189]자신의 뮤즈(시적 영감)하고서만 살았죠. [190]그리고 그가 코메디 프랑세즈 극장에 가는 경우가 있었다 할지라도, 그것은 그의 스승이 끌고 갔던 것입니다. 그는 부샤르동이 소개시키려 했던 조프랭 부인의 집과 상류 사회에 너무도 거북함을 느꼈기 때문에 혼자 있고 싶었고, 그런 방탕한 시대의 쾌락을 거부했습니다. [191]그는 [192]오페라 극장의 유명한 여배우인 클로틸드와 [191]조각 이외는 다른 애인이 없었습니다. [193]이 연

---

84) 퐁파두르 후작부인(1721-1764)은 루이 15세의 총애를 받은 정부(情婦)로서 예술과 예술가들을 후원하고 보호하였다. 〔역주〕

85) 마리니 후작은 누이 퐁파두르 후작부인의 영향력을 통해 왕실의 건물 및 예술 담당 업무를 총괄하였다. 〔역주〕

86) 카노바(Antonio Canova, 1757-1822)는 이탈리아의 조각가로 신고전주의의 대가이다. 흔히 그는 회화에서 다비드와 비견되는데, 1802년에 파리에 초대되어 나폴레옹 조각상을 제작했다. 〔역주〕

애도 오래 지속되지 못했죠. [194]사라진은 상당히 못생겼고, 언제나 옷을 시원찮게 입었으며, 자유로운 기질상 사생활이 너무도 불규칙적이었기 때문에 [195]그 유명한 요정은 어떤 재앙이 닥치지 않을까 겁을 먹은 나머지 이윽고 이 조각가를 예술에 대한 사랑으로 되돌려보냈습니다. [196]소피 아르누는 이 문제에 대해 무언가 알 수 없는 재치 있는 말을 했습니다. 내 생각이지만, 그녀는 자기 친구가 조각상들을 물리치고 승리했다는 사실에 놀라움을 금치 못했을 것입니다.

[197]사라진은 1758년에 이탈리아로 떠났습니다. [198]여행을 하는 동안 그의 열렬한 상상력은 예술의 나라에 흩어져 있는 멋진 기념물들을 보자 구릿빛 하늘 아래에서 불타올랐습니다. 그는 조각상들·벽화들·그림들에 탄복했습니다. 그렇게 하여 그는 경쟁심에 가득 차 [199]로마에 왔는데, [200]미켈란젤로와 부샤르동의 이름 사이에 자신의 이름을 새기고 싶은 강렬한 욕망에 사로잡혀 있었습니다. 그런 만큼 그는 처음 며칠 동안은 로마에 풍부한 예술 작품들을 검토하는 일과 아틀리에에서 하는 작업으로 자신의 시간을 분할했습니다. [201]그는 폐허의 여왕(로마)과 마주할 때 모든 젊은 상상력을 사로잡는 황홀한 상태에서 이미 15일을 보냈습니다. [202]그러던 어느 날 그는 아르헨티나 극장에 들어갔는데, [203]극장 앞에는 많은 군중이 몰려들고 있었습니다. [204]그는 이런 운집의 원인이 무엇인지 물어보았고, [205]사람들은 '잠비넬라! 조멜리!' 라는 두마디로 대답했습니다. [206]그는 들어가서 [207]1층 뒷좌석에 앉았는데, [208]매우 뚱뚱한 두 신부 사이에 꽉 끼게 되었습니다. [209]그러나 매우 다행하게도 그는 무대 가까이 자리잡았습니다. [210]막이 올랐습니다. [211]생애 처음으로 그는 [212]장 자크 루소 씨가 홀바흐 남작의 야회에서 그토록 설득력 있게 찬양했던 그 감미로움이 넘치는 [211]음악을 들었습니다. [213]조멜리의 숭고한 화음 소리가 젊은 조각가의 감각을, 말하자면 윤활

유처럼 관능적으로 만들었습니다. 능란하게 결합된 그 이탈리아 목소리들이 지닌 독창성, 사랑의 슬픔에 호소하는 듯한 그런 독창성이 그를 매혹적인 황홀경에 잠기게 했습니다. [214]그는 두 신부가 양쪽에서 짓누르는 것도 느끼지 못한 채 말없이 꼼짝 않고 있었죠. [215]그의 영혼은 그의 귀와 눈 속으로 이동했습니다. 그는 자신의 모공 하나하나를 통해 듣고 있다고 생각했습니다. [216]갑자기 극장 홀을 무너져 내리게 할 것 같은 박수 소리가 프리 마돈나의 입장을 맞이했습니다. [217]그녀는 교태를 부리며 무대 전면으로 나와 한없는 우아함을 드러내면서 관객에게 인사를 했습니다. 불빛들, 일단의 관중의 열광, 무대의 환상, 그 당시에는 상당히 매력적이었던 의상의 마력, 이런 것들이 [218]이 여인에게 [217]유리하게 협력했습니다. [219]사라진은 즐거움의 소리를 질렀습니다.

[220]그 순간 그는 그때까지 자신이 어딘가에 있는 그 완벽함을 찾아 여기저기 헤맸던 이상적인 아름다움에 감탄했습니다. 그는 흔히 비열한 어떤 모델에게 완벽한 다리의 둥근 모습을 요구하기도 했고, 또 다른 모델에게는 유방의 곡선을, 또 다른 사람에게는 하얀 어깨를 요구하기도 했습니다. 끝으로 그는 어떤 처녀에게서는 목을, 또 다른 여자에게서는 손을, 어떤 어린아이에게서는 매끈한 무릎을 선택하기도 했습니다. [221]그러나 고대 그리스의 풍요롭고 감미로운 창조물들을 파리의 차가운 하늘 아래서는 결코 만난 적이 없었습니다. [222]잠비넬라는 조각가가 더없이 엄정하면서도 지극히 열정적인 심판관으로서 바라보는 그윽한 균형, 그토록 열렬하게 욕망했던 여성적 모델의 그 균형을 매우 생생하고 세련된 모습으로 결합시켜 보여주고 있었다. [223]입은 표정이 풍부했고, 눈은 사랑이 담겨 있었으며, 안색은 눈부신 백색을 띠고 있었습니다. [224]그리고 화가를 매혹시켰을 이런 세세한 부분들에 [225]비너스의 경이로운 점들, 그리스인들의 끌로 표현되었고 숭배되었던 그 경

이로운 점들을 ²²⁴결합시켜 보세요. ²²⁶이 예술가는 팔이 상반신에 결합될 때 드러나는 그 모방할 수 없는 우아함, 마력적으로 둥근 목, 눈썹과 코가 조화롭게 그려내는 선들, 완벽한 계란형의 얼굴, 순수함을 보여주는 선명한 윤곽 곡선, 그리고 넓고 관능적인 눈꺼풀 끝을 장식하면서 효과를 드러내는 짙고 구부러진 속눈썹을 지칠 줄 모르고 찬양했습니다. ²²⁷그녀는 여자 이상의 존재였고, 걸작이었습니다! ²²⁸이 뜻밖의 창조물에는 모든 남자를 황홀케 하는 사랑이 있었고, 비평가를 마땅히 만족시킬 수 있는 아름다움들이 있었죠. ²²⁹사라진은 그를 위해 받침대에서 내려온 피그말리온의 조각상을 두 눈으로 탐욕스럽게 바라보았습니다. ²³⁰잠비넬라가 노래했을 때는 ²³¹그야말로 열광이었습니다. ²³²이 예술가는 추위를 느꼈습니다. ²³³그리고 그는 자신의 내면적 존재의 심층에서, 다시 말해 우리가 적당한 낱말이 없어 마음이라 부르는 것의 심층에서 갑자기 어떤 난로가 타닥거리며 타오르는 것을 느꼈습니다! ²³⁴그는 박수를 치지 않았고 아무 말도 하지 않았습니다. ²³⁵그는 어떤 광기가 움직이고 있음을 느꼈습니다. ²³⁶무언가 알 수 없는 끔찍하고 지옥 같은 것을 욕망 안에 지니고 있는 그런 나이에서만 우리를 동요시키는 일종의 광란을 말입니다. ²³⁷사라진은 무대 위로 돌진하여 그녀를 점령하고 싶었습니다. 이런 현상들은 인간의 관찰이 도달할 수 없는 영역에서만 일어나기 때문에 설명이 불가능한 정신적 쇠약으로 인해 백배나 증가한 그의 힘은 고통스러울 정도로 격렬하게 분출되려는 경향을 드러냈습니다. ²³⁸누군가가 그를 보았다면, 쌀쌀맞고 어리석은 인간이라고 말했을 것입니다. ²³⁹영광·학문·미래·존재·왕관, 모든 게 무너져 내렸습니다.

²⁴⁰"그녀의 사랑을 받든지 아니면 죽어 버린다!" 이것이 사라진이 자신에게 내린 결정이었습니다. ²⁴¹그는 너무도 완전히 도취되었기 때문

에 홀도, 관중들도, 배우들도 보지 못했고, 음악도 더 이상 듣지 못했습니다. [242]게다가 그와 잠비넬라 사이에는 거리가 없었습니다. 그는 그녀를 소유했으며 그녀에게 고정된 두 눈은 그녀를 점령하고 있었습니다. 거의 악마적인 어떤 힘으로 인해 그는 그 목소리의 숨결을 느꼈고, 그녀의 머릿결에 배어든 향내 나는 분가루를 흡입했으며, 그 얼굴의 평평한 부분들을 보았고, 부드럽고 윤기 나는 피부에 뉘앙스를 주는 푸른 혈관들을 헤아려 볼 수 있었습니다. [243]끝으로 그 목소리는 경쾌하고, 신선하며 은빛 음색이었고, 바람이 조금만 불어도 형태를 주면서 말다가 풀어내고, 펼쳐내다가 흩뜨리는 실처럼 부드러웠습니다. 그 목소리는 너무도 강렬하게 그의 영혼을 공격했기 때문에 [244]다시 한번 그는 경련적인 감미로움이 뽑아내는 그 무의식적 외침을 내질렀는데, [245]인간의 정열이 이런 감미로움을 주는 경우는 그야말로 흔치 않지요. [246]이윽고 그는 극장을 떠나지 않을 수 없었습니다. [247]그의 떨리는 다리는 그를 지탱하는 것을 거의 거부하고 있었습니다. 그는 어떤 공포스러운 분노에 빠진 신경증 환자처럼 기가 꺾이고 무력했습니다. 그는 너무도 많은 즐거움을 느꼈기 때문에, 혹은 너무 많이 고통을 받았기 때문에 그의 생명력은 충격에 쓰러진 물병처럼 흘러내렸습니다. 그는 어떤 심한 질병에서 벗어난 회복기 환자들을 절망하게 만드는 그 무기력과 유사한 공허나 절멸을 자신 안에서 느꼈습니다.

[248]설명할 수 없는 슬픔에 빠져 [249]그는 어떤 교회의 계단으로 가 앉았습니다. 거기서 그는 기둥에 등을 기댄 채 꿈 같은 모호한 명상에 잠겨들었습니다. 정열이 그에게 벼락을 쳤던 것입니다. [250]숙소에 돌아왔을 때 [251]그는 우리의 생활에서 새로운 원칙들의 존재를 드러내 주는 그런 절정의 활동에 빠져들었습니다. 고통만큼이나 즐거움에도 기인하는 그 첫사랑의 열병에 사로잡혀, 그는 기억을 통해 잠비넬라를 그림

으로써 자신의 초조함과 열광을 달래 보려고 했습니다. 그것은 일종의 육체적인 명상이었죠. [252]어떤 화지 위에서는, 잠비넬라는 라파엘로 · 조르조네, 그리고 모든 위대한 화가들이 좋아했던 외관상 그 고요하고 냉정한 태도를 드러내고 있었습니다. [253]또 다른 화지 위에서는, 그녀는 구르는 음성을 마감하면서 머리를 세련되게 돌렸고, 자기 자신의 목소리를 듣는 것 같았습니다. [254]사라진은 자신의 애인을 온갖 포즈에 담아 스케치했습니다. 그는 우리가 어떤 애인을 열렬히 생각할 때 우리의 상상력을 자극시키는 갖가지 변덕스러운 생각들을 연필의 열광적인 움직임을 통해 구현해 내면서 그녀에게서 베일을 없애고, 그녀를 앉히고, 세우고 눕혔으며, 혹은 정숙하고 혹은 사랑에 약한 모습으로 그려냈습니다. [255]그러나 그의 격렬한 사유는 그림보다 더 멀리까지 갔습니다. [256]그는 잠비넬라를 보았고, 그녀에게 이야기했으며, 애원했습니다. 그는 그녀를 상상할 수 있는 온갖 상황 속에 위치시키면서, [257]말하자면 그녀와 함께하는 미래를 시험해 보면서 [258]천년의 삶과 행복을 고갈시켰습니다.

[258]그 다음날 그는 하인을 보내 극장 무대와 가까운 복스 좌석을 시즌 내내 예약해 놓았습니다. [259]그리고 강력한 영혼을 지닌 모든 젊은이들이 그렇듯, [260]그는 자신의 시도가 지닌 난제들을 과장했고, 아무런 장애물 없이 애인을 찬양할 수 있는 행복을 자신의 열정에 첫번째 양식으로 바쳤습니다. [261]사랑의 황금기에는 우리가 우리 자신의 감정을 즐기고, 거의 우리 자신만으로 행복한 상태에 처하게 되는데, 그 황금기가 [262]사라진의 경우에는 오래 지속될 수가 없게 되었습니다. [263]사건들이 그에게 불시에 들이닥쳤는데, [264]그때 그는 관능적인만큼이나 천진한 환각, 그 청춘의 환각이 주는 매력을 아직 벗어나지 못하고 있었습니다. [265]그는 대략 일주일 동안 아침이면 찰흙으로 빚어내는 작업에 몰

두한 채 하나의 인생 전체를 체험했으며, 이 찰흙을 통해 잠비넬라를 성공적으로 복제해 냈습니다. ²⁶⁶베일·치마·코르셋·리본 매듭이 제대로 안 되어 그녀가 숨어 버리곤 했어도 말입니다. ²⁶⁷저녁이면 자신의 좌석에 자리잡고 홀로 소파에 누워서 그는 흡사 마약에 취한 터키인처럼, 자신이 소망하는 만큼 풍요롭고도 아낌 없는 행복을 품어 보곤 했습니다. ²⁶⁸우선 그는 자기 애인의 노래가 주었던 너무도 강력한 감동들과 점차로 친숙해졌습니다. ²⁶⁹그리고 나서 그는 그녀를 익숙하게 보도록 자신의 눈을 길들였고, ²⁷⁰그녀를 최초로 만난 날 그를 부추겼던 그 은밀한 열정의 폭발을 두려워하지 않은 채 ²⁶⁹그녀를 응시하게 되었습니다. 그의 정열은 보다 조용해지면서 더욱 깊어졌습니다. ²⁷¹게다가 이 악착같은 조각가는 이미지들로 가득 차고 기대의 환상들로 장식되어 있으며, 행복에 넘치는 자신의 고독을 동료들이 방해하는 것을 허용하지 않았습니다. ²⁷²그는 너무도 강력하고 너무도 천진하게 사랑했기 때문에 우리가 처음으로 사랑할 때 몰려오는 그 순진무구한 불안감을 견뎌 내야 했습니다. ²⁷³이윽고 그는 행동하고, 술책을 쓰며, 그녀가 사는 곳을 묻고, 어머니·삼촌·후견인·가족이 있는지 알아야 한다는 사실을 어렴풋이 느끼기 시작했고, 그녀를 만나서 이야기할 수 있는 방도에 대해서도 생각했습니다. 그러자 그는 그처럼 야심적인 생각들에 마음이 너무도 강하게 부풀어오르는 것을 느꼈기 때문에 그런 걱정들을 내일로 미루었습니다. ²⁷⁴자신의 정신적 즐거움만큼이나 육체적 고통에 행복해하면서 말입니다.

— ²⁷⁵하지만 마리아니나도 그녀의 작은 늙은이도 아직 나타나지 않는군요. 로슈필드 부인은 나의 말을 가로막으면서 말했다.

— 당신은 그 늙은이만 상상하고 있군요! 나는 방해를 받아 사건의 극적인 반전 효과를 놓쳐 버리는 작가처럼 참지 못하고 소리를 질렀다.

— [276]며칠 전부터, 나는 잠시 쉬었다가 이야기를 계속했다. 사라진은 자기 좌석에 너무도 충실하게 자리잡으러 왔고, 그의 두 눈은 너무도 많은 사랑을 표현하고 있었기 때문에 [277]잠비넬라의 목소리에 대한 그의 열정은, 아마 이 연애 사건이 파리에서 일어났더라면 파리 전체의 뉴스거리가 되었을 것입니다. [278]그러나 부인, 이탈리아에서는 공연이 있을 때 각자는 오페라 글라스로 정탐을 해서는 안 되는 마음의 관심을 갖고, 자신의 열정들을 드러내면서 관람합니다. [279]하지만 이 조각가의 열광은 남녀 가수들의 시선을 오랫동안 벗어날 수는 없게 되었습니다. [280]어느 날 저녁 프랑스인은 사람들이 무대 뒤에서 그를 비웃는다는 사실을 알아차렸습니다. [282]잠비넬라가 무대에 등장하지 않았다면, [281]그는 자신이 어떤 극단적 상황으로 치달았을지 알기 어려웠을 것입니다. [282]그녀는 [283]여자들이 원하는 것보다 흔히 훨씬 더 많은 것을 말하는 [282]그 의미심장한 눈길을 사라진에게 던졌습니다. [284]이 시선은 하나의 완전한 계시 같은 것이었습니다. 사라진은 사랑받고 있었던 것입니다!

"저게 변덕에 지나지 않는다면 그녀는 자신이 앞으로 당하게 될 지배를 알지 못하겠지. 그녀의 변덕이 내 인생만큼 지속되었으면 좋겠다." 그는 자신의 애인이 너무 열정적이라고 벌써 비난하면서 그렇게 생각했습니다.

[285]그 순간에 그의 좌석문을 세 번 가볍게 두드리는 소리가 이 예술가의 주의력을 자극했습니다. [286]그는 문을 열었습니다. [287]한 늙은 여인이 은밀하게 들어왔습니다.

— [288]젊은이, 행복하고 싶다면 신중해야 합니다. 그녀는 말했다. 망토를 두르고 커다란 모자를 눈 아래까지 눌러 쓰세요. 그런 뒤 저녁 10시경 스페인관 앞의 코르소 가(街)에 나타나세요.

— [289]그리 하겠습니다. 그는 대답하면서 [290]노파의 주름진 손에 2루이를 쥐어 주었습니다.

[292]마침내 자신을 이해시킨 행복한 여인처럼 관능적인 눈꺼풀을 수줍게 내리까는 잠비넬라에게 암묵적인 신호를 보낸 다음, [291]그는 좌석에서 빠져나왔습니다. 그리고 나서 치장이 그에게 제공해 줄 수 있는 온갖 매력들을 끌어내기 위해 자기 집으로 달려갔습니다. [294]극장에서 나왔을 때 [295]어떤 낯선 사람이 그의 팔을 붙잡아 멈춰 세웠습니다.

— 조심하세요, 프랑스 양반. 그는 귀에다 대고 말했다. 사느냐 죽느냐 문제입니다. 치코냐라 추기경이 그의 보호자인데 근엄한 분입니다.

[296]악마가 사라진과 잠비넬라 사이에 지옥의 심연을 파놓았다 할지라도, 그 순간에 그는 성큼 모든 것을 통과했을 것입니다. 호메로스가 그려낸 신들의 말(馬)들과 유사한 조각가의 사랑은 눈 깜짝할 사이에 방대한 공간을 뛰어넘었던 것입니다.

— [297]집에서 나올 때 죽음이 나를 기다리게 되어 있다면, 나는 더욱더 빨리 갈 것입니다. 그는 대답했다.

— [298]가여운 친구로군! 낯선 사람은 사라지면서 그렇게 소리쳤다.

[299]사랑에 빠진 사람에게 위험을 이야기하는 것은 그에게 즐거움을 파는 게 아니겠습니까? [300]사라진의 하인은 주인이 그토록 세심하게 치장하는 모습을 본 적이 없었습니다. [301]부샤르동이 준 선물인 더없이 아름다운 검, 클로틸드가 준 넥타이 매듭, 번쩍거리게 장식을 한 예복, 은빛 나사 조끼, 금빛 코담뱃갑, 값비싼 회중시계 등, 모든 것이 궤짝들에서 꺼내졌다. [302]그리하여 그는 자신의 첫 연인 앞에서 자태를 드러내야 하는 여자처럼 치장했다. [303]정해진 시간에, 사랑에 취하고 희망에 들뜬 모습으로, [304]사라진은 망토에 코를 처박고 노파가 말한 약속 장소로 달려갔다. 노파는 기다리고 있었다.

— 늦게 오시는군요! 그녀는 말했다. [305]따라오세요.

그녀는 이 프랑스인을 여러 작은 길들로 끌고 다니다가 [306]꽤 아름다운 외양을 지닌 궁전 앞에 멈추었습니다. [307]그녀는 노크했습니다. [308]문이 열렸습니다. [309]그녀는 불확실한 희미한 달빛만이 비추고 있는 거처들 · 계단들 · 주랑들로 이루어진 미로를 가로질러 사라진을 안내하다가 이윽고 어떤 문 앞에 도착했습니다. [310]그 문의 틈새 사이로 강렬한 불빛이 새어 나왔고, 여러 사람의 즐거운 목소리가 터져 나왔습니다. [311]노파의 말 한마디에 사라진은 그 신비한 거처에 들여보내졌습니다. 그는 화려하게 가구가 갖추어진 만큼 찬란하게 조명이 된 살롱에 서게 되자, 갑자기 눈이 부셨습니다. 살롱 한가운데는 붉은 면들이 반짝이는 아름다운 그릇들, 지극히 신성한 술병들이 가득한 잘 차려진 식탁이 놓여 있었습니다. [312]그는 극장의 남녀 가수들을 알아보았는데, [313]그들은 예술가들의 요란한 파티를 시작할 태세를 갖춘 채 매력적인 여자들과 뒤섞여 있었으며, 이 파티는 그가 오기만을 기다리고 있었습니다. [314]사라진은 분통이 끓는 것을 억눌렀고 [315]침착했습니다. [316]그는 조명이 다소 어두운 방, 화로 옆에 있는 애인, 가까이서 지켜보는 질투하는 남자, 죽음과 사랑, 낮은 목소리로 흉금을 터놓고 주고받는 속내 이야기, 위험스러운 키스를 기대했습니다. 그리고 두 얼굴이 너무 가까이 있어 잠비넬라의 머리칼이, 욕망으로 가득하고 행복으로 빛나는 사라진의 이마를 애무해 주기를 기대했었습니다.

— [317]광기 만세! 그는 외쳤습니다. 신사 숙녀 여러분, 나중에 설욕하겠으며 이 불쌍한 조각가를 맞이해 준 여러분의 방식에 대해 감사를 표하겠습니다.

[318]그는 본 적이 있는 대부분의 참석자들로부터 제법 정다운 인사말을 받은 후, [319]잠비넬라가 [320]무기력하게 누워 있는 [319]안락의자로 다가가려

고 했습니다. [321]아! 슬리퍼를 신고 있는 사랑스러운 발을 보았을 때 그의 가슴은 얼마나 뛰었던지! 그 슬리퍼는, 말하자면 부인, 예전에 여자들의 발에 너무도 교태적이고 관능적인 생기를 주었기에 남자들이 어떻게 그걸 견뎌 낼 수 있었는지 모를 정도였습니다. 가장자리가 녹색으로 처리된 팽팽한 흰 스타킹, 짧은 치마, 루이 15세 치하의 굽이 높은 뾰족한 슬리퍼는 유럽과 성직자들의 풍기를 문란하게 만드는 데 다소 기여했을 것입니다.

— 다소라고요! 후작부인은 말했다. 그러니까 당신은 아무것도 읽어보지 못했군요?

— [322]잠비넬라는, 나는 웃으면서 말을 이었다. 뻔뻔스럽게 두 다리를 꼬고 있었고 윗다리를 만지작거리면서 흔들고 있었습니다. 그런 공작부인 같은 태도는 그녀와 같은 부류의 아름다움, 다시 말해 어떤 매력 있는 부드러움으로 충만하고 변덕스러운 그런 아름다움에 매우 잘 어울렸습니다. [323]그녀는 무대 의상을 벗어 버렸고, 허리를 날씬하게 드러내는 몸매를 하고 있었으며 푸른 꽃들로 수놓아진 비단 드레스와 살대들(치마를 둥그렇게 퍼지게 하는)이 그 몸매를 돋보이게 하고 있었습니다. [324]레이스 장식의 사치스러운 멋을 통해 보물을 숨기고 있는 그녀의 가슴은 하얗게 빛나고 있었습니다. [325]다소 바리 부인처럼 머리 모양을 한 그녀의 얼굴은 비록 넓은 모자를 쓰고 있어 지나치게 가려져 있었으나, 그로 인해 더욱 사랑스럽게 보였을 뿐이었고, 분화장도 잘 어울렸습니다. [326]그런 식으로 그녀를 바라보는 것은 그녀를 열렬히 사랑하는 것이었습니다. [327]그녀는 조각가에게 우아하게 미소를 지었습니다. [328]사라진은 증인들 앞에서만 그녀에게 말할 수 있게 된 것이 매우 불만족스러웠지만, [329]그녀 곁에 공손하게 앉았고 그녀의 엄청난 재능을 찬양하면서 음악에 대해 이야기를 했습니다. [330]그러나 그의 목소리

는 사랑·두려움·희망으로 떨리고 있었습니다.

— [331]무얼 두려워하십니까? 그들 무리에서 가장 유명한 가수인 비타글리아니가 말했습니다. 자, 당신이 여기서 두려워해야 할 경쟁자는 단 한 사람도 없습니다.

그 테너 가수는 조용히 미소를 지었습니다. 그 미소는 모든 회식자들의 입에서 반복되었는데, [332]그들의 관심은 사랑에 빠진 자로서는 알아차릴 수 없게 되어 있는 어떤 감추어진 악의가 있었습니다. [333]이와 같은 공개적 상황은 사라진의 가슴에 갑작스럽게 단검을 찌르는 것과 같았습니다. 비록 그가 성격적으로 강한 힘을 부여받았고 그 어떤 상황도 그의 사랑에 영향을 미칠 수 없게 되어 있었다 할지라도, [334]그는 잠비넬라가 화류계 여자나 진배없다는 사실을 아직 생각해 보지 않았던 것 같습니다. [335]또 젊은 처녀에 대한 사랑을 그토록 감미로운 것으로 만들어 주는 순수한 쾌락과, 무대 여자가 자신을 위험하게 소유하려 할 경우 치르게 하는 격렬한 열광을 동시에 맛볼 수 없다는 것도 말입니다. [336]그는 깊이 생각한 끝에 체념했습니다. [337]밤참이 나왔습니다. 사라진과 잠비넬라는 격식없이 나란히 자리잡았습니다. [339]향연의 전반부에서 예술가들은 다소간 절제를 했고, [340]조각가는 여가수와 이야기할 수 있었습니다. [341]그는 그녀에게서 재치와 세련미를 발견했습니다. [342]그러나 그녀는 놀랄 정도로 무지했고, [343]허약하고 미신적인 모습을 보였습니다. 그녀의 신체 기관들이 지닌 예민함은 그녀의 지적 능력에서 재현되었습니다. [345]비타글리아니가 첫번째 샴페인 병을 땄을 때, [346]사라진은 이웃한 그녀가 가스 배출 때문에 생기는 작은 폭발음에도 꽤 격렬한 두려움을 느낀다는 것을 그녀의 두 눈에서 읽었습니다. [347]사랑에 빠진 예술가는 그와 같은 여성적 신체 조직이 나타내는 무의식적 전율을 과도한 감수성의 징후로 해석했습니다. 이런 허약함이 프랑스인을 매혹시켰죠. [348]한 남자의 사랑 속에는 많은 보호가 개입되는 것입니다!

— 당신은 나의 힘을 방패처럼 사용해도 됩니다! 이 문장은 모든 사랑 고백의 근본 바탕에 씌어 있는 것이 아닙니까? [349]사라진은 너무도 열정적이었기에 그 아름다운 이탈리아 여인에게 감언이설을 늘어놓을 수가 없었는 바, 모든 연인들이 그렇듯이 심각했다가 웃었다가 혹은 명상에 잠겼습니다. [350]비록 그는 회식자들의 말을 경청하고 있는 것처럼 보였지만, 그들이 말하는 것은 한마디도 들리지 않았습니다. 그만큼 그는 그녀의 옆에 있고, 그녀의 손을 스치며 그녀에게 봉사하는 즐거움에 푹 빠져 있었죠. 그는 은밀한 기쁨을 누리고 있었습니다. [351]상호 주고받는 몇몇 감동적 시선에도 불구하고, [352]그는 잠비넬라가 자신과 함께 있으면서 드러내는 그 신중한 태도에 놀라움을 느꼈습니다. [353]분명 그녀가 먼저 시작하여 그의 발에 압력을 가했으며, 사랑에 빠진 자유분방한 여인처럼 짓궂은 장난을 치며 그를 유혹했습니다. [354]그러나 [355]사라진이 지나치게 격렬한 자기 성격을 나타내는 어떤 특질을 이야기하는 것을 들은 후, [354]그녀는 갑자기 젊은 처녀의 정숙한 모습을 가장했습니다. [356]밤참이 통음난무가 되었을 때, [357]스페인산 페랄타와 페드로 히메네스를 마시고 고무된 회식자들은 노래를 부르기 시작했습니다. 그 노래들은 매혹적인 이중창, 칼라브리아 지방의 가곡, 스페인의 세기디야 무도곡, 나폴리의 칸초네타였습니다. [358]모든 사람의 두 눈·가슴·목소리·음악 속에 도취가 담겨 있었습니다. 매혹적인 생기발랄함, 마음에서 우러나와 빠져드는 모습, 이탈리아식 순박함이 갑자기 넘쳐났는데, [359]파리의 모임들이나 런던의 연회들 혹은 빈의 클럽들밖에 알지 못하는 사람들한테는 이런 것들에 대한 발상이 전혀 떠오를 수가 없지요. [360]사랑의 말과 농담이 웃음, 불경한 언행, 성모 마리아

나 아기 예수에 올리는 기도를 가로질러 전투에서의 총알처럼 교차했습니다. [361]어떤 남자는 소파에 누워 잠을 자기 시작했습니다. [362]어떤 처녀는 자신이 헤레스산 포도주를 식탁보에 쏟고 있는지도 모른 채 사랑의 고백을 듣고 있었습니다. [363]이런 무질서 한가운데서 [364]잠비넬라는 공포에 사로잡힌 것 같은 모습을 한 채 생각에 잠겨 있었습니다. 그녀는 더 이상 마시는 것을 거부했습니다. [365]아마 너무 많이 먹었던 것 같습니다. 그러나 식도락이 여자들의 경우는 하나의 멋이라고 말해집니다. [366]애인의 수줍음에 탄복하면서 [367]사라진은 미래에 대한 진지한 성찰을 했습니다.

"그녀는 아마 결혼하고 싶겠지"라고 그는 혼잣말을 했습니다.

그렇게 그는 그 결혼의 감미로움에 빠져들었습니다. 그가 보기에는 자신의 인생 전체를 다 바친다 해도, 자기 영혼의 심층에서 찾아낸 행복의 샘을 고갈시키는 데는 충분히 길지 않은 것 같았습니다. [368]옆에 있던 비타글리아니가 너무도 자주 술을 따라주었기 때문에 새벽 3시경에 [369]사라진은 완전히 취하지는 않았지만, 자신의 열광에 대항할 힘이 없었습니다. [370]한순간 격정이 끌어오르자, 그는 그 여인을 데리고 [371]살롱과 통하는 일종의 규방으로 달아났습니다. [372]그리고 규방의 문에서 여러 번에 걸쳐 눈길을 뒤로 돌려보았습니다. [373]이탈리아 여인은 단검으로 무장하고 있었습니다.

— 가까이 오면 이 단검을 그대 가슴에 찌르지 않을 수 없어. 그녀는 말했습니다. [374]가라고! 그대는 나를 깔보고 있겠지. 나는 그대의 성격에 대해 너무도 많은 존경심을 품어 왔기 때문에 이런 식으로 나를 내맡길 순 없어. 나는 그대가 나에게 주는 감정을 잃고 싶지 않아.

— [375]아! 아! 사라진은 말했습니다. 정열을 자극하는 것은 그것을 진정시키는 데는 나쁜 방법이야. [376]마음이 늙어 버려 그대는 감정을 예

민하게 다듬어 팔아먹는 젊은 화류계 여자처럼 행동할 정도로 이미 타락했단 말인가?

— [377]하지만 오늘은 금요일이야. 그녀는 [388]프랑스인의 난폭함에 질겁한 채 [377]대답했습니다.

[379]믿음이 깊지 않은 사라진은 웃기 시작했습니다. [380]잠비넬라는 새끼노루처럼 뛰어서 [381]향연장으로 달려갔습니다. [382]사라진이 그녀를 뒤쫓아와 나타났을 때, [383]끔찍한 웃음소리가 그를 맞이했습니다. [384]그는 잠비넬라가 소파 위에 실신해 있는 모습을 보았습니다. 그녀는 창백했고, 그녀가 조금 전에 기울인 엄청난 노력 때문에 기진맥진한 것 같았습니다. [385]사라진은 이탈리아어를 거의 몰랐지만, [386]자신의 애인이 낮은 목소리로 비타글리아니에게 이렇게 말하는 것을 들었습니다.

— 하지만 그가 날 죽일 거야!

[387]이 이상한 장면은 조각가를 완전히 혼란스럽게 만들었습니다. 그는 정신을 되찾았습니다. 그는 우선 꼼짝 않고 있다가 말을 되찾았으며, 애인 곁에 앉아서 자신의 존경심을 맹세했습니다. 그는 그녀에게 더없이 흥분된 이야기를 함으로써 자신의 정열을 속이는 힘을 찾아냈습니다. 자신의 사랑을 묘사하기 위해서 그는 [389]여자들이 대부분 쉽게 믿어 버리는 [388]선의의 대변인인 그 마법적 웅변의 [387]보물을 펼쳐냈습니다. [390]새벽의 여명이 회식자들에게 불시에 다가왔을 때, 한 여자가 프라스카티로 가자고 제안했습니다. [391]모두가 루도비시 별장에서 하루를 보내자는 발상을 열렬한 환호로 받아들였습니다. [392]비타글리아니는 마차를 빌리기 위해 내려갔습니다. [393]사라진은 잠비넬라를 4인승 마차로 데려가는 행운을 얻었습니다. [394]로마에서 일단 벗어나자, 각자가 잠과 투쟁하느라 잠시 억눌렸던 쾌활함이 되살아났습니다. 남녀 모두가 그런 이상한 삶, 그런 연속적인 즐거움, 그런 예술가적 충동에 익숙한 것

같았습니다. 인생을 영원한 축제로 만들어 사람들이 저의없이 웃음을 터트리게 하는 그런 충동 말입니다. [395]조각가의 동반자만이 유일하게 낙심한 것 같았습니다.

— 어디 아파요? 사라진이 그녀에게 물었습니다. 당신 집으로 돌아가고 싶은가요?

— 저는 이 모든 무절제를 견딜 수 있을 만큼 강하지 못해요. 그녀는 대답했습니다. 저는 아주 조심해야 합니다. [396]하지만 당신 곁에 있으니 기분이 매우 좋아요! 당신이 없다면 저는 그 밤참에 남아 있지 않았을 거예요. [397]하룻밤만 지새도 저는 저의 모든 신선함을 잃어버리고 말아요.

— 당신은 참으로 예민하군요! 사라진은 이 매력적인 여인의 귀여운 윤곽을 응시하면서 말을 이었습니다.

— 요란한 연회는 저의 목소리를 상하게 합니다.

— [398]이제 우리들만 있소. 예술가는 소리쳤습니다. 당신은 내 끓어오르는 정열을 더 이상 두려워할 필요가 없으니 나를 사랑한다고 말해 줘요.

— [399]왜요? 그녀는 대꾸했습니다. 그게 무슨 소용이 있어요? [400]전 당신에게 예쁘게 보였습니다. 하지만 당신은 프랑스인이고 당신의 감정은 사라질 것입니다. [401]아! 당신은 제가 사랑받고 싶은 것처럼 저를 사랑하지는 않을 거예요.

— 뭐라구요?

— 저속한 정열의 목적 없이 순수하게 말이에요. [402]저는 아마 여자들을 증오하는 것보다 남자들을 훨씬 더 싫어한다고 할 수 있어요. [403]저는 우정 속에 피신할 필요가 있어요. [404]저에게 세상은 사막이에요. 저는 행복을 이해하고 느끼며 욕망하지 않을 수 없고, 다른 많은 사람들

처럼 행복이 이윽고 저로부터 달아나는 것을 보지 않을 수 없는 저주받은 여자입니다. [405]제가 당신을 속이진 않을 것이란 점을 기억해 주세요. [406]당신은 저를 사랑해선:안 되요. [407]저는 당신에게 헌신적인 친구가 될 수 있습니다. 왜냐하면 저는 당신의 힘과 당신의 성격을 찬양하기 때문이죠. 저는 오빠나 보호자가 필요해요. 저를 위해 그 모든 것이 되어 주세요. [408]하지만 그 이상은 안 됩니다.

— [409]당신을 사랑해선 안 된다구? 사라진은 소리쳤습니다. 하지만 천사여, 그대는 나의 삶이고 나의 행복이야!

— [410]제가 한마디만 하면 당신은 질겁하여 나를 물리칠 거예요.

— [411]애교가 만점이군! [412]난 겁날 게 아무것도 없어. [413]말해봐, 그대는 내 미래를 희생시킬 것이고, 두 달 후면 내가 죽을 것이며, 당신에게 키스밖에 안했는데도 영벌을 받을 것이라고 말이야.

[415]잠비넬라가 그 열정적인 키스로부터 벗어나기 위해 애를 썼음에도, [414]그는 그녀에게 키스했습니다.

— [416]그대는 악마이고, 그대는 나의 재산, 나의 이름, 나의 모든 명성이 필요하다고 말해봐! 그대는 내가 조각가가 아니었으면 좋겠나? 말을 해봐.

— [417]내가 여자가 아니라면? [418]잠비넬라는 낭랑하고 부드러운 목소리로 수줍게 물었습니다.

— [419]농담도 잘하는군! 사라진은 소리쳤습니다. 그대는 예술가의 눈을 속일 수 있다고 생각하는가? [420]난 열흘 전부터 그대의 완벽한 모습을 탐욕스럽게 바라보았고, 면밀히 살폈으며 찬양하지 않았던가? [421]여자만이 그런 둥글고 부드러운 팔과 우아한 윤곽선을 지닐 수 있어. [422]아! 그대는 찬사를 원하고 있군!

[423]그녀는 슬프게 미소짓고 중얼거리며 말했습니다.

― 숙명적인 아름다움이여!

그녀는 눈을 들어 하늘을 바라보았습니다. [424]그 순간 그녀의 시선은 무언가 알 수 없는 너무도 강력하고 너무도 선명한 혐오의 표정을 드러냈기 때문에 사라진은 소스라쳤습니다.

― [425]프랑스 선생님. 그녀는 말을 이었다. 한순간의 광기를 영원히 잊어버리세요. [426]저는 당신을 존경해요. [427]그러나 사랑이라면 저에게 요구하지 말아요. 그런 감정은 제 마음속에서 꺼져 버렸습니다. 저는 무정합니다! 그녀는 울면서 소리쳤습니다. 당신이 나를 보았던 무대, 그 찬사, 그 음악, 나에게 부여되지 않을 수 없었던 그 영광, 이게 나의 인생입니다. 제게 다른 것은 없습니다. [428]몇 시간 후면 당신은 저를 더 이상 같은 눈으로 보지 않을 거예요. 당신이 사랑하는 여자는 죽어 버렸을 것입니다.

[429]조각가는 응대하지 않았습니다. [430]그는 가슴을 미어지게 하는 은근한 격분에 사로잡혔습니다. 그는 불타오르는 두 눈으로 이 기막힌 여인을 바라볼 뿐이었습니다. 연약함이 배어 있는 잠비넬라의 그 목소리, 슬픔·우수·낙담을 드러내는 그 태도·매너·동작은 그의 영혼 속에서 정열의 온갖 풍요로움을 일깨웠습니다. 말 한마디 한마디가 자극이었습니다. [431]그때 그들은 프라스카티에 도착했습니다. [432]예술가는 애인이 내리는 것을 돕기 위해 그녀에게 팔을 내밀었을 때, [433]그녀가 극도로 떨고 있음을 느꼈습니다.

― 무슨 일입니까? 그는 그녀가 창백해지는 모습을 보면서 소리쳤습니다. 내 책임이 아니라 할지라도 나 때문에 당신이 조금이라도 고통을 받는다면 난 죽어 버릴 겁니다.

― 뱀! 그녀는 도랑을 따라 미끄러져 가는 뱀을 가리키며 말했습니다. 전 저런 가증스러운 동물들이 무섭습니다.

사라진은 발로 뱀의 대가리를 짓이겨 버렸습니다.

— [434]어떻게 그런 용기가 있어요? 잠비넬라는 죽은 파충류를 질겁하여 바라보면서 다시 말했다.

— [435]자, 이런데도 당신은 당신이 여자가 아니라고 감히 주장할 수 있겠소?

[436]그들은 일행과 합류한 뒤, 당시에 치코냐라 추기경의 소유였던 루도비시 별장의 숲 속에서 산책을 했습니다. [437]그 아침 나절은 사랑에 빠진 조각가에게는 너무도 빨리 흘러갔습니다. [438]그러나 그것은 부드럽고 무기력한 그 영혼의 교태·연약함·사랑스러움을 그에게 드러내 준 수많은 작은 사건들로 가득했습니다. [439]그녀는 갑작스럽게 두려움을 느끼고, 이유없이 변덕을 부리며, 본능적으로 동요를 드러내고, 까닭없이 과감한 행동을 하며, 허세를 부리고 감미롭게 세련되게 감정을 표현하는 그런 여자였습니다. [440]유쾌한 가수들이 작은 무리를 이루어 들판을 모험적으로 쏘다니고 있는데, 한순간 완전무장을 한 몇몇 남자들이 멀리서 보였습니다. 그들의 복장으로 보아 전혀 안심이 되지 않았습니다. '강도다!' 라는 말이 떨어지자 각자는 추기경의 별장 울타리 안으로 피신하기 위해 속력을 배가시켜 뛰었습니다. 그 위급한 순간에 사라진은 잠비넬라의 창백한 모습을 보고 그녀가 이제 더이상 걸을 수 있는 힘이 없다는 것을 알아차렸습니다. 그는 그녀를 팔로 붙들고 부축하면서 얼마 동안 달렸습니다. 부근의 포도밭에 가까이 다가갔을 때 그는 애인을 땅에 내려놓았습니다.

— [441]설명해 봐요. 그는 그녀에게 말했다. 이런 극도의 연약함은 다른 여자의 경우였다면 가증스럽고 나를 불쾌하게 했을 것이고 그런 게 조금만 보여도 나의 사랑은 거의 꺼져 버렸을 것입니다. 그런데 당신의 경우는 그게 내 마음에 들고 나를 매혹시키니 어쩐 일입니까? —

[442]아! 내가 당신을 얼마나 사랑하는지! 그는 다시 말을 이었다. 당신의 모든 결점, 당신의 불안, 당신의 옹졸함조차도 당신의 영혼에 무언지 모를 멋을 덧붙여 줍니다. [443]나는 사포[87]처럼 용기 있고 에너지와 열정이 넘치는 강한 여자를 싫어한다고 느낍니다. [444]오 가냘프고 부드러운 여인이여! 그대가 어떻게 다른 존재일 수 있겠소? [445]천사 같은 그 음성, 그 섬세한 목소리는 당신 아닌 다른 사람의 육체로부터 나왔다면 상식적으로 납득이 안 되었을 것이오.

— [446]저는 당신에게 어떠한 희망도 줄 수 없어요. 그녀는 말했습니다. [447]그런 식으로 말씀 그만 하세요. [448]왜냐하면 당신은 웃음거리가 될 것이기 때문입니다. [449]제가 당신이 극장에 들어오는 것을 막을 수는 없습니다. 그러나 당신이 나를 사랑한다면, 아니면 당신이 현명하다면 더 이상 오지 마세요. [450]제 말 들어요. 그녀는 심각한 목소리로 말했습니다.

— [451]아, 제발 입다물어. 도취한 예술가가 말했습니다. [452]장애물은 내 마음속의 사랑을 더욱 타오르게 합니다.

[453]잠비넬라는 우아하고 정숙한 태도로 있었습니다. 그러나 마치 어떤 무서운 생각이 무언가 불행을 그녀에게 계시해 준 것처럼 침묵했습니다. [454]로마로 돌아가야 했을 때, 그녀는 조각가에게 4인승 무개차로 홀로 돌아가라고 지극히 잔인한 태도로 명령하면서 베를린형 4인승 마차에 올라탔습니다. [455]돌아오는 길에 사라진은 잠비넬라를 납치할 결심을 했습니다. 그는 온종일 점점 더 기상천외한 계획들을 짜는 데 여념이 없었습니다. [456]해질 무렵 그가 애인이 살고 있는 저택의 위치를 몇

---

87) 사포(**Sapho**, 기원전 7세기-6세기)는 고대 그리스의 여류 시인으로 아프로디테와 뮤즈들을 받들어 만들어진 귀족 처녀들의 조합을 이끌었다. 그녀는 아테네 여자들의 여권 운동과 관련되어 있으며, 동성애 여자를 지칭하는 레즈비언(그녀는 레스보스 출신임)이라는 명사와도 연결된다. 그녀의 작품들 가운데 〈아프로디테에 바치는 오드〉만이 남아 있다. [역주]

몇 사람들에게 물으려 나가는 순간에, [457]문턱에서 그의 동료 하나를 만났습니다.

— 이봐, 우리 대사님께서 집으로 자네를 오늘 저녁 초대한다고 전하라고 했네. 그분은 기막힌 연주회를 열 것이네. [458]그때 잠비넬라가 거기서 ……라는 것을 자네가 알게 되면…….

— [459]잠비넬라! 사라진은 그 이름을 듣고 흥분하여 소리쳤다. 난 잠비넬라에 미쳐 있어!

— 자네도 모든 사람과 똑같네. 동료는 그에게 응대했습니다.

— [460]하지만 자네들이 내 친구라면, 자네·비엥·로테르부르·알그랭은 축제가 끝난 후 기습적인 일을 도모할 때 도움을 줄 수 있겠나?

— 추기경을 죽여야 하는 것은 아니지? (…) 아니지…?

— 아니야, 아니야. 사라진은 말했습니다. 나는 자네들에게 신사들만이 할 수 있는 것을 요구하네.

[461]잠깐 사이에 조각가는 자신의 계획이 성공하도록 모든 것을 준비했습니다. [462]그는 대사의 집에 마지막에 도착하는 사람들에 끼었습니다. [463]그러나 그는 로마에서 가장 대담한 마부들 가운데 한 사람이 모는 힘센 말들이 구비된 마차를 타고 왔습니다. [464]대사관저에는 사람들이 가득했습니다. [465]모든 참석자들에게 낯선 인물인 조각가가 잠비넬라가 노래하고 있던 그 순간에 살롱에 이르는 데는 어려움이 없지 않았습니다.

— [466]아마 여기 있는 추기경들·주교들·신부들을 고려해서 **그녀가** 남장을 하고, 머리 뒤에 주머니를 달고 있으며, 짧고 곱슬곱슬한 머리를 하고, 옆구리에 검을 차고 있는 것이겠죠? 사라진은 물었습니다.

— [467]그녀! 어떤 그녀 말인가? 사라진이 말을 걸었던 늙은 귀족이 대답했습니다.

— 잠비넬라.

— 잠비넬라! 그 로마 공작이 다시 말했습니다. 누굴 놀리는 거요? [468]어디서 왔습니까? [469]로마의 극장 무대에 여자가 오른 적이 있습니까? 교황의 나라에서 어떤 사람들이 여자들의 역할을 하는지 모르시나요? [470]이봐요, 잠비넬라에게 그 목소리를 준 것은 바로 나요. 내가 저 이상한 친구와 그의 노래 선생에게 모든 것을 지불했소. 그는 내가 준 도움에 대해 별 감사한 마음이 없기 때문에 나의 집에 발을 들여놓고자 한 적이 없었소. [471]그러나 그가 출세한다면 모든 게 내 덕분일 겁니다.

[472]물론 치기 공작은 오랫동안 이야기할 수도 있었을 테지만, 사라진은 더 이상 귀담아듣지 않았습니다. 무시무시한 진실이 그의 영혼 속에 침투했던 것입니다. 그는 벼락을 맞은 것 같았습니다. 그는 [473]이른바 그 남자 가수에 [472]눈을 고정시킨 채 꼼짝하지 않고 있었습니다. [474]그의 타오르는 시선은 잠비넬라에게 일종의 자석 같은 영향을 미쳤습니다. [475]왜냐하면 그 가수가 결국 눈을 사라진 쪽으로 돌렸고, [476]그리하여 그의 천상의 목소리가 변질되었기 때문입니다. 그는 몸을 부르르 떨었습니다! [477]그는 모여 있는 사람들에서 새어 나온 무의식적인 중얼거림이 자신의 입술에 붙어 있는 것처럼 생각했고, 결국 그 중얼거림은 그를 동요시키고 말았습니다. [478]그는 주저앉아서 노래를 일시 중단했습니다. [479]치코냐라 추기경은 자기가 보호하는 자의 시선이 가는 방향을 곁눈질로 엿보았다가 프랑스인을 발견했습니다. [480]그는 자신의 성직 보좌관 한 사람에게 몸을 기울여 조각가의 이름을 묻는 것 같았습니다. [481]그는 원하는 대답을 얻자, [482]이 예술가를 매우 주의 깊에 응시한 후 [483]신부 한 사람에게 명령을 내렸고, 그러자 신부는 신속하게 사라졌습니다. [484]그러나 잠비넬라는 기력을 되찾은 후, [486]그처럼 제멋대로 중단했던 [485]곡을 다시 부르기 시작했습니다. [487]그러나 그는 제대로 부를

수가 없었고, [488]온갖 간청에도 불구하고 다른 노래를 부르는 것을 거절했습니다. [489]그가 이처럼 변덕스러운 횡포를 부린 것은 처음이었습니다. 그렇지만 그것은 그의 재능 못지않게, [490]또 그의 목소리와 아름다움 때문이라고 전해지는 그의 엄청난 재산 [489]못지않게 그를 유명하게 만들어 주었습니다.

— [491]여자야. 사라진은 혼자 있다고 생각하면서 말했습니다. 여기엔 무언가 은밀한 음모가 있는 거야. 치코냐라 추기경은 교황과 로마 전체를 속이고 있는 거야!

[492]곧바로 조각가는 살롱에서 빠져나와 [493]친구들을 불러모았고, [494]그들을 관저의 뜰에 매복시켰습니다. [495]잠비넬라는 사라진이 떠난 것을 확인하자 약간의 평정을 되찾은 것 같았습니다. [496]자정 무렵에 남자 가수는 적을 찾는 남장 모습으로 살롱들을 배회한 후, [497]모인 사람들을 떠났습니다. [498]그가 관저의 문을 넘어서는 순간, 여러 남자들이 그를 능란하게 붙잡아서 손수건으로 입에 재갈을 물린 뒤 사라진이 빌린 마차 속에 밀어넣었습니다. [499]공포에 얼어붙은 잠비넬라는 감히 움직이지도 못한 채 한쪽 구석에 있었습니다. 그는 자기 앞에서 죽음 같은 침묵을 지키고 있는 예술가의 무서운 얼굴을 보았습니다. [500]달린 거리는 짧았습니다. [501]사라진에 의해 납치된 잠비넬라는 곧바로 어둡고 황량한 아틀리 안에 있게 되었습니다. [502]반쯤 죽은 그 가수는 의자 위에 앉아 있었고, [503]한 여자 조각상에서 자신의 모습을 알아보았지만 감히 쳐다보지도 못했습니다. [504]그는 한마디 말도 하지 못했지만 이가 덜그럭거렸습니다. 그는 두려움에 얼어붙었습니다. [505]사라진은 성큼성큼 왔다갔다했습니다. 갑자기 그는 잠비넬라 앞에 멈추었습니다.

— 진실을 말해봐. 그는 [506]음험하고 변질된 목소리로 [505]말했습니다. [507]그대는 여자인가? [508]치코냐라 추기경은……

[509]잠비넬라는 무릎을 꿇고는 대답으로 고개를 숙일 뿐이었습니다.

― [510]아, 그대는 여자야. 예술가는 광분하여 소리쳤습니다. 왜냐하면 심지어…… 그는 말을 마치지 못했습니다. 아니야, 그가 그토록 비열하지는 않을 거야. 그는 다시 말을 이었습니다.

― [511]아, 절 죽이지 말아요. 잠비넬라는 눈물을 흘리며 소리쳤습니다. [512]제가 당신을 속이는 데 동의한 것은 다만 친구들을 즐겁게 하기 위해서였습니다. 그들은 장난치고 싶었던 것입니다.

― [513]장난친다구? 조각가는 끔찍하게 터져 나오는 목소리로 대꾸했습니다. 장난, 장난이라니! 그대는 감히 남자의 정열을 우롱했지, 그대가 말야?

― [514]오, 제발! 잠비넬라가 대꾸했습니다.

― [515]난 그대를 죽이지 않을 수 없을 것 같아! 사라진은 격렬한 동작으로 검을 빼내면서 소리쳤습니다. [515]하지만, 하고 그는 차가운 멸시를 드러내면서 다시 말했습니다. [517]이 칼날로 그대의 존재를 뒤져본다 한들, 꺼버리지 않으면 안 될 어떤 감정이나 만족시켜야만 하는 어떤 복수심을 발견할 수 있겠는가? 그대는 아무것도 아니야. 남자이든 여자이든 나는 그대를 죽일 거야! [518]그러나……

사라진은 혐오스러운 동작을 취했고, [519]이로 인해 머리를 돌리지 않을 수 없었습니다. 그리하여 조각상을 보게 되었습니다.

― [520]저건 환상이야! 그는 소리쳤습니다. [521]그리고 나서 잠비넬라 쪽으로 고개를 돌렸습니다. "여자의 마음은 나에게 피난처였고 고국이었어. 그대는 그대를 닮은 누이들이 있는가? 아니라고. [522]그럼, 죽어…! [523]아니지, 그대는 살아야 해. 그대 목숨을 살려 주는 것은 그대가 죽음보다 더 지독한 것을 운명적으로 당하지 않을 수 없게 하는 게 아니겠는가? [524]내가 아쉬워하는 것은 내 피도 내 삶도 아니고, 미래이고 애정

에서 나의 행운이야. 그대의 허약한 손이 내 행복을 뒤엎어 버리고 말았어. [525]그대가 시들게 한 그 모든 희망들을 보상하기 위해 나는 어떤 희망을 그대에게서 빼앗을 수 있겠는가? 그대는 나를 그대의 차원까지 실추시켜 버렸어. **사랑하고 사랑받는다는 것**!, 그것은 이제 나에게 빈 말이 되었고 그대에게도 마찬가지야. [526]나는 현실의 어떤 여인을 보면서 끊임없이 저 상상의 여인에 대해 생각할 거야."

그는 절망적인 몸짓으로 조각상을 가리켰습니다.

— [527]나는 남자로서의 내 모든 감정에 발톱을 박아넣으러 오는 천상의 하르퓌아[88] 같은 괴물을 항상 기억 속에 간직할 거야. 그 괴물은 다른 모든 여자들에게 불완전이라는 낙인을 찍을 거야. [528]괴물! [529]그 어떤 것에도 생명을 줄 수 없는 그대, [530]나에게 그대는 지상에서 모든 여자들이 사라지게 만들어 버렸어.

[531]사라진은 공포에 사로잡힌 가수 앞에 앉았습니다. 두 줄기 굵은 눈물이 그의 메마른 눈에서 나와 남성적 두 뺨을 타고 흘러 땅에 떨어졌습니다. 두 줄기 격심한 고통의 눈물, 두 줄기 쓰라린 뜨거운 눈물이.

— [532]더 이상 사랑은 없다! 나는 그 어떠한 즐거움에도, 인간의 그 어떠한 감동에도 관심이 없다.

[533]이 말을 마치자, 그는 망치를 집어들어 너무도 엄청난 힘으로 조각상에 던졌기 때문에 빗나가고 말았습니다. [534]그는 자신의 광기를 표현한 이 기념비적 작품을 파괴했다고 생각했습니다. [535]그리고 나서 그는 자신의 검을 다시 집어들고 가수를 죽이기 위해 휘둘렀습니다. [536]잠비넬라는 날카로운 비명을 질렀습니다. [537]바로 그때 세 명의 남자가 들

---

88) 그리스 신화에서 폭풍과 죽음을 다스리는 새의 몸에 여자의 얼굴을 한 괴물임. [역주]

어왔고, [538]갑자기 조각가는 세 개의 비수를 맞고 쓰러졌습니다.

— [539]치코냐라 추기경의 지시이다. 그들 가운데 하나가 말했습니다.

— [540]기독교도에 걸맞는 자선이군. 프랑스인은 숨을 거두면서 대꾸했습니다. [541]그 음침한 속죄양들은 [542]잠비넬라에게 후원자가 걱정하고 있다고 알려 주었습니다. 후원자는 잠비넬라가 구조되자마자 데려갈 수 있기 위해 문 앞의 닫혀진 마차에서 기다리고 있었습니다.

— [543]하지만 이 이야기가 우리가 랑티 씨네 집에서 보았던 그 작은 늙은이와 어떤 관계가 있지요? 로슈피드 부인은 나에게 물었다.

— [544]부인, 치코냐라 추기경은 잠비넬라 조각상의 주인이 되었고, 그것을 대리석으로 제작하도록 했습니다. 그것은 오늘날 알바니 박물관에 있습니다. [545]바로 그곳에서 1791년에 랑티 가문은 그것을 되찾았고, [546]비엥으로 하여금 그것을 복제해 달라고 부탁했습니다. [547]당신이 백 살 된 잠비넬라를 본 직후, 당신에게 스무 살 된 잠비넬라를 보여준 그 초상화는 뒷날에 지로데의 〈엔디미온〉을 위해 사용되었습니다. 당신은 그것의 전형을 아도니스에게서 알아볼 수 있었을 거예요.

— [548]그런데 그 남자 잠비넬라, 혹은 여자 잠비넬라는?

— 부인, 그는 마리아니나의 증조부일 수밖에 없을 겁니다.

[549]당신은 이제 랑티 부인이 ……재산의 근원을 감춤으로써 어떤 이득을 얻을 수 있는지 알 수 있을 겁니다.

— [550]그만 해요! 그녀는 나에게 명령적인 동작을 취하면서 말했다.

우리는 잠시 더없이 깊은 침묵 속에 잠겨 있었다.

— [551]자, 어때요? 나는 그녀에게 말했다.

— 아! 그녀는 일어나 방 안을 성큼성큼 왔다갔다하면서 외쳤다. 그녀는 다가와 나를 바라보고 변질된 목소리로 말했다. "[552]당신은 나로 하여금 삶과 정열을 오랫동안 혐오하도록 만들었습니다. [553]괴물이 아

닌 경우 인간의 모든 감정들은 그런 식으로 끔찍한 실망으로 결판나지 않나요? 어머니들이나 아이들은 나쁜 행실이나 냉혹함을 통해서 우리를 죽입니다. 아내로서 우리들은 배반당합니다. 애인으로서 우리들은 방치되고 버림받습니다. 우정! 그게 존재합니까? [554]내일 나는 인생의 폭풍우에도 끄덕하지 않는 바위처럼 남아 있을 수 없다면, 독실한 신자가 될 것입니다. [555]기독교도의 미래가 여전히 환상이라 할지라도, 최소한 이 환상은 죽은 다음에야 비로소 파괴됩니다. [556]혼자 있게 해주세요.

— 아, 당신은 벌도 내릴 줄 아시는구요. 나는 그녀에게 말했다.

— [557]제가 잘못인가요?

— 그렇습니다. 나는 어떤 용기 같은 것을 발휘해 대답했다. 이탈리아에서 상당히 잘 알려진 이 이야기를 끝내면서 나는 현재의 문명이 이룩한 진보에 대한 고도한 생각을 당신에게 전해 줄 수 있습니다. 이 문명에서 그런 불행한 사람들은 만들어지지 않고 있지요.

— [558]파리는 매우 친절한 곳입니다. 그녀는 말했다. 파리는 부끄러운 재산과 피로 물든 재산 등, 모든 것을 받아들입니다. 이곳에서는 범죄와 파렴치함도 불가침권이 있어요. [559]이곳에서는 미덕만이 제단이 없습니다. 그래요, 순수한 영혼들의 고국은 하늘에 있어요! [560]아무도 나를 알지 못하고 말 거예요! 나는 그것이 자랑스럽습니다.

[561]그리고 후작부인은 생각에 잠겨 있었다.

1830년 11월, 파리

부록 2
행동의 연속체들(ACT.)

행동들(혹은 행동적 태도들)은 읽혀지는 텍스트의 주요 골격을 형성하므로, 우리는 여기서 텍스트에서 식별되었던 대로 그것들의 시퀀스들을 상기시키겠지만 그렇다고 이 시퀀스들을 구조화시키려고 하지는 않겠다. 각각의 항목은 그것의 독해 단위 번호가 수반될 것이다. 연속체들은 그것들의 최초 항목이 나타나는 순서에 따라 제시될 것이다.

잠기다:　1: 몰입하다(2). 2: 다시 빠져나오다(14).

숨는 곳:　1: 숨어 있다(6). 2: 나오다(15).

성찰하다: 1: 성찰하고 있는 중이다(52). 2: 멈추다(53).

웃다:　　1: 웃음을 터트리다(53). 2: 멈추다(62).

합류하다: 1: 앉다(63). 2: 옆에 앉으러 오다(65).

서술하다: 1: 이야기를 알다(70). 2: 이야기를 알다(120). 3: 이야기하는 것을 제안하다(140). 4: 이야기하기 위해 만날 약속을 제안하다(141). 5: 만날 약속 시간을 논의하다(142). 6: 약속을 수용하다(145). 7: 약속을 거부하다(146). 8: 약속을 받아들였다(147). 9: 이야기의 명령(149). 10: 이야기하는 것을 망설이다(150). 11: 명령의 반복(151). 12: 명령의 수용(172). 13: 이야기의 거세시키는 효과(552).

질문 I.: 　1: 자신에게 질문을 제기하다(94). 2: 확인하다(95).

손대다: 1: 손대다(95). 2: 반응하다(97). 3: 반응의 일반화(99). 4: 달아나다(100). 5: 피신하다(101).

그림: 1: 주변에 시선을 던지다(107). 2: 식별하다(108).

들어오다: 1: 소리를 통해 자신의 도착을 알리다(122). 2: 들어오다 (123).

문 I: 1: 문에 도착하다(125). 2: 두드리다(126). 3: 나타나다(문 을 열었다)(127).

작별: 1: 맡기다(떠나기 전에)(128). 2: 입맞추다(129). 3: 안녕이 라고 말하다(130).

증여: 1: 증여를 자극하다(혹은 자극받다)(132). 2: 물건을 건네 주다(133). 3: 증여물을 받아들이다(134).

출발하다: 1: 벗어나고자 하다(135). 2: 자신의 출발을 정지시키다 (136). 3: 재출발하다(137).

기숙사: 1: 기숙사에 들어가다(154). 2: 내쫓기다(165).

직업: 1: 파리로 올라가다(167). 2: 대가의 문하에 들어가다 (169). 3: 스승을 떠나다(181). 4: 하나의 상을 획득하다 (182). 5: 위대한 비평가로부터 인정받다(184). 6: 이탈리 아로 떠나다(185).

애정 관계: 1: 애정 관계를 갖다(192). 2: 애정 관계의 종말을 알림 (193). 3: 애정 관계의 종말(195).

여행: 1: 떠나다(197). 2: 여행하다(198). 3: 도착하다(199). 4: 머물다(200).

극장: 1: 건물에 들어가다(202). 2: 홀에 들어가다(206). 3: 앉다 (207). 4: 막이 오름(210). 5: 오픈곡을 듣다(211). 6: 스타 의 입장(216). 7: 스타의 인사(217). 8: 스타의 곡(曲)(230).

문 II: 1: 두드리다(285). 2: 열다(286). 3: 들어오다(287).

약속: 1: 약속을 정하다(288). 2: 심부름꾼에게 수락하다(289).
            3: 심부름꾼에게 감사하다(290). 4: 약속의 제안자에게 수
            락하다(292). 5: 지켜진 약속(304).

나오다: 1: 첫번째 장소로부터(291). 2: 두번째 장소로부터(294).

옷 입기: 1: 정장을 하고자 하다(293). 2: 정장하다(300).

경고: 1: 경고를 주다(295). 2: 강행하다(297).

암살: 1: 장차 살인자의 지정(295). 2: 희생자에 대한 신호(479).
            3: 정보의 요구(480). 4: 정보의 받음(481). 5: 평가 및 내
            적 결정(482). 6: 은밀한 명령(483). 7: 암살자들의 진입
            (537). 8: 주인공의 살해(538). 9: 살인의 서명(539). 10: 최
            후의 설명(542).

희망: 1: 희망하다(303). 2: 실망하다(314). 3: 상쇄하다(315). 4:
            희망하다(316). 5: 상쇄하다(317). 6: 실망하다(328). 7: 상쇄
            하다(329). 8: 희망하다(330). 9: 상쇄하다, 체념하다(336).

코스: 1: 떠나다(305). 2: 두루 돌아다니다(305). 3: 뚫고 들어가
            다(309). 4: 도착하다(311).

문 III: 1: 멈추다(306). 두드리다(307). 열리다(308).

통음난무: 1: 전조(310). 2: 수사학적 예고(313). 3: 밤참을 들다
            (337). 4: 초기의 조용함(339). 5: 술(345). 6: 통음난무의 명
            명(356). 7: 노래하다(357). 8: 빠져들다, 예고(358). 9: 빠
            져들다 1): 고삐 풀린 대화(360). 10: 빠져들다 2): 잠자다
            (361). 11: 빠져들다 3): 술을 쏟다(362). 12: 빠져들다, 되
            풀이(363). 13: 끝(새벽)(390).

대화 I: 1: 접근하다(319). 2: 앉다(329). 3: 이야기하다(329).

358 S/Z

단념하라는 명령(446). 16: 입다물라는 명령(447). 17: 결
정적 이별(449).

납치: 1: 결심과 계획(455). 2: 사전 정보(456). 3: 공모자들의 모
집(460). 4: 준비의 조치(461). 5: 신속한 도피 수단(463).
6: 공모자들의 규합(493). 7: 매복(494). 8: 희생자의 순진
한 떠남(497). 9: 유괴(498). 10: 도정(500). 11: 감금의 장
소에 도착하다(501).

연주회: 1: 초대(457). 2: 늦게 도착하다(462). 3: 많은 청중(464). 4:
연주홀에 다다르다(465). 5: 연주홀에서 빠져나오다(492).

부수적 사건: 1: 무대에 있는 예술가에게 관심의 호소(474). 2: 일깨
워진 관심(475). 3: 예술가의 동요(476). 4: 집단적 동요
(477). 5: 공연의 중단(478). 6: 자신을 억제하다(484). 7:
공연을 다시 시작하다(485). 8: 공연 연장의 거부(488).

위협: 1: 결말의 예측(489). 2: 공포에 사로잡힌 희생자(499). 3:
부동의 희생자(502). 4: 말없는 희생자(504). 5: 첫번째 용
서를 빔. 6: 두번째 용서를 빔(514). 7: 죽이겠다는 첫번
째 위협(515). 8: 위협의 철회(516). 9: 죽이겠다는 두번째
위협(522). 10: 위협의 철회(523). 11: 죽이겠다는 세번째
위협(536). 12: 구원의 호소(536). 13: 구조자들의 도착
(537). 14: 공격자의 제거(538). 15: 구조자들과 함께 돌아
감(543).

조각상: 1: 대상의 테마화(503). 2: 대상을 알아보다(519). 3: 실망
하다(520). 4: 절망(526). 5: 파괴의 동작(533). 6: 피해를
입지 않은 조각상(534). 7: 되찾은 조각상(544).

부록 3
추론된 차례

I. 읽혀지는 것

1. 유형학 I: 평가

a. 텍스트들의 유형학이 없이는 비평도 없다(I).

b. 유형학의 토대: 글쓰기의 실천: 씌어지는 텍스트. 왜 씌어지는 것은 첫번째 가치가 있는가? 텍스트 생산자로서의 독자(I).

c. 씌어지는 것에 반응하는 가치: 읽혀지는 텍스트, 고전적 텍스트(I).

2. 유형학 II: 해석

a. 읽혀지는 텍스트들의 덩어리를 어떻게 구분할 것인가: 텍스트의 복수태에 대한 평가(II).

b. 이 평가에 적합한 도구: 함축 의미. 기만당하지 않은 채, 그것을 외시 의미와 계속해서 구분해야 한다(III, IV).

c. 복수태로서의 고전적 텍스트, 그러나 인색한 복수태(II).

3. 방법 I: 복수태에 대한 관심의 조건

a. 체계화 역량을 독서의 '증거'로서 받아들인다(V). 재독(再讀)과 일차적 독서(IX), 독서들을 텍스트에 다시 쏟아부음(LXXI).

b. 의미들의 망각이 독서를 구성한다는 것을 인정한다(텍스트의 '총

화'는 없다)(V).

c. 유일한 텍스트를 분석한다(VI). 이 분석은 이론적인 가치가 있다(VI). 그것은 텍스트 속에 무의미한 것이 있고 구조는 하나의 '데생'에 불과하다는 환상이 사라지게 해준다(VI, XXII).

d. 텍스트 내적 복수태의 표시들인 이탈들로 후견 텍스트를 총총한 별들 모양으로 빛나게 할 각오를 하고, 이 텍스트를 따라 한 걸음 한 걸음 이동한다(VI).

e. 텍스트의 심층적인 최후의 구조를 확립하려고도(VI), 각각의 코드의 패러다임을 재구성하려고도 하지 않는다. 달아나는 다원적 구조들을 목표로 한다(XI, XII). 구조보다 구조화를 더 좋아한다(VIII, XII). 작품의 플랜이 아니라 코드들의 유희를 추구한다(XXXIX).

4. 방법 II: 조작들

a. 연속적인 텍스트를 인접한 짧은 단편들(독해 단위들)로 재단하는 것은 임의적이지만 편리하다(VII).

b. 우리가 식별해 내고자 하는 것은 각각의 독해 단위가 지닌 의미들, 기의들, 또는 그것의 함축 의미들이다. 함축 의미에 대한 다양한 접근들이 있다. 정의적 · 상투적 · 분석적 · 위상학적 · 역동적 · 역사적 · 기능적 · 구조적 · 이데올로기적 접근들(IV).

c. 분석은 다양한 비평들에 자료들을 제공한다(VIII, LXXXI). 이것이 함축하는 것은 각각의 비평에 진실의 일부를 부여하는 자유주의가 아니라, 세부적 계산이나 관용이 아닌 존재로서 의미들의 다원성에 대한 준수이다(II).

d. 선택된 텍스트: 발자크의 《사라진》(X 및 부록 1).

II. 코드들

1. 코드 일반(XII)

a. 코드들의 전망적 달아남(VI, XII, LXVII). 코드들의 제동 장치를 멈추지 않는다: 비평의 문제들: 무한한 전체적 주제(XL). 발자크의 텍스트(XC). 신(神)으로서 아니라(LXXIV) 텍스트로서 저자(XC).

b. '이미 씌어진' 것(XII, XXXVI).

c. 익명의 목소리로서 코드(XII, LXIV). 목소리로서 아이러니(XXI).

2. 행동의 코드, 자동 구성 경험 영역의 목소리(LXXXVI)

a. 행동들의 시퀀스를 구성한다는 것은 그것에 이름을 찾아 주는 것이다(XI, XXXVI).

b. 경험적 코드는 여러 지식들에 의거한다(LXVII).

이미 씌어진 것, 이미 읽혀진 것, 이미 본 것, 이미 행해진 것의 논리 이외에 행동적 논리는 없다(XI). 이것들이 하찮은 것이든 소설적인 것이든(XI), 유기적인 것이든 문화적인 것이든(XXVI, LXXXVI).

c. 시퀀스의 확장: 나무(LVI), 얽힘(LXVIII).

d. 기능들: 완전성(XLVI), 과소평가(XLV). 행동의 코드는 기본적으로 텍스트의 가독성을 결정한다(LXXXVI).

3. 해석학적 코드, 진실의 목소리(LXXXIX)

a. 해석학적 형태소들(XI, XXXII, LXXXIX). 진실의 명제는 하나의 문장처럼 분절된다(XXXVII). 그것의 돌발사들: 항목들의 무질서 · 혼돈 · 비공식화(XXXVII, XLVIII).

b. 거짓말의 구조적 길들(1): 애매함: 이중의 뜻(**XLII**), 환유적 거짓말(**LXIX**).

c. 거짓말의 구조적 길들(2): 가짜 증거들, 남용: 자기 도취적 증거(**LXI**), 심리적 증거(**LXIII**), 미학적 증거(**LXXII**).

d. 거짓말의 구조적 길들(3): 담론의 결의론(**LX**).

e. 진실을 늦추는 것은 그것을 구성하는 것이다(**XXVI, XXXII**).

4. **문화적 혹은 참조 코드, 지식의 목소리(LXXXVII)**

a. 격언과 그것의 문체적 변형(**XLIII**).

b. 지식의 코드들, 학교 교과서들, 잡동사니 지식(**LXXXVII**).

c. 이데올로기적 유령들로서 문화적 코드들(**XLII**).

d. 반복을 통한 참조의 억압적 기능(상투적 고정관념들의 토해내기, **LIX, LXXXVII**) 혹은 그것의 망각(**LXXVIII**).

5. **의소들 혹은 함축 의미의 기의들, 개인의 목소리(LXXXI)**

a. 의소들의 명명, 테마적 영역(**XL**).

b. 텍스트에서 의소들의 배분(**XIII**). 초상(**XXV**).

c. 의소들의 집합: 개인, 인물(**XXVIII, LXXXI**).

d. 의소들, 진실의 유도자들(**XXVI**).

6. **상징적 영역**

a. 육체, 의미 · 성 · 돈의 장소: 이로부터 상징적 영역에 외관상 부여된 비평적 특권이 비롯된다(**XCII**).

b. 가역성: 주체는 텍스트 속에 관류된다(**LXX**). 상징적 영역은 어떤 것도 우선권이 없는 세 개의 입구를 통해 접근될 수 있다(**XCII**).

c. 수사학적 입구(의미): 대조법(XIV)과 그것의 위반들: 보충(XIV), 패러다임적 재앙(XXVII, XLVII, LXXIX).

d. 시적 입구(창조·섹스): 1. 매끄럽게 된 육체(XLIX), 재결합된 육체(L, LI). 2. 육체들의 복제적 연쇄(XXIX). 아름다움(XVI, LI, LXI). 후손(XVIII). 3. 복제적 코드의 끝과 장애: 걸작(LII), 넘어섬과 못미침(XXX). 결함, 연쇄(XXXI, LXXXV). 결여와 하부: 사실주의 예술의 이론(XXIII, L, LIV, LXXXIII, LXXXVIII).

e. 경제적 입구(상품·황금). 장애로서, 표시에서 기호로의 이동(XIX). 계약 대상으로서 이야기(XXXVIII). 계약의 수정(XCI). 경제의 기능 장애(XCII).

f. 일반화된 장애: 진영으로서(XVII), 환유로서(XXIX), 사방으로 퍼지는 전염병으로서(LXXXVIII, XCII) 거세. 거세시키는 자의 모습: '잡담'(LXXIX). 환유적 기능 장애(XCII).

7. 텍스트
목소리들, 코드들의 편물 혹은 직물로서 텍스트(LXVIII): 입체음향(VIII, XV)과 다조성(多調性)(XV).

III. 복수태

1. 규모로 본 텍스트로 복수태
대성공을 거두는 복수태(II, V). 수수한 복수태(VI)와 그것의 도표: 악보(XV).

2. 축소적 결정들

a. 결속 관계들: 성립(LXVI), 다원 결정(LXXVI), 일관된 흩어짐(XIII).

b. 충만함들: 보완하다, 마감하다, 예언하다, 결론을 내리다(XXII, XXVI, XXXII, XLVI, LIV, LXXIII). 의미, 예술을 가득 채우다(LXX-XIV). 중언부언하다(XXXIV). 생각하다(XCIII). 충만함의 환상으로서 인물: 고유명사(XXVIII, XLI, LXXXI). 현실 효과로서 인물(XLIV). 자신의 동기들에 의해 다원적으로 결정되는 인물(LVIII). 충만함·구역질·구식(舊式)(XLII, LXXXVII).

c. 닫기: 고전적 텍스트는 코드들의 가동을 조기에 마감한다(LIX). 아이러니의 불충분한 역할(XXI). 해석학적·행동적 코드들, 복수태를 단순화시키는 동인들(XV).

3. **다가적·가역적 결정들**

a. 가역성과 다가성: 상징적 영역(XI, XV, XCII).

b. 형상. 담론으로서 인물(LXXVI), 담론의 공모자(LXII). 형상, 가역적 질서(LXXVIII).

c. 목소리들의 페이딩(XII, XX).

d. 결정 불가능한 의미들(XXXIII, LXXVI). 옮겨 적기의 성격(완곡어법)(LIII).

e. 재현의 애매함. 재현된 것은 작용할 수 없다(XXXV). 위세가 꺾인 재현: 이야기는 그 자체만을 다룬다(XXXVIII, LXX, XCI).

f. 반(反)소통. 목적지들의 유희(LVII), 청취의 분할(LXII, LXIX), '잡음,' 의도적 글쓰기 오류로서 문학(LVII, LXII).

4. **수행**

고전적 화자의 몇몇 성공들: 유사한 의소들 사이에 적절한 계열체적(syntagmatique) 거리(XIII), 의미들의 불가결성, 조작적 영역과 상징적 영역의 뒤섞음(XXXIII, LXX), 설명되는 설명하는 것(LXXIV), 유희적인 은유(XXIV).

5. 글쓰기와 마주한 읽혀지는 텍스트

a. 문장의 이데올로기적 역할: 의미적 분절들을 매끄럽게 함으로써, '분절법'으로 함축 의미들을 연결함으로써, 유희의 외시 의미(déno-tation)를 빼앗음으로써 문장은 의미에 순진무구한 '자연성(nature),' 즉 언어와 통사법의 자연성을 보장해 준다(IV, VII, IX, XIII, XXV, LV, LXXXII).

b. 읽혀지는 텍스트에서 의미의 전유: 분류·명명의 활동(V, XXXVI, XL, LVI). 논리적 '결함'에 대한 강박적인 방어(LXVI). 코드들의 대결: '언쟁'(LXV), 사랑의 선언(LXXV). 객관성과 주관성, 텍스트와 친화성이 없는 힘들(V).

c. 코드들의 무한의 가짜 시동: 아이러니, 패러디(XX, XLII, LXXXVII). 아이러니를 넘어서: 위치 측정이 불가능한 의미의 힘: 플로베르(XXI, LXI, LXXXVII).

d. 글쓰기: 독자와 관련한 그것의 상황(I, LXIV), 그것의 '근거'(LIX), 그것의 힘: 모든 메타 언어를 한없이 와해시키고, 하나의 언어가 다른 하나의 언어에 예속되는 모든 종속을 소멸시킨다(XLII, LIX, LXXX-VII).

"정도의 차이는 있어도, 모든 사람은 자신에게 삶의 다양한 진실을 드러내 주는 **이야기들**, 즉 **소설들**에 매달려 있다. 때로는 망아지경 속에서 읽혀진 그런 이야기들만이 그를 운명 앞에 서게 만든다. 따라서 우리는 **이야기들**이 무엇일 수 있는지 열정적으로 탐구해야 한다.

소설이 스스로를 갱신하고 혹은 보다 영속하게 해주는 노력에 어떻게 방향을 설정해 줄 것인가.

사실 사람들의 정신을 사로잡고 있는 것은 이미 알려진 형태들에 대한 포만 상태를 치유하는 여러 기교들에 대한 관심이다. 그러나 나는——우리가 **소설**이 무엇일 수 있는지 알고자 한다면——하나의 토대가 우선 식별되고 분명하게 지시되어야 한다는 점이 쉽게 납득이 안 간다. 삶의 가능성들을 드러내는 이야기가 **격정의** 순간을 반드시 부르는 것은 아니지만, 이 순간을 드러낸다. 그런 순간이 없다면 그것의 저자는 그런 과도한 가능성들에 눈멀어 있다 할 것이다. 나는 그렇게 생각한다. 오직 감당할 수 없고 숨막히게 하는 시련만이 관례가 강제하는 유사한 한계들에 지친 독자가 기대하는 원대한 비전에 도달할 수 있는 수단을 저자에게 부여한다.

눈에 띄게 저자가 **구속받지** 않은 책들에 어떻게 우리는 오랫동안 머물 수 있는가?

나는 이 원칙을 표명하고자 했다. 나는 그것을 정당화하는 것을 단념한다.

나는 나의 주장에 부합하는 제목들을 주는 데 만족하고자 한다(몇몇 제목들이다. 다른 제목들도 제시할 수도 있을 것이다. 그러나 무질서는 내 의도의 기준이다). 《폭풍의 언덕》《소송》《잃어버린 시간을 찾아서》《적과 흑》《외제니 드 프랑발》《죽음의 선고》《사라진》《백치》……."[89]

조르주 바타유, 《하늘의 푸르름》,

J.-J. 포베르, 1957, 서문, p.7.

---

89) 《외제니 드 프랑발》은 사드 후작의 작품이다(《사랑의 죄악》에 수록됨). 《죽음의 선고》는 모리스 블랑쇼의 작품이다. 《사라진》은 발자크의 중편 소설로 상대적으로 별로 알려지지 않았지만 그의 작품에서 최고봉 가운데 하나이다(G.B.).

역자 후기

바르트가 발자크의 중편 소설 《사라진 *Sarrasine*》에서 주인공 사라진의 이니셜 S와 그가 사랑하는 거세된 가수 잠비넬라(**Zambinella**)의 이니셜 Z를 따 대립적 횡선을 넣어 상징적 모노그램 형태로 제목을 붙인《S/Z》는 그의 지적 여정을 구획하는 핵심적 이정표의 하나를 나타낸다. 바르트 자신이 한 대담에서 이렇게 밝히고 있다. 이 책이 "나에게 중요한 (…) 이유는 내가 그 속에서 실질적으로 변화를 실현했고 나 자신과 관련해 어떤 변화에 성공했다고 생각하기 때문이다."[90] 이 작품은 이처럼 바르트 개인의 문학적 삶에서 특별한 위치를 차지할 뿐 아니라, 20세기 후반 서구의 문학 비평사에서 하나의 획기적 '사건'을 구성하는 걸작이다.

전통적 독자를 의미하는 '순진한 독자'와 대비되는 '상징적 독자'로서의 바르트가 《사라진》을 읽어내는 독법은 구조주의적 분석에서 해체 비평으로 넘어가는 접점에 위치한다. 그렇기 때문에 《S/Z》는 두 개의 비평을 동시에 아우르는 풍요로운 사유의 결정물로서 다가온다. 바르트는 이 책에서 자신이 새로운 책읽기를 시도하는 데 도움을 준 이론적 출처들을 전혀 밝히지 않고 있다. 하지만 이 책에는 구조주의로부터 후기구조주의의 해체철학에 이르는 프랑스 인문학의 풍성한 결실들이 바르트의 정신 속에서 재창조되어 침윤되어 있다. 바르트는 출처를 이처럼 생략한 이유를 이렇게 밝히고 있다. "《S/Z》에서 나는 모든 직업 윤리와는 반대로, (이 중편 소설을 알게 되는 데 빚을 졌던 장 르불의 글을 제외하면) 결코 '나의 출

---

90) 《목소리의 결정》(롤랑 바르트 대담집 1962-1980), 김웅권 역, 동문선, 2006, p.172.

처들을 인용'하지 않았다. 내가 빚을 진 사람들(그 중에서도 라캉·줄리아 크리스테바·솔레르스·데리다·들뢰즈·세르)의 이름을 제거한 것은 내가 생각하기에 텍스트 전체가 시종일관 철저하게 인용적이라는 점을 나타내기 위해서이다."[91] 그러니까 이 책을 제대로 소화하는 데는 구조주의로부터 해체철학에 이르는 사상적 움직임에 대한 최소한 입문적 지식을 필요로 한다 할 터이다.

《S/Z》에서 기본적으로 주목되는 것은 우선 발자크의 《사라진》이 자의적으로 잘려지는 5백61개의 독해 단위이다. 두번째로 이 독해 단위들을 읽으면서 조직화하는 데 도움을 주는 다섯 개의 작동적 코드가 있다. 세번째로 독해 단위들을 거느리거나 거느리지 않는 93개의 비평적인 불연속적 단상들이 제시된다. 네번째로 말미에 두 개의 부록이 첨가되어 있는데 독자가 참고 사항으로 활용할 수 있게 되어 있다. 하나는 일련의 행동들로 이루어진 시퀀스들의 목록이고, 다른 하나는 추론된 차례로서 93개의 단상을 세 개의 커다란 주제로 재구성하고 있다. 이들 네 개의 차원 가운데 마지막 보충적인 것을 제외하면 앞의 세 개가 중요하다. 독자는 이들 세 차원에서 전개되는 바르트의 지적 유희를 구조주의와 해체 비평의 결합이라는 '전략적' 관점에서 따라간다면, 책읽는 즐거움을 한껏 선사받을 수 있을 것이다. 책읽기와 글쓰기, 텍스트성과 상호 텍스트성, 구조화와 탈구조화의 역동적 운동이 어떤 은밀한 한계 내에서 '산종'과 '시니피앙스'의 '차연적' '차이적' '기표적' 놀이를 통해 펼쳐지는 가운데, 불연속적 단상들이 밤하늘에 반짝이는 총총한 별들처럼 《S/Z》라는 텍스트를 수놓고 있다. 사라진과 잠비넬라의 소설적 비극도, 해체론의 어두운 그림자도 바르트의 창조적·생산적 글쓰기에서는 즐거움과 즐김을 위한 '마야'의 그물을 벗어나지 못한다.

역자가 다양한 문학 비평서들을 통해 너무도 잘 알려진 《S/Z》에 대해

---

91) 같은 책, p.104.

새삼스레 길게 언급한다는 것은 이 명저에 누가 되지 않을까 염려된다. 책 읽기와 문학 연구의 한 전범을 구현한 본서를 서두르지 말고 꼼꼼히 읽는 다면 그 어떤 해설보다도 그 자체로 많은 것을 준다. 따라서 역자는 이 저서를 읽는 데 도움이 된다고 생각되는 책들 가운데 세 권을 소개하는 것으로 그치겠다. 먼저 《해체 비평이란 무엇인가》[92]가 있다. 이 책은 바르트의 명저를 해체 비평의 커다란 줄기에서 조명함으로써 그것이 차지하는 위치를 가늠하게 해준다. 두번째로 《기호에서 텍스트로》[93]가 있다. 이 책에서 저자는 바르트의 지적 여정을 구조주의에서부터 탐색하면서 《S/Z》가 이 여정에서 어떤 전환점에 서 있는지 드러내 주고 있다. 마지막으로 《목소리의 결정》[94]이 있다. 바르트가 생전에 가진 대부분의 대담들을 담고 있는 이 책은 그 자신이 비평가나 독자의 궁금증을 풀어 주는 다양한 내용을 담고 있기 때문에 본서뿐 아니라 그의 여타 작품들을 이해하는 데 적지 않은 도움을 주고 있다.

끝으로 역자로서 몇 가지 점을 상기시키면서 간단한 소회를 마감하고자 한다. 우선 본서에서 여러 가지 신조어들을 번역하는 데 어려움을 느꼈다. 나름대로 노력은 했으나 미진한 부분이 있으리라 생각된다. 독자의 이해를 돕기 위해 필요에 따라 주를 달기도 했다. 다음으로 본서에는 발자크의 《사라진》이 부록으로 수록되어 있다. 바르트가 자른 독해 단위들과 부록의 번역본 소설에 나타나는 단위들이 어순이 뒤바뀌거나 약간의 차이가 난다. 이 점은 프랑스어와 우리말의 구조적 차이점 때문임을 상기하기 바란다. 마지막으로 이 소설은 이철 교수의 번역으로 문학과 지성사에서 출간되었다. 역자는 이 훌륭한 번역본을 참고했고 그가 달아 놓은 주도 도움이 되었음을 밝힌다. 독자는 부록에 실려 있는 이 소설을 먼저

---

92) 빈센트 B. 리이치 지음, 권택영 옮김, 문예출판사, 1988, 특히 p.267-275 참조.
93) 서정철 저, 민음사, 1998, 특히 p.421-438 참조.
94) 앞의 책. 여러 대담에서 《S/Z》가 다루어지고 있으나, 특히 p.92-115, p.116-123 참조.

읽은 다음에 바르트가 벌이는 글쓰기의 잔치 마당에 들어가는 게 좋으리라 생각된다.

2006년 4월 김웅권

김웅권
한국외국어대학교 불어과 졸업
프랑스 몽펠리에3대학 불문학 박사
한국외국어대학교 학술연구교수역임
학위 논문: 《앙드레 말로의 소설 세계에 있어서 의미의 탐구와 구조화》
저서: 《앙드레 말로—소설 세계와 문화의 창조적 정복》
《말로와 소설의 상징시학》《앙드레 말로의 문학 세계》
논문: 〈앙드레 말로의 《왕도》에 나타난 신비주의적 에로티시즘〉
(프랑스의 《현대문학지》 앙드레 말로 시리즈 10호),
〈앙드레 말로의 《인간 조건》에서 광인 의식〉
(미국 《앙드레 말로 학술지》 27권) 외 20여 편
역서: 《천재와 광기》《니체 읽기》《상상력의 세계사》《순진함의 유혹》
《쾌락의 횡포》《영원한 황홀》《파스칼적 명상》《운디네와 지식의 불》
《진정한 모럴은 모럴을 비웃는다》《기식자》《구조주의 역사 Ⅱ · Ⅲ · Ⅳ》
《미학이란 무엇인가》《상상의 박물관》《그라마톨로지에 대하여》
《어떻게 더불어 살 것인가》《과학에서 생각하는 주제 100가지》
《에로티시즘을 즐기기 위한 100가지 기본 용어》《푸코와 광기》
《실천 이성》《서양의 유혹》《중세의 예술과 사회》《목소리의 結晶》 등

문예신서
319

S/Z

초판발행 : 2006년 4월 10일

東文選

제10-64호, 78. 12. 16 등록
110-300 서울 종로구 관훈동 74번지
전화 : 737-2795

편집설계 : 李姃룻

ISBN 89-8038-571-4 94160
ISBN 89-8038-000-3(세트 : 문예신서)

東文選 文藝新書 292

교 육 론

장 피아제
이병애 옮김

피아제의 관심은 지성이 어떻게 우리에게 생기는가이다. 그는 아이들에게 어떻게 인지 능력이 생겨나고, 지성이 발달하는지를 이해하고자 하였다. 그리하여 지성의 발달에는 단계가 있고, 가르침에 의해서보다 주체의 활동에 의해서 앎이 이루어진다는 것을 알았다. 따라서 학교에서 교사의 주입식 교육보다 학생의 능동적 참여를 강조하게 된다. 사실 피아제는 교육학자라기보다는 심리학자·인식론자·생물학자로서 많은 연구 업적을 쌓았다. 그러나 이러한 과학적인 발달 이론을 적용하여 효과적인 교육을 할 수 있다고 보았으므로 교육에 지속적인 관심을 갖고 있었다.

아동 교육에서 선생의 역할은 무엇이며, 그 중요성은 어떠한가? 아동의 정신 안에 세계를 이해하게 할 도구나 방법을 형성해 주어야 하는가? 아동의 질문에 대답해 주어야 할까, 아니면 반대로 권위적인 방식으로 지식을 물어보아야 할까? 아동이 자기 것으로 만들 수 있도록 하려면 어떻게 활동을 제시해야 할까?

교육 방법론, 교사의 역할, 아동의 자율성, 장 피아제는 일생 동안 이러한 주제들을 끊임없이 문제삼았다. 이 책이 말하고 있는 것은 그러한 것들이다. 이 책은 지금까지 일반인들에게 폭넓게 알려지지 않았던 텍스트들을 그 연속성 안에서 이해할 수 있게 해줄 것이다.

아동 인지 발달 이론의 전문가인 장 피아제(1896-1980)는 20세기의 가장 위대한 심리학자라고 모든 사람이 생각하고 있다.

東文選 文藝新書 294

역사는 계속된다

조르주 뒤비

백인호 · 최생열 옮김

"나는 지금 그간 내가 행해 온 연구 작업에 대해 수수하고 친밀하게 말하려 한다. 보다 정확히 표현하자면, 우리 탐구자들이 함께한 작업 내지 우리가 더불어 주파해 온 역정에 대해 피력하고자 한다. 그 이유 는 우리 역사가들이 다른 인문과학 전문가들과 함께 같은 행보를 해왔 기 때문이다. 사실상 함께 다져 온 오솔길 외부에서 홀로 연구를 진척 해 나가는 탐구자는 거의 없다. 다른 사람들도 우리와 동시에 연구 영 역을 개척해 나간다. 우리는 같은 공기를 호흡하고, 대체로 같은 항로 를 따른다. 결과적으로 내가 벌인 역사 탐구의 역정은 나 자신의 몫만 은 아니다. 그것은 반세기간에 걸쳐 확장된 프랑스 역사학파의 역정이 기도 하다." 　　　　　　　　　　　　　　　　　　　　조르주 뒤비

조르주 뒤비는 《역사는 계속된다》가 일기의 필사가 아니라 예술 작 품으로서의 진정한 회고록이라는 것을 인식한 첫번째 인물이다. 이 책 은 은퇴 직전에 씌어진 것으로 어떠한 분명한 실패나 그릇된 시작, 혹 은 골치 아픈 근심은 인정하지 않으면서 미화된 성공적인 생애를 일관 되게 표현한다.

아날학파의 목적은 역사학의 방향을 정치적 · 전기적 사건의 서술로 부터 과거 문명을 구성했던 사회 · 경제 · 심성이라는 저변의 힘으로 돌 리는 것이다. 뒤비는 그의 경력을 이러한 접근법의 예로 제공함으로 써, 그가 추구한 궁극적 목적이 자신의 평판을 좋게 하는 것이 아니라 역사가의 기교를 습득하도록 젊은이를 모집하고 격려하는 것임을 보여 주었다. 이 글은 포부를 가진 역사가로 하여금 동참하도록, 아마도 중 세사에 도전하도록 강력히 권하고 있다. 역사는 끊임없이 계속되듯이 뒤비의 작업, 특히나 중세의 여성들에 대한 그의 역사는 아직 끝나지 않았다. 그는 이 책에서 회고하듯이 다음 세대에게 그와 동참하여 역 사 서술을 계속할 것을 권하고 있다.

東文選 文藝新書 201

기식자

미셸 세르
김웅권 옮김

　초대받은 식도락가로서, 때로는 뛰어난 이야기꾼으로서 주인의 식탁에 앉아 식사를 하는 자가 기식자로 언급된다. 숙주를 뜯어먹고 살고, 그의 현재적 상태를 변화시키고 그의 생명을 위태롭게 하는 작은 동물 또한 기식자로 언급된다. 끊임없이 우리의 대화를 중단시키거나 우리의 메시지를 차단하는 소리, 이것도 언제나 기식자이다. 왜 인간, 동물, 그리고 파동이 동일한 낱말로 명명되고 있는가?

　이 책은 우선 이러한 질문에 대한 대답으로서 이미지의 책이고 초상들의 갤러리이다. 새들의 모습 속에, 동물들의 모습 속에, 그리고 우화에 나오는 기이한 모습들 속에 누가 숨어 있는지를 알아서 추측해 볼 필요가 있을 것이다. 크고 작은 동물들이 함께 식사를 하는데, 그들의 잔치는 중단된다. 어떻게? 누구에 의해? 왜?

　미셸 세르는 책의 마지막에서 소크라테스를 악마로 규정한다. 이 소크라테스의 초상에 이르기까지의 긴 '산책'이 기식자라는 화두를 중심으로 펼쳐진다. 세르는 기식의 논리를 라 퐁텐의 우화로부터 시작하여 성서 · 루소 · 몰리에르 · 호메로스 · 플라톤 등의 세계를 섭렵하면서 펼쳐내고 있다. 뿐만 아니라 그는 경제학 · 수학 · 생물학 · 물리학 · 정보과학 · 음악 등 다양한 분야를 끌어들여 기식의 관계가 모든 영역에 연결되고 있음을 드러낸다. 특히 루소를 기식자의 한 표상으로 설정하면서 그가 주장한 사회계약론의 배면을 그의 삶과 관련시켜 흥미진진하게 파헤치고 있다.

　기식자는 취하면서 아무것도 주지 않는다. 말 · 소리 · 바람밖에 주지 않는다. 주인은 주면서도 아무것도 받지 않는다. 이것이 불가역적이고 되돌아오지 않는 단순한 화살이다. 그것은 우리들 사이를 날아다닌다. 그것은 관계의 원자이고, 변화의 각도이다. 그것은 사용 이전의 남용이고, 교환 이전의 도둑질이다. 우리는 그것으로부터 기술과 사업, 경제와 사회를 구축할 수 있거나, 적어도 다시 생각할 수 있다.

東文選 文藝新書 229

폴 리쾨르

프랑수아 도스

이봉지/한택수/선미라/김지혜 옮김

오늘날 세기말의 커다란 문제점들을 밝히기 위해 철학이 복귀한다. 이 회귀가 표현하는 의미의 탐색은 폴 리쾨르라는 인물과 그의 도정을 피할 수 없다. 30년대부터 그는 항상 자신의 사유를 사회 참여의 한 형태로 생각했다. 금세기에 계속적으로 미친 그의 영향력은 부인될 수 없을 것이다. 대사상가라기보다는 지도적 사상가로서 그의 작업은 가장 다양한 분야에서 영감의 주된 원천이 됐다.

프랑수아 도스는 《구조주의의 역사》를 쓰면서 이러한 생각이 60-70년대에 얼마나 무시되었는지 평가했다. 역사가로서 그는 이 책에서 프랑스의 반성적 전통, 대륙적이라 불리는 철학, 그리고 분석적 철학의 교차점에서 각각의 기여를 유기적으로 결합시키려는 변함없는 관심을 가지고 작업한, 위대한 사상가를 정당하게 평가하려는 지적 전기를 구현한다.

1백70명의 증인을 대상으로 한 폭넓은 조사와 폴 리쾨르의 작업에 대한 철저한 연구 덕택에 저자는 그의 일관된 사상의 도정을 서술하고, 시사성에 대한 관심으로 여러 차례 반복된 사상의 새로운 전개를 회상시킨다. 저서뿐만 아니라 추억의 장소(동포모제의 수용소, 샹봉쉬르리뇽, 스트라스부르, 소르본대학, 하얀 담의 집, 낭테르대학, 시카고…)와 그가 속했던 그룹(가브리엘 마르셀의 서클, 사회그리스도교, 《에스프리》, 현상학연구소…)을 통해 다원적이고 동시에 통일적인 정체성이 그려진다. 계속해서 적응해야 한다는 의미에서 다원적이지만, 항상 학자적인 삶을 일관성 있게 지키려 했다는 의미에서 통일적이다.

이러한 시나리오를 자극하는 열정은 새로운 기사상을 세우려는 것을 목적으로 하지 않는다. 저자는 단지 마음을 터놓는 지혜의 원천인 폴 리쾨르의 헌신을 나누고 싶어한다. 이 도정은 회의주의와 견유주의에 굴복하지 말 것과, 언제나 다시 손질된 기억을 통해 희망의 길을 되찾을 것을 권유한다.

東文選 文藝新書 251

어떻게 더불어 살 것인가

롤랑 바르트
김웅권 옮김

■ 롤랑 바르트의 풍요롭고 창조적인 기록들

본서는 바르트가 타계하기 3년 전 콜레주 드 프랑스에 취임하여 첫 해의 강의와 세미나를 위해 준비한 노트를 엮어낸 것이다. 따라서 강의를 위한 것과 세미나를 위한 것, 두 부분으로 나누어진다.

제도적 · 지적 차원에서 불가분의 관계에 있는 세미나와 강의는 대립과 보완의 작용을 한다. 더불어 살기의 어두운 면을 나타내는 것은 세미나이고, 반면에 그것의 보다 빛나는 면을 설명하고 하나의 유토피아의 의지적 탐구에 뛰어드는 것은 강의이다.

■동 · 서양을 넘나드는 지적 유희

"이 교수직의 취임 강의에서, 우리는 연구를 연구자의 상상계에 연결시킬 수 있는 가능성을 전제했다. 금년에 우리는 다음과 같은 특별한 상상계를 탐사하고자 했다. 그것은 '더불어 살기'의 모든 형태들(사회 · 팔랑스테르 · 가정 · 커플)이 아니라, 주로 동거가 개인적 자유를 배제하지 않는 매우 제한된 집단의 '더불어 살기'이다."

바르트의 본 강의는 그만의 독특한 양식(style)을 창조하는 하나의 예술 작품으로 이해해야 할 것이다. 어떤 주제를 놓고 우연에 의지하여 단상들을 펼쳐 가는 방식은 예술적 창조의 작업으로서 하나의 양식을 낳고 있다.

독자는 학자와 예술가–작가로서 원숙기에 다다른 바르트가 전개하는 자유자재롭고 폭넓은 사유의 움직임과 흐름을 맛보는 즐거움을 얻을 수 있을 것이며, 경우에 따라 그의 강의에 담겨 있는 독창적 발상들로부터 많은 아이디어를 얻을 수 있으리라 생각된다. 위대한 창조자들의 주변에는 아이디어들이 풍요롭게 맴돌고 있음을 기억하면서.

東文選 文藝新書 203

철학자들의 신

빌헬름 바이셰델
최상욱 옮김

　바이셰델의 《철학자들의 신》은 철학의 역사를 통해 나타난 신에 대한 다양한 해석들을 다루고 있다. 이를 위해 저자는 철학과 신학의 관계를 분석하고 있으며, 이때 철학적 신학은 철학이나 신학 그 어느 한편으로 경도되지 않아야 함을 강조하고 있다. 이를 통해 저자는 특정한 성향이나 교리에 얽매이지 않은 포용적이고 자유로운 신에 대한 해석을 독자들에게 제시하려고 한다. 그리고 이러한 전제를 바탕으로 저자는 고대 그리스 정신에서의 신에 대한 이해를 출발점으로 하여 교부시대, 중세와 근대, 그리고 니체와 하이데거의 신에 대한 이해를 철학사적인 맥락에서 소개하고 있다.

　이러한 그의 노력은 다른 책이 줄 수 없는 몇 가지 강점을 지닌다. 우선 이 책을 통해 독자들은 '신'이란 단어가 인간의 역사를 통해 변화 혹은 확대되어 왔음을 확인할 수 있다. 그리고 이러한 확인을 통해 독자는 신이란 개념의 의미 역시 인간의 역사적 상황과 사유구조에 걸맞게 드러났음을 이해할 수 있을 것이다. 또한 이러한 이해는 신에 대한 우리의 고착된 확신을 반성하는 기회를 줄 수 있을 것이다. 흔히 우리는 신에 대해 자유로운 사고보다는 무비판적으로 주어진 확신에 안주할 때가 많은데, 이 책을 통해 우리는 신에 대한 인간의 이해가 매우 다양하고 상이했음을 알 수 있을 것이다. 그리고 이러한 앎은 독자들로 하여금 배타적인 신관으로부터 자유로워지는 기회를 제공할 것이다.

東文選 文藝新書 191

그라마톨로지에 대하여

자크 데리다

김웅권 옮김

"언어들은 말하기 위해 만들어지고, 문자 언어는 음성 언어에 대리 보충의 역할만을 한다……. 문자 언어는 음성 언어의 대리 표상에 불과하다. 사람들이 대상보다 이미지를 규정하는 데 더 많은 주의를 기울이는 것은 기이한 일이다." ─ 루소

따라서 본서는 기이함을 드러낼 수밖에 없는 책이다. 그러나 그 이유는 문자 언어에 모든 주의를 기울임으로써, 이 책이 문자 언어로 하여금 근본적인 재평가를 받게 하기 때문이다. 그런 만큼 총칭적 '논리 자체'로 자처하는 것의 가능성을 사유하기 위해 그것(그러한 논리로 자처하는 것)을 넘어서는 일이 중요할 때, 열려진 길들은 필연적으로 상궤를 벗어난다. 이 논리는 다름 아닌 상식의 분명함에서, '표상'이나 '이미지'의 범주들에서, 안과 밖, 플러스와 마이너스, 본질과 외관, 최초의 것과 파생된 것의 대립에서 안정적 입장을 취하면서 음성 언어와 문자 언어의 관계를 규정하게 되어 있는 논리이다.

우리의 문화가 문자 기호에 부여한 의미들을 분석함으로써, 자크 데리다가 또한 입증하는 것은 그것들의 가장 현실적이면서도 때때로 가장 눈에 띄지 않은 파장들이다. 이런 작업은 개념들의 체계적인 '전치'를 통해서만 가능하다. 실제, 우리는 "문자란 무엇인가?"라는 질문에 야생적이고 즉각적이며 자연발생적인 어떤 경험에 '현상학적' 방식으로 호소함으로써 대답할 수는 없을 것이다. 문자(에크리튀르)에 대한 서구의 해석은 경험 · 실천 · 지식의 모든 영역들을 지배하고, 사람들이 그 지배력으로부터 해방시킬 수 있다고 생각하는 질문──"그것은 무엇인가?"──의 궁극적 형태까지 지배한다. 이러한 해석의 역사는 어떤 특정 편견, 위치가 탐지된 어떤 오류, 우발적인 어떤 한계의 역사가 아니다. 그것은 본서에서 '차연'이라는 이름으로 인지되는 운동 속에서 하나의 종결된 필연적 구조를 형성하고 있다.

롤랑 바르트 전집 12

텍스트의 즐거움

롤랑 바르트
김희영 옮김

신화 · 기호 · 텍스트 · 소설적인 것의 '현기증나는 이동 작업'을 통하여 프랑스와 세계에 가장 활력적인 사유체계의 개척자로 손꼽히는 롤랑 바르트는, 그의 사후 15년이 지난 오늘날까지도 프랑스 문단의 표징으로, 또는 소설 속의 인물로 여전히 우리들 가운데 자리하고 있다. 그의 모든 모색과 좌절, 혹은 기쁨은 다만 그 자신에게 국한된 것만은 아닌 오늘날의 모든 전위적 사유가들에게도 공통된 것으로, 이런 맥락에서 볼 때 그의 문학 편력에 대한 조망은 특권적인 자리를 차지한다.

이 책 속에 옮겨진 글들은 바르트의 후기 사상을 정확하게 담고 있는 것들이다. 그의 후기 작업은 '저자의 죽음'을 그 시작으로 하기 때문에 그것을 이 책의 첫번째로 하였다. 그리고 '작품에서 텍스트로,' 그 다음에는 그의 후기 작업의 이론적인 틀을 제시하고 있는 《텍스트의 즐거움》과 《강의》가 실려 있다. 이 두 권의 책은 이미 말한 바와 같이 그의 후기 문학 실천의 이론적 배경을 이루고 있으며, 또한 그가 생전에 출판하기를 허락한 유일한 일기인 〈심의〉도 여기에 실려 있는데, 우리는 이를 통해 그의 말년의 문학적 관심사가 무엇이었나를 소상하게 알 수 있다.

이외에도 이 책에는 편역자인 김희영 교수가 바르트의 사유체계를 비교적 잘 이해하는 데 필요하다고 생각한 3편의 주요한 대담을 싣고 있다. 그 첫번째는 히스와의 대담으로 그의 기호학적인 입장, 문학기호학이 문학사회학으로 어떻게 새롭게 주조될 수 있는지를 비교적 소상하게 밝혀주고 있다. 두번째 대담인 브로시에와의 대담은 바르트 글의 난해성이 대부분 그의 용어 사용에 있으며, 이런 용어에 대한 정확한 이해 없이는 그의 사유체계를 파악하기 힘들다는 점에서, 바르트의 후기 작업에 나타난 용어들을 저자 자신의 설명을 통해 이해하는 것을 목표로 하고 있다.